ein Ullstein Buch

ÜBER DAS BUCH:

Der Himmel hat viele Farben hieß der Roman mit autobiographischen Zügen, den die 1972 verstorbene Künstlerin Lale Andersen kurz vor ihrem Tod herausbrachte. Wie das Leben ihrer Mutter »wirklich war«, schildert die Tochter, Litta Magnus Andersen, nun anhand von Tagebuchaufzeichnungen, Originaldokumenten und Fotos. Lale Andersen, die das Lied von der »Lili Marleen« (von Hans Leip 1915 gedichtet, von Norbert Schultze 1938 vertont) weltberühmt machte, hat ihr Leben – von den Anfängen als Schauspielerin bis zur weltberühmten Künstlerin – in ihren Tagebüchern festgehalten. Sie lesen sich spannender als ein Abenteuerroman. Man erfährt aus den täglichen Eintragungen, wie sie bei einem Auftritt in Zürich den Komponisten und späteren Opernintendanten Rolf Liebermann kennenlernte, der ihre große Liebe wurde, auch wenn sie sich schließlich für ihre Karriere entschied. Man erfährt, wie sie in politische Schwierigkeiten geriet, nachdem sie sich weigerte, auf einer Fronttournee das Warschauer Ghetto zu besichtigen. Wegen »landesverräterischer Beziehungen« erhielt sie später Auftrittsverbot und unternahm einen Selbstmordversuch. Ihr legendärer Ruf und ihre Beliebtheit bei den Soldaten erzwangen die Lockerung der Auftrittssperre, doch durfte sie »Lili Marleen« nicht mehr vortragen. Nach dem Krieg begann für sie eine zweite, nicht weniger triumphale Karriere mit Shanties, Volksliedern, Chansons und Schlagern.

Litta Magnus Andersen

Lale Andersen – die Lili Marleen

Lebensbild einer Künstlerin

ein Ullstein Buch

ein Ullstein Buch
Nr. 22396
im Verlag Ullstein GmbH,
Frankfurt/M – Berlin

Ungekürzte Ausgabe

Umschlagentwurf:
Hansbernd Lindemann
Foto: Hipp

Taschenbuchausgabe mit Genehmigung
des Universitas Verlags

Printed in Germany 1991
Gesamtherstellung:
Clausen & Bosse, Leck
ISBN 3 548 22396 6

Februar 1991

Fotos und Dokumente:
Privatbesitz der Autorin

CIP-Titelaufnahme
der Deutschen Bibliothek

Magnus Andersen, Litta:
Lale Andersen – die Lili Marleen: Lebensbild einer Künstlerin/Litta Magnus
Andersen. – Ungekürzte Ausg. –
Frankfurt/M; Berlin: Ullstein, 1991
(Ullstein-Buch; Nr. 22396)
ISBN 3-548-22396)
NE: GT

Dank
M. O. A. O. L. und Björn Wilke
für ihre Mithilfe und Unterstützung

Anfang Januar 1931 verabschiedet sich in Bremerhaven Liselotte Wilke, geborene Bunnenberg, von ihren beiden kleinen Söhnen Björn und Michael und besteigt den Zug in Richtung Berlin, voller Zuversicht über ihre Zukunft.

Ihre kleine Tochter Litta hatte sie schon an ihre ältere Schwester Thekla »abgegeben«. Sie lebt bei ihr und Theklas wohlhabendem Mann, einem Bremer Kaufmann, in Küsnacht bei Zürich.

Für die Unterkunft ihrer Söhne hatte Liselotte ebenfalls gesorgt. Die Jungen sollten bei der Großmutter wohnen, bis Liselotte in Berlin Fuß gefaßt hat. Voller Optimismus hatte sie erklärt, daß sie bestimmt schon in kürzester Zeit in Berlin Geld verdienen werde.

»Sobald es geht, kommen die Kinder zu mir«, versucht sie ihre Mutter zu beruhigen, die von dem Entschluß ihrer Tochter alles andere als entzückt ist.

Aber die Vorwürfe ihrer dominierenden und als leicht exzentrisch geltenden Mutter hört Liselotte nicht mehr, als sie endlich im Zug sitzt. Sie denkt nur noch an die Zukunft, und die heißt: Theater – und wer zum Theater will, geht nach Berlin. In Berlin drehen Regisseure wie Fritz Lang, Robert Siodmak, Georg Wilhelm Pabst, Ernst Lubitsch und Billy Wilder ihre ersten Filme – und junge Mädchen träumen von ihrer großen Chance. Liselotte hat sich bei den Freunden ihres Mannes Paul Ernst genau erkundigt, wo man in Berlin als angehende Künstlerin hingehen muß, wer für sie und ihre Karriere von Bedeutung sein könnte und wo es sich in der Millionenstadt angenehm wohnen läßt. Und während sich ihr Mann noch über das Interesse seiner jungen, unerfahrenen Frau amüsierte, schmiedete Liselotte ihre Zukunftspläne.

Sie habe Kinderkriegen und Ehefrau spielen endgültig satt, niemand könne sie daran hindern, nach Berlin zu fahren, um dort beim Theater Karriere zu machen. Ambitionen hatte sie immer, ein bißchen Theater hat sie auch schon gespielt; alles andere würde sich finden. Auf keinen Fall wolle sie zu Hause hocken, während ihr Mann auf

Motivsuche ginge. Zudem besäße sie eine gewisse künstlerische Begabung; dies hätten ihr Freunde bestätigt.

In der Reichshauptstadt wartet allerdings noch kein verlockendes Angebot auf Liselotte Wilke aus Bremerhaven. Aber immerhin erhält sie schon nach wenigen Tagen eine kleine Rolle in einem Film, den Fritz Lang dreht. Der erste Eigenverdienst beträgt 60 Reichsmark. Ohne lange zu überlegen, packt sie ihren Lederkoffer und zieht in eine bessere Gegend: Berlin-Grunewald.

Von einer gleichaltrigen Kollegin läßt sich Liselotte in Künstlerlokale mitschleppen, und Willi Schaeffers, später der Leiter des »Kabarett der Komiker« am Kurfürstendamm, zählt schon bald zu ihrem näheren Bekanntenkreis. Der um etliche Jahre ältere Schaeffers macht sie mit den expressionistischen Dichtern Ernst Toller und Karl Kinndt bekannt. Beide gehören ebenso zur Kabarett-Szene wie Erich Kästner und Walter Mehring.

Als Liselotte die Gelegenheit geboten wird, im »Tingeltangel-Theater« Friedrich Holländers dessen Frau, der begabten Kabarettistin Blandine Ebinger, vorzusingen, ist sie selig. Am 23. Januar 1931 gehört dann auch zu den ersten Notizen ihres ersten Tagebuches die Anmerkung:

»Bekam von Ebinger ehrliche, beglückende Kritik.«

Einige Tage später besucht die angehende Schauspielerin mit einem befreundeten Bildhauer Molnárs »Liliom« und spricht begeistert von dem Hauptdarsteller Hans Albers. Auch er steht erst am Anfang seiner Karriere.

Liselotte muß bald schon feststellen, daß das Leben in Berlin ziemlich hektisch ist. Am 30. Januar filmt sie von morgens acht Uhr bis abends sieben Uhr. Danach hat sie sich mit Kollegen im »Tingeltangel-Theater« verabredet. Über Friedrich Holländer, dem sie das erste Mal begegnet, urteilt sie:

»Ich halte ihn für einen sehr begabten Kerl. Er schreibt herrliche Texte. Es ist schade, daß Frauen die Chance, die Chansons von Holländer zu singen, nicht mehr ausnützen.«

Überhaupt ist Liselotte begeistert vom Kabarett. Als sie Freunde zur Eröffnung einer neuen Kleinkunstbühne einladen, träumt sie davon, genügend Geld zu besitzen, um ein eigenes, allein ihren Vorstellungen entsprechendes Kabarett führen zu können.

In Berlin tut sich kulturell unendlich viel, und das Publikum stellt hohe Ansprüche. Ins Kino kommt Robert Siodmaks neuester Film »Der Mann, der seinen Mörder sucht«. Gelobt wird nicht nur die Regie, auch ein junger, noch relativ unbekannter Schauspieler gefällt sehr. Er heißt Heinz Rühmann. Drei Jahre später steht Liselotte neben ihm auf der Bühne der Münchner »Kammerspiele«, sie in einer kleinen Nebenrolle, Rühmann in einer Hauptrolle.

Gelegentlich trifft sich Liselotte mit Willi Schaeffers im »Großen Schauspielhaus« von Berlin. Auf sein Zureden stellt sie sich im »Theater am Schiffbauerdamm« vor.

»Stell dir vor, Robert Siodmak will mich für Probeaufnahmen in die Ufa! Nach Babelsberg muß ich auch«, kann sie ihm ein paar Tage später mitteilen. Sie müsse gleich wieder fort zu Proben ins »Nollendorf-Theater«.

Tagebuch, Berlin, 17. Februar 1931
»Heute habe ich einen Vertrag gemacht für das junge Kabarett ›Ping-Pong‹, das am Sonnabend eröffnet. Ich muß noch viel lernen bis dahin.

Die Woche ist so ausgefüllt mit Arbeit und Proben für das Stück ›Hochspannung‹ und das ›Ping-Pong‹-Programm, daß ich kaum zu Hause bin. Jeden Abend von halb zehn bis Mitternacht dauert die Vorstellung. Gestern abend konnte ich außerdem endlich wieder im Rundfunk die Chansons ›Käte‹ und ›Zweimal Sehnsucht‹ vortragen. Stolzer Verdienst: 60 Mark!«

Nach harten und anstrengenden Proben findet schließlich am 14. März, einem Sonnabend, die Premiere statt. Ungeduldig wartet das Ensemble auf die ersten Pressereaktionen.

»Die Kritiken sind sehr gut«, freut sich das Künstlerteam. »Wenn halt nur die Gage einigermaßen so gut wäre wie die Presse«, denkt Liselotte. »Aber wir arbeiten ja kollektivistisch und müssen alle Unkosten für Reklame, Ausstattung usw. selbst tragen.«

Ihre höchste Wochengage war bisher acht Mark. Als sie gefragt wird, wovon sie denn lebe, antwortet sie:

»Vom Glücklichsein, vom Applaus, von der Liebe. Ich weiß es wirklich nicht!«

Am 23. März feiert sie in Berlin ihren Geburtstag. Ausgerechnet an diesem Tag erhält sie die Nachricht von ihrer Scheidung. Der alleinschuldige Teil: Paul Ernst Wilke.

»Dein Geburtstag und deine Scheidung müssen natürlich gefeiert werden«, erklären ihre Freunde. Zu ihnen gehört Fritz Odemar (der Vater von Erik Ode), Peter und Willi Schaeffers. Zunächst schleppt man das Geburtstagskind ins Künstlerlokal »Schwannecke«, später geht die Clique zu Schaeffers nach Hause. Da niemand Lust verspürt, die Nacht zu beenden, beschließen sie, noch ins Künstlereck zu gehen.

»Dort ist immer etwas los!«

Hans Albers gehört zu den letzten Gästen. Liselotte begegnet ihm zum erstenmal. Er begeistert sie als Mensch genauso wie als »Liliom«, den er auf der Bühne mit Erfolg verkörpert.

»Das Berliner Nachtleben ist verdammt anstrengend«, stöhnt Liselotte eines Tages, »ich muß ernsthaft den Entschluß fassen, früher ins Bett zu gehen, und mich intensiver meiner Karriere widmen. Dazu gehört das Einüben neuer Chansons.«

Die ersten Kritiken über »die Wilke« erscheinen bereits Anfang 1931 in verschiedenen Berliner Tageszeitungen. Prompt besorgt sie sich vom ersten selbstverdienten Geld ein Notizheft und betitelt es:

Kritiken über Liselotte Wilke, Berlin-Grunewald, Kaspar-Theis-Straße 34.

Fein säuberlich werden alle Pressestimmen – noch widmet man dem jungen Nachwuchs nur ein paar Zeilen – eingeklebt. Fotos von Kollegen kommen in das Heft ebenso wie Programmzettel.

»Vergessen Sie nicht Ihre Lenja«, schreibt Lotte Lenja am 29. Januar 1932 auf ein Foto und schenkt es ihrer jungen Kollegin »Lala«, mit der sie im Berliner »Kurfürstendamm-Theater« schon ein Jahr zuvor in Bertolt Brechts »Mahagonny« auf der Bühne stand. Die Lenja als Jenny Hill, Liselotte als eines der sieben Mädchen von Mahagonny.

Es ist durchaus möglich, daß Lotte Lenja meine Mutter zu ihrem späteren Künstlernamen Lale inspiriert hat, denn in der Vorankündigung der »Bunten Bühne« des Stuttgarter Excelsiors vom März 1933 tritt sie bereits als Lale Wilke auf.

Aber wir sind noch im Jahre 1931: Im Mai besteht sie ihre erste Fahrprüfung in Dortmund und begießt das Ereignis mit ihren Kollegen von der »Jung-Mühle«. Aus Zürich erhält sie von Rolf Ronay vom »Cabaret Mascotte« ein Angebot. Sie akzeptiert es, ohne zu zögern, und trifft am 16. Mai in Zürich ein. Ronays Glaube an sie macht sie stark. Sie fühlt sich aber auch verpflichtet, »gut zu sein«, und versäumt keine Sketch- und Orchesterprobe.

»In der ersten Vorstellung mache ich meine Sache recht ordentlich, in der zweiten Vorstellung bestätigt der Applaus, daß ich sogar sehr gut bin.«

Die Kritiker berichten: »Starke Eigenart atmen auch die Vorträge von Liselotte Wilke, einer Kabarettistin von modernstem Schlag. Echtes Gefühl, fernab von gesuchtem Raffinement, spricht aus ihren ›Liedern von der Küste‹, ihr Singen ist nicht gesanglich, sondern bloß rhapsodisch-expressiv zu werten, wirkt aber in diesem Sinne sehr beeindruckend.«

In Zürich fühlt sich meine Mutter wohl. Sie nimmt sich Zeit für kurze Besuche bei meiner Tante in Küsnacht und hält mich freudestrahlend auf dem Arm. Ihre Besuche sind aber meist von kurzer Dauer. Es scheint, als wolle sie sich lediglich davon überzeugen, daß es mir gutgeht. Erleichtert fährt sie meist nach einigen Stunden wieder fort, verspricht aber jedesmal, sie käme bald wieder.

Ende Mai beginnen die Proben in der »Mascotte« für »Die Quadratur des Kreises«. Die Premiere, Anfang Juni, wird mit enthusiastischem Beifall aufgenommen. Glücklich über den Theatererfolg, erzählt sie ihrer Schwester Thekla mit einem tiefen, ehrlichen Seufzer, daß sie auch wieder einmal verliebt sei, diesmal in Rolf Ronay.

»Das Theaterspielen macht sehr viel Freude. Das Publikum ist begeistert von meiner Interpretation der modernen Intellektuellen mit Brille in der russischen Komödie von Valentin Katajew.«

Zu spät erfährt sie, daß ihr Freund und Berliner Kollege Ernst Toller in Zürich war, so daß für ein Wiedersehen keine Zeit bleibt. Im Juni kehrt er noch einmal zurück, und meine Mutter erzählt ihm von ihren Erfolgen, gesteht aber auch, daß sie diese doch am liebsten in Berlin haben möchte; denn um anerkannt zu werden, muß man in Berlin spielen, nicht in der Schweiz. »Schade, daß du schon wieder fort mußt«, verabschiedet sie sich von Ernst Toller und stürzt sich in die Proben von Avery Hopwoods Schwank »Der Mustergatte« im »Cabaret Mascotte«.

»Ob ich als Salondame glaubhaft bin, ich bin sehr gespannt. Toller war noch nicht wieder da. Ronay habe ich immer gleich gern bis auf den Sex-Appeal, den hat meine gräßlich klare norddeutsche Beobachtungsfähigkeit so aller Illusionen entkleidet«, notiert sie über sich.

Tagebuch, Zürich, 21. Juni 1931
»Die Premiere von ›Der Mustergatte‹ bringt mir komischerweise größeren Erfolg als die Tanja in ›Quadratur‹. Am 1. Juli hören wir auf zu spielen. Das ist gar nicht schön. Am liebsten würde ich dann nach Frankreich fahren. Aber es warten Björn und Michael sehnsüchtig auf die Mami...«

Mit zwei Kollegen trifft sich Liselotte des öfteren: den aus Deutschland emigrierten Schauspielern Erwin Kalser und Ernst Deutsch. Gemeinsam geht man bummeln oder erholt sich vom Theaterspielen im Strandbad von Küsnacht. Im August verläßt sie die Schweiz und fährt zunächst nach Baden-Baden. »Der Treffpunkt einer internationalen, verkalkten, versnobten und unsozialen Gesellschaft«, schreibt sie nach der Ankunft. Hier ist sie überhaupt nicht glücklich. Sie möchte weg und arbeiten; aber die beiden alten Fräulein, bei denen meine Mutter wohnt, lassen sie nicht fort. Sie kochen für sie, waschen ihre Wäsche und lassen sie keinen Schritt alleine gehen. »Es passiert immer soviel; Exhibitionisten und was es da alles so gibt«, warnen die beiden besorgt ihren »unschuldigen« jungen Hausgast.

»Ich gehe also kaum aus oder nur mit ihnen und muß somit auf die Chance, irgendeinen amerikanischen Millionär kennenzulernen, verzichten.«

Tagebuch, Berlin, 20. August 1931
»Adieu, Sommer, Heugeruch, gutes Essen, schöner vieler Schlaf. Guten Tag, Berlin! Es kennt mich kaum, mein braungebranntes Gesicht, helles Haar, meinen guten Anzug. Und ich kenne es auch nicht gleich. Die Stadt hat Sorgen; grau und bedrückend schauen sie durch das bunte Tuch des Frohsinns hindurch. Vielleicht beachtet man es im Winter weniger, aber jetzt scheint eine sehr helle, ehrliche Sonne.«

Es ist bereits September, und viele ihrer Kollegen kommen aus den Ferien zurück. Im »Romanischen«, bei »Schwannecke« und im »Leon« gibt es große Wiedersehensfreude. Niemand fehlt, sie bleiben doch alle dieser Stadt treu.

»Da ich für die Zimmermiete nicht genügend Geld habe, wohne ich vorübergehend bei Freunden. Erst als ich im Rundfunk Chansons singen darf, gibt es Geld, und ich kann mir eine eigene Bleibe nehmen.«

Bei einem unglücklichen Ausrutscher im Berliner Funkhaus zieht sich Liselotte einen Kniegelenkerguß zu und muß vorläufig auf alle Angebote verzichten.

»Dabei singe ich so wahnsinnig gerne Chansons«, teilt sie niedergeschlagen ihren Kollegen mit.

Etwas geliehenes Geld hilft ihr über diese Zeit hinweg. In den freien Stunden nutzt sie jede Gelegenheit für Theater- und Kinobesuche. Als Anfang Oktober in Berlin die Premiere von »Berlin Alexanderplatz« (nach dem 1929 erschienenen Roman von Alfred Döblin) stattfindet, gehört Liselotte zu den Premierengästen. Von Heinrich Georges schauspielerischem Können ist sie begeistert.

Zu dieser Zeit besuche ich meine Mutter. Meine Anwesenheit zwingt sie, verschiedene Termine abzusagen.

»Litta fühlt sich bei mir sehr wohl, trotz der für sie fremden Umgebung. Bloß bin ich nicht gerade glücklich, denn ohne Auftritte gibt es keine Gage«, klagt sie einer guten Freundin. Von Liselottes Mutter aus Bremerhaven kommt zudem noch ein vorwurfsvoller Brief: »Da ich ja auch eines Deiner Kinder bei mir zur Pflege habe, hättest Du mir zuerst einmal Michael abnehmen müssen.«

Sorgen, nichts als Sorgen belasten wieder einmal die nach Selbständigkeit strebende junge Mutter und Karrierefrau. Im Oktober erhält meine Mutter überraschenderweise ein Angebot fürs Kabarett »Corso« und sieht dies als Beweis dafür, daß man sich in Berlin Zeit lassen muß und nichts erzwingen kann.

»Meine kleine Tochter ist immer noch bei mir. Heute habe ich sie zu den Proben ins ›Ping-Pong‹ mitgenommen«, erzählt sie abends ihrer Kollegin Lotte Lenja, als sich die beiden Gallonis Film »Razzia in Paris« ansehen. Den Streifen finden sie besser als deutsche Spielfilme.

Ende Oktober versucht Liselotte Erich Kästner zu erreichen. Sie trägt bereits einige seiner vertonten Gedichte vor und bittet ihn um neue Texte.

»Ich möchte Ihnen gerne etwas von meinen Sachen geben«, sagt Erich Kästner am Telefon, »denn ich bin überzeugt, daß Sie viel können und sehr gefallen.«

»Aber das ist doch Unsinn«, erwidert sie. »Ich trete ja nicht auf, um zu gefallen, Herr Kästner. Das, was ich vortrage, soll gefallen. Ich bedaure es sehr, daß Ihre Gedichte nicht mehr gebracht werden und Sie sich anderen Arbeiten zuwenden wollen. Ich habe Ihre Sachen so gern.«

Die Sorgen um die täglichen Notwendigkeiten haben meine Mutter viel Nerven gekostet. Das schöne Chanson von Walter Mehring »Die kleine Internationale« bringt sie so schlecht, daß sie die Direktion nach der Premiere nicht mehr auftreten läßt. Auch im »Corso« ist sie in den beiden ersten Tagen nicht gut. Inzwischen hat sie sich aber akklimatisiert und studiert mit Curt Bry, der später, vor Ausbruch des Zweiten Weltkrieges, nach Amerika geht, neue Chansons.

Die Leitung vom »Corso« verlangt von meiner Mutter, daß sie ihr Repertoire auf Schlager und Gefälliges umstellt, sonst wird ihr Programm gekürzt.

»Bitte, dann singe ich eben ein paar belanglose Nummern, aber meinem Mehring und Tucholsky bleibe ich dennoch treu.«

Tagebuch, Berlin, 24. November 1931

»Hurra, ich brauche nicht nach Köln. Gestern für ›Mahagonny‹ engagiert, Oper von Brecht und Weill, die am 20. Dezember im ›Kurfürstendamm-Theater‹ herauskommen soll. Sogleich Engagement in Köln abtelegrafiert, sehr leichtsinnig und kostet mich womöglich Konventionalstrafe. Aber schadet nichts. In Berlin bleiben, Brecht spielen, mal wieder richtige Regie. Die Gage ist zwar sehr klein, zehn Mark. Immerhin – ahoi!«

KURFÜRSTENDAMMTHEATER

P E R S O N E N

Sprecher	Albert Hoerrmann
Leokadja Begbick	Trude Hesterberg
Willy, der „Prokurist“	Maris Wetra
Dreieinigkeitsmoses	Franz Forrow
Jenny Hill	Lotte Lenja
Johann Ackermann	Harald Paulsen
Jacob Schmidt	Albert Peters
Heinrich Gabler, genannt Sparbüchsenheinrich	Silvio Carli
Josef Lettner, genannt Alaskawolfjo	Heinrich Gretler
Tobby Higgins	Albert Peters
7 Mädchen von Mahagonny	Elis Altmann Irmgard Bätge Leni Ginzberg Elena Gorina Gerda Kuntzsch Hilde Rosenthal Liselott Wilke
Die Männer von Mahagonny	Alexander — Baltruschat Bommert — Dienstag Dornis — Frank Golland — Gordon Henin — Holzknecht Lewinski — Ploch Richrath — Sachs Stein — Steinfeld Tilgner — Vermehren

Tagebuch, Berlin, 30. November 1931

»Heute ist mein letzter Auftrittstag im ›Corso‹. Das letzte Mal – für wie lange Zeit – oben allein auf der Bühne zu stehen, angelehnt, vom Scheinwerfer warm umflimmert. Schade. Wenn da nun nicht tröstend der 20. Dezember mit der ›Mahagonny‹-Premiere stände, wäre ich sicher sehr traurig. Ach was, eigentlich ist es wunderschön, beide Möglichkeiten, Theater und Kabarett, ganz auskosten zu können, ehe man sich endgültig für das eine oder andere entscheidet.«

Ein paar Tage später werde ich mit vielen Küssen von meiner Mutter verabschiedet und in die Schweiz zurückgeschickt. Liselotte muß sich erneut ihrer Laufbahn widmen.

»Der Umzug und das Einrichten kosten viel Geld«, klagt sie einem Freund, der etwas von Inneneinrichtungen versteht. Er erteilt ihr nützliche Ratschläge.

Die Proben für »Mahagonny« lassen ihr wenig Zeit für Rendezvous und Dinner-Einladungen. Somit gibt es auch nicht viel zu essen. Dennoch ist viel Frohsinn in ihr: die Arbeit, der Gedanke, Heiligabend zu Mutti und Micha zu fahren, die Freiheit und das Gefühl, nun mit sicheren Schritten ihren Weg zu gehen, auch wenn er sehr lang und schwierig sein wird.

»So ein Frohsinngefühl kann stärken wie ein kräftiges Stück Brot«, erklärt sie ihren Freunden nach der Theaterprobe.

In Bremerhaven feiert die Familie ein vergnügtes Fest, aber es bleibt die Sehnsucht nach dem älteren Sohn Björn und ein wenig Traurigkeit darüber, daß weder von ihm noch von Paul Ernst ein Weihnachtsgruß eintrifft. Am Silvesterabend sitzt sie allein in Berlin und vermißt die Kinder. In zwei Stunden beginnt das neue Jahr. Es muß viel erreicht werden. Um viel zu erreichen, muß viel gearbeitet werden, nimmt sie sich vor.

»Arbeiten, arbeiten, an die Kleinen denken und arbeiten. An den Tod denken und an die Arbeit, aber auch an das Land und das Meer. An ein Auto denken und... Ich freue mich auf dich, das Jahr 1932!«

»Los, Lilott, komm mit uns hinaus in die Silvesternacht«, wird sie von zwei Freunden, der eine Bildhauer, der andere Architekt, aus ihren Gedanken geschreckt. In Berlin ist in dieser Nacht kaum jemand zu Hause geblieben, und gemeinsam zieht man in die bereits überfüllte »Mahagonny-Bar«. Mit großem Hallo wird das Trio empfangen. Zu den Anwesenden gehören Lotte Lenja, Trude Hesterberg, Teo Otto, Bühnenmeister vom »Kurfürstendamm-Theater«, und viele Freunde. Getanzt wird fast die ganze Nacht. Einmal mit der Lenja, dann mit Walter Mehring, dem Theaterdirektor Paul Auffricht und mit Gustav Kiepenheuer, dem Berliner Verleger. Mit munteren Gedanken, aber sehr müden Beinen, fährt Liselotte gegen Morgen nach Hause.

Am 4. Januar 1932 hat sie ihr erstes Buch, eine Liebesromanze, die unveröffentlicht bleibt, endlich fertig, und nun wandert das Manuskript durch die Verlage.

»Hoffentlich wird es ein Erfolg. Dann aber nur weg, in irgendein verschneites Bergdorf, und schreiben.« Es ist da eine kleine Umwälzung in der Rangordnung der Sehnsucht: Kinder, Schreiben, Autofahren, Theater. »Es ist ganz beruhigend, dem Theater, das einen oft wirklich herzlos behandelt und ganz hinten anstehen läßt, zu sagen: Ganz unglücklich kannst du mich nicht machen, ich kann mit meiner Sehnsucht noch woandershin, nicht nur zu dir.«

Die kommenden Abende treffen sich Liselotte und die schon bühnenerfahrene Trude Hesterberg häufig, sprechen über Theater und Kabarett, und die Jüngere läßt sich von ihrer Kollegin ermuntern.

»Weißt du, manchmal überlege ich mir, ob ich vielleicht doch wieder heiraten soll, schon wegen der Kinder. Aber dann denke ich an die Abhängigkeit und die mit vielen Tränen erkämpfte Unabhängigkeit und werfe solche Gedanken schnell fort. Vielleicht schaffe ich's ja doch durch eigene Arbeit, glaubst du nicht, Trudchen?«

Im Januar 1932 trifft sich Liselotte gelegentlich mit dem Schauspieler Fritz Kortner, amüsiert sich mit Lotte Lenja und Trude Hesterberg auf einigen Partys.

Dann erhält sie aus Saint Tropez einen Brief von Billy Wilder. Ihn hat sie Wochen zuvor auf einem Kostümfest kennengelernt. Seitdem hofft sie, eine Rolle in einem seiner Filme zu bekommen.

Tagebuch, Berlin, 19. Januar 1932
»Am Sonntagabend hat Billy eine Stunde bei mir geplaudert. Er steckt voller Ideen für neue Filme. Schade, daß wir beide müde sind und er sich bald verabschiedet. Für Electrola mache ich am Montagvormittag eine ›Mahagonny‹-Plattenaufnahme und verdiene mir 15 Reichsmark. Es ist überhaupt eine schöne Woche. In der ›Kulisse‹ gibt es nach langer Pause ein herzliches Wiedersehen mit Ernst Deutsch. Daß der so begabte Schriftsteller Leonhard Frank (›Räuberbande‹) mit mir flirtet, gefällt mir. Auch Jakob Wassermann setzt sich an unseren Tisch. Wir sprechen natürlich über die Zukunft. Jeder denkt dabei zuerst an die eigene Karriere. Ich bin froh, daß ich im Februar in die Schweiz kann. Das Züricher Kabarett ›Metropol‹ hat mich verpflichtet.«

»Ich habe tollen, jubelnden Applaus und viele Blumen. Alte Bekannte, die mich vom Mai-Juni-Gastspiel 1931 nicht vergessen haben, sitzen im Publikum. Zürich ist doch neben Berlin meine liebste Stadt«, stellt Liselotte zufrieden fest.

Über ihren Auftritt berichtet die »Neue Zürcher Zeitung« am 19. Februar 1932:

> **Kabarett Metropol.** to. Die strohblonde Liselott Wilke hat sich dem Song der Matrosen- und Hafenatmosphäre verschrieben — so glaubhaft, als wäre sie ihre Heimat. Sie läßt die hoffnungslos freche Verworfenheit des Kaschemmenmilieus von St. Pauli lebendig werden, indem sie mit der ganzen desillusionierten Lässigkeit der vom hemmungslosen Leben Entinnerlichten in dem Chanson von der Anna Jantzen (übrigens einer Reprise des letzten Programms) Phrasenenden fallen läßt: schon diese Vortragsnuance verrät Können.

Hier trifft sich meine Mutter wieder mit ihrer Schwester. Mich nimmt sie des öfteren mit zu Freunden. Auch über Post aus Berlin kann sie sich nicht beklagen. Sie macht sich aber doch ein paar ernste Gedanken über die unmittelbare Zukunft, denn ein Vertrag ist nicht dabei.

»Was, meinst du, soll ich tun? Wieder rumlaufen, rumhören? Ein schrecklicher Gedanke, ich kann es einfach nicht mehr. Hier in Zürich hat man mich so gern und zahlt eine verhältnismäßig hohe Tagesgage, immerhin 25 Franken für abends mal eben 10 Minuten auftreten.«

Als sie mit Kollegen zusammentrifft, äußert sie, daß die Leitung des »Metropol« ihren Vertrag auf einen ganzen Monat verlängert hat. Der Erfolg bleibt ihr treu. Wenn nicht gerade gearbeitet wird, macht sie Abstecher in die Berge oder holt mich für einen kleinen Ausflug. Aus Berlin bekommt sie immer weniger Post: Der Gedanke, dorthin zurück zu müssen, macht sie im Moment nicht glücklich.

Das wäre für sie ein Zurück ins spartanische, karge Leben.

Aber Anfang März geht's erst einmal nach Paris, eigentlich stimmt die Fahrtrichtung nicht ganz, aber ein Freund hat Liselotte überredet, sich die Seine-Stadt anzusehen. Sie nützt die Zeit, besichtigt einige Ausstellungen, geht in den Louvre, muß unwillkürlich an Paul Ernst und die gescheiterte Ehe denken und wird ein wenig traurig dabei. Mit ihrem Freund besucht sie daher am Abend noch den Montparnasse.

»Laß uns bei Bery auf den Champs-Élysées einen Aperitif einnehmen, gegen meine Grippe, die macht mir ja doch zu schaffen. Ich will auch auf andere, fröhlichere Gedanken kommen.«

Von Paris aus reist sie nach Worpswede, wo mein Bruder Björn

»seine Mami« endlich einmal wieder in die Arme nehmen kann. Sie erzählt ihm, daß sein Kinderheim in drei Wochen nach Berlin übersiedelt und er dann in ihrer Nähe ist. »Dann können wir beide uns auch oft sehen.«

Für einen Abstecher nach Bremerhaven zu ihrer Mutter und dem kleinen Michael kommt sie leider nicht mehr. Liselotte fühlt sich ohne Kraft, sie hat hohes Fieber. In diesem Zustand kehrt sie nach Berlin zurück und muß sofort ins Bett.

Am Mittwoch, dem 9. März, wird sie von Dr. Klapper operiert. Er behandelt sie drei Tage in der Klinik und sorgt selbst dafür, daß die junge Chansonsängerin gut gepflegt wird. Glücklich aber ist sie erst, als sie wieder in ihr kleines, buntes Atelier zurückkehrt.

Tagebuch, Berlin, 13. März 1932
»Am Wahlsonntag kommen viele Freunde ins Atelier. Ich bin froh, sie alle bei mir zu haben. Mit ziemlicher Erregung behaupten sie: Der Wahlkampf ist nicht sauber, nichts als Lügen und Intrigen. Man fühlt die Schwere unserer Zeit und unserer Zukunft. Spät abends erscheint noch Ernst Toller. Wir haben bis vier Uhr morgens erzählt und nachgedacht. Vielleicht wäre Ernst ohne das Leben, das er gelebt hat, heute nichts anderes als ein schöner Mann mit stark schriftstellerischer Begabung. Aber es ist viel Traurigkeit und ein leises Gedrücktsein in seiner Sprache, wenn man ihn länger als die Viertelstunde, nach der er einem meist wieder fortläuft, bei sich hat.«

Am 16. April soll Liselotte ein Gastspiel in Magdeburg antreten und steht einen Tag zuvor wieder vorsichtig auf. Man hat sie ins »Große Schauspielhaus« zu einer Besprechung bestellt. Da sie sich noch schwach fühlt, begleitet sie ihre Freundin und Schauspielkollegin Elis Altmann. Auf dem Heimweg kann Liselotte die Augen nicht aufhalten und legt sich zu Hause sofort hin.

Sie klagt über heftige Leibschmerzen und hat hohes Fieber. Vier Ärzte werden zugezogen, alle stellen eine andere Diagnose: Magengrippe, Magen- und Darmkatarrh, Bauchfellentzündung und eventuelle Folgen einer nicht einwandfreien Operation.

»Was meinst du, Elis, welche Diagnose steht mir am besten zu Gesicht? Dabei ist mir gar nicht zum Lachen zumute. Das Geld ist alle, mein Gewicht von 124 Pfund auf 100 Pfund gesunken – was jetzt wohl noch kommt?«

Der GROSCHENKELLER, KANTSTRASSE 126,

ladet Sie zu einem am Mittwoch, den 27. April 1932,

stattfindenden

EISBEINESSEN

freundlichst ein.

Unterhaltungen:

Vorträge der „Nachrichten von München"

Liselott Wilke, neues Repertoire usw.

Mit vorzüglicher Hochachtung

Verein Künstlerkeller

„Berliner Herold"

Willi Schaeffers freute sich über die Karriere, die die von ihm entdeckte Elisabeth Wilke gemacht hat, die unter tollem Applaus das neue Lied vom Dreigroschenkeller sang:

„Im Dreigroschenkeller,
Da sind die Männer so schön."

— „Das Lied soll doch so unanständig sein?"

— „Es ist im Stile der Dreigroschenoper gehalten. Wenn dich das rot macht, solltest du dich an der Gründung des Parsifal-Kellers beteiligen, dessen Aktien in den freien Verkehr gelangen sollen."

— „N. d. P.! — wie es in der „Gannovensprache" heißt: Na denn Prost!"

Tagebuch, Berlin, 22. April 1932
»Langsam geht es mir besser, und ich trete wieder auf. Außer mir steht die angebetete, rassige Gitta Alpar auf der Bühne. Sie ist ein temperamentvoller Operettenstar aus Ungarn.«

Immer noch in Berlin, unternimmt Liselotte mehrere Theaterbesuche. Sie findet großen Gefallen an den Vorträgen der »Nachrichten von München« im »Renaissance-Theater«. Der Theaterdirektor Ernst Josef Aufricht hat das Ensemble, bestehend aus Helmut Käutner, Kurt E. Heyne und Bobby Todd, im Münchner »Simplicissimus« im Januar 1931 erstmals gehört. Am Klavier sitzt an Stelle des ausgeschiedenen Werner Kleine Norbert Schultze, der später als Komponist von »Lili Marleen« berühmt wurde. Sein Künstlername ist Frank Norbert. Liselotte wird mit ihm bekannt. Norbert schenkt ihr ein kleines Chanson.

Lieselotte Wilke sagt an

in Langes Künstlerspielen

Ein eigenartiges Menschenkind ist diese friesenblonde Lieselotte Wilke (von den Reinhardt-Bühnen, Berlin), die Direktor Lange als Vortragskünstlerin und Ansagerin seiner „Mai-Festspiele" engagiert hat. Es ist ein nicht leicht zu vergessendes Erlebnis, den Sprechgesang dieser typischen Waterkant-Frau zu hören und sich von ihm fesseln zu lassen. Eine ungewöhnlich stark ausgeprägte persönliche Note verleiht dem Vortrag und der interessanten Erscheinung der jungen Künstlerin einen nicht alltäglichen Reiz. Sie versteht es — anscheinend mühelos — mit ihren durchweg modernen, herben Darbietungen („Dreigroschenoper", Hamburger Hafenlieder, zwei Chansons „vom Leben der jungen Menschen in den großen Städten u. a. m.) das Publikum zu fesseln und ihm starken Beifall abzuzwingen. Allein das Kennenlernen dieses eigenartigen Talents ist das Opfer einiger Stunden wert.

In der ersten Maiwoche 1932 fühlt sie sich oft sehr einsam, hat melancholische Gedanken und spürt, wie schwer das Geldverdienen in Berlin ist. Aber andererseits möchte sie nur hier ihre Karriere machen.

Am zweiten Pfingsttag tritt sie ein zweiwöchiges Engagement in Bielefeld an. Sie übernimmt auch sofort die Ansage. Die Presseberichte sind gut, auch das Publikum ist begeistert.

»Trotzdem habe ich den Eindruck, als schauen manche doch etwas ratlos auf das komische Menschenkind da oben. Anfangs war meine Conférence charmant-seriös und dadurch zwar sympathisch, aber unpersönlich. Jetzt ist mir das zu langweilig, und ich rede frei drauflos; so passe ich natürlich besser in ein literarisches Kabarett nach Berlin als nach Bielefeld. Aber Direktor Gustav Adolf Lange ist herrlich. Er läßt mich machen, was ich will.«

Norbert Schultze schreibt Liselotte nach Bielefeld einen herzlichen Brief. Er gebe in den kommenden Tagen in Leipzig ein Gastspiel, vielleicht könne man sich sehen. Grund genug, denkt sie, das Angebot, nach Chemnitz in die »Libelle« zu kommen, anzunehmen.

Tagebuch, Chemnitz, 1. Juni 1932
»Bis jetzt ist es nicht gerade begeisternd in Chemnitz. Der Klavierspieler findet alle meine Chansons schrecklich. Er lehnt es konsequent ab, sie zu spielen. Solche, die er gerade noch gelten läßt, verklingen unter seinen rohen Händen zu nichts. Ich habe Sehnsucht nach Bielefeld. Dort hat sich so nach und nach eine literarisch-verliebte und Kurt Weill-begeisterte Clique eingefunden.

Ein paar Tage sind vergangen, aber Norbert hat sich immer noch nicht gemeldet, obwohl es von Leipzig nach Chemnitz nicht allzuweit ist. Ich fühle mich wie in einem fremden Land. Die Leute sind so lieb begeistert, während sie mir zuhören, und ich schäme mich, wie wenig mir im Grunde daran liegt. Chemnitz verlasse ich nicht so schweren Herzens wie davor Bielefeld.

Am 16. Mai muß ich in Köln im ›Kaiserhof‹ auftreten. Hier in Köln stehe ich sehr allein und unglücklich mit meiner Art zwischen meinen Kollegen. Es sind alte anerkannte Kabarettypen, die sich, mitsamt der Direktorin, wie eine Mauer gegen den neuen Ton, den ich mitbringe, stellen. Und Starallüren werden mir aufgezwungen. Ich darf nicht im Publikum sitzen, nicht lachen, nicht tanzen. Ich bin todunglücklich und gar nicht mehr ich, wenn ich nicht einfach und natürlich sein kann. So wandert man allein den Rhein entlang in sein kleines Hotelzimmer – zu allein. Ich habe große Sehnsucht nach dem Meer. Dort brauche ich niemanden, aber zwischen den Steinen einer fremden Stadt... ach...«

Als kleinen Trost und Ausgleich für die trüben Gedanken bekommt sie in Köln sehr gute und kluge Kritiken.

Ende Juni trifft auch Norbert Schultze in Köln ein, in seiner Begleitung eine junge Kollegin.

»Du bist wohl in eine Tournee-Ehe eingetreten?« foppt Liselotte und bedauert, daß es schon wieder Abschiednehmen heißt. Sie ist sich nicht so richtig im klaren, wohin die Reise gehen soll. Im kleinen Hotelzimmer häufen sich die Blumensträuße, und die Koffer stehen gepackt.

»Ach was, ich fahre nach Norderney, ich muß endlich wieder ans Meer, aber Berlin existiert auch noch. Wenn ich nach Norderney fahre, begegne ich vielleicht Paul Ernst und kann mit ihm über unsere Kinder sprechen. Einfach mal so, ohne Szenen, ohne Tränen. Seit einem Vierteljahr trage ich für alle drei die Verantwortung – was ich gerne tue, bloß ist's manchmal scheußlich schwer.«

Das Norderneyer Publikum ist von dem Vortrag der jungen Liselotte Wilke sehr erfreut. Die Lokalzeitung berichtet, daß es sich bei der jungen »Strandnixe«, die im »Roten Teppich« auftritt, um die geschiedene Frau des Kunstmalers Paul Ernst Wilke handelt, der auf Norderney längere Zeit sein Domizil aufgeschlagen hatte und dessen Bilder manches Heim auf der Insel schmücken.

Sehr entzückt ist Liselotte nicht über den Hinweis in der Inselzeitung. »Mein Privatleben geht niemanden etwas an, jawoll!«

Tagebuch, Norderney, 18. Juli 1932
»Windstärke neun! Man kann nicht mehr aufs Wasser und rutscht ganz von selbst in den mondänen Kurbetrieb. Hotelhalle, Five o'clock tea, Soupers. Und dieses Milieu reicher Leute fordert mich immer heraus, und ich wehre mich dagegen. Ich möchte wieder ich sein und nicht nur der Gesprächsstoff sensationshungriger, gelangweilter Leute.«

Als endlich die Sonne wieder strahlt, erhält sie eine Einladung von Tennislehrer Klemm zu einem Inselflug in einem Privatflugzeug. Begeistert sagt sie zu.

»Schau, da unten, das ist meine Heimat. Am liebsten würde ich sie umarmen. Halt still, Klemm, damit ich statt dessen dich umarmen kann. Und heute abend werde ich meine ganze Seligkeit mit meinen

Hafenliedern zum Ausdruck bringen. Ob das Publikum es spüren wird? Sag ja, Klemm!«

In der Abendvorstellung, es ist die letzte, und sie ist wieder ausverkauft, bewundert das Publikum die Wilke, die sich ihre Freude aus dem Herzen singt.

In Düsseldorf wartet Kurt Bry auf Liselotte. Er hat sie schon in Berlin am Flügel begleitet und ist auch jetzt dabei, als sie ihr Engagement im »Kristall-Palast« antritt.

»Weißt du, Kurtchen, ich würde zu gerne einen Artikel über das junge Kabarett schreiben oder über das Thema ›Theater oder Kabarett‹. Ich tu es nicht, weil ich jetzt sehr gut verdiene, und ich bin froh, denn von anderen Kollegen weiß ich, daß es vielen schlechter geht.«

Düsseldorfer Buntbühnen

Kristall-Palast

Den stärksten Erfolg des Abends hat Lieselotte Wilke von den Reinhardt-Bühnen mit ihren modernen Songs. Wir sahen dieses schlanke weißblonde Friesenkind noch vor 14 Tagen im Roten Teppich von Norderney, und es ist, als habe sie etwas von dem sonnigen Strand und dem herben Duft der Nordsee mit herübergebracht. Der eigene Rhythmus und Tonfall ihrer Gesänge, ob Schwermut oder Leichtsinn in ihnen aufklingt, hat etwas seltsam Ergreifendes.

»Hört mal, ein Mädchen hat mich heute fotografiert, sie heißt Lisel Haas und ist eine begabte Pressefotografin! So sehe ich also aus. Wieso auf einmal so ein schmales Gesicht, so viele Falten? Mensch, wenn ich nicht so braungebrannt wäre, eine traurige Sache, so'n Gesicht.

Jetzt frag ich mich, woher kommt das. Sicher von all der Sehnsucht nach den Kindern, dem Meer, nach Paul Ernst, nach dem Theater. Ich bin müde von der Provinz, ich möchte nach England, Berlin oder Paris. Am liebsten nach Berlin.«

Der Züricher Regisseur Leopold Lindtberg besucht Ende August die Vorstellung im Düsseldorfer »Kristall-Palast«. Er kommt aus Berlin und macht keinen Hehl aus seiner Begeisterung über den Vortrag der offensichtlich begabten Wilke. In der Garderobe erklärt er:

»Na, so was! Menschenskind, und Sie sind nicht in Berlin. Jetzt bleiben wir noch zusammen, und Sie erzählen mir von Ihren Plänen. Ich hoffe, wir sehen uns in Berlin wieder, dort gehören Sie hin.«

Von dem gutaussehenden begabten Theatermann erfährt sie, daß er seit 1926 als Regisseur in Berlin ist. Er hat bei Piscator und am Staatstheater inszeniert. Auch als Schauspieler habe er auf der Bühne gestanden.

»Deshalb bin ich nach Düsseldorf gekommen, ich besuche hier alte Kollegen.«

Sie verspricht ihm, nach Berlin zurückzukehren.

Tagebuch, Düsseldorf, August 1932
»Plötzlich furchtbare Leibschmerzen durch Grippe. Das Fieber erhöht sich, und ich werde mit einem Krankenwagen ins Hospital gefahren. Der Duisburger Vertrag muß abgesagt werden. Was für ein Pech, ich bin doch ganz pleite. Endlich, am 6. Tag, ganz fieberfrei und zurück ins Hotel.

Was nun wird, weiß ich auch nicht. Ich bleib erst mal liegen. Es kommt Besuch, und es werden Blumen geschickt. Mein Arzt kümmert sich glücklicherweise um alles. Und Lindtberg schenkt mir – welch Ereignis – einen goldenen Füllfederhalter. Donnerwetter, Liselotte, da biste aber echt erschüttert über diesen Einfall. Und wäri happy, tjawoll!

Weil das Geld knapp ist, zögere ich nicht lange, sondern lasse mich vom 1. bis 15. September ins ›Tabaris‹, in Aachen, verpflichten.«

Leopold Lindtberg interessiert sich auch weiterhin für die junge Kollegin und besucht ihre Vorstellung in Münsters Stadthotel.

Die Presse schreibt:

Samstag
den 24. September 1932

Liselott Wilke trägt mit vortrefflich künstlerischem Geschmack Matrosen-Lieder vor, in denen der Ernst und die Tragik und auch die Lebensfreude und Lebenslust der heimatlosen Menschen angenehmen Ausdruck finden, der Menschen, die immer nur zu gewinnen, nie aber zu verlieren haben. Neben der sachlichen Auffassung kommt der Künstlerin eine vorzügliche

Sprechtechnik zugute, die das Zuhören zu einer angenehmen Beschäftigung macht und sicherlich das Produkt der Reinhardtschen Bühnen-Schulung ist. —r—

Im Oktober 1932 kehrt sie in die Reichshauptstadt zurück: »Ich fahre morgen nach Berlin zum Entscheidungskampf, ahoi!«

Hier kaum angekommen, feiert sie das zweijährige Bestehen des eigenen, selbständigen Lebens. Von Willi Schaeffers kommt zugleich das erste Engagement, und »Berliner Tempo« widmet dem Auftritt eine einzige Zeile: »Liselotte Wilke, die Hafenlieder singt, vorläufig noch ohne eine Ahnung ihrer reichen Möglichkeiten.«

Dafür schreibt Willi Schaeffers auf einen grünen Kassen-Beleg:

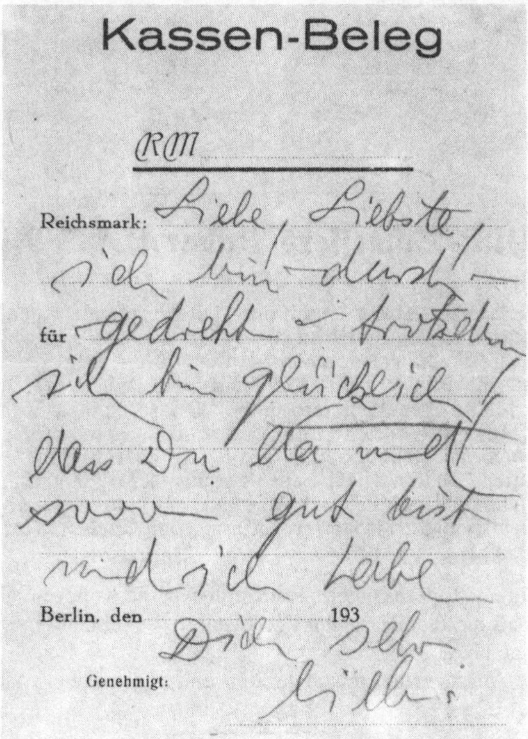
Kassen-Beleg

RM

Reichsmark: Liebe, Liebste, ich bin durch-

für gedreht – trotzdem ich bin glücklich, dass Du da und so gut bist und ich liebe

Berlin, den 193 Dich sehr

Genehmigt: Willi.

Willi Schaeffers Kabarett für Alle

Das Oktober-Programm
1. bis 31. Oktober 1932

Conference: W I L L I S C H A E F F E R S
Musikalische Leitung: A L E X S T O N E

Im Oktober gastieren:

Curt Ackermann
Bourlakoff Truppe
Maria Collm
Hugo Fischer-Köppe
Rudolf Klaus
Willi Schaeffers
Ellen Schwanneke
The Merry Twins
Claire Waldoff
Lydia Wieser
Liselott Wilke
Erich Wolff
Marie Yella
Werner Zach

(Die Namen der Künstler sind alphabetisch geordnet.)

Willi Schaeffers Kabarett für Alle
im Oktober.

Schaeffers kann Jubiläum feiern: einen Monat hat er sein Kabarett-Schiff durch die Stürme der Zeit geführt, bei den Mode gewordenen Eintags-Direktoren genügend Grund, stolz zu sein und Mehrings pathetischen Seemannschoral, eine alte Erinnerung an Peter Sachses Karussel, an Lambertz-Paulsen und den alten Schwannecke, anstimmen zu lassen, „Die Welt ist überall rund . . .“ Minuten später steht ein weißblondes, schmalhüftiges Friesenmädchen, Lieselott Wilke, auf der Bühne und singt mit salzluftgedörrter Stimme von Liebe, Meer und Abschied. . . .

»Was? Du und Opernsängerin?« schmunzeln die Kollegen, als sie erfahren, daß die blonde, schlaksige Liselotte bei einem Opernsänger vorgesungen hat.

»Keine Angst, er hat mir abgeraten und nur gelächelt. Ich bleibe euch treu!«

Tagebuch, Berlin, 22. Oktober 1932

»Es ist schon ein verdammt großer Unterschied mit den Männern in Berlin und denen in der restlichen Welt. Hier gibt es Kopf oder Erotik. Und wenn man sich nicht ganz schnell für das eine oder andere entschließt, geschieht nichts. Herz fällt weg. Gut, daß fast alle Männer in Berlin Kopf haben. Die Prominenz hält zusammen wie das Proletariat. Warum auch nicht. Prominenz ist das arroganteste Wort, das es gibt. Man sollte sagen: die Fertigen, Besiegelten.

Anläßlich des 25jährigen Bühnen-Jubiläums für Hugo Fischer-Köppe stehe ich mit Hellmuth Krüger, Paul Hörbiger, Lissi Arna,

KABARETT FÜR ALLE

FINGESTEN

25 jähriges Bühnen-Jubiläum

Hugo Fischer-Köppe

zu Gunsten des erkrankten

Willi Karzin

Sonnabend, den 29. Oktober 1932, 11,45 Nachts

PROGRAMM

Conference:
Maria Colm, Paul Heidemann, Fritz Kampers, Hellmuth Krüger, Paul Nikolaus, Dr. Peter Sachse, Willi Schaeffers, Carl Schnog, Liselott Wilke, Marie Yella.

„Der Vielgeliebte"
Sketch von Gabriele Eckehardt. – Mitwirkende: Lissi Arna, Alice Hechy, Senta Söneland, Rosa Valetti, Gerti Klemm, Grete Weiser und Hugo Fischer-Köppe.

Die Sieger des Schlagerwettbewerbes
Friedr. Schwarz – Willi Rosen – Alex Stone und ihre Interpreten: Paul O'Montis – Willi Rosen – Lutz Burgin.

Paul Hörbiger
mit seinen Dietrich-Schrammeln

Im Solo:
Mimi Gyenes (Ungar. Volkslieder) – Max Herrmann-Neisse (Aus eigenen Dichtungen) · Rolf Jahnke (Olympiade).

Grete Weiser, Fritz Kampers und Willi Schaeffers auf der Bühne. Unter den Zuschauern entdecke ich Max Schmeling. Er mich leider nicht.«

Tagebuch, Breslau, 2. November 1932

»Jetzt ist es bereits November. Als ich heute früh aufwache, weiß ich nicht sogleich, wo ich bin. Aha, Hotelzimmer in der ›Goldenen Gans‹, Breslau. Hergeholt hat mich Erich Wolfgang von Schipinski, Besitzer eines Kabaretts. Weil er eine relativ hohe Gage versprochen hat, bin ich hier.

> **Das Kabarett** Liselott Wilke, für Breslau neu, ist eine weißblonde Dame von der Wasserkante. Die herb-anspruchslose und doch sehr wirksame Art, wie wir sie von der Maria Ney her kennen, findet in der Wilke eine würdige Repräsentantin. Im Rahmen des Hauptprogramms und dann nach Schluß, als die Künstler mit einem Nachtkabarett, Nachtisch also, erfreuten, mußte Liselott Wilke immerfort, immerfort singen,

Ich habe wieder großen Erfolg, wie fast immer, wenn ich außerhalb Berlins auftrete. Hier genügt den Menschen also, daß man persönlich ist, sie liebhat und ihnen sowie einem selbst zur Freude singt. Im verwöhnten Berlin ist Begabung Voraussetzung. Ist man sehr begabt, darf man auftreten. Werde ich nach dem Repertoire gefragt, muß ich mir sagen lassen, daß meines ja ganz geschickt sei, ›aber wissen Sie, Liselotte, bei unserer Gescheitheit wüßten wir da noch viel bessere Texte und Ideen, die sich veröffentlichen ließen‹.

Und ich, die Wilke, denke, daß dem Inselschädel das bestimmt nicht einfallen wird, und bleibe meinem Brecht, Mehring, Kästner, Holländer, Ringelnatz und Tucholsky treu.«

»Lale, ich bin es, hast du Zeit? Ich befinde mich auf der Durchreise nach Wien, wann können wir uns sehen?«

Das Wiedersehen in Breslau mit Lotte Lenja begeistert die jüngere Kollegin.

»Ich kann nicht verstehen, warum man eine so herrliche Schauspielerin nicht laufend fürs Theater verpflichtet! Es gibt keine Rollen für dich? Das ist doch ein klägliches Zeichen für unseren dichterischen Nachwuchs. Am liebsten würde ich für dich ein Stück schreiben!«

In Breslau lernt Liselotte in dieser Zeit einen vermögenden, älteren Kunstfreund kennen, dem sie die Konzeption ihres zweiten Buches vorlegt.

»Willst du meine ehrliche Meinung hören, Liselott? Du schreibst über das kommunistisch-literarische Milieu Berlins, wie es ein Oberprimaner beschreiben würde. Du begreifst zwar die Themen und erfaßt die Dinge instinktiv richtig, hast aber von deren Entwicklung keine Ahnung, dir sind die Gründe der Entstehung nicht bekannt.«

Mit einem Lächeln akzeptiert sie die Kritik des erfahrenen Mannes und meint: »Gut, dann heißt mein nächstes Buch ›Der Traum in Breslau‹.«

Für den Wunsch seiner jungen Bekannten, die beiden Söhne wiedersehen zu wollen, zeigt der Kunstliebhaber mehr Verständnis. Um ihr das Treffen in Bremerhaven zu ermöglichen, schenkt er ihr »ohne moralische Verpflichtung, sondern aus Verehrung und Freundschaft« eine Fahrkarte. Mit den beiden Söhnen Michael und Björn läßt sich so viel Spaß haben, lassen sich Zukunftspläne schmieden.

»Der Beruf kann warten! Und außerdem, meine kleinen großen Söhne, hat eure Mami einen Dezembervertrag nach München in der Tasche. Nächste Anschrift lautet also ›Hofgartenspiele Annast‹. Wir müssen uns ums Morgen ausnahmsweise keine Sorgen machen, ein tolles Gefühl!«

Sie verabschiedet sich nach ein paar Tagen von den Kindern und Bremerhaven. In Breslau muß sie, nach vielen Abschiedsküssen und Umarmungen, nach Berlin zurück, um auf ein neues Angebot zu hoffen.

2. Kabarett-Matinee 1932/33

Sonntag, den 27. November, 11½ Uhr, im Theater am Bülowplatz

Conférence:

Maria Ney

Mitwirkende:

Dora Gerson / Liselott Wilke / Harry Hauptmann / Walter Gross und Hans Horsten

Rosa Valetti / Wilhelm Bendow / Helba Huara

Im zweiten Teil: **Paul Graetz,** „Berliner Bilderbogen"

Einlaßkarten zum Preise von 1,— Mark in den Vorverkaufsstellen der Karten für Sonderveranstaltungen.

Tagebuch, Berlin, 28. November 1932

»Es waren über 2000 Menschen im Kabarett in der ›Volksbühne‹ zur 2. Matinee. Ich habe noch nie auf einer so großen Bühne gestanden. Das Auftreten vor einem Monat im ›Kabarett der Komiker‹ war darum so herrlich, weil ich zum erstenmal ein Chanson sang. Sonst aber war das gestern Erlebte das Schönste. Vor mir traten Rosa Valetti, Paul Graetz (›Berliner Bilderbogen‹), Wilhelm Bendow, Dora Gerson und Helba Huara auf. Alle mit Chansons. Ich fasse im letzten Moment den Entschluß, etwas sehr Mutiges zu tun, und spreche ein Gedicht von Bert Brecht, die Ballade von der Hanna Cash. Es ist ganz still. Man spürt den Atem der vielen Menschen, sehen kann ich nichts, die Scheinwerfer sind sehr grell, nur links und rechts flimmern hoch oben die roten Notlämpchen an den dritten und vierten Rängen. Nichts ist in diesem Riesenraum zu hören als das Herzklopfen in meiner Stimme.

Für diese Stille bin ich den Menschen dankbarer als für den endlosen Applaus, den gibt's im Kabarett auch schon mal, aber diese Andacht des Zuhörens nie.«

KABARETT IN DER VOLKSBÜHNE

Wie immer, wurde den Zuschauern ein ausgewählt gutes Programm gezeigt. Paul Graetz begann es, der das Publikum gleich in ganz große Stimmung brachte. Maria Ney wirkte als Conférencière wie stets im blauen Matrosenanzug und entzückte durch ihre frisch-fröhlichen und sehr unfrommen Angriffe auf die Männerwelt. Als dritte Nummer erschien die castagnettenklappernde Tänzerin Helba Huara. Hans Karl Horsten und Walter Grosse brachten den „Song vom Stottern". Wilhelm Bendow erzählte sich eins. Harry Hauptmann bewies in seinen „Anklängen aus alter und neuer Zeit", wie sehr die Melodien verschiedener Zeiten aneinander anklingen. Die kessen Berliner Vorträge von Dora Gerson erzielten Begeisterungsstürme, nicht minder Liselotte Wilkes Vorträge „Ballade von der Hanne Cash" von Brecht und „Die kleine Stadt" von Mehring. Zum Schluß sangen die 4 Rondos, vier schwarzrot eingebundene Damen, Schlager, die sehr gefielen. **W. O. S.**

Das »8-Uhr-Abendblatt«, Berlin, berichtet am 28. November 1932:

»Liselotte Wilke, die Brecht- und Mehring-Balladen vorträgt, hat damit Begeisterungsstürme erzielt.«

Kaum hat sie ihr Berlin-Gastspiel beendet, setzt sie sich in den Zug, um im Dezember 1932 in München, in den »Hofgartenspielen Annast«, aufzutreten.

Hofgartenspiele Annast

München

Lieselott Wilke, die junge Diseuse, gastiert diesen Monat mit großem Erfolg in den Hofgartenspielen Annast in München.

*

Eine besondere Ueberraschung ist obendrein zu verzeichnen: Liselotte Wilke, eine fahlblonde Friesin, ganz eigenartiges Talent. Ihre Hafen- und Seelieder packen, das ist wirkliches und bestes Kabarett.

Tagebuch, München, Dezember 1932

»Noch kennt man wenig Menschen und erinnert sich, daß man früher alles daransetzte, in einer neuen Stadt schnell ein paar Menschen kennenzulernen, und dann glücklich über das Zugehörigkeitsgefühl war. Ich liebe München gerade des Alleinseins wegen. Nur während des Auftritts bin ich mit anderen zusammen, sonst muß ich mich mit niemandem teilen. Das erlaubt mir Zeit zum Nachdenken und um Rechenschaft abzugeben, auch das muß sein und tut manchmal nötig.«

Aus dieser Münchner Zeit stammt ein kleines Foto, das mich mit meiner Mutter beim Taubenfüttern auf dem Odeonsplatz zeigt. Ich halte die fremde, blonde, lustige und strahlende Frau für meine Tante, nenne sie Lilott und ahne zu dieser Zeit noch nicht, daß sie meine leibhaftige Mutter ist. Da ich mit knapp zwei Jahren an meine kinderlos gebliebene Tante »abgeliefert« wurde, sollte das Verhältnis zu ihr offensichtlich nicht gestört werden. Ich betrachte sie als meine »Mutti«.

Liselotte Wilke poliert auch weiterhin ihr Image. Als unverheiratet und kinderlos zu gelten gehört zur Imagepflege. Meine Mutter war schon 1932 sehr fortschrittlich und emanzipiert. Ich aber fahre mit meiner Tante, der Schwester meiner Mutter, nach Zürich zurück.

Im »Annast« begegnet eines Tages der bekannte und tüchtige Rechtsanwalt Dr. Alfred (Fredy) Strauß der Chansonsängerin aus Bremerhaven und findet sofort Kontakt zu ihr. Nach der Vorstellung bleiben sie noch eine Weile zusammen. Dr. Strauß erzählt, mit welcher Skrupellosigkeit und finanzieller Brutalität Prozesse gewonnen werden. Meine Mutter ist begeistert von Dr. Strauß:

»Sie sind in meinen Augen eine Mischung aus bayerischer Offenheit, männlicher Kraft, menschlicher Reinheit und jüdischem Intellekt, Fredy. Gerne möchte ich Ihr Angebot annehmen, mit Ihnen über Weihnachten in die Berge zu fahren.«

Weihnachten regnet es leider, und anstatt sich bei winterlicher Sonne etwas zu erholen, sitzen die Gäste in der Hotelhalle herum. Wieder einmal entsteht bei Liselotte die Sehnsucht nach Meer und Weite.

»Nicht sentimental werden, so ist nun mal das Matrosenleben, Liselotte. Dein Vater sitzt ganz allein in New York in seiner Schiffskoje, die Kinder packen ihre Geschenke aus, und dir gegenüber sitzt Fredy. Er ist lieb auf bayerische Art und ist ein ganzer Kerl, mutig, stark und gescheit. Der kann doch nichts dafür, daß du nicht weißt, wohin du heute eigentlich gehörst. Für ihn bist du ein modernes, unsentimentales Mädchen mit hellem Kopf und hellen Haaren, trinkst fremdklingende Cocktails und Whisky Soda wie ein amerikanischer Soldat und verdienst selbst dein Geld.

Du besitzt einen gesunden, braungebrannten Körper und sicher auch ein Herz darin. Das fühlt ein Mann doch. Aber bis du wieder von der Bühne kommst, ist das Herz schon wieder weggepackt. Ja, so ist das Matrosenleben, ahoi.«

Dem verständnisvollen Freund Dr. Strauß vertraut sie an, daß das Singen von Chansons ihr immer wichtiger wird, der Wunsch, Theater zu spielen, dagegen unwichtiger.

»Lach mich nicht aus, aber für mich sind Matrosen eben richtige Kerle! Im blauen Sweater, von Windgeruch umgeben, mächtig stark und zwei Meter groß. Das sind Partner, die meine Phantasie ansprechen, die kann mir kein Theater ersetzen. Ach, wie ich diese Gestalten liebe, den Billie aus dem ›Roten Mond‹ und den Paul aus dem Hafenlied ›Paul‹. Alle Whisky-Soda-Männer sind dagegen ein Witz.«

Mit wenig Begeisterung tritt Liselotte im Februar 1933 ein Engagement in Chemnitz an. Ihr liegen weder die Stadt noch die Sprache. Die Gage ist außerdem so minimal, daß sich gerade das Hotelzimmer damit bezahlen läßt.

»Wenigstens steht im Hotelzimmer ein Klavier. Ich übe neue Nummern, träume davon, eines Tages einen eigenen Pianisten zu haben, und hole mir, als Trostpflaster gegen die Einsamkeit, Michael.«

Aber trotz seiner Gegenwart hält sie es nicht lange in der Stadt aus, verzichtet auf drei Tage Gage und Auftritt, nimmt den Jungen bei der Hand und reist mit ihm nach Bremen zu Björn.

»Ich hab euch beide analysiert: Björn, du bist der Tapfere, Michael, du der Mutige. Laßt euch das von der Mami gesagt sein, ehe sie neue Engagements eingeht, um für die Zukunft zu sorgen, unsere Zukunft.«

Da die Reise nach Cottbus, wo die nächsten Auftritte stattfinden, über Berlin führt, besucht sie mit Michael das »Café Leon«. In dem beliebten Künstlerlokal sitzt zufällig auch Erich Kästner, der Liselotte erstaunt ansieht, als er ihr bereits das dritte Mal innerhalb weniger Monate mit einem anderen Kind im Schlepptau begegnet.

Zu einem Gespräch kommt es zwischen den beiden nicht. Sosehr ihr sonst an einer Unterhaltung mit dem Schriftsteller gelegen hätte, diesmal atmet sie erleichtert auf, daß er keine Anstalten macht, sie zu begrüßen. Ihren kleinen Sohn fest im Griff, verläßt sie nach kurzer Zeit das Café.

Die Cottbusser hören das erste Mal von Liselotte Wilke. In der Lokalpresse wird über ihren Auftritt berichtet:

„Kammerbrettl"

Am eigenartigsten wirkt Lieselotte W i l k e von den Reinhardt-Bühnen. Exquisit in ihrem Aussehen, herb in der Vortragsart, rezitiert sie eine Fülle stimmungsvoller Sachen, die ihr brausenden Beifall eintragen.

Nirgends steht allerdings, daß meine Mutter ohne Gage auftritt, denn der Theaterbesitzer versteht unter »Künstler« Akrobaten, die einen Handstand vollbringen können.

»Ich werde Ihnen was sagen, für Sie und Ihre Stammtischfreunde existiert weder das Wort originell, geschweige denn: Original. Aber Sie wissen sicher, was ich mit ›Leben Sie wohl‹ meine!«

Michael darf auch noch bei Liselotte bleiben, als diese in Stuttgart den Vertrag für den Monat März erfüllen muß. So richtig ist sie nicht bei der Sache, tröstet sich aber damit, daß sie mit jedem Auftritt genug verdient, um einen weiteren »vergnügten und sorglosen Tag« mit ihrem kleinen Sohn zu verbringen.

»Früher saß ich schon ein paar Stunden vor meinem Auftritt und zwei Stunden danach noch im Theater. Jetzt aber komm ich, hoppla, den roten Sweater angezogen, hinein in die blauen Hosen, Halstuch umgebunden, ein bißchen Rouge auf die Nasenspitze und Lippen, Tusch, rauf auf die Bühne! Zwanzig Minuten später lauf ich zum Hotel und zu Michael zurück.«

In dieser Zeit, im März 1933, zwischen den Engagements in Stuttgart und Wiesbaden, unternimmt die bisher als Liselotte Wilke bekannte Interpretin von Seemannsliedern und Chansons die ersten Versuche, ihren Vornamen zu ändern. Im Stuttgarter »Excelsior« tritt sie als Lale Wilke auf. Über ihren Auftritt im »Parkkabarett« in Wiesbaden berichtet am 23. März eine Tageszeitung:

»Lale Wilke singt Hamburger Seemannslieder und Stimmungslieder aus Hafenkneipen. Man muß sich an diese blonde Künstlerin mit den herben Zügen erst gewöhnen. Aber wenn man mit ihrer Erscheinung vertraut ist – und das geschieht in wenigen Minuten –, dann versteht man erst den wundervollen Vortrag der Lieder.«

In Berlin laufen im März 1933 interessante Filme, sie hat Zeit, sich die Garbo in »Menschen im Hotel« von Vicki Baum und »Der Rebell« mit Luis Trenker anzusehen.

Gefeiert wird auch die Filmpremiere Friedrich Holländers, »Ich bin die Kaiserin«. Eine ausgelassene Clique trifft sich in dem Lokal »St. Pauli«, es wird getanzt und gesungen...

»Los, Liselotte, gib was zum besten!«

Sie tut es mit Hingabe und Intensität, mal singt sie vom Tisch hinunter, mal steht sie zwischen den Holzstühlen. Plötzlich ist es morgens, und am liebsten würde sie in Berlin bleiben, »auf den neuen Vertrag pfeifen und... Nein, ich muß nach Stuttgart zurück. Die Direktion hat mich nicht freigegeben. Aber ich komme wieder, bald.«

Zum festen Repertoire gehörten das »Lied vom roten Mond«, Brechts »Denn wie man sich bettet, so liegt man« und Curt Brys »Schnadahupf'n«. Aus Breslau kommt ein Brief nach Stuttgart von dem reichen Kunstmäzen, dessen Heiratswunsch Liselotte zwar bekannt ist, aber sie zieht noch immer ein loses, freundschaftliches Verhältnis vor.

»Ich mache mir wegen der politischen Entwicklung große Sorgen«, schreibt er, kann aber keine Lösung vorschlagen und erreicht lediglich, daß sich auch seine entfernte »Geliebte« Gedanken macht.

Nicht ganz leicht hat es Lale in Stuttgart, denn hier ist Willi Reichert mit seinem unverfälschten schwäbischen Humor auserkorener Publikumsliebling. Um so willkommener ist die Abwechslung, die der Landesbußtag mit sich bringt. Es dürfen keine Aufführungen stattfinden. So packt sie kurzentschlossen ein paar Sachen in den mit Hotelschildern beklebten Koffer und reist nach Zürich zum »Töchterchen«.

Tagebuch, Stuttgart, März 1933
»Hundert Ahois den Stuttgarter Boys. Man hat 14 Tage nur vor Beinen gespielt, alle Köpfe waren zu 75 Prozent in der Politik. In Wiesbaden muß ich erst am 16. März im ›Parkkabarett‹ auftreten. Im April fahre ich nach Zürich, komme, was will.«

Kaum in Zürich angekommen, mietet sich Lale ein kleines Apartment. Das »Ereignis« spricht sich unter ihren Freunden, darunter immer mehr Berliner Kollegen, schnell herum.

»Heute abend gibt unsere Liselotte bei sich eine Party. Sie hat sich in der Nähe vom Züricher Schauspielhaus eine Wohnung genommen und alle eingeladen. Es wird viel zu erzählen geben, vor allem über das Theater in Berlin und über die politische Entwicklung in Deutschland!«

In der Schweiz kennt man mittlerweile die junge talentierte Künstlerin. Im April 1933 berichten über ihren Auftritt im »Sedlmayr-Kabarett« die Züricher Tageszeitungen:

Was nützt uns schon die „Büldung"!

Kabarett Börse.

Liselotte Wilke, hierzulande von niveauhaltigem Schauspiel her wohl in Erinnerung, ist eine Meisterin des Sprechens; ihre Tongebung hat etwas bestrickend Ultramodernes, ihr Gesang klingt gewollt primitiv, aber wirkt sehr eindrucksvoll. Das Lied von den drei Farben ist einzigartig in Expression und Format.

Im Tagebuch taucht jetzt zum erstenmal der Name von Rolf Liebermann – sie nennt ihn »All« – auf. Es ist der Komponist und spätere Intendant der Staatsoper Hamburg und der Pariser Oper.

»... und wenn dann jemand kommt wie All mit seiner klugen Sprache und seinem Lächeln ...«

Aus einer riesigen, mündlichen Liebe, schreibt meine Mutter, wird eine Spanienreise. Kurzentschlossen fährt das Paar am 3. Mai über Lausanne, Genf, Lyon, Montpelliers nach Barcelona. Die beiden sind sehr verliebt. Für den angehenden, aber noch ziemlich mittellosen Musiker ist sie »Lalilein«. Bereitwillig geht sie auf seine Vorschläge ein, dieses oder jenes zu unternehmen. Seiner Ansicht, keine Tragik im Leben ist so tief, daß sie nicht irgendwo auf Humor stößt, stimmt sie bei.

»In Barcelona wohnen wir im Hotel Riz. Wir werden uns eine spanische Oper anhören, und zum Stierkampf kommst du auch mit«, bestimmt All.

Auch zu einem spanischen Chansonabend nimmt er sie mit. »Er werde ihrer eigenen Karriere nützlich sein.« Spät abends im Hotelzimmer diskutieren beide lebhaft über Menschen und Religionen, über Darwin und Luther.

»Noch nie hat mich ein Mann geistig und geographisch so beschenkt wie du. Ich bin maßlos glücklich«, gesteht eine verliebte Lale. Per Auto reist das Paar nach Paris weiter.

»Wir sind in Paris und senden Euch viele Grüße«, schreibt sie an Freunde. Zuvor wurde ein paar Tage auf Mallorca ausgespannt, und am liebsten würde die Verliebte der Bitte des Mannes nachgeben und das Mai-Engagement in Düsseldorf aufgeben.

»Diesem Aufgeben würden gewiß weitere folgen, will ich das? Bis jetzt ist der Kampf nach oben verdammt schwer, wie leicht könnte ich es als Ehefrau von All haben. Laß ihn sich um die Zukunft Gedanken machen. Nein, ich muß nach Düsseldorf, allen Verführungskünsten und allen Liebeserklärungen zum Trotz.«

Schnell und beabsichtigt folgt ein Themawechsel. Am Abend gehen sie in den Chansonkeller der bekannten Sängerin Lucienne Boyer. Beide sind von ihrem Können und der unkomplizierten Schönheit begeistert.

Tagebuch, Düsseldorf, 20. Mai 1933

»Ich glaube, daß ich noch nie in der Arbeit so gut war wie jetzt. Ich habe viel gelernt von Yvette Guilbert, der berühmten Diseuse, von ihrer gänzlichen Mißachtung des Äußeren und Konzentration auf das Innere des Chansons.

An All denke ich fortwährend. Freiwillige Abhängigkeit ist die

Kristall-Palast in Düsseldorf

Das zweite Maiprogramm steht im Zeichen Fred Endrikats, des witzigen und geistreichen Conférenciers, der da eine Kanone unter seinen Kollegen ist.

Ein gutes Programm hat er anzusagen. Lale Wilke, aufreizend blond, der „neue Star des Kabaretts“, wie es im Programmheft heißt, bringt in der Tat ausgezeichnete Kleinkunst. Die Dame spricht kultiviert, mit einem Aufwand angeborenen schauspielerischen Könnens, und sie versteht es, starke Spannung im Zuhörer zu erregen. Großen Eindruck machte u. a. das Seemannslied in drei Farben und Ahoi, Paul ahoi!

schönste, denn wie wäre sie möglich ohne Liebe, sagte schon Goethe. All meint dazu: Gegen große Vorzüge des anderen gibt es nur das eine Rettungsmittel, die Liebe.«

Zwischen Düsseldorf und Zürich wandern viele Gedanken hin und her, werden zärtliche Worte ausgetauscht. Völlig unerwartet steht plötzlich All in Düsseldorf vor ihr. Um ihr eine besondere Freude zu machen, kauft er ein Grammophon. Lale aber wünscht sich insgeheim, es wären andere, wichtigere Dinge gewesen als ausgerechnet ein teures Grammophon.

»Heute wirst du dir einmal klassische Musik anhören, Lalilein. Musik von Richard Strauss und Händel, ebenso die Stimmen von Richard Tauber und Heinrich Schlusnus. Bitte, achte auf die Texte, sie handeln alle von der Liebe.«

Gehorsam, glücklich und verstehend lauscht sie den Worten, vergißt dabei, daß ihr Geliebter am nächsten Tag wieder abreist.

»Nicht nur dein Image, oder sagen wir, dein Ruf muß bewahrt werden, Lalilein, auch der meinige.«

Politisch spitzt sich zu dieser Zeit die Lage zu. Immer zahlreicher wird die Liste jüdischer Künstler und politisch anders Gesinnter, die

Deutschland verlassen und in die Schweiz oder nach Amerika gehen. Auch meine Mutter spürt, »daß ein völlig neuer politischer Wind weht«.

Tagebuch, Hamburg, 6. Juni 1933
»Nach meinem Auftritt im Hamburger Kaffeehaus ›Vaterland‹ wird zum erstenmal, solange ich singe, an meinen Chansons korrigiert! Das eine sei zu übermütig, das andere sei verdächtig sozial, das dritte von einem jüdischen Autor. Wird alles verboten. Alles Protestieren, alle Empörung nützen nichts. Selbst die Rockhosen, die ich drei Jahre auf der Bühne tragen durfte, sind ab sofort verboten. Jetzt muß ich im Abendkleid auf der Bühne stehen und fades Zeug singen. Ich werde den Vertrag lösen. Wie das allerdings menschlich und finanziell zu bewältigen ist, davor bangt mir sehr.«

Am 13. Juni fährt sie wieder nach Zürich zu Liebermann. Aber sie ist nicht glücklich bei dem Gedanken, das Hamburger Gastspiel vorzeitig aufgegeben zu haben, und bezeichnet sich selber als schwach und leichtsinnig.

»Wie das wohl endet?« Unausgesprochene Gedanken... »Man tanzt mit und bestenfalls bricht man sich dabei den Hals! Sehnsucht nach der Arbeit oder nach der Liebe? Kann man ununterbrochen das lieben, was man liebt?«

Der Portier des Münchner »Regina-Palast-Hotels« empfängt ein paar Wochen später die junge blonde Künstlerin und teilt ihr aufgeregt mit, daß der bekannte Strafverteidiger, Rechtsanwalt Dr. Strauß, am 1. Juli im KZ Dachau erschossen wurde. Diese Mitteilung trifft sie völlig unerwartet, auch als ihre Freunde im »Annast«, einschließlich Frau Annast, es ihr ebenfalls bestätigen, kann sie es kaum glauben. Mit Fredy Strauß hatte sie ein herzliches und freundschaftliches Verhältnis.

»Es ist einfach unfaßbar. So sinnlos.«

Sie erinnert sich, daß einige Kollegen vom »Simpl« des öfteren behauptet hatten, der Anwalt sei ein Angeber, ein Schürzenjäger. Nun soll er tot sein, umgebracht..., sie versteht es immer noch nicht, wird es auch nie begreifen. Ihre Meinung, wie gewohnt, frei und unbeeinflußt zu äußern, auch ihre politische, schien Liselotte auf einmal riskant zu werden. Ihre Freunde hatten sie beim letzten Besuch in Zürich bereits gewarnt.

Ach was! Ihre künstlerische Laufbahn hatte nichts mit Politik zu tun, wen sollten schon ihre politischen Anschauungen interessieren.

In München findet auch nach langer Zeit ein Wiedersehen mit Norbert Schultze statt. Die beiden treffen sich zufällig auf der Straße, und Norbert erzählt von einem Engagement als Dirigent in München. Für 1934 hat er einen Vertrag nach Darmstadt abgeschlossen.

»Toi, toi, toi und alles Gute«, verabschieden sie sich, und Liselotte reist in die Schweiz zurück.

»Ein Glück, daß Annast sich so verständnisvoll zeigt. All, ich kann meinen Septembervertrag auf August vorverlegen. Somit kann ich die kommende Spielzeit in Zürich sein und auf ein Angebot des ›Züricher Schauspielhauses‹ hoffen.

Jetzt bleiben wir ein paar Tage zusammen, dann aber muß ich endlich nach Bremerhaven fahren und meine Söhne besuchen. Als ich das letzte Mal nach langer Abwesenheit bei meiner Mutter war, betrachtete ich mein altes Zuhause mit einer gewissen Neugierde. Meine Mutter brachte mir eine fast bewußte Distanzierung entgegen und so eine kühle Sachlichkeit, daß es mich beinahe fröstelte. Ich glaube, daß ihr Verhalten viel damit zu tun hat, daß ich eine so frühe Ehe einging. Paul Ernst war der erste Mensch, der weder lächelte noch staunte, wenn ich ihn umarmte.

Es ist schön, daß ich mit dir über diese Dinge sprechen kann, All, dafür werde ich dich immer liebhaben, auch wenn ich dich eines Tages nicht mehr lieben sollte.«

Daß ein Abschied so schmerzen kann, spürt sie jetzt erneut, als sie im Zug von der Schweiz nach München sitzt, und denkt zurück, wie sie vor drei Jahren nachts allein aus Bremen fortfuhr, vom Haus, von der Ehe mit Paul Ernst und allem, was damit zusammenhing.

»Aber es war ein bewußter Schnitt ins Herz, und ich war darauf vorbereitet. Auf die Begegnung mit All und die Liebe zu ihm bin ich nicht vorbereitet, wie wird es enden, wer wird Sieger sein in dieser Verbindung?«

Jetzt ist sie in München, bekommt täglich Anrufe von All, daß sie nach Zürich zurückkommen soll.

»Ich kann doch nicht, bitte, verstehe mich. Wenn ich jetzt meinem eigenen Verlangen nachgebe, dann verliere ich jegliche Chancen, in Deutschland noch einmal einen Chansonvertrag zu bekommen. Das wäre ein absolut willkürlicher Vertragsbruch. Du betrachtest mein Argument als Berechnung, als Egoismus. Dabei wäre es Egoismus, wenn ich zu dir käme und bei dir bliebe.«

»Wie soll ich ihm denn nur erklären, daß mein Leben – und was ich am meisten liebe: meine Unabhängigkeit – auf meinem Beruf, auf meiner Arbeit und nicht auf Rolf Liebermann basiert?

So einen Kameraden wirft man nicht weg, der dich Jahre hindurch geformt, größer gemacht und sogar manchmal ernährt hat; der obendrein noch treu bleibt, auch wenn man sich selbst ein paar Monate lang herzlich wenig um ihn kümmert.

Es wird bestimmt ein Tag kommen, wo ich ohne All auskommen muß, was dann?«

Im »Annast« besteht das Programm im August 1933 aus drei Hauptattraktionen: dem witzigen, gescheiten Conférencier Adolf Gondrell, der Kabarettistin Lotte Goslar und Liselotte Wilke.

> p.- **In den Hofgartenspielen** steht Adolf G o n d r e l l vornedran, ein Plauderer, der auch allein einen Abend durchhalten würde. Es gibt wohl keinen schlagenderen Conférencier, der seine Einfälle und Witze so glänzend zu fassen und zu formulieren versteht.
>
> [illegible] und Liselotte Wilke, die blondsträhnige „Bubenmaid" von der friesischen Waterkant, ist ein Matrosenkerlchen voll ironischer Meerromantik, eigenwillige Könnerin mit echtem Grundton, Kabarettistin von bestem Herkommen und lebendiger Begabung.

»Fliege mit Michael von München am 16. August, bitte abholen, Kuß Lalilein.«

All steht am Flughafen und nimmt abwechselnd seine Geliebte und den kleinen zappligen Michael in die Arme.

»Dir stopf ich gleich mal dein Mündchen mit Süßigkeiten zu, Michalein, damit ich mit der Mami ganz wichtige Gespräche führen kann«, lacht All geduldig.

Mit Alls Auto geht es in die Stadt zur gemeinsamen Wohnung. Selig erzählt Lale, daß sie sich sehr auf das Wiedersehen mit Leopold Lindtberg freue. Ihm habe sie die Rolle in der Zeitrevue »Höchste Eisenbahn«, für die Friedrich Holländer den Text und die Musik schrieb, zu verdanken.

»Und Lindtberg führt die Regie«, strahlt sie überglücklich.

Das neue Stück wird im »Züricher Stadttheater« einstudiert, und Lale träumt von einer größeren Rolle. Aber schon nach der ersten Probe beklagt sie sich bitterlich bei All, als dieser sie vom Theater abholt. Enttäuscht und wütend erzählt sie ihm, ihre Rolle sei nur klein. Die anderen Mitwirkenden, zu ihnen gehören Therese Giehse,

Leny Marenbach, Heinrich Gretler, Gusti Huber und Leonard Stekkel, hätten mehr Glück gehabt.

All, der sie zu trösten versucht, wirft sie vor, sie habe es satt, überall als Freundin vom Liebermann betrachtet zu werden. »Ich möchte endlich mal wieder richtig arbeiten und als ›die Wilke‹ anerkannt werden. Wenn es halt nur nicht so unglaublich wohl täte, mal jemanden zu haben, der sich sorgt, einen umsorgt und in dessen Kraft und Stärke man sich ausruhen kann.«

Nur mit einer einzigen Zeile beachtet sie der Kritiker:

»Ein charmantes Ensemble-Zwischenspiel bieten die neckischen Strohwitwen unter Führung der lustigen Liselotte Wilke.«

Irgendwo im dunklen Theater sitzt ein kleines Mädchen mit sehr roten Backen und klatscht artig Beifall für »Lilott«. Es ist das erste Mal, daß ich meine Mutter auf der Bühne sehe. Erspäht hätte ich sie allerdings kaum, wäre meine Tante nicht mitgekommen. So aber erhielt ich jedesmal einen sanften Schubs, wenn Lilott erschien.

Im September muß All zwei Wochen Militärdienst absolvieren, ist aber zurück, als Erika Mann ihr literarisches Kabarett »Die Pfeffermühle« eröffnet.

»Ihr wollt meine Meinung hören. Nun, ich finde, wenn Pfeffer angeboten wird, darf das Salz nicht fehlen. Textlich ist nur Essig auf der Platte und schauspielerisch zwei Tropfen Öl. Therese Giehse und Igor Pahlen sind zwei herrliche Begabungen. Erika Mann sollte den falschen Ehrgeiz weglassen und nicht den ganzen Abend ihre Texte und die ihres Bruders Klaus vortragen, sondern auch welche von Kästner und Tucholsky hineinnehmen«, bemerkt Lale.

Im Jahr 1933 galt die Schweiz noch als befreundete Nation, und die »Pfeffermühle« mußte einen direkten Angriff auf Deutschland unterlassen. Die Reaktion der »Frontisten«, der schweizerischen Nazipartei jener Zeit, blieb dennoch nicht aus, und die Polizei mußte die Leute von der »Pfeffermühle« häufig beschützen. Im Jahre 1936 kehrte das Kabarett Europa den Rücken. Ein Versuch, es 1937 in den USA als »Peppermill« fortzusetzen, scheiterte.

»Stell dir vor, Dr. Albrecht will einen Chanson-Abend machen. Ganz allein mit mir und nur aus mir bestehend! Das Programm stelle ich zusammen, und Tibor Kasics wird mich am Flügel begleiten.

Stattfinden wird es im ›Studio Fluntern‹, so richtig mit einem Programmzettel und einem Vorverkauf in der Bücherstube von Dr. Oprecht und Helbling in der Rämistraße. Ach All, ich zittere richtig vor Aufregung und muß sofort zu den ersten Proben. Ich liebe dich,

STUDIO FLUNTERN
Gloriastrasse 100

II. Platz: Fr. 2.—

Mittwoch, den 8. November, $20^1/_4$ Uhr

CHANSONS 1933

LISELOTT WILKE

Am Flügel: TIBOR KASICS

PROGRAMM

I. Aus „Mahagonny" und „Dreigroschen-Oper"

„Surabaya-Johnny"	Brecht / Weill
„Lied der Jenny"	
„Seeräuber-Jenny"	
„Bilbao-Song"	

II. Erfüllungsort Berlin

„Besuch vom Land"	Kästner / Wilke
„Du träumst wohl, Junge"	Kolpe / Holländer
„Käte"	Tau / Tau
„Wenn die Igel in der Abendstunde"	Tucholsky / Eisler
„Madeleine"	Schulz / Grabowsky
„Erinnerung an die Marie A."	Brecht / Wilke

III. Hafenlieder

„Min Jehan"	Groth / Groth
„Paul"	Bry / Bry
„Der Priem"	Tucholsky / Goehr
„Ach Gott, Charly"	Schulz / Grabowsky
„Geseires einer Aftermieterin"	Ringelnatz / Singer
„Ballade von der Anna Jannssen"	Schulz / Grabowsky
„Seemannslied in drei Farben"	Bry / Bry

IV. Happy end

aber meinen Beruf auch, im Augenblick vielleicht sogar mehr als dich.«

»Ein Glück, daß das Publikum so klug und kultiviert reagiert hat und mir beim ersten Lied ›Surabaya-Johnny‹ von Brecht und Weill beistand, trotz der offensichtlichen Nervosität und dem kleinen Schnitzer.

Stimmlich habe ich ja auch gut durchgehalten. Das Programm hast du sehr geschickt zusammengestellt, All. Was die Kritiker wohl berichten werden? Ob man sich mit meiner Gestik, die noch nicht ›rund‹ ist, einverstanden erklärt?

Hast du es bemerkt? Bei der Tucholsky-Nummer ›Der Priem‹ war der Erfolg am größten.«

Mit dem Pianisten Tibor Kasics, Liebermann und engen Freunden wird der Auftritt gebührend gefeiert. Am nächsten Tag liest sie die

Chansons im Studio Fluntern. At. An dem Abend der blond-herben Liselotte *Wilke* im vollen Fluntener Studio ward vorerst beglückend gezeigt, daß die Ausrede unserer Kabarette, es gäbe kein gutes Chansonrepertoire, ein Schwindel ist. Mit Kästner, Tucholsky, Brecht und Ringelnatz ist im Kabarett ganz gut Staat zu machen, wenn man diese Sächelchen vorzutragen weiß. Liselotte Wilkes Vortragsart wird jetzt in Deutschland mit Feuer und Schwert bekriegt; es ist die Ironie, durch die sie alles sieht: den Spießer, die falsche Moral, das Herz. Das Schnippische, Hingeworfene, Wurstige liegen ihr. Dabei wird das Vulgäre durch Dämpfung und Sprechkultur zur Kunst gemacht. Denn eine Norddeutsche gibt sich nie aus; das Lodernde ist bei ihnen zumeist stilisierte Wärme. Chansons aus „Mahagonny" und „Dreigroschenoper" singt sie im Drehorgelton; sie produziert absichtlich Monotonie; Nüancen sollen beileibe den hingeschmissenen Song nicht stören. Mtadda, mtadda.

Die Wilke ist auf dem Wege zu einer kultivierten Chansonnière. Noch spürt man das Absichtliche, das „Ich will draus etwas machen, ich will jetzt dämpfen, ich will jetzt loslegen". Es ist manchmal so, als ob ihr Mund auf die Direktiven ihres Hirnes warte. Das Unmittelbare, vielleicht wächst es noch in ihr. Das böse Leben wird dich, blonde Wilke, in die bösen Finger nehmen und dann eines Tages wirst du unmittelbarer, unimitierter singen; mehr fraulicher, weniger mädchenschnippisch.

positiv ausgefallenen Besprechungen und denkt lange über einen Satz nach:

»Das böse Leben wird dich, blonde Wilke, in die bösen Finger nehmen und dann eines Tages wirst du unmittelbarer, unimitierter singen; mehr fraulicher, weniger mädchenschnippisch.«

»Für eine 25jährige Chansonsängerin ist das durchaus akzeptabel, was die Leute da so über mich schreiben. Die Eckigkeit hier und da nennen sie mädchenhaft, statt unfertig. Nett, meint ihr nicht auch? Ich möchte den Abend bald wiederholen. Vielleicht sogar durch die ganze Schweiz und Deutschland.«

Man diskutiert noch lange mit den Freunden. Ihrem Geliebten gesteht sie, die »Holländer-Revue« befriedige sie auch nicht auf die Dauer.

»Ich halte mich für begabt und kann doch gar nichts.«

Für Theaterinteressierte bringt das »Züricher Schauspielhaus« im Dezember 1933 Ferdinand Bruckners »Rassen«. Das Stück spielt im Deutschland desselben Jahres in der Zeit von März bis Mai. Liselottes Kommentar nach der Aufführung:

»Ich finde, daß wir nicht genügend weit fort von der Härte dieser Tage sind, um so ein realistisches Stück nicht als schmerzhaft und peinlich zu empfinden.«

Endlich gibt es wieder eine höchst willkommene und mit Sehnsucht erwartete Abwechslung: das Berliner literarische Kabarett »Ping-Pong« tritt vier Wochen im »Tonhalle-Café« auf. Außer Dora Gerson, Dotz Son-Rethel, Valeska Hirsch und Curt Bry (musikalische Umrahmung) steht auch Liselotte Wilkes Name auf dem Programm.

Tonhalle-Café (Eingang Beethovenstrasse)

Täglich abends 8.15 Uhr

Berlins literarisches Cabaret

PING-PONG

Mitwirkende: **Dora Gerson, Liselott Wilke Dotz Son-Rethel u. Curt Bry von der „Katakombe", Berlin**, Andersen, Weiß, Wolff usw. An 2 Flügeln Bry und Valeska Hirsch

Texte von: Brecht, Bry, Feuchtwanger, Holländer, Kästner, Tucholsky

Plätze à Fr. 3.— u. 2.— Studenten Ermässigung
Vorverkauf Telephon 51.810 und Kuoni

Tagebuch, Zürich, Anfang 1934
»Zwischen meinen Engagements bleibt mir etwas Zeit zum Nachdenken, aber nicht, um neue Entschlüsse zu fassen. Ich merke nur immer stärker, daß ich meine Richtung verliere. All meint dazu, Richtung ist Realität, Ziel eine Fiktion. Ich aber meine, daß ich mich zum einen oder anderen entschließen muß. Das Ganze sehe ich so: All heiraten – oder Trennung und volle Konzentration auf das Theater. Zu beidem fehlt mir augenblicklich der Mut.

Kabarett »Ping-Pong« **Höhepunkte des Programms sind die Chansons von Liselotte Wilke als »alleinstehendes Mädchen« und als Seemannsbraut.**

Zu allem Überdruß ist das ›Ping-Pong‹ auch kein Geschäft geworden. All muß die finanziellen Verluste tragen. Er tut es mit hinreißender Selbstbeherrschung. Anfang Februar findet die Premiere der Komödie ›Towarisch‹ von Deval statt. Ich spiele darin die Rolle der Lady Carrigan. Erneut hoffe ich, daß es zu weiteren Verträgen in der Schweiz kommt, damit ich nicht fort muß.

Völlig unerwartet erhalte ich ein telegrafisches Angebot aus Köln. Ich bin gezwungen, ja oder nein zu sagen. Mir kommt die Idee, zurückzutelegrafieren und um eine wesentlich höhere Gage zu bitten. Hoffentlich sagt man empört ab. Ich will nicht fort, ich möchte bei All bleiben.

Die Rückantwort lautet: ›Gagenforderung bewilligt.‹«

All schwindelt sie jetzt vor, die Forderung sei abgelehnt worden. Ohne sein Wissen telegrafiert sie Köln ab. Ein Glück, daß Ende Februar ein Engagement auf Liselotte wartet. So kommt dann doch noch etwas Geld in die leere Tasche.

Nicht dem Auftritt der Wilke widmet die »Basler Nationalzeitung« vom 26. Februar 1934 die meiste Aufmerksamkeit, sondern dem berühmten Dichter, Vortragskünstler und Anekdotensammler Roda Roda. Seinetwegen erscheinen die meisten Gäste im »Cabaret Gambrinus«.

Roda Roda im Cabaret Gambrinus

Wieder einen anderen Typus lernen wir mit Liselotte Wilke kennen: Das ist ein herbes, kantiges Mädel von der Waterkant, das mit seinem Vortragsstil in den Bahnen der Dreigroschenoper-Darsteller wandelt und über ein zugkräftiges Repertoir verfügt. Ist es aber ein Zufall, dass ein schlichtes nordisches Volkslied von den Lippen dieses Blondkopfes weitaus am stärksten wirkt und noch lange nachklingt?

Tagebuch, Basel, Februar 1934

»Verlockende Angebote lassen auf sich warten, auch im Theater sind keine Rollen zu vergeben. Mit Texten, die aus dem Heute kommen, wäre ich vielleicht zufriedener. Wenn schon Liebesschicksale, dann vielleicht Bruckners Problem aus seinem Stück ›Rassen‹ – der Konflikt eines Jungen durch seine Liebe zu einer Jüdin und andererseits zum Nationalsozialismus.

Neben Texten, die als Dichtung literarischen und ethischen Wert haben, darf man wirklich nur Verse aus der gegenwärtigen Situation bringen. Womit ja die ›Pfeffermühle‹ brave Versuche macht.

Durch das große persönliche Erlebnis einer Liebe bin ich in eine eigentlich erschreckende Beziehungslosigkeit zum Zeitgeschehen geraten.

Das Gastspiel in Basel ist ausgestanden. Es geht nach Zürich und zu All zurück und gleich hinein in ein volles vorösterliches Programm. ›Julius Cäsar‹ im ›Schauspielhaus‹, Reinhardt-Chor mit Bach-Kantate und noch eine Premiere: ›Und sie wissen nicht, was sie tun‹ von dem Österreicher Hermann Broch. Ein soziales, sehr kluges, aber auch sehr deprimierendes Stück. Depressiv vom ersten bis zum letzten Satz.«

Nachts um halb drei feiert das ganze Ensemble und einige Freunde bei Tibor Kasics die erste Wiederholung der Broch-Aufführung. Man tanzt, erzählt, lacht. Vielleicht liegt es an dem Schauspiel, vielleicht an der zu übermütigen Gesellschaft. Plötzlich sehnt sich Lale danach, wieder allein zu sein, nur sich zu gehören und der Arbeit.

Aus den Träumen wird vorläufig nichts. Das warme Frühlingswetter lockt nach draußen. Kurz entschlossen packt All sein Lalilein und seinen Freund Kurt Hirschfeld, den begabten Dramaturg, der ein Jahr zuvor aus Darmstadt in die Schweiz floh, ins Auto und fährt mit ihnen nach Florenz.

Kaum zurück, muß All nach Paris, nicht ohne Lale.

Dort trifft sie, wie es scheint, fast alle Berliner Kollegen: Max Colpet, die Kabarettistin Therese Bärwald, Billy Wilder und Robert Siodmak. Sehnsüchtig denkt sie, während man zusammensitzt, an den Kurfürstendamm.

Nach Berlin soll die nächste Reise allerdings nicht gehen. Als All ihr etwas Geld schenkt, kauft sie sich, ohne lange zu überlegen, eine Fahrkarte nach München, wo sie Anfang Mai eintrifft.

Ihr erster Weg führt sie in die »Kammerspiele«. Sie soll dort Otto Falckenberg und Dr. Block vorsprechen.

Nervös steht sie vor dem Leiter der Münchner »Kammerspiele«. In diesem Augenblick würde sie alles darum geben, von dem befähigten Regisseur engagiert zu werden. Es war Falckenberg, der 1922 in den Münchner »Kammerspielen« die Uraufführung des Dramas »Trommeln in der Nacht« von Bertolt Brecht herausbrachte.

Sie hatte inzwischen auch gehört, daß Falckenberg nicht nur großen Wert auf Ausdruck und Aussprache legt, er verlangt von seinem Ensemble auch, daß es etwas von Tanz und Gymnastik versteht.

Neulinge steckt er in entsprechende Klassen.

»Dann lerne ich eben tanzen und Gymnastik«, versicherte sich Liselotte, obwohl ihr beides durchaus nicht lag, noch ehe sie sich an den »Kammerspielen« vorstellte.

Überzeugt, daß sie gefallen wird, ist die Enttäuschung recht groß, als Falckenberg nach dem Gespräch erklärt, sie würde verständigt, falls sich eine passende Rolle findet. Sie kennt den Satz längst auswendig. Dabei fand sie sich beim Vorsprechen sehr gut. Unglücklich verläßt sie das Theater.

Die kommenden Wochen bringen weder eine Zusage noch andere Angebote. Die verwünschte Warterei wird in Zürich fortgesetzt. Ein schwacher Trost bildet die Aufführung im »Züricher Schauspielhaus« von Shakespeares »König Richard der Dritte« mit Albert und Else Bassermann in den Hauptrollen. Liselotte Wilke spielt den jungen Sohn des Clarence, ihre erste und einzige Männerrolle!

Die Premiere sowie die darauffolgenden Vorstellungen sind ausverkauft. Es ist dies zum großen Teil das Verdienst Gustav Hartungs. Auch er mußte 1933 Deutschland verlassen.

In Lales Privatleben tauchen Spannungen auf. Sie überlegt, wie sich eine praktische Lösung finden läßt, sich von ihrem Geliebten zu trennen. In Berlin bestehen die besten Chancen, aber sie kann sich einfach nicht ausmalen, wie es wird, wenn sie Zürich und All verläßt. Schlaf-

Donnerstag, den 31. Mai 1934, abends 8 Uhr

König Richard der Dritte

Schauspiel in 5 Akten (16 Bildern) von SHAKESPEARE. Uebersetzt von SCHLEGEL

Regie: GUSTAV HARTUNG — Bühnenbild: TEO OTTO

Margaretha, Witwe König Heinrichs des Sechsten . .	*Else Bassermann*
Herzogin von York, Mutter König Eduards des Vierten, Clarences und Glosters	*Mathilde Frick-Schmitz*
König Eduard der Vierte	*Erwin Kalser*
Elisabeth, seine Gemahlin	*Josy Holsten*
George, Herzog von Clarence, Bruder des Königs . .	*Ernst Ginsberg*
Richard, Herzog von Gloster, Bruder des Königs, nachmals König Richard der Dritte	*Albert Bassermann*
Eduard, Prinz von Wales } Söhne König Eduards des Vierten	*Gusti Huber*
Richard, Herzog von York }	*Lili Sandreczky*
Ein junger Sohn des Clarence	*Liselott Wilke*
Eine junge Tochter des Clarence	*Dinorah Press*
Anna, Witwe Eduards Prinzen von Wales, Sohnes Königs Heinrich des Sechsten	*Maria Schanda*
Heinrich, Graf von Richmond. nachmals König Heinrich der Siebente	*Karl Paryla*
Der Bischof von Ely	*Fritz Essler*
Herzog von Buckingham	*Kurt Horwitz*
Graf Rivers, Bruder der Gemahlin König Eduards . .	*Herman Wlach*
Lord Grey	*Emil Stöhr*
Lord William Hastings	*Alfred Braun*
Lord Stanley	*Heinrich Gretler*
Sir Richard Ratcliff	*Sigfrid Steiner*
Sir William Catesby	*Wolf Beneckendorff*
Sir James Tyrrel	*Leonard Steckel*
Sir Robert Brackenbury, Kommandant des Towers .	*Friedrich Braun*
Der Lord Mayor von London	*Marcel Mermino*
Der Sheriff von Wiltshire	*Paul Baschwitz*
Ein Kanzleischreiber	*Erwin Kalser*
1. Mörder	*Wolf Beneckendorff*
2. Mörder	*Karl Paryla*

Pause nach dem 9. Bild

Kassaeröffnung 6 Uhr — Anfang 8 Uhr — Ende ca. 11 Uhr

lose Nächte bringen auch keine Lösung. Da hilft nur eins, Abschied nehmen und in Berlin sein Glück versuchen!

»Dem begabten Schauspieler (bin ick bejabt?) sind in Berlin alle Türen geöffnet, er braucht sie nur mit Hurra und Glück (kann ick hurra brüllen?) zu durchschreiten«, denkt sie in Selbstgesprächen während der langen Bahnfahrt.

Mit ihrem alten Bekannten Willi Schaeffers besucht sie, kaum in der Reichshauptstadt angekommen, die Filmstadt Babelsberg. In allen Ateliers wird gedreht und synchronisiert. Von Reith ist jetzt Besetzungschef bei der »Ufa«. Aber die meisten Gesichter sind völlig neu.

»Meines scheint schon, um im Ufa-Deutsch zu reden, ein altes, nicht mehr gefragtes zu sein«, erzählt sie abends ihrem geliebten All am Telefon. Aber etwas Arbeit hätte sie doch noch zugeteilt bekommen. »Ich kann im August zum Synchronisieren kommen. Auch die Volksbühne hat mir ein Angebot gemacht. Nichts Besonderes, aber immerhin«, versucht sie ihre mißliche Lage zu überspielen.

Nach Berlin kommt einige Wochen darauf Köln an die Reihe. »Und jetzt, eine Kabarettistin von Fleisch und Blut: Liselotte Wilke«, hört sie den Ansager ankündigen, als sie auf den Auftritt wartet. »Mein Gott, man hört den Applaus und vernimmt ihn doch nicht. Ich stehe auf der Bühne des Kölner ›Kaiserhofs‹, es ist Juli, in Zürich wartet mein Geliebter, wie lange noch ... mich umhüllt ein endloses Grau der Traurigkeit ... Lalilein ...«

> Nun käme also die schon erwähnte Darbietung von Ruf an die Reihe. Liselott Wilke, die vor zwei Jahren bei einem vierzehntägigen Gastspiel jeden Abend, das kann man wohl sagen, in Köln in ihrem Ansehen eine Stufe höher stieg, ist nach Auslandverpflichtungen wieder im Lande. Da singt sie uns mit dem jungen Gefühlsreichtum ihrer anmutigen Mädchenhaftigkeit ein paar Lieder von der See, von Liebe und von dem, was sich in den Herzen der Matrosen und ihrer Deerns abspielt. Voll von Gefühl und doch — es mag paradox sein — so herrlich unsentimental, so ehrlich und aufrecht, jung und frisch. Und Witz hat sie, wenn sie die mitleidige Betrachtung über den Sauerampfer verkündet oder das Seemannslied in drei Farben hinausträllert. Wir möchten sie oft in Köln sehen. Ein echter Kerl, diese blonde Liselott Wilke! — Man darf Toni Fluß und die Seinen nicht vergessen. Was wäre der Kaiserhof ohne diese Kapelle? Er wäre nicht das, was er ist! fwd

*

Der »Westdeutsche Beobachter« bringt in seiner Ausgabe vom 9. Juli 1934 ein Interview mit Liselotte Wilke:

Kleine Plauderei mit Liselott Wilke

Zu ihrem Gastspiel im „Kaiserhof"

Eine Seemannstochter steht auf der Bühne. Gewiß nichts Alltägliches. Heitere Brett'l-Kunst bringt sie Was sie singt, was sie vorträgt, ist wohl nicht schwer zu erraten. Von der See, vom Seemannslos, vom Seemannsleben spricht und singt sie. Eine eigene, ganz besondere Art, liegt in ihrem Vortrag, ein Stil, eine Note, die geboren und gewachsen sein müssen aus wahrhaftigem Erlebnis, aus dem tiefen Kennen und Wissen um die See, um das Leben und Treiben auf den Schiffen und in den Häfen. Denn wenn dies nicht wäre, wie sollte da alles echt und naturgetreu klingen vor den Menschen, denen dieses Milieu diese Umgebung unbekannt und fremd ist.

Unterhaltsam, nett und einfach, eine kleine Plauderstunde mit Liselott Wilke, dem friesischen Blondkopf. Schlicht, ungekünstelt, ungezwungen, erzählt und plaudert sie, ohne Schwärmerei, ohne Wortfuchserei; sie spricht, wie sie alle an der See sprechen: wahr, echt und kurz! — Ihre Jugend verbrachte sie an der See, oben an der friesischen Küste. Tagaus, tagein sah sie das Meer, lernte es lieben und in all seiner Schönheit und in all seinen Tücken kennen. Segeln und Schwimmen, Herum„lungern" im Hafen und auf den Schiffen ihre liebste Beschäftigung. Schulaufgaben wurden — Nebensache! Ihr Vater fuhr auf See, der Großvater auch — alt die Seemannsfamilie, der sie entstammt. Ihr beiden Brüder haben sich ebenfalls der See verschrieben. Konnte es so anders sein, daß auch sie zur See wollte, nur nicht fort vom Meer?!

Zur See kam sie zwar nicht. Etwas anders wurde ihr Lebensweg. Und doch blieb sie mit der See in — „geistiger" Berührung; denn wo immer sie auf der Bühne steht, stehts greift sie mit ihren Chansons in das Leben, das sich abspielt auf der See, am Strand, in den Häfen. Und das weiß sie echt, stark und überzeugend zu gestalten. — Nach der „Penne" zur Kunstgewerbeschule,versucht sie sich als Zeichnerin, Redaktionsvolontärin, Filmkomparse; zum Theater ging's dann, kleinere Rollen in Berlin, bis sie eines Tages mit einer eigenen Nummer auf der Bühne stand — mit Chansons aus dem Hafenleben, was ihr Erfolg und Anerkennung brachte. Und seitdem — ein paar kurze Jahre sind's her — ist sie stets auf der Bühne dem „Meer und dem Hafen" treu geblieben; nur aus diesem Milieu schöpft und greift sie immer wieder ihre Chansons, ganz gleich, ob sie im Vaterlande oder jenseits der Grenze auftritt. Und darüber zu singen und zu sprechen ist ja wohl keiner berufener als sie, die friesische Seemannstochter.

E. G.

Der Seemannstochter gefällt der Stil und der Inhalt des Interviews so gut, daß sie sich gleich mehrere Exemplare besorgt und eins davon auch All nach Zürich schickt. Die beiden stehen weiterhin in Kontakt, aber der Briefwechsel läßt merklich nach. Jeder schiebt den Beruf und die Arbeit vor.

Rolf Liebermann komponiert Bühnenmusiken und Kabarettlieder. Damit verdient er sich als Pianist fürs Musikstudium Geld.

In der zweiten Hälfte des Jahres 1934 pendelt die Seemannstochter zwischen Nord- und Süddeutschland hin und her, akzeptiert das Angebot der Berliner »Volksbühne«, mit Hafenliedern aufzutreten, und gehört zu den Mitwirkenden des »Wintergarten«-Programms.

Das Berliner Publikum applaudiert jetzt Künstlern wie Irene de Noiret, eine rassige ungarische Sängerin, dem Komiker Paul Beckers, Barmo, den die Zeitungen als Deutschlands besten Tricktänzer bezeichnen, und den drei Original Sidnys, die auf ihren Fahrrädern sensationelle neue Einfälle demonstrieren.

Im Oktober 1934 wird ein neuer Name geboren! Auf Autogrammkarten, die sie sich drucken läßt, steht jetzt: Lale Andersen-Wilke.

Ausgerechnet die Berliner Zeitung »Die Wahrheit« erwähnt am 11. Oktober 1934 erstmals den Namen Lale Andersen-Wilke. Von Lale ein weiterer Schritt, unter diesem Namen eine internationale Karriere zu machen?

Schneider-Dunckers „Oktoberfeste"

Es ist nicht leicht, neue Talente zu entdecken, und trotzdem gelingt es Schneider-Duncker immer wieder. Diesmal kommt das Talent von der „Waterkant": Lale Andersen-Wilke, die in kleinen Liedern etwas Besonderes bringt.

Doch ganz so einfach ist es nicht, anderen verständlich zu machen, daß man jetzt unter diesem Namen Karriere machen will. Sie ist schon zu bekannt, als daß jedermann sofort und ohne weiteres die Andersen und nicht mehr die Wilke im Programm ankündigt.

»Ich komme mir vor wie ein Chamäleon, das seine Hautfarbe der Umgebung anpassen kann. So mache ich's mit meinem Namen, passe ihn dem jeweiligen Publikum und der jeweiligen Stadt meiner Auftritte an. Als Lale kennt man mich, als die Andersen wird man mich noch kennenlernen, das verlangt das Image, jawoll!«

Sie nimmt es nicht allzu tragisch, als sie am 22. Dezember 1934 in der Radiozeitung des Deutschen Rundfunks als Lale Wilke ausgedruckt wird, neben dem Foto aber Lale Andersen-Wilke steht.

Wer an diesem Tag abends um 18.55 Uhr zufällig den Deutschlandsender einschaltet, hört die Sendung »Weihnachtstag im Arbeitsdienst. Deutsch sein heißt: eine Sache um ihrer selbst willen tun«.

Der Deutsche Rundfunk

18.30 (6.30) Weihnachten auf dem ewigen Eise. Bilder von Carl Conrad.
18.50 (6.50) „Wir senden — du hörst".
19.00 (7.00) **„Funkbrettl"** Leitung: H. Cassimir Lal Wilke (Kleinkunst). Fr. Kur (Wiener Lieder u. Schlager) L. Schmidmeier (Klavier), J. Preißler-Boldi (Akkordion).
19.30 (7.30) „Onkel Fritz a. Neuruppin". Eine Hörfolge (Aufnahme).
20.00 (8.00) Nachrichten.
20.10 (8.10)

Lale Andersen-Wilke
ist Mitwirkende im Münchener „Funkbrettl" am 22. Dezember

Im Januar 1935 verbeugt sich Lale Wilke zum zweiten Male vor dem Publikum im Münchner »Simpl«. Ihr erstes Gastspiel gab sie schon 1933.

Im Simplicissimus

Die überblonde Lale Wilke ist ein friesisches Gewächs (wie ihr Vorname) und mit allen Nordseewassern gewaschen und ertüchtigt. Sie bringt eigenartig echte Seemannslieder von der Waterkant, ist ein ausgezeichneter „Simpl"-Typ und stellt eine entschiedene Bereicherung seines Künstlerbestandes dar, den als ruhender Pol in der Töne-Flucht Adam Bötsch, der treue Spielmann, im Wandel der Zeit zusammenhält. P.

In den Münchner »Kammerspielen« steht auf dem Programm vom 14. Januar »Gastspiel Heinz Rühmann in ›Ihr erster Mann‹«.

In diesem Schwank von Gustav von Moser, Inszenierung Friedrich Domin, spielt Lale die Frau von Axel von Ambesser. Zu den weiteren Mitwirkenden gehören Ferdinand Marian – Jahre später muß er in dem von Goebbels angeordneten Propagandafilm »Jud Süß« eine Hauptrolle spielen – und Edith Schultze-Westrum, deren Kostüm und Abendkleid von der Meisterschule für Deutsche Mode angefertigt werden.

Zwar ist Lale glücklich, in den »Kammerspielen« auftreten zu können, äußert aber nicht den Wunsch, eine Theaterlaufbahn einschlagen zu wollen. Eher gewinnt man den Eindruck, ihr läge mehr daran, Schauspielerfahrungen zu sammeln. Mit einem Engagement an den renommierten »Kammerspielen« Reklame machen zu können, kommt ihren Ambitionen gelegen.

Die Reiseroute führt in diesem Jahr kreuz und quer durch Deutschland: München – Stuttgart (in der Radiosendung »Freut euch mit uns« singt sie Schlagerlieder) – Breslau – Berlin (»Wintergarten«) – Leipzig (Auftritt in dem Radioprogramm »Vom Hundertsten ins Tausendste«) – Essen (Kabarett Eden) und Norderney, wo sie im »Roter Teppich« erneut ein Gastspiel gibt.

Weil sie schließlich Lieder von der Nordsee vorträgt, kündigt der Direktor des Wiesbadener »Walhalla« Film- und Varieté-Theaters Lale kurzentschlossen als »Die Nordsee persönlich« an. Sie gastiert hier im Sommer.

Die Hauptattraktion ist allerdings der Lustspielfilm »Warum lügt Fräulein Käthe?«. Die Regie führt Georg Jacoby, der Mann von Marika Rökk.

Auf dem Privatsektor kommt die Liebe zu kurz, nicht aber kleine Flirts. Kein Name taucht in Gesprächen, Notizen, Briefen und in Gedanken so ständig auf wie der von All. Die Sehnsucht nach ihm ist oft unerträglich, dann wird sie durch Arbeit verdrängt, oder ein neuer Flirt sorgt für kurze Zeit für Betäubung.

»Danach ist das Verlangen, dich zu sehen, noch viel größer«, gesteht ihm Lale in einem Telefongespräch in die Schweiz. Im Mai 1936 schickt All seiner Geliebten einen Gruß aus Chur. Er sei als Klavierspieler engagiert. Beigefügt sei die Kritik, die er ihr in aller Bescheidenheit dennoch nicht vorenthalten möchte:

»Ein begeisterter Besucher bezeichnet den Film als geradezu einzigartig und möchte allen, die sich für die Entwicklungsgeschichte des

Warum lügt Fräulein Käthe?
Eine lustige Vergnügungs-Seereise ins Blaue
in die berauschende tropische Südseelandschaft mit
Dolly Haas
Albrecht Schoenhals, Genia Nikolajewa, Wilhelm Bendow, Ida Wüst, Hugo Schrader usw.
Regieleitung: Georg Jacoby
AUF DER BÜHNE:
Gastspiel
Lale Andersen Wilke
„Die Nordsee persönlich"
Nach ihrem außergewöhnlich. Erfolg im Wintergarten Berlin war sie in der vergangenen Woche jeweilig auf den Rundfunksendern Leipzig, Stuttgart Frankfurt zu hören.
Dieses Programm dürfen Sie nicht versäumen!
WALHALLA
Film und Varieté
Wo. 4, 6, 8³⁰, So. 3 Uhr

Kinos interessieren, raten, den seltenen Anlaß nicht zu verpassen. Der Conférencier sei ausgezeichnet und auch der Klavierspieler. Wiederholt habe das Publikum mitten im Stück Beifall geklatscht.«

Im übrigen würde es in Strömen regnen, Pferde, Hühner und Kühe beherrschen das Straßenbild. Er sei mutterseelenallein und warte nur auf den Abend, wenn er die Churer wieder toll begeistern könne.

Erneut wird in diesem Sommer bei einem kurzen Wiedersehen über Heirat gesprochen und wie es anzustellen sei, hierfür von den Schweizer Behörden Erlaubnis zu bekommen. Dann aber ist Lale abgereist, ehe es zu einer endgültigen Entscheidung kommt.

»Schick mir wenigstens deine neue Anschrift«, bittet All beim Abschied.

Tagebuch, München, September 1936

»Ich habe mich verliebt. Böhm heißt der Mann, und ich bin völlig hilflos, denn er ist der weniger Verliebte, wenn er es überhaupt ist, und darum der Stärkere. Er ist wunderbar. Diplomatisch, klug, von einem beneidenswerten Selbstbewußtsein, taktvoll und von einem bezaubernden Ernst bei jeder körperlichen Zärtlichkeit, die sich aber auf jeweils eine halbe Minute beschränkt.

Ich kenne ihn jetzt drei Jahre. Unsere erste Begegnung fand 1933 im ›Simpl‹ statt. Dort war er allabendlicher Gast, trank ganz allein eine Flasche Cognac und sah eigentlich gar nicht besonders gut aus. Als man sich wieder trifft, trinkt Böhm allabendlich zwei Flaschen Cognac. Schmunzelnd läßt er sich sagen, daß er wesentlich besser aussieht als früher.

›Darauf und auf unser Wiedersehen müssen wir anstoßen‹, schlägt er vor. An das Nachhausegehen denkt in dieser Nacht keiner von uns beiden.

Auch in den darauffolgenden Nächten trifft man sich zum Tanzen. Zu einem endlosen Walzer holt er mich und behauptet, den tanze man nicht, den tut man ›drah'n‹. Ich finde, daß ich es ganz gut mache, selbst wenn sie mich ob meiner preußischen Steifheit beschimpfen.

Seinem hartnäckigen Drängen folgend, begleite ich ihn auf sein Zimmer. Es kommt zu einem regelrechten Ringkampf zwischen uns, der mich eher belustigt als kränkt, denn ich bin ohne körperliche Beziehungen zu ihm. Je mehr Böhm sich ereifert, desto mehr muß ich lachen und rette mich schließlich aus seinem Zimmer mit dem Versprechen, gleich wiederzukommen. Er möge mir meine Wortbrüchigkeit verzeihen, bestimmt schläft er längst.«

Tags darauf erhält Lale einen Brief von All, auf den sie mit Sehnsucht wartet. Der Inhalt beschäftigt sie vollauf. Er habe erneut beim Bundesrat in Bern Einreisebewilligung beantragt, Lale solle ja nicht vergessen, zu wem sie gehöre!

Ein etwas schlechtes Gewissen hat sie All gegenüber ja doch. Böhms Aufforderung, ihn zu einem Termin nach Garmisch zu begleiten, schlägt sie ab.

»Nun habe ich Böhm seit Tagen nicht gesehen. Ein paarmal möchte ich ihn anrufen, aber tue es dann doch nicht. Im ›Simpl‹ läßt er sich nicht blicken. Ich bin scheinbar noch immer verliebt, himmlischer, verfluchter Zustand.«

Ein großer Strauß dunkelroter Rosen wird für Frau Lale Andersen-Wilke im »Regina-Palast-Hotel« abgegeben. Auf ein Kärtchen hat Böhm geschrieben:

Hoffentlich legst Du keinen Wert auf betont gutes Benehmen. Herzliche Grüße, B.

Sie kommt gar nicht dazu, sich über Böhms Benehmen weitere Gedanken zu machen, denn endlich bewilligt die zuständige Berner Behörde einen einzigen Besuchstag in Zürich. Die wenigen Stunden, die man zusammen verbringt, reichen nicht aus, um zu einem befriedigenden Entschluß zu gelangen. Die Liebenden haben sich so viel zu erzählen, daß letzten Endes nur Zeit für Lales Geständnis bleibt.

»Meine Liebe zu dir ist auch heute noch so stark wie vor drei Jahren, bei dir fühle ich mich geborgen und sorglos.«

Lale fällt der Abschied sehr schwer. Alls Bitte, sich doch endlich vorbehaltlos für ihn zu entscheiden, weicht sie aus. Denkt sie an ihre Karriere, an die ungewisse politische Zukunft?

Mit Michael, den sie vom Kinderheim in Ägeri abholt, kehrt sie nach Deutschland zurück.

»Was erwartet mich eigentlich, außer einer unsicheren Existenz? Was treibt mich fort von dem Mann, den ich liebe?«

Fragen, aber keine befriedigende Antwort.

Tagebuch, Bremerhaven, Herbst 1936

»Als dann Paps die Kraft schon soweit verlassen hat, daß er keine Briefe mehr schreiben kann, und es mich entsetzlich bedrückt, nichts von ihm über seinen zunehmend schlechten Gesundheitszustand zu erfahren, habe ich einen Vertrag des ›Scala-Varietés‹ in Bremerhaven angenommen.

Ich war erleichtert über den Entschluß. Jeden Tag bin ich draußen im Krankenhaus und spüre seine Freude über meinen Besuch. Er ist fast kindlich stolz auf mich, wenn Ärzte und Bekannte ihm Komplimente über die Auftritte seiner Tochter machen. Sein Optimismus bezüglich meiner künstlerischen Entwicklung hat nicht nachgelassen. Schon seinetwegen muß ich besser sein als jemals sonst. Es soll niemand abfällig oder gleichgültig über sein ›Loddel‹ sprechen.

Die ›Scala‹ ist ein Tanzlokal mit einer großen Tanzfläche und zwei Rängen. Die Hälfte des Publikums trägt Marine-Uniform. Die Luft ist erfüllt von billigem Parfüm, englischem Zigarettendunst und kostbarer, kurzer Zeit. Vor Matrosen über Matrosen zu singen, muß, wenn es nicht glaubhaft und aus dem Herzen heraus geschieht, Proteste oder eisernes Schweigen herausfordern. Daß sie dann aber schon beim ersten Auftritt minutenlang applaudieren und ab dem siebenten oder achten Lied sogar mitsummen, macht mich ganz betrunken vor Freude. Zu Weihnachten schicken sie mir aus der Ferne Grüße. Sie schreiben, daß sie meine Lieder abends in der Messe oder während der Nachtwache immer noch singen.

Seit Beginn der Feiertage lebe ich zu Hause, ein Zustand, den ich sechs Jahre nicht mehr genoß. Ich bin oft bei Paps im Krankenhaus. Sein Gesundheitszustand läßt es nicht zu, daß er aufstehen darf. Auf dem Tischchen neben seinem Bett steht ein hübscher Weihnachtsbaum. Viele kleine Geschenke warten darauf, ausgepackt zu werden. Aber er ist zu schwach, um es selber zu tun. Sein ganzer Charakter liegt in den Worten, die er spricht: ›Weißt du, wenn ich so still liegen kann, brauch ich nichts. Dann bin ich ganz gut auf dem Damm.‹

Dabei weiß ich, daß er sich quält und starke Schmerzen erleidet. Seit einem Jahr kann er nicht mehr essen, rauchen oder trinken. Trotzdem sind seine Briefe voller Humor. Nie habe ich in den Wochen, in denen ich jetzt bei Paps bin, ein Wort der Verzweiflung oder des Selbstmitleids gehört. Bei jedem Betreten des Krankenzimmers hört man laut das Herz schlagen. Jede telefonische Anfrage in der Klinik nach seinem Befinden macht aus Angst vor der Antwort die Stimme klein und tonlos. Das Wissen, daß er das Leben immer noch liebt und es nicht hergeben will, macht alles doppelt hart.

Heute ist der 31. Dezember, und ich besuche Paps das letzte Mal. In ein paar Tagen muß ich nach Mannheim, wo ein neuer Vertrag auf mich wartet.«

Lale ist noch beim Abschminken und Umkleiden, da erhält sie das Telegramm von ihrer Mutter aus Bremerhaven: »Vater heute entschlafen, Beerdigung Mittwoch.«

Wie durch einen Schleier sieht Lale die geschminkten Gesichter an den anderen Tischen, den Flitter, die Buntheit, sagen kann sie nichts.

Jetzt ist es Wirklichkeit geworden, jetzt ist es endgültig.

»Was tut man jetzt, zieht man sich ein schwarzes Kleid an und weint?« Ohne Empfinden geht sie in ihr Hotelzimmer, dann durch viele Straßen einer fremden Stadt. »Eine Stunde, zwei, drei? Wie gut, daß man hier niemanden kennt, daß man still sein kann und von höflichem Mitleid verschont bleibt.«

Plötzlich steht sie vor einem erleuchteten Schild: Annahme von Telegrammen und Ferngesprächen. Sie läßt sich mit Bremerhaven verbinden. Sie muß wissen, daß es nicht schwer war, daß ihr Paps nicht allein war. Ihre Mutter ist am Telefon. Sie klingt müde, es ist spät in der Nacht.

»Ich komme nicht zurück. Paps hat in den letzten vier Wochen gefühlt, wie ich ihn liebe.« Sie legt den Hörer auf.

Von ihrem recht erfolgreichen Engagement in Mannheim in der »Libelle« bleibt verschwommen in der Erinnerung haften: »Kapelle Hans Dapper, Abendgage 25 Reichsmark, ein bis zwei Zugaben, das Repertoire besteht u. a. aus ›Shanghai‹, ›Schnadahupf'n‹, ›Backbord‹, ›Kleptomanin‹ und ›Mondain‹.«

In Dresden steht Lale in den darauffolgenden Wochen vor dem Publikum des »Vaterland«-Kabaretts. Ihre vereinbarte Gage beträgt auch diesmal 25 Reichsmark pro Abend. Ein bißchen wehmütig denkt sie an Mannheim zurück und erzählt einer Kollegin: »Das kleine Mannheimer Theater hatte Niveau und Charme, es fehlt mir hier sehr.«

»Ein Orchester gibt es auch nicht. Kein Hans Dapper sitzt am Flügel; niemand, der mir einen ermutigenden Blick zuwirft, wenn die Stimme einmal kraftlos ist«, klagt sie nach ihrem Auftritt.

»Und wo ist mein Freund und Verehrer Göhringer, der mir sonst immer zum Aufwachen Blumen schickte? Am Premierenabend kam noch ein riesiger Fliederstrauß, und den pflege ich gut, denn er bleibt ohne Gesellschaft.

All fährt jetzt auch durch die Schweiz. Ich weiß gar nicht, wo er ist. Auf alle Fälle aber auf der anderen Seite der Grenze.«

Erst Ende des Monats hört sie von ihm. Erneut drängt All auf eine Entscheidung. Er möchte sie heiraten, mit ihr eine Karriere in der

Schweiz aufbauen. Sie müsse sich aber darüber klar sein, daß dies dann die Aufgabe ihrer Karriere in Deutschland bedeutete.

In der Schweiz dreht man mittlerweile auch Filme. Für sie sollte es nicht allzu schwierig sein, eine Rolle zu bekommen. Er zitiert ihre eigenen Worte, die sie einmal an ihn richtete: »Dieses Getrenntsein durch das schrecklich lächerliche und genauso schrecklich starke Wort ›Geld‹ nimmt einem jedes Ziel und jede Linie. Die Folge ist Leben und Denken im Provisorischen.«

Seinen Brief beendet er mit der Feststellung, sie gehörten ja doch zusammen, »und wenn wir daran verrecken, so hat sich's gelohnt«.

Lale, die sonst genau weiß, was sie will, befindet sich im Zwiespalt. So gerne sie einerseits auf den Beruf in Deutschland verzichten und in die Schweiz gehen möchte, so unsicher und nervös ist sie bei dem Gedanken an eine neue Heirat. Sie hat inzwischen auch einen nicht zu leugnenden Bekanntheitsgrad erreicht – will man den aufgeben?

»All ist ein Mann mit großen künstlerischen Ambitionen.«

Will sie sich diesen unterordnen, eines Tages womöglich auf den eigenen Ruhm verzichten?

Mit diesen Gedanken beschäftigt sie sich noch, als sie bereits im Zug sitzt, um nach München zu fahren. Theo Prosel vom »Simpl« nimmt sie in sein Februar-Programm auf. Längst ist München ihre zweite Heimat geworden, wen kümmert es, daß die Abendgage pro Auftritt auf 10 Mark reduziert wird.

Im »Simpl« auftreten bedeutet eben mehr als höhere Gage in irgendeinem Nest, denkt sich Lale. Vergessen sind zunächst wieder einmal All und seine Pläne. Sie singt ein neues Lied und findet, es paßt zu ihr: »Eine Frau von heut«.

Auf dem Weg zum Ausgang hält Prosel sie auf. »Es gießt in Strömen, wir bleiben noch beisammen!« Schon springt Irmgard Roode-Hennlein, eine bekannte Sopranistin, auf die winzige Bühne und singt, begleitet von dem Bariton Hans von Bachmayr, bekannte Opernarien.

»Los, Lale, du bist dran!«

Die Aufforderung ist überflüssig. »Red Sails in the Sunset«, erklingt es durch den verqualmten Raum, die Gäste und ihre »Simpl«-Kollegen singen begeistert mit.

»Die Stimmung ist einmalig, die existiert nur im ›Simpl‹«, stellt Lale zufrieden fest.

Tagebuch, Garmisch, Anfang März 1937

»Heiße Vorfrühlingssonne – Schnee – Berge – Himmel – frühes Schlafengehen – gutes Essen – glückliche Briefe von den Kindern – wie schön das Leben manchmal ist! Und mit ein paar Liedern – aus glücklichstem Herzen gesungen – bezahlt man seinen Verzehr – und ich verzehre nicht wenig, Heitüdlühütü...!

Nach meinem kleinen Abstecher in die Berge geht's in den ›Simpl‹ und in viele offene Arme und applaudierende Hände zurück.

Wie herrlich ist es zu spüren, daß mich mit der Zeit die Bayern genauso gerne haben wie ich sie.«

Sie fahre nach Zürich, berichtet Lale dem »Simpl«-Ensemble, das sich langsam an seine ruhelose Kollegin gewöhnt hat. Die beantragte Einreise sei endlich bewilligt worden und der Koffer gepackt.

»Gleich morgen geht's los. Bloß gut, daß ich im ›losen Vertrag‹ stehe. Beim Einpacken der Kleider habe ich nur an All gedacht und die schönsten ausgewählt.«

Aber in Zürich steht niemand auf dem Bahnhof. Kurz entschlossen ruft sie im Kinderheim Ägeri an, um Björn mitzuteilen, daß die Mami am nächsten Morgen mit der Bahn hinaufkommt.

Das zweite Gespräch will sie mit ihrer kleinen Tochter Litta führen. Die aber liegt bereits im Bett, und Lale wird gebeten, sich am nächsten Tag nochmals zu melden.

Das dritte Telefonat führt sie mit Alls Freunden. Endlich sagt ihr ein Bekannter, All sei auf Tournee in der Umgebung von Bern. Näheres weiß niemand. Nur drei Tage hat sie Zeit, ihren Geliebten zu treffen.

»Lächerlich, in diesem kleinen Land wird das ja wohl möglich sein«, äußert sie irritiert und ungeduldig am Telefon.

Allein wandert sie am Zürichsee entlang. Es erscheint alles so unwirklich, so fremd. »Früher bummelte man gemeinsam hier, dankbar, glücklich, verliebt, unbeschwert.«

Erst zwei Tage später treffen sich die Liebenden in Bern. Sie sind voller Zärtlichkeit füreinander. Um den Glauben aneinander nicht zu verlieren, verheimlichen sie voreinander die Sorgen und reden sich ein, daß es nicht mehr lange dauern wird, bis alles so ist wie früher. Die Träume sind von kurzer Dauer. Das Aufenthaltsvisum läuft ab, ehe man überhaupt Zeit hat, sich mit der Zukunft zu beschäftigen. Und im Kinderheim Ägeri wartet der Heimleiter auf die Mutter von Björn. Die letzten Rechnungen seien unbezahlt geblieben, leider müsse sie auch ihren großen Sohn zurücknehmen nach Deutschland.

»Aber das liegt nicht an mir, mit den unpünktlichen Zahlungen, es dauert immer so lange, bis man die Devisenbewilligung erhält.«

Selbst diese Tatsachen können die Leitung nicht umstimmen. Björn an der einen Hand, in der anderen seinen Koffer, verläßt man das Kinderheim. In deprimierender, niedergeschlagener Stimmung besteigen Mutter und Sohn den Zug in Richtung Deutschland. Lale ahnt bereits, daß die liebe Verwandtschaft in Hamburg und Bremen triumphieren wird. Die hatten ihr immer angekündigt, daß das nicht gutgeht. Erst den Jungen aus seinem Bremer Zuhause fortzunehmen, in die Schweiz, und jetzt...

»Verflucht, ich muß unbedingt wieder auftreten. Der Björn muß eben erst mal zu seinem Vater, Michael hole ich für 14 Tage zu mir, das muß gehen.«

Aber Paul Ernst schickt seinen Sohn fünf Tage später zurück nach Bremen.

Also erneuter »Kinder-Austausch«. Michael muß nach Bremerhaven zu seiner Omi, und Lale nimmt den Großen zu sich. Ein Glück, daß es in Frankfurt, Leipzig und Schlesien Engagements gibt. Sie hat kaum noch Geld, denn zu zweit kostet alles gleich doppelt soviel, und so ein Junge kann unentwegt essen. »Wenn es nur jemanden gäbe, mit dem ich sprechen könnte, der mir sagt, was ich mit meinen Söhnen machen soll.«

Aber niemand hört den Stoßseufzer. Wieder einmal muß überlegt werden, in welche Schule der Große soll, ob nach Berlin oder München. Nach anstrengender Sucherei, die Internatskosten vergleichend, fällt die Wahl auf München. Das Hansa-Heim nimmt den Jungen auf, gottlob!

»Die Verwandtschaft aber kann sich einem anderen, langweiligeren Thema zuwenden.«

Lales nächster Weg ist zum »Simpl«. Josi, einer der treuesten »Simpl«-Besucher, steht an der Garderobe und sieht Lale vorwurfsvoll an.

»Jessas na, jeden Tag loafts mit zwoa andre umanand«, sagt er.

»Nicht meine Schuld, Josilein! Nur will scheinbar jeder Mann auf ewig mein sein und glaubt, mich heiraten zu müssen. Dabei will ich das gar nicht. Außerdem kann ich einem Mann mit amüsanten Gesprächen tausendmal mehr bieten als hundert Frauen körperlich.«

»Mir hom's das ja leider einreden können«, sagt Josi kopfschüttelnd, »aber sagn's, Lali, hom's denn gar kein Gefühl für den andern?«

»Und ob! Aber sehen Sie, Josi, nach einer ganz großen Liebe muß man sich doch sagen, daß eine Verliebtheit, der man sich hingibt, nur enttäuscht; der Hunger aber bleibt. Bei mir steigert eine Liebesaffäre nur die Sehnsucht und das Verlangen nach der großen Liebe. Die meisten Menschen haben eben nicht geliebt, sondern helfen sich laufend mit dem Zustand des Verliebtseins.«

»Sie san scho a ganz wuide Person«, seufzt Josi, »aber herrlich!«

Björn hat inzwischen für das Internat die Aufnahmeprüfung bestanden. Ganz leicht scheint es nicht gewesen zu sein. So erzählt der Deutschlehrer, er habe Björn aufgefordert, eine Deutscharbeit über seine doch sicherlich sehr interessante Reise von Zürich nach München zu schreiben.

»Auf die Antwort Ihres Sohnes war ich allerdings nicht vorbereitet; er hat nämlich erklärt, Sie wären vorher nach Frankfurt gereist.

Gut, also von Frankfurt nach München, sagte ich mir. Daraufhin erklärte mir Björn: ›Von Frankfurt bin ich dann nach Bremerhaven gefahren.‹

Die Klasse kicherte vernehmbar, und ich fragte Ihren Sohn: ›Noch was?‹

›Ja, und von da nach Hamburg.‹

Jetzt tobte die Klasse vor Vergnügen. Mir wurde es zuviel, und ich sagte Ihrem Sohn, er solle schreiben: Meine Reise von Hamburg nach München, fertig, Schluß!«

Dem geplagten Lehrer wird Bedauern ausgesprochen. Heimlich hofft und wünscht sie sich, daß Björn auf dem Gymnasium bleiben kann, vielleicht in absehbarer Zeit auch Michael.

Er befindet sich weiterhin bei der Großmutter in Bremerhaven, während Litta mittlerweilen in Zürich ebenfalls zur Schule geht.

Tagebuch, München, Mai 1937

»Josi, der alle paar Tage ein kleines Päckchen auf mein Hotelzimmer schickt – einmal ein Buch, eine Handtasche, eine Bonbonniere –, hat diesmal zwei Karten fürs Residenz-Theater geschickt. Käte Dorsch gibt ein Gastspiel.

Die faszinierende Einfachheit der Dorsch, die menschliche Klarheit in ihrem Spiel lassen alle bisher gesehenen Inszenierungen und Leistungen anderer Schauspielerinnen verblassen. Wieviel Göttliches liegt im Einfachen, wie stark ist die Ausstrahlung eines Künstlers, daß er sich erlauben kann, einfach zu sein.

Da die ›Simpl‹-Gage keine Sprünge erlaubt, kommt das Angebot, im Rundfunk ein paar Lieder vorzutragen, sehr gelegen. Ebenso die 60 Mark, die an mich ausbezahlt werden.«

Der schriftliche Kontakt mit All existiert weiterhin. Die Liebenden verfolgen ihre gegenseitigen Karrieren mit Interesse. Manchmal stellt man sich auch – mehr im Spaß als im Ernst – die Frage, wer es wohl zuerst schafft, berühmt zu werden. Es soll aber auch zugleich ein Ansporn sein, eine Art Betäubungsmittel, wenn sich keine Lösung der persönlichen Zukunftspläne finden läßt.

Von All kommt Ende Mai die Nachricht, daß er zu Hermann Scherchen, dem Chefdirigenten des Musikkollegiums in Winterthur, nach Budapest reist. Scherchen hält dort Kurse ab und habe ihm geraten, einen davon zu belegen. Es sei sehr wichtig für seine musikalische Karriere. Von einem eventuellen Wiedersehen schreibt All nichts, muß Lale bedauernd feststellen. Für Tränen bleibt keine Zeit. Dafür sorgt der »Simpl«.

»Im Juni bestehen wir 35 Jahre, das muß gehörig gefeiert werden«, informiert Theo Prosel sein Ensemble.

Ein Jubiläumsprogramm wird ausgearbeitet, um sich damit in den Münchner »Kammerspielen« zu präsentieren.

»Die Platzverhältnisse in unseren eigenen Räumen reichen nie aus, wir werden sowieso mehrere Abende veranstalten«, meint auch der bewährte Plauderer und Ansager Adolf Gondrell, der für das geplante Programm die Leitung übernimmt.

Die Presse würdigt das für München wichtige Ereignis:

Das „Münchner Abendblatt" schreibt:

Des Simpls Bühnensprung

Er ist über Erwarten geglückt, dieser Jubiläumssprung von der kleinen auf die große Bühne. Mit seinen geschlagenen fünfunddreißig Jahren hat der „alte Simpl" gezeigt, wie jung seine Spannkraft ist, wie verwurzelt seine Eigenart und wie treu dem Herkommen sein begabter Nachwuchs.

Von der „Simpl"-Wirtin Kathi Kobus, die einst, mit dem Dichter Wedekind als „Festlader", hier einzog, auf Theo Prosel und seine Getreuen führt eine natürliche Verwandtschaftslinie, und der Geist

Schwabings, im Zeitwandel verjüngt und gesundet, mag diese Heimat bewahren und behüten.

Neben Theo Prosel ,dem „Dichter-Wirt", der in dieser „Personalunion" an einen Rudolphe Salis, den Gründer des „Chat-Noir", an Bruant und andere Kabarett-Ahnen vom Pariser Montmartre erinnert, ernteten Julia Prosel, die feingestimmte „Simpl"-Nachtigall, die nordische „Matrosenbraut" Lale Wilke, die eigene Kabarett-Erscheinung Elisabeth Papperitz, der Bassist v. Bachmayr und der Tenor-Komponist Dietmar, die temperamentvolle Irmgard Roode-Hennlein und H. Wolfing am Klavier einen Garten von Lorbeer und Blumen, der dem Beifall des vollen Hauses den sommerfreudigen Sinn gab.

Tagebuch, München, 17. Juli 1937

»Michael malt und schreibt einen bezaubernden Brief, Björn ist auch glücklich. All läßt nach zwei Wochen auch wieder von sich hören. Ich bin nach einer starken Erkältung wieder gesund, habe Jake und Lucky zu Freunden, und Prinz Meiningen ist mein neuester Flirt. Ich lerne und singe aus glücklichstem Herzen. Gut, daß die materiellen Sorgen bleiben, sonst wär's auch unheimlich viel Glück.

Anfang Juli hatte ich in Garmisch einen eigenen Abend. Ich weiß nicht, wer mehr Freude an ihm hatte, das zum größten Teil amerikanische Publikum oder ich.

Jetzt bin ich in München, du herrlichste Stadt! Morgen ist der 18. Juli, und das ›Haus der Deutschen Kunst‹ wird eingeweiht. Die ganze Stadt befindet sich im Festrausch. Auf allen freien Plätzen wird getanzt, die Musik scheint direkt aus dem Himmel zu kommen, so viele Lautsprecher hat man in den Bäumen und an den Dächern angebracht. Überall Fahnen und Fähnchen. Morgen früh zeigt ein Festzug ›2000 Jahre Deutsche Kultur‹, und die Münchner strahlen, trinken und schlagen sich voll Freude auf die weiß-blaue Brust.

Ist doch wohl klar, daß ich nirgends glücklicher sein könnte als jetzt in München.

All ist Privatsekretär und Schüler bei Dr. Scherchen geworden, was gleichbedeutend ist mit dem Beginn einer großartigen musikalischen Karriere.«

Tagebuch, München, 27. Juli 1937
»Das Gefühl für Plastik, für Architektur ist da, aber die Bilder, die man fürs ›Haus der Deutschen Kunst‹ angekauft hat, sind zum Teil so durchschnittlich und unter dem Durchschnitt, daß man in Scharen anschließend in die Ausstellung ›Entartete Kunst‹ strömt, berauscht und andächtig vor Corinths ›Walchensee‹-Landschaften steht oder auch vor einer dunkelgrünen Abendlandschaft von Marcks.

Plötzlich schämt man sich, daß diese Leinwandflächen, vom berauschten, andächtigen Auge Corinths gesehen und von seiner genialen Hand gemalt, den Begriff ›entartet‹ tragen – und die blutarmen, zurechtgepinselten Akte Adolf Zieglers den neuen Begriff ›Deutsche Kunst‹ verkörpern sollen. Gewiß gibt es ein paar großartige Bilder im ›Haus der Deutschen Kunst‹ und ein paar von Otto Dix und Georg Grosz, auf die der Begriff ›entartet‹ zutrifft. Dennoch, das macht die peinliche Fehlauswahl beiderseits nicht gut.«

Mit ihrem anhänglichen Freund Jake fährt Lale nach Bad Tölz und gibt dort Ende Juli zwei erfolgreiche Chansonabende. Kritiken existieren nicht von diesem Auftritt, aufbewahrt hat sie nur den Programmzettel.

Vermerkt ist darauf auch der Name Rudolf Zink, den Lale überredet hat, sie am Flügel zu begleiten. Rudolf Zink lernte Lale Andersen um 1935 im »Simpl« kennen. Er war es, der die Erstfassung von »Lili Marleen« komponierte. Seine Chansonfassung wurde nicht auf Schallplatte aufgenommen. Für Lale komponierte er zahlreiche Lieder: »Der Feldmohn«, »Denn du weißt«, »Einmal noch nach Bombay«, »Nächtliche Ruhestörung« (alle Texte von Hans Leip), »Liebeslied am Hafen«, »Es fährt ein Schiff«, »Das Karussell« und »Der Schäfer putzte sich zum Tanz«.

Allerdings muß der rothaarige temperamentvolle Rudi dem ersten Pianisten Adam Bötsch den Vorrang lassen, dessen Klavierbegleitung besser zum Programm paßt als Rudis »schräge, improvisierte« Töne.

Trotzdem kann Lale den Münchner becircen, sie anschließend auch noch während ihres Auftritts in Garmisch zu begleiten. Für Rudi Zink ist es das einzige Mal, daß er Lale auf Tournee begleitet. Die »Simpl«-Kulisse wird von dem begabten Musiker bevorzugt, und Lale bemüht sich weiterhin um einen ständigen Pianisten. Wegen seiner politischen Einstellung wird Zink die Aufnahme in die allmächtige Reichsmusikkammer verweigert, und er wählt schließlich den Beruf eines Bankkaufmanns.

Lieder zwischen Ebbe und Flut:

I.

Red sails in the sunset . . .	Englisches Matrosenlied
Madelaine	Aus dem Flämischen übersetzt
Erste Begrüßung	Aus dem Isländischen übersetzt
Charly	Bearbeitung eines dänischen Volksliedes

Seemann's Schnaderhüpfln

II.

Der Junge an der Reeling	
Wiege Welle	Isländisches Lied
Caminito	Spanisches Lied
Juke und die Baumwollpflückerin	Amerikanisches Lied
Si l'on ne s'était pas connu .	Provençalisches Lied

Backbord / Stürbord

Pause

III.

Allgemeinverständliches

Lied von der Untreue	16. Jahrhundert
Eine Frau von heut	aus „Axel an der Himmelstür"
In my solitude	Duke Ellington
Le bonheur n'est pas un rêve	Franz. Walzer

Kleines Sommermärchen

An zwei Flügeln: Adam Bötsch und Rudolf Zink

Lale Andersen-Wilke auf „Grammophon" „Die Stimme seines Herrn"

Sechs Gastspiele absolviert Lale im August auf der Nordseeinsel Norderney und verdient mit diesen Auftritten so viel Geld, daß sie alle drei Kinder vorübergehend zu sich nehmen kann. Sie empfindet dieses Zusammentreffen als kleine Sensation. Dann fragt sich Lale aber auch, wie es finanziell weitergehen soll. Tröstlich ist für sie der Gedanke, daß ihre Tochter Litta bei Thekla in der Schweiz in bester Obhut ist. Und da das Künstler-Image mehr als zuvor gepflegt werden muß, zeigt sich Lale in der Öffentlichkeit am liebsten nur mit dem Jüngsten.

Tagebuch, Norderney, 18. August 1937
»Ich habe All von Jake geschrieben, und mir war ziemlich elend dabei. Wie ich All liebte, werde ich nie mehr einen anderen Mann lieben können.

Das Wetter ist schlecht, Sturm, Regen, Windstärke 9. Manchmal sitze ich im dicken blauen Matrosenhemd mit den Fischern Hinrichs, Berndt und Jonny auf der Hafenmauer. Dann fühle ich ihre prüfenden, nachdenklichen Blicke, und sie sagen zu mir: ›Wästu, Lale, du kunnst bestimmt ock nomol in Mann glücklich moken.‹

Ihre Worte wärmen mehr als der heißeste Grog. Sie schenken mir die seltensten präparierten Seetiere, alte Kacheln und riesige Krebse, die herrlich schmecken.«

Im September hält sich Lale am Bodensee auf. Vier Wochen lang hat sie ein Engagement in Konstanz. Im Hotelzimmer hängen die Trophäen, die sie von Norderney mitgebracht hat: Seetang, eine alte friesische Kachel und ein echter, riesiger Baumwollpflückerhut. Letzterer erinnert sie an eine Seereise, die in die weite Welt führte. Aber das liegt lange zurück...

Mit der Post kommt ein Brief aus Wien. Er ist von All, und sie zittert beim Öffnen des Kuverts. Schließlich hat sie ihm vor ein paar Wochen von ihrer Freundschaft mit Jake erzählt – wie wird ihr Geliebter reagieren. Aber All ist so überglücklich, daß er überhaupt ein Lebenszeichen erhalten hat, und macht ihr keine Vorwürfe.

Björn ist für ein paar Wochen zu seiner Mutter nach Konstanz geschickt worden. Die Münchner Schulen mußten wegen des Ausbruchs spinaler Kinderlähmung für 14 Tage geschlossen werden. Da es sich im Hotel zu zweit zu teuer lebt, schickt Lale ihren Sohn in ein Elektrogeschäft, um einen Spirituskocher und einen kleinen Topf zu kaufen. Aus dem Seehotel ziehen die beiden in möblierte Zimmer in die Innenstadt. Mit gewisser Skepsis verfolgt Björn die hausfraulichen Talente seiner Mutter. Ein Urteil fällt er nicht, dazu ist der Hunger zu groß. Zwar lebt Lale auch jetzt noch auf Vorschuß, aber die Stimmung lassen sich die beiden nicht nehmen. Und als es ein paar Tage regnet, unternehmen sie dennoch einen Ausflug nach Meersburg. Begeistert und vor Nässe triefend, kehrt man kurz vor Beginn der Abendvorstellung nach Konstanz zurück.

Gelegentlich spricht Lale mit ihrem Großen etwas Französisch, muß aber feststellen, daß ihm diese Fremdsprache nicht sonderlich liegt.

»Mich interessiert viel mehr Fotografieren und noch mehr die Astrologie.«

»Na ja, dagegen ist nicht viel einzuwenden. Astrologie ist mir noch lieber, ist billiger als Fotografieren«, bekennt Lale.

»Erinnerst du dich noch an euer Gespräch über Astrologie, als wir alle zusammen auf Norderney waren?«

Geführt wurde die Unterhaltung zwischen ihren drei Kindern: »Mami, ich kann nicht aufessen, darf ich vorgeh'n an den Strand?«

»Nein, iß erst auf, bitte, Michael.«

Litta, weinerlich: »Ich mag auch nicht mehr. Das Wurzelgemüse ist ganz falsch gekocht.«

»Ruhe. Blödsinn. Erst wird gegessen!«

Björn daraufhin: »Typische Gereiztheit zwischen Widder und Jungfrau.«

Alle: »Was?«

Björn, während er in seinen Wurzeln stochert: »Mami ist doch Widder – energisch, konsequent, und Litta empfindlich, unlogisch, typisch Jungfrau.«

Litta: »Was bin ich?«

Björn verächtlich: »Jungfrau.«

Litta zu ihrer Mutter: »Hör mal, was Björn da behauptet, das laß ich mir nicht gefallen.«

»Das ist keine Beleidigung, Littachen, dein Stern, unter dem du geboren bist, heißt Jungfrau, meiner Widder.«

»Und Björn?«

»Fisch.«

Michael fängt an, sich zu interessieren.

»Und meiner?«

»Löwe.«

»Nö, son ollen will ich nicht.«

»Was willst du denn, du August-Mensch?«

»Ein schönes Sterntier, vielleicht Seehund?«

Tagebuch, München, Ende September 1937

»Hurra, zum Kalenderblatt der kommenden Woche gehört der 1. Oktober. Das bedeutet München, ›Simpl‹, viele glückliche Wiedersehen.

Gestern hat man mich interviewt, und ich stelle vergleichsweise mit anderen fest, daß mein Leben jeweils sehr verschieden verlaufen ist und Menschen mit weniger Phantasie zum Interviewen geeigneter sind. ›Warum singen Sie so gerne Chansons?‹ – ›Meistens, weil ich schon mal dabei bin, und manchmal, weil es mir riesige Freude macht, so wie heute!‹

Von All kommen lange, verlangende Briefe, die das Herz höher schlagen lassen. So hoch, daß ich's, lyrisch-anatomisch gesehen, auf der Zunge trage, was zum Chansonsingen im ›Simpl‹ nicht das schlechteste ist.

Der bayrische Dialekt ist wie Musik, dazu der bezaubernde Takt, Instinkt und Charme Münchner Herzen. Anregender, stets aufs neue gebender ›Simpl‹, jetzt kommt wieder der Abschied von euch; denn für die vielen finanziellen Verpflichtungen braucht es ja noch etwas anderes als die Münchner Seligkeit. Dafür ist die graue materielle Provinz unentbehrlich.

Einmal hat All aus Wien angerufen und mich damit unendlich glücklich und sehnsüchtig gemacht. Im Oktober haben die Berliner Philharmoniker unter Wilhelm Furtwängler in München gastiert. Das Konzert habe ich mit meiner Schwester, die für einige Tage aus Zürich nach München zu Besuch kam, erlebt. Zwischendurch gab es viel zu erzählen: von den Kindern, dem Beruf!

Jetzt ist es bereits Ende Oktober, und ich habe 14 Tage dagegen angekämpft, mich nicht in Hans Albers zu verlieben.

Manchmal sitzen wir zusammen und erzählen uns von unserem Heimweh nach dem Meer. Beim Gehen sage ich ihm gute Nacht und ziehe ihm seine Wolljacke an. Ich stelle die Blumen aus dem Zimmer und öffne das Fenster.

Glücklich bin ich, als er mit mir in den ›Simpl‹ kommt. Still sitzt er in der Wedekind-Ecke und hängt irgendwelchen unausgesprochenen Gedanken nach. In diesen Momenten habe ich ihn sehr lieb.

In der Dämmerung begegnen wir uns Tage danach noch einmal in Geiselgasteig, wo er einen Film dreht. Umarmen uns mit geschlossenen Augen und haken einander ein. Mit unseren Gedanken sind wir eins.«

Lale Andersen-Wilke tritt im November in Köln auf. Ins Varieté »Charlott« kommen junge Kritiker, die ihre Lieder und ihre Vortragsweise positiv und begeistert beurteilen.

»Ein paar großartige Wachse aufgenommen«, steht im Tagebuch; allerdings wird nicht erwähnt, um welche Nummern aus ihrem Repertoire es sich dabei handelt.

Weihnachten verbringt sie in Bremen mit Michael. Es ist eine sorglose Zeit, an das nächste Engagement denkt sie nicht, nur an All.

Er scheint ihre Wünsche geahnt zu haben. In seinem Weihnachtsgruß läßt er sie nicht darüber im Zweifel, daß er sie noch immer liebt – ob glücklich oder unglücklich, fragt er sich und seine Geliebte. Die Antwort läßt lange auf sich warten. Wieder einmal scheint der Beruf Vorrang zu haben. Wie lange noch? Auf diese Frage findet auch Lale keine Antwort.

Tagebuch, Wien, Ende Januar 1938
»Erlebe in Krefeld zwei schöne, glückliche Arbeitswochen und weitere zwei anschließend in Mannheim. Es gibt in dieser Stadt so viele Anregungen durch Theater und Konzerte. Außerdem sitzen die Kollegen vom ›National-Theater‹ allabendlich in der Vorstellung, wenn ich singe, und machen mich glücklich mit ihrer Begeisterung.

Am 1. Februar fahre ich zu Björn nach München und veranstalte für ihn zwei Festtage, bestehend aus Erzählen, Essen und Bummeln. Dann trete ich eine Radio-Tournee an, die mich zunächst nach Wien führt. Wien – diese Stadt ist bisher auf der Landkarte meines Lebens nicht vorhanden gewesen. Jetzt ist es ein großes Ereignis, dich zu sehen, zu hören und in einer eigenartigen Vorfrühlingsstimmung zu erleben.

Anfangs kommt man sich vor wie auf einer großen Operettenbühne. Ich empfinde stark den Kontrast zwischen der eigenen deutschen Herbheit und diesen leichten und oberflächlich dahinplaudernden Menschen. Innerlich bleibt man unberührt, aber die äußere Vollkommenheit aller Dinge dieser Stadt verblüfft. Die Straßen sind breit und hell, die Auslagen märchenhaft. Es existiert wenig Gotik und Barock in den alten Stadtvierteln. Dafür herrlicher souveräner Renaissance-Stil. Die Nationalbibliothek, die Spanische Hofreitschule und die düstere schwermütige Minoritenkirche faszinieren am meisten. Mit meinem schwedischen Freund und Verehrer Harald gehe ich abends essen und notiere mir später, im Hotelzimmer, einige seiner Worte, die ich nicht vergessen will: Jeder Erfolg bedingt eine Rücksichtslosigkeit; jede Rücksicht eine Lüge. Auch der Stolz kennt eine Bescheidenheit und die Bescheidenheit einen Stolz.

Heute ist bereits der 7. Februar, ich möchte so gerne länger in Wien bleiben. Obwohl ich mir zwischen all diesen lebhaften, brünetten Menschen sehr als Fremdling vorkomme. Aber in Wien ist ein Mensch, der still sein und zuhören kann, so selten, daß er dieser Eigenschaft wegen begehrenswert erscheint. Ich weiß jedenfalls kaum, welche der vielen Einladungen ich zuerst annehmen soll.«

Nach Lale verlangt im Februar auch das Radio. Sie muß zu Sendungen nach Frankfurt und nach Breslau. Die Zuhörer machen aus ihrer Begeisterung kein Geheimnis. An die Sender gehen täglich Briefe und Postkarten vieler Hörer.

Die Einnahmen reichen aus, um ein paar Tage Urlaub in den Bergen zu machen. Erholt und braungebrannt von der ersten Märzsonne fährt sie nach München zurück und sagt begeistert zu, als sie aufgefordert wird, auf dem Kammerspiel-Faschingsball im »Regina-Palast-Hotel« mitzumachen.

»Ich ziehe meinen neuen weißen Frack an. Mit dem tollen Teint wird mein Kostüm seine Wirkung nicht verfehlen«, freut sie sich.

Als sie dann abends einem alten Flirt begegnet, er im schwarzen Frack, sie im weißen, gehören sie zu dem auffallendsten Paar dieses Faschingsballs. Getanzt wird die Nacht hindurch, noch am nächsten Morgen sitzt man zusammen an der Bar und findet keinen Abschied.

»Leben Sie wohl und viel Glück für die Zukunft«, wünscht Lale ihrem charmanten Faschingspartner, ehe dieser zwei Tage später nach Köln abreist, um dort seine erste Stelle als Assistenz-Arzt anzutreten. »Wieder ein Abschied, wieder eine Sehnsucht mehr, soll das zeitlebens so bleiben?« denkt sie etwas bedrückt.

Der Aschermittwoch bringt Ernüchterung. Für die nächsten vier Monate scheint kein Angebot in Sicht, kein finanziell verlockender Vertrag wartet auf die Zusage der Künstlerin. Sie kann zwar im »Simpl« auftreten, aber die Gage ist bescheiden. Ein kleiner Trost ist, daß sie von nachts halb ein Uhr bis halb zwei Uhr die von ihr ausgewählten Chansons singen kann, und dies mit dem bewährten Erfolg.

Tagebuch, München, 5. März 1938

»Mit allen Schikanen, wie Björn sagt, haben wir seinen Geburtstag gefeiert und des großen Anlasses wegen unser ganzes ›Vermögen‹ verjubelt.

Wir sind bis nachts zusammen und sehr glücklich und lachen viel. Je mehr der Junge seinen Lehrern zur Qual wird, desto mehr gefällt er mir. Er ist zwar nicht ernst genug für sein Alter, zu verspielt, aber er verliert allmählich seine Befangenheit und Hilflosigkeit. Das Portemonnaie leer, das Herz voll, verabschieden wir uns erst nach Mitternacht voneinander.

Ich warte zwar immer noch und mit steigender Ungeduld auf ein Engagement in irgendeinem Varieté, aber die Sehnsucht nach eigenen

Liederabenden bleibt. Ich möchte mich weiterentwickeln in Sprache und Stil.

Warum kann mich nicht mal ein Regisseur sehen, der würde mir bestimmt eine Rolle anbieten. Trotz Bewerbungsschreiben und Foto-Einsendungen an diverse Filmstudios schreit niemand nach mir. An Zufälle zu glauben habe ich mir abgewöhnt.

Wie schön, daß wenigstens täglich Briefe von Radiohörern kommen, die von meinen Liedern angetan sind und ihren Dank kundtun.«

Auf den Münchner Litfaßsäulen künden Mitte März Plakate einen Chanson-Abend mit Lucienne Boyer an. Lale besorgt sich sofort eine Karte und ist hellauf begeistert von dem Charme dieser hervorragenden Chansonette.

»Ich finde ihren Stil wunderbar, sie ist eine herrliche, souveräne Könnerin, jeder Zug ihres leuchtenden Gesichts, jede Geste, jeder Schritt zeigt Begabung«, schwärmt Lale ihren Kollegen vor. »Bloß zwischen meinem Stil und dem der Boyer besteht noch eine große Kluft. Aber laßt man, ich werde dafür sorgen, daß sich die Kluft verkleinert.«

Tagebuch, München, 23. März 1938
»Am 22. März schlägt die Uhr abends im ›Simpl‹ zwischen meinem zweiten und dritten Chanson aus dem vorderen Raum Mitternacht. Ich trete ab, um während des Applauses ein paar tiefe Atemzüge zu tun, und sehe im Gang an einem einzelnen Tischchen Wallace Beery, Amerikas größten Charakterschauspieler. Von Sonne und Wind gebräunt sitzt er da, so als sei es ganz selbstverständlich, daß er im ›Simpl‹ sitzt und nicht in Hollywood vor der Filmkamera steht.

Ich strahle ihn an, reiche ihm die Hand und flüstere leise: ›Wallace Beery?‹ Er nickt, und ich muß endlich aufs Podium zurück und singe ›für einen amerikanischen Kollegen‹ zwei englische Lieder. Seinen Namen gebe ich nicht preis. Nicht nur, um ihn ganz für mich allein zu haben, sondern damit er den glücklichen, seltenen Zustand des Unerkanntseins weiter genießen kann.

Er scheint dankbar dafür. Nach meinem Auftritt setzt er sich mit mir in eine Ecke, um sich zu unterhalten. Nach fünf Minuten ist es, als kennen wir uns jahrelang. Er kann kein Deutsch, und ich bin selig, daß es mit meinem Englisch klappt. Beide sind wir beglückt von dieser Begegnung.

Am nächsten Tag haben Film und Presse von seinem Aufenthalt

erfahren, und er gehört wieder der Welt. Bevor er abfährt, sendet er mir einen Gruß:

›To Lale, my dearest wishes to a loveley lady,

Wallace Beery, Munich 38.‹

Fein säuberlich wird die Karte ins Album geklebt. Ich betrachte diese erste schöne und unerwartete Begegnung in meinem neuen Lebensjahr als ein positives Zeichen. ›Jetzt bist du dreißig, Lale, was wohl auf dich zukommt?‹

Ob ich wirklich, wie viele Menschen behaupten, zu den Künstlern gehöre, die mit wenig Sätzen und Gesten beschenken und andere innerlich froh machen? Wie schön wäre das.«

Auftritte in Düsseldorf und Heidelberg sorgen dafür, daß Lale im April etwas Geld verdient. In Heidelberg ist der Erfolg besonders schön. Ein junges Publikum – darunter viele Studenten – applaudieren nicht nur begeistert, sie trampeln ihre Zustimmung.

Ihrem anhänglichen Publikum in Heidelberg adieu gesagt, fährt sie mitten hinein in die bayerische Frühlingslandschaft und umarmt in Gedanken schon ihr geliebtes München. Ein Glück, daß Theo Prosel sie für Mai und Juni engagiert hat. Das »Simpl«-Publikum empfängt sie wie eine alte Freundin und nimmt geduldig in Kauf, daß Lale fast täglich neue Chanson-Experimente an ihm ausprobiert.

Als sie eines Abends in den »Simpl« kommt, spricht sie ein gutaussehender Mann an. Er sei mit zwei Medizinern im Lokal. Die beiden Kollegen möchten unbedingt die Bekanntschaft der blonden Künstlerin machen.

»Schlagen Sie mir die Bitte nicht ab, Frau Andersen. Meine Freunde fangen sonst glatt zu heulen an.«

»Nun, da kann ich kaum nein sagen, wir wollen nicht den ›Simpl‹ in eine große Pfütze verwandeln«, amüsiert sie sich und folgt ihm an den Tisch.

Die zwei jungen Mediziner kommen gerade noch dazu, ein paar höfliche Worte über ihre Lieder zu stammeln, da übernimmt bereits der gutaussehende Mann, er stellt sich als Hermann Greving vor, die Konversation.

»Was halten Sie von meinem Programm?« möchte sie wissen.

»Ganz nett, aber man soll Rilke nicht im Kabarett bringen.«

»Und die Parodie?«

»Bitte fragen Sie nicht. Aber menschlich sind Sie furchtbar nett. Wirklich, Lale, ich bin ganz glücklich, neben Ihnen sitzen zu dürfen.

Nein, Sie brauchen jetzt nicht wegzurücken. Ich liebe schon eine Frau, bin also ganz ungefährlich.«

»Ach, wirklich? Ihr Eingeständnis freut mich, ich liebe nämlich auch bereits einen Mann. Unendlich sogar!«

Kaum hatte sie dieses Geständnis abgelegt, fragt sie sich: Von wem spreche ich eigentlich? Von All oder meiner neuen Liebe Dan? In diesem winzigen Augenblick wird ihr erstmals bewußt, daß sie gar nicht mehr liebt.

All, der ihr fünf Jahre lang alles bedeutete und zu ihrem Schutzengel wurde, dieser Schutzengel fliegt jetzt davon. Ihr ist hundeelend zumute. Mit ein paar hastigen, sinnlosen Worten verabschiedet sie sich. Die erstaunten Gesichter, die ihr nachsehen, bemerkt sie nicht.

Ein paar Tage später kommt ein flüchtiger Brief von All. Er schreibt aus Juan-Les-Pins, an der französischen Riviera. Bis vor kurzem hätte sie sicher über seine Formulierung »lange, blonde, schlaksige Germanin« geschmunzelt. Aber empfindet sie überhaupt noch etwas für All? Sie will sich diese Frage nie wieder stellen. Aus Angst? Feigheit? Aus Ehrgeiz, weil sie die Karriere der Liebe vorzieht, weil sie überzeugt ist, Karriere und Liebe lassen sich nicht einfach halbieren?

Tagebuch, 30. Juli 1938

»Manchmal scheint es mir, ich brauche Freunde, Menschen, die ich liebe, nur um Sehnsucht nach ihnen haben zu können. Keine schmerzliche, sondern eine starke, besitzende, pläneschmiedende, beglükkende Sehnsucht.

Übrigens scheint Dan, mein Mediziner, All doch nicht aus meinem Herzen drängen zu können. Die Liebe zu Dan ist doch nicht stärker als die jahrelange Liebe zu All, die nun sphärisch geworden ist. Und bleiben wird. Unter ›sphärisch‹ verstehe ich etwas anderes als geistig. Es ist die große Liebe ohne Realität. Köln und Braunschweig sind herrliche Engagements. Vor allem Köln.

Es ist so schön, betreut von einem gläubigen Orchester, von der Stille des Auditoriums, vom Scheinwerferkegel und vielen anderen Kleinigkeiten, die so starke Stützen sind, ganz intensiv sein zu können in Wort und Ton.

In Köln besucht mich Dan, und nach Heidelberg kommt er auch. Ich bin traurig, daß ich ihn nicht so liebhaben kann, wie er hofft und ich glaubte. Manchmal ist er deswegen gereizt und aggressiv, aber meistens sehr tapfer. Zur Liebe kann aber nichts verpflichten als das Schicksal, also soll man es nie jemandem vorwerfen, wenn er Liebe nicht mit gleich starkem Gefühl erwidert. Ich wünschte mir, Dan zu lieben, ich glaube sogar, daß ich's tat. Aber an einen Menschen, den ich liebe, muß ich glauben können, menschlich, künstlerisch, geistig – an Dan glaube ich nicht.

Noch ehe meine Distanz ihn dazu herausfordert, macht er sich zum Märtyrer, wirkt er pathetisch. Ich ertrage Pathos nicht. Ich ertrage und respektiere Zuverlässigkeit, beruflichen Einsatz, körperliche Disziplin und tapfere Resignation.

An All kann man glauben. Er kann sich erlauben, alle seine schlechten Eigenschaften zuzugeben, weil er den zur Selbstpersiflage nötigen Humor, Mut und Charme hat. Er kann das Ärgste von sich erzählen, und man hat ihn dennoch liebbehalten.

Im August stehe ich für fast zwei Wochen auf der Bühne des ›Casinos‹ in Heidelberg. Ich singe vor einem rein angelsächsischen Publikum, das für die Lieder, die man in englischer Sprache singt, rührend dankbar ist. Sie applaudieren für Lieder wie ›Just the Way‹, ›Red Sails‹ und ›Lili Marleen‹, das ich natürlich in deutscher Sprache vortrage und für das Rudi Zink die Chansonfassung schrieb.

Von ›Lili Marleen‹ ist das Publikum schon jetzt restlos gefangengenommen. Ich singe es, von dem ungemein begabten Pianisten Friedrich Pasche begleitet. Am liebsten würde ich ›Paschi‹ zu meinem ganz persönlichen Pianisten machen.

Eines Abends spät verließ mich dann einmal nicht mein Mut. Ich fragte Paschi ganz direkt, ob er mich auch in Zukunft begleiten würde. Und Paschi hat, wenn auch nicht ganz unbefangen, still einen kleinen Augenblick seine Arme um mich gelegt und mich ganz verstanden.

Danach haben wir uns sehr stark auf die beiderseits schmalen Schultern geschlagen und gelacht und uns adieu gesagt, bis wir in zwei Monaten in Berlin gemeinsam versuchen wollen, uns vom Varieté weg den Konzertsaal zu erobern.

Hoppla, hoppla, he...«

Tagebuch, 29. August 1938

»Wie herrlich, mit Björn und Michael zusammengewesen zu sein. Erst ein paar Tage mit Michael in Bremerhaven, dann mit Björn auf unserem geliebten Norderney. Nun ist Björn bei Freunden in Hamburg und Michael in der Schule in Bremerhaven. Ich mache noch etwas Urlaub. Aber schon nach zwei Tagen stellt sich ein Heißhunger nach Arbeit ein.

Ich möchte Pasche, seit kurzem mein höchst persönlicher Pianist, hierhaben, ans Klavier gehen, proben und abends eine Gratisvorstellung geben. Ich möchte ihn überhaupt hierhaben, zum Pläneschmieden und um ihm die Landschaft zu zeigen, aus der ein großer Teil meiner Lieder geboren wurde.

Aber Pasche ist noch in Heidelberg und denkt, ich sei längst auf einem Bananendampfer, der mit mir nach Westindien fährt. Unmöglich kann ich zugeben, daß mich die Reederei, weil die Passage nicht voll bezahlt ist, im letzten Moment nicht aufs Schiff läßt. Mir würgen Tränen so den Hals zu, daß ich nicht einmal bitten kann, mir zu glauben, daß ich in wenigen Tagen den Restbetrag herbeibringe.

Ich bin ganz gelähmt, beschämt und hilflos. Mir fällt auch niemand ein, der für mich bürgen würde. Erst als ich auf die Idee komme, nach Norderney zu fahren, um dort mit ein paar Gastspielen das nötige Geld zu verdienen, fühle ich mich wieder stark. Aber es bleiben mir immer noch mehrere Wochen, ehe wieder ein Passagierschiff ausläuft und mich mitnimmt. Also kehre ich aufs Festland zurück.

Ich muß plötzlich an Paul Ernst Wilke denken. Vielleicht erinnert mich die Landschaft an ihn, an seine Bilder, die er oft hier, in Wremen, gemalt hat. Und ich habe mich gefreut, als ich gestern hörte, er sei da. Ich habe keine Sehnsucht nach ihm, sondern bin neugierig. Was ist das eigentlich für ein Mensch, den ich als 16jährige heiratete und von dem ich drei Kinder habe? Er ist ein Maler mit einer herrlichen Palette, und dazu ein souveräner Zeichner.

Aber was ist er eigentlich für ein Mensch? Neun Jahre sah ich ihn nicht mehr, oder nur ganz flüchtig. Ich sitze allein in der warmen, gemütlichen Gaststube, als er eintritt. Er ist nicht ganz unbefangen, mich so plötzlich vor sich zu sehen.

Einem so blonden, herben, verschlossenen Mann, der außerdem groß und breit ist und einen guten Kopf hat, passiert es oft, daß er die Aktivität einer Frau herausfordert. Ich erinnere mich an eine ganze Reihe aggressiv verliebter Frauen und Mädchen schon während unserer Ehe. So einen Überfall auf ihn als Mann befürchtet er scheinbar auch von mir.

Ich benehme mich sehr natürlich, sehr burschikos. Auf alle Fälle erfolgreich diplomatisch im Ton, so daß er aus seiner Distanz herausgeht und man nach und nach miteinander spricht wie zwei Geschwister, die sich lieben und lange nicht gesehen haben.

Unser Thema sind die Kinder, unserer beider Arbeit und wieder die Kinder. Er hat sie genauso lieb wie ich. Es sind sicher nur die Verhältnisse, die ihm nicht erlauben, es zu zeigen. Sicher gibt es Minuten, in denen er dies als sehr schmerzlich empfindet.

Manchmal kommt eine Erinnerung an ein gemeinsames Erlebnis ins Gespräch. Ich bin es, die es wachruft, nicht er! Er geht lächelnd und Gefahr witternd darüber hinweg.

Ich bin mit ihm als Vater meiner Kinder durchaus einverstanden.«

Am 3. September bekommt Lale endlich das Geld für die geplante Schiffsreise. Nur aus dem ursprünglichen Ziel – Westindien – wird nichts. Sie muß sich mit einer Seereise nach Las Palmas auf einem kleineren Schiff zufriedengeben.

»Ein sehr unvollkommener Ersatz für die ›Wesermünde‹, aber immerhin die einzige Lösung, nicht noch weitere vier Wochen wie ein Löwe hinter Gittern die Deiche zwischen Bremerhaven und Wremen hin und her zu laufen«, sagt sie beim Bezahlen der Passage.

Auch Lales Mutter atmet auf, als ihre Tochter freudestrahlend einen Besuch abstattet und erzählt, es klappe doch noch mit der großen Seefahrt.

»Wie schön, mein Kind. Das wäre ja ein Grund zum Feiern«, meint sie lächelnd.

»Du hast absolut recht, dafür bekommst du einen Kuß. Spiel einen Tusch, los, Michael, für die Omi einen Tusch am Klavier!«

Mit dem Jüngsten an der Hand wird ein bunter Blumenstrauß und eine große Plockwurst gekauft. Ebenso eine Schachtel feinster Pralinen.

»Ist ja nett gemeint, aber grob geräucherte Wurst wäre mir lieber gewesen, und die Blumen sind ja schrecklich. Die nannten wir früher Studentenblumen. Stelle sie in dein Zimmer, Lilott. Das Geld gib mal für etwas Gescheiteres aus, das nächste Mal.«

Lale erwidert nichts, denkt nur still, typisch Mutter, wieder ganz die alte, Gute, Schwierige.

Das Schiff läuft an einem bewölkten späten Herbstnachmittag aus. An Blankenese vorbei manövriert es die Elbe hinunter. An Deck halten sich nur ein paar Passagiere auf. Erst beim Abendessen bietet sich Gelegenheit zum Kennenlernen. Gegenseitiges Prüfen, ob jemand darunter ist, der gefällt. Niemand, stellt Lale fest. Ein paar Ehepaare, ihre Gesichter vergißt man gleich wieder. Aber kein Mann, dessen Gesicht einen nachts verfolgt und nicht schlafen läßt.

Der Kapitän hat sich noch nicht vorgestellt. Gelangweilt und auch etwas abgespannt zieht sich Lale schon früh in ihre Kabine zurück.

Tagebuch, September 1938

»Eben ist der belgische Lotse an Bord gekommen. Heute abend laufen wir Antwerpen an. Bevor wir die Schelde erreichen, kommen wir an Vlissingen vorbei. Ein buntes Ufer mit Wiesen, Windmühlen und weißem Strand. Noch ehe wir in Antwerpen anlegen, fragt uns der Obersteward, ob jemand an einer Autofahrt nach Gent und Brügge interessiert sei.

Es beteiligen sich nicht sehr viele Passagiere, und so holt sich der flämische Führer und Autobesitzer von der nebenan liegenden ›Nürnberg‹ noch einige Ausflügler.

Durch das fruchtbare Waadtland, auf dessen fünfzehnhundert Blumenplantagen helle, mittel- und dunkelrote und weiße Begonienbeete leuchten, kommen wir nach Gent. An düsteren alten Zunfthäusern vorbei geht es zum Dom, in dem der Altar der Brüder van Eyck steht.

Es regnet, als wir aus der Kirche heraustreten. Als ich mir den Regenmantel anziehen will, tritt ein Mann auf mich zu und hilft mir dabei. Nicht unsympathisch, denke ich, gutes Gesicht und ein paar sehr klare blaue Augen. Wie sich herausstellt, ist er einer der ›Nürnberg‹-Passagiere.

Die Fahrt geht nach Brügge. Unser Fremdenführer nennt es das flämische Venedig. Hier residierten die Grafen Flanderns. Das Schloß und die es umgebenden Patrizierhäuser sind wunderbar erhalten. In der mit dem Schloß verbundenen Notre Dame-Kirche steht als größter Schatz eine marmorne Muttergottes Michelangelos. Es ist ein Kunstwerk, das mich am meisten ergreift.

Die anderen sind schon aus der Kirche getreten und besichtigen die Halle eines alten Ständelhauses.

›Dies stellt den Tod der Tochter Maximilians des Ersten dar‹, erklärt der Führer. Er deutet auf ein großes Gemälde. ›Sie stürzte bei einer Jagd. Man sagt aber, daß der Sturz als solcher nicht die Todesursache gewesen sei, sondern ein Dornenzweig, dessen eine Dorne durch die Kleider der Prinzessin in den Darm drang.‹

›Ist denn das medizinisch möglich? Was glauben Sie, Doktor?‹ ruft eine Dame und sieht sich suchend um.

Dann entdeckt sie den Mann von der ›Nürnberg‹. Scheinbar hat er nicht aufgepaßt, verlegen fragt er: ›Was haben Sie gesagt?‹ Allgemeines Lachen, die Frage wird wiederholt. Der Doktor meint, möglich wäre es, wenn auch ziemlich unwahrscheinlich.

Mir erzählt er dann, er sei Schiffsarzt und dies seine erste Seereise. Sie ginge nach Südamerika.

›Wie beneidenswert, meine nur bis Las Palmas.‹

Der Arzt weicht nicht mehr von meiner Seite. Gemeinsam besichtigen wir das ›Beguinen-Kloster‹. Seine Nonnen fertigen die schönsten belgischen Spitzen an, erklärt der Führer. Nebenan habe um das Jahr 1100 Prinz Carlos gewohnt, ein paar Schritte weiter war während des Ersten Weltkrieges das Deutsche Generalstabsquartier.«

»Darf ich Sie zu einer Tasse Kaffee einladen?« bittet der Schiffsarzt.

»Warum nicht«, akzeptiert Lale in ausgelassener Reisestimmung.

Ihr Begleiter möchte etwas mehr über sie erfahren. Wer sie denn eigentlich sei und was sie tue.

»Ich bin niemand und tue nichts.«

Er glaubt ihr nicht so ganz und sieht sie forschend an. Er ist so ein bißchen wie ich, denkt Lale. Wenn mich ein Mensch interessiert, muß ich auch immer wissen, was er tut.

»Sie könnten Medizinerin sein oder vielleicht Künstlerin?« Er bekommt keine befriedigende Antwort. Lale hat keine Lust, über sich Auskunft zu geben. Das kränkt ihn.

Dennoch kommt er abends auf ihr Schiff, um sie zu einem Spaziergang abzuholen. Im blauen Pullover, mit braunem Rock und Regenmantel über dem Arm erscheint sie. Er hat sich feingemacht.

»Zu fein für einen ausgiebigen Nachtbummel, mein Lieber. Bringen Sie die Eleganz schleunigst in die Kabine zurück.«

Man ginge auch nicht in die feine Edenbar, sondern ins Hafenviertel. Ob sie überhaupt wisse, wo das liege.

»Na klar, das riecht man doch«, lacht sie.

Der Weg führt zunächst in die Antwerpener Innenstadt. Gemütlich schlendern die beiden den Boulevard entlang, besichtigen Vergnügungspaläste und stehen auf einmal vor einem Theater. Aber die angekündigte Show hat bereits begonnen. Ein Kinobesuch reizt nicht, man beschließt, das Hafenviertel zu suchen.

»Kommen Sie, machen wir eine Fahrt in dem Autokarussell.« Sie zieht ihren Begleiter in eines der Mini-Autos.

Mitternacht ist längst vorbei, als Lale sich von ihrem Gefährten trennt. Man wünscht sich eine gute Reise, gibt sich einen nichts versprechenden Abschiedskuß und kehrt aufs Schiff zurück.

Tagebuch, September 1938

»Durch den Kanal kommen wir verhältnismäßig ruhig. Der Kapitän, der dieses Schiff zum erstenmal steuert, atmet auf. Von jetzt an ißt er mit seinen Passagieren im Speisesaal. Immer hübsch reihum. Als er überall einmal gesessen hat, nimmt er seinen festen Platz neben dem meinen ein.

Heute nacht ist der Seegang so hoch, daß ich von einer Seite des Bettes auf die andere rolle. Ich muß verdammt aufpassen, daß ich keine Beule am Kopf bekomme. Das ist also die gefürchtete und berüchtigte Biskaya.

Morgens bin ich so müde, daß ich nach dem Bad gleich wieder in die Koje krieche und mich wiegen lasse. Schön langsam, rauf, runter, rauf, runter. Mittags protestiert der Kapitän wegen des leeren Platzes an seiner Seite. Als ich nachmittags faul und fröhlich in meinem Deckstuhl liege, wirft er mir einen drohenden Blick von der Kommandobrücke herunter.

Aber abends findet er, daß wir meine ›Wiederauferstehung‹ mit einem besonders guten Wein feiern müssen. Wir feiern vergnügt und stehen später noch lange an der Reling und spüren, wie der Wind wärmer und weicher wird.

Unser Schiff legt in La Luz, dem Hafen von Las Palmas, an. Ein heißer wolkenloser Himmel hängt über den kreidigen Häusern. Die Arbeiter am Hafenpier haben gerade Mittagspause. Sie schlafen auf Lagersäcken. Einige ältere haben sich mit Kreide Schach- und Dame-Spiele aufs Pflaster gemalt und spielen mit Kieselsteinen. Auch in Las Palmas ist alles sehr ärmlich, verstaubt und trostlos. Ich bin froh, als ich abends wieder, ohne die unzähligen lästigen Fliegen auf dem Geschirr und dem Essen, an Bord bin und das Schiff, nachdem wir gelöscht haben, weiterfährt nach dem bedeutend schöneren, gepflegteren Teneriffa.

Unterwegs nimmt der Funkoffizier ein Kabel auf. In wenigen Sätzen wird mitgeteilt, daß sich die europäische Lage nach einer Rede Adolf Hitlers über die Zustände in der Tschechoslowakei sehr verschärft hat. Der Kapitän macht ein ernstes, besorgtes Gesicht. Jeder empfindet bedrückt die Kriegsgefahr, die in der Luft liegt.

Heute ist schon der 16. September. Vom Kapitän erfahren wir, daß der englische Ministerpräsident Neville Chamberlain mit Hitler auf dem Obersalzberg eine Besprechung hatte. Der Kapitän meint dazu, dies sei eine schöne Friedensgeste Englands. Wir atmen auf. Jeder hofft auf einen guten Ausgang der Verhandlungen.

Dennoch belastet der Gedanke an Krieg tagelang die Stimmung an Bord.«

Tags darauf steht man an Deck und läßt sich von der Sonne bräunen, als einer der Passagiere auf einen Truppentransporter zeigt, der ebenfalls im Hafen von Santa Cruz vor Anker liegt. »Auf dem Schiff befinden sich 17- und 18jährige nationalspanische Soldaten«, erzählt einer der Stewards.

Lale denkt daran, daß Spanien schon seit zwei Jahren Krieg führt. Sie beobachtet, wie die jungen Soldaten still und abgestumpft an der Reling des Truppentransporters lehnen.

»Alle Soldaten der Kanarischen Inseln bekommen jetzt ein kleines Stoffschildchen mit einem Kanarienvogel auf die Achselklappen genäht«, erzählt ein junger Hafenarbeiter. »Damit man, wenn sie gefallen sind, weiß, daß es einer der unseren war. Es fallen nämlich viele von uns, wir sind sehr mutig.«

Die Schiffsreise geht weiter, aber Lale kann nicht die jungen, unschuldigen Gesichter der Soldaten vergessen. Krieg ist das grausamste Wort, alles ist in ihm: Tod, Hunger, Elend, Verzweiflung und Traurigkeit.

An diesem Abend läßt sie sich beim Kapitän entschuldigen, sie ist zu keinem Gespräch aufgelegt. Merkwürdig, daß sie am liebsten allein ist, wenn sie etwas aufwühlt. In Selbstgesprächen findet sie Trost und neue Kraft. Allein ist sie ohne aufgezwungene Maske, gehört sie ganz sich allein.

Tagebuch, Ende September 1938

»Nur Meer, Himmel, Sonne. Der Kapitän steht Tag und Nacht auf der Brücke und steuert sein Schiff durch den Kanal, die Nordsee und in die Elbemündung hinein. Über dem Hamburger Hafen steht dunstig die Nachmittagssonne. Überall herrscht emsiger Betrieb, als wir einlaufen.

Auf meine Bitte hin nimmt der Kapitän noch einen Abschieds-Aperitif mit mir ein. Er sieht müde aus. Ob ich ihm einmal schreibe, möchte er wissen. Ich weiß nicht, glaube es aber nicht.

Ich schicke ihm dann aber doch einen Gruß, als ich im Wartesaal sitze und auf meinen Zug nach Bremerhaven warte. Aus dem geöffneten Fenster sehe ich den warmen Septemberhimmel. Am liebsten würde ich mir ein Taxi nehmen und zum Schiff zurückfahren. Statt dessen fahre ich in die Zukunft. Wie sie heißt, wo sie sich abspielen wird, ich habe keine Ahnung. In Bremerhaven umarmt mich Michael. Für ihn bedeuten die zwei Tage, die ich mit ihm verbringe, Festtage. Und dann geht's ans Geldverdienen! Aber nicht nach Berlin, wie ich es am liebsten hätte, sondern in die Provinz. Erst nach Breslau, dann nach Magdeburg. Das Milieu ist von deprimierender Mittelmäßigkeit. Aber ich vergesse es in dem Augenblick, wenn ich auf der Bühne stehe. Dennoch gehört sehr viel Heroismus dazu, nach den herrlichen Wochen auf dem Meer dieses primitive, unglückliche Engagement tapfer zu überstehen.

Zu allem Überdruß läßt mich Pasche auch noch sitzen. Ein anderer Pianist begleitet mich, nichts scheint in Ordnung zu sein. Der gute Dan hat mich einmal gefragt, warum ich nicht um ihn kämpfe. Um zu kämpfen, muß man lieben, versuchte ich ihm zu erklären. Trotz flehender, bittender Briefe und Telegramme kommt Pasche nicht nach Breslau, auch nicht nach Magdeburg.

Zu meinem selbstgewählten Repertoire gehört ›So ist das Leben‹. Ich bringe es nicht besonders gut, aber, wie ich meine, mit Überzeugung.«

Nach ihrem Provinz-Abstecher freut sich Lale sehr auf Berlin. Willi Schaeffers hat sie für November und Dezember verpflichtet.

»Lieber guter Willi, erinnerst du dich, vor acht Jahren habe ich bei dir mein allererstes Chanson von Karl Kinndt gesungen. ›Lied am Hafen‹, weißt du noch?«

Das Publikum feiert die Wiederkehr Lales mit stürmischer Begeisterung. Auch Pasche ist wieder aufgetaucht und sitzt am Flügel. Nachmittags bei den Proben will es überhaupt nicht klappen, es gibt Unstimmigkeiten und Vorwürfe. Einmal verpatzt Lale ihren Einsatz, dann wieder bemängelt Pasche das Tempo. Die Premiere findet in ein paar Stunden statt, Lale darf gar nicht daran denken. Die Gereiztheit der beiden ist groß.

Was weder Lale noch Pasche zu hoffen wagen: Abends belohnt anhaltender Applaus ihren Auftritt vor dem ausverkauften Haus.

Der Kritiker Hans Joachim Kunze kommentiert am nächsten Morgen im »Berliner Tageblatt«:

»Lale Andersen sang. Eigentlich sang sie gar nicht. Es war unbeschreiblich. Götz Röthe hatte ein Bühnenbild gebaut: eine Laterne am Hafen, ein Duckdalben dahinter, Taue und Netzwerk, etwas blaues Licht und davor, blond, in weißem Norwegerkleid, Lale Andersen. Dieses Bild bricht unvermittelt in die helle, lockere Leichtigkeit des Abends.

Drei Lieder: eine Ansprache an den kleinen Heinemann (den man fast stehen sieht in seinem Matrosenanzug, so zwingend wird der Eindruck des Vortrags), ein amerikanischer Hafensong und ein heiteres Schiffsjungenlied. Damit zaubert diese Frau eine schwere, kühle Atmosphäre, die jede Phantasie ergreift.«

In der Besprechung erwähnt der Berliner Theaterkritiker noch einen Namen. Ein Neuling namens Gisela Schlüter sei ihm wegen ihrer »originellen Begabung« aufgefallen. Zwischen ihr und Lale entwickelt sich im Laufe der Zeit eine herzliche Freundschaft, die bis zum Tode meiner Mutter bestehen bleibt.

An dieser Stelle möchte ich das Lied »Lili Marleen« wieder einmal erwähnen. Meine Mutter führte genau Buch über die Lieder, die sie vortrug. Meistens notierte sie den Titel, sehr häufig aber auch die Publikumsreaktion zu ihren Nummern. Es steht fest, daß sie in der Zeit zwischen 1937 und 1938 »Lili Marleen« – anfangs nach der Melodie von Rudi Zink, später nach der Vertonung von Norbert Schultze – gesungen hat. Aus keiner Kritik oder Besprechung geht hervor, daß dem Lied besondere Beachtung geschenkt wurde. Bis zum Krieg hat tatsächlich niemand von dem späteren Weltschlager Notiz genommen.

In Heidelberg sang meine Mutter im August 1938 u. a. »Lili Marleen« vor zumeist englischsprechendem Publikum. Die Reaktion der Zuhörer sei »außerordentlich« gewesen, schreibt sie ins Tagebuch. Damit ist aber ihr gesamtes Repertoire gemeint, nicht ein einzelnes Lied.

In ein paar Wochen wird Weihnachten 1938 gefeiert. Lale ist noch in Berlin, beim »Kabarett der Komiker«. Zwar findet wochentags nur abends eine Vorstellung statt, sonntags dagegen muß sie dreimal auf die Bühne. Des großen Erfolges wegen läßt Schaeffers um 11.30 Uhr vormittags und nachmittags um 16 Uhr Sondervorstellungen veranstalten.

»Dezember vor zwei Jahren war ich in Bremerhaven, im letzten Jahr in Bremen. Diesmal bleibe ich in Berlin«, antwortet sie auf die Frage eines Kollegen, was sie während der Festtage unternimmt.

»Ich hoffe, es bleibt mir auch etwas Zeit zum Nachdenken, zum Erinnern. So konnte ich erneut feststellen, daß Berlin, verglichen mit München, eine rauhe, kalte, hartherzige Stadt ist. Um sie ins Gegenteil umzuwandeln, muß man sehr viel Kraft, Herz und einen sehr eigenwilligen Stil aufweisen«, erklärt sie mit Bestimmtheit.

»Mich reizt im Moment nichts so sehr, als dem Berliner Publikum außer Interesse und Anerkennung auch echte Begeisterung zu entreißen. Um Berlin muß man buhlen wie um eine herbe Geliebte. München dagegen ist eine Stadt, die einen gleich umarmt.«

Sie liebe die Herausforderung um jeden Preis, und die Möglichkeit, sie zu bestehen.

»Ein Künstler muß ständig herausgefordert werden. Wie sonst kann er seine Stärke und seine Schwäche erkennen und meistern.«

Das Weihnachtsfest verbringt Lale mit ihren Söhnen Björn und Michael. Pasche ist ebenfalls mit von der Partie. Aus der Schweiz kommen sehnsuchtsvolle Weihnachts- und Neujahrsgrüße von All. Er habe sehr auf ein Wiedersehen gehofft und darauf, sie in den Armen zu halten. Merkwürdig, wenn sie jetzt an All denkt, dann ist er für sie in endlose Ferne gerückt, als sei er Vergangenheit.

Noch ein Brief, ebenfalls mit Schweizer Stempel, wartet darauf, geöffnet zu werden. Der Inhalt des mit Kinderhand gekritzelten Briefes löst bei Lale doch etwas Sehnsucht nach Zürich und ihrer dort lebenden kleinen Tochter Litta aus. Ich weiß mittlerweile, daß es sich bei der vergnügten blonden, salopp gekleideten »Tante«, die ich Lilott nenne, in Wirklichkeit um meine Mutter handelt.

Ich erinnere mich an den Tag, als es mir beigebracht wurde, ziemlich genau. Ich muß sechs oder sieben Jahre alt gewesen sein. Aufgeregt und voller Wichtigkeit rannte ich zur Schule, stellte mich vor meine engsten Freundinnen und erklärte ihnen, ich besäße fortan zwei Mütter! Ich genoß ihre überraschten und erstaunten Gesichter. Sie beneideten mich sogar ein wenig. Wer hat denn schon zwei Mütter vorzuweisen. Die eine war eine Dame der Züricher Gesellschaft, die andere eine herumzigeunernde Sängerin, deren unangemeldete Besuche in der Schweiz stets einige Aufregungen mit sich brachten.

Für ein paar Tage war ich Mittelpunkt meiner Klasse, ein herrliches Gefühl. Ich genoß es in vollen Zügen. Erst Jahre später, und inzwischen erwachsen, geriet ich wegen meiner Gefühle zu meiner Mutter und zu meiner Pflegemutter in schwere Konflikte mit mir selbst.

Mit der Wesensart meiner Mutter, ihrer Natürlichkeit und Direktheit, glaubte ich mich identifizieren zu können. Meine Tante hatte ungewollt einen zu stark dominierenden Einfluß auf mich ausgeübt, von dem ich mich loslösen mußte.

Tagebuch, Berlin, Januar 1939
»Ein neues Jahr hat begonnen. In meinem Leben spielt jetzt, neben Björn und Michael, ein dritter Mann die Hauptrolle: mein Pianist Friedrich Pasche. Instinktiv spüre ich, daß er meine künstlerische

Laufbahn fördern wird. Für meine Karriere habe ich in den vergangenen Jahren schon sehr viele Opfer gebracht. Für mich gibt es also kein Zurück mehr, nur ein Vorwärts.

Mit Paschi stoße ich auf 1939 und eine gemeinsame Karriere an. Er hilft mir sehr bei der Arbeit und ist viel ehrgeiziger als ich. Wenn ich einmal nicht gut bin, ist er gereizt und grob. Habe ich aber zu seiner Zufriedenheit gesungen, strahlt er.«

Im Januar 1939 steht sie, im Programm angekündigt als Lale Andersen-Wilke, zum erstenmal vor einer Fernsehkamera. Engagiert hat sie der Fernsehsender »Paul Nipkow« Berlin. Für einen Auftritt wird die horrende Summe von 150 Reichsmark bezahlt.

Fernsehsender
„Paul Nipkow“ Berlin

Fernsehstuben: im **Westen**: Leipziger Str. 13 u. Postamt W 30, Geisbergstr. 7 / in **Charlottenburg**: Berliner Str. 62 u. Haus des Rundfunks, Masurenallee / im **Norden**: Artilleriestraße 10 / in **Schöneberg**: Hauptstr. 27 / in **Neukölln**: Braunauer Str. 62 und Richardstr. 119 / in **Steglitz**: Bergstr. 1 / in **Lichtenberg**: Dottistr. 12 / in **Pankow**: Wollankstr. 134 / in **Potsdam**: Postamt, Am Kanal 16

Der Besuch ist kostenlos!

Sonntag, 22. Jan.
Funkstille

Montag, 23. Jan.
20 00 Unmittelbare Sendung: Zeitdienst
20 30 Filmsendung: Aktueller Bildbericht
20 45—22 00 Unmittelbare Sendung: Ländliches Lied. Mitw.: Lale Andersen-Wilke, Gesang; Gertrud Oswald, Tanz; Peter Harlan, Laute; Solistinnen der Tanzschule Jutta Klamt; Orch. „Die Weißen Raben“; musikal. Ltg. Fr. Pasche; Gesamtltg. W. Braumüller

Donnerstag, 26. Jan.
20 00 Unmittelbare Sendung: Zeitdienst
20 30 Filmsendung Aktueller Bildbericht
20 45 Unmittelbare Sendung: Waldfrieden, Lustspiel von Ludwig Thoma. Bühnenbild H. Monnier; Spielltg. E. H. Hagen
21 25 Filmsendung: Sommerliches Bergland
21 43—21 57 Filmsendung: In der Rott

Freitag, 27. Jan.
20 00 Unmittelbare Sendung: Zeitdienst

Bei einem ihrer ersten Fernsehauftritte trägt Lale den eleganten weißen Frack, mit dem sie ein Jahr zuvor auf dem Faschingsball in München erschien und viele Komplimente einsteckte.

Ein Fernsehauftritt dauert meistens fünf, höchstens aber zwölf Minuten. Auch wird die Kamera ganz auf »Nah« eingestellt, der Hintergrund ist verschwommen. Es gibt auch noch keine Bildgeräte, die fahren oder sich schwenken lassen. In der Programmzeitung »Hier Berlin« wird Lale Andersen als eine der »beliebtesten Gäste« am Berliner Fernsehsender genannt.

Zwischen Januar und April 1939 wirkt sie in zahlreichen Sendungen mit, u. a. in »Gesellige Stunde«, »Brettl, das die Welt bedeutet«, »Unter Sternen und Laternen«, »Parodie in Dur und Moll«, »Weg ins Wunder« und »Alter Bart im Frühlingswind«. Lale und Pasche sind restlos glücklich über die Erfolge, die sie sehen. So verkündet eine viertelseitige Anzeige in diversen Berliner Zeitungen im März 1939, daß Lale Andersen auf Telefunken und Electrola zu hören ist (am Flügel: Fritz Pasche) und außerdem in der Zeit zwischen Januar und April 13 Fernsehauftritte absolviert sowie sechs Rundfunktermine.

Von der Schallplattenfirma Electrola liegt in den Musikgeschäften, zusammen mit den neuesten Schallplatten, ein Programmzettel aus. Verzeichnet steht jetzt u. a. der von Lale Andersen soeben aufgenommene Titel »Backbord ist links« (Schiffsjungenlied) und »Heinemann« (Der kleine Seemann). Die Texte stammen von Fred Endrikat, dem Brettl-Dichter und ebenfalls ein »Simpl«-Kollege. (Er stirbt 1942, fast blind, in München.) Für Telefunken nimmt sie die Chansons »Der Junge an der Reling« und »Liebeslied am Hafen« auf.

Im März wird Lale zu einem großen Empfang im NS-Gemeinschaftshaus (Berlin) eingeladen. Gastgeber ist die Organisation »Kraft durch Freude«, vertreten durch den Reichsorganisationsleiter der NSDAP (Nationalsozialistische Deutsche Arbeiterpartei), Dr. Robert Ley, und seine junge Frau Inga.

Zu den Gästen gehören zahlreiche Mitglieder des Diplomatischen Korps, der Partei und des Staates mit ihren Gattinnen, weiß eine Zeitung zu berichten. Ohne auf das künstlerische Programm genauer einzugehen, erwähnt man die Namen Lea Piltti (Kammersängerin an der Wiener Staatsoper), den unverwüstlichen Ludwig Schmitz (frisch vom rheinischen Karneval) und die begabte Lale Andersen.

»Ich weiß nicht, was mit mir los ist, Paschi, ich fühle mich krank und unwohl«, klagt sie eines Tages ihrem Freund und Begleiter. »Ich ahne irgend etwas Dunkles, Unerbittliches.«

Vielleicht sei es bei ihr die Sehnsucht nach ihren Söhnen, meint Pasche.

Ein Wiedersehen über die Ostertage kann arrangiert werden, das klappt schon.

»Du hast absolut recht. Ich muß mal wieder raus. Nach meinem Kurzurlaub sind wir ja sowieso mit unseren Berliner Verpflichtungen zu Ende. Was machen wir denn dann, Paschi?«

»Dann, liebe Lale, geht's auf die Wanderschaft. Zuerst nach Hamburg in den ›Bronzekeller‹, gleich für einen Monat. Danach sehen wir weiter, eventuell machen wir, samt deiner Kinder, eine Reise ans Meer.«

Tagebuch, Hamburg, Mai 1939

»Gottlob vergißt man tagsüber unter den Blütenbäumen die Dunkelheit des Kellers, in dem man abends zu singen hat. Das Lokal soll ein Literarisches Brettl vorstellen. Aber die Atmosphäre eines Raumes wird nicht allein vom Niveau des Künstlers und von wunderbar bebilderten Wänden bestimmt. Das Publikum ist auch noch da.

Björn hat mir zum Muttertag einen lieben, langen Brief und eine kleine Taschen-Briefwaage geschickt. Ich bin so glücklich über diesen Beweis, daß er mich liebhat. Michael hat mich letzten Sonntag besucht. Er schickt einen wunderschönen Fliederstrauß. Nur von meiner kleinen Tochter habe ich gar nichts gehört. Aber innerlich bin ich dennoch mit ihr verbunden.

Auf dem Kalenderblatt steht inzwischen der Monat Juni. Plötzlich hatte ich großes Verlangen bekommen, Litta wiederzusehen, und bin kurzentschlossen in die Schweiz gereist. Glücklich kann ich feststellen, daß sie ein strahlendes, gescheites kleines Mädchen ist. Thekla hat sie richtig erzogen, d. h. sie erzieht sie überhaupt nicht, denn das Kind braucht nicht erzogen zu werden. Mir scheint, es erzieht sich ganz von alleine. Für Litta bleibe ich Lilott. Die Rolle als ›Nebenmutter‹ berührt mich merkwürdig.

Aber für sentimentale Gedanken bleibt keine Zeit. Es geht zurück nach Berlin und ins Ungewisse. Wir haben seit drei Wochen nichts zu tun.«

Von Pasché wird sie nach ihrer Rückkehr aus der Schweiz vorwurfsvoll empfangen. Er habe den ganzen Tag noch nichts gegessen.

»Hast du wenigstens Geld mitgebracht?« verlangt er zu wissen.

»Nein, aber ein paar traumhaft schöne Kleider hat mir meine Schwester geschenkt.«

Lale kommt nicht zu dem Vergnügen, die Garderobe vorzuführen. In der Kasse ist kein Geld, also werden zwei Kleider an gutbetuchte Berliner Bekannte verkauft.

Versetzt wird kurzerhand auch Lales Armbanduhr.

»So, jetzt kann's erst mal weitergehn«, atmet Pasche auf.

Hoffentlich behält er recht. Not und Sorgen machen eine Liebe müde, erinnert sich Lale und denkt dabei an ihre Ehe mit Paul Ernst.

Zum Trost zitiert sie ihren eigenen Wahlspruch: »Es gibt nur einen Reichtum, den inneren.«

Es dauert etliche Wochen, ehe das Angebot, sich an einer Ostsee-Tournee zu beteiligen, kommt. Überredet wird Lale von Ilse Meudtner, der hochbegabten und beliebten Tänzerin der Berliner Staatsoper.

Die Bäder-Tournee organisiert die Berliner Gastspieldirektion Jochen Patrzek. Pech ist nur, daß es mit den Vorankündigungen nicht klappt. Wo immer die Truppe auftritt, steht man vor fast leeren Sälen.

»Es hat sich scheinbar noch nicht herumgesprochen, daß die als ›größte Tanzhumoristin der Gegenwart‹ angekündigte Ilse Meudtner und die ›größte nordische Vortragsmeisterin Lale Andersen‹ auf der Bühne stehen«, bemerkt Pasche sarkastisch.

Trotz der Mißerfolge bleibt die Truppe zusammen. Lale muß allerdings zwischendurch zu Schallplattenaufnahmen nach Berlin.

Electrola hat sich endlich nach langem Drängen bereit erklärt, Hans Leips Gedicht »Lili Marleen« aus seinem Bändchen »Die Hafenorgel« aufzunehmen. Mit der Musik von Norbert Schultze. Auf die A-Seite kommt »Drei rote Rosen« (Text wiederum von Leip, die Musik von Schultze).

»Lale, zwei Herren von der Presse wollen dich interviewen«, verkündet eines Abends Paschi, der sich bei Lale in deren Wohnung aufhält, um mit ihr zu proben.

Sie bietet den beiden Journalisten in der engen Berliner Behausung Platz an und plaudert bereitwillig über ihre Herkunft, ihre Zukunftspläne und Liederwahl.

»Sie haben doch jetzt für Electrola ›Drei rote Rosen‹ und ›Lili Marleen‹ aufgenommen. Haben Sie denn ›Lili Marleen‹ nicht schon vor zwei oder drei Jahren zu einer anderen Melodie im Münchner ›Simpl‹ gesungen?«

Doch, das stimmt, gibt sie zu. Der Münchner Komponist Rudolf Zink, den sie seit ungefähr vier Jahren aus dem »Simpl« kennt, habe das Lied vertont. Es stamme, wie auch einige andere von ihr vorgetragene Lieder, aus dem Gedichtband des Hamburger Dichters und Malers Hans Leip »Die kleine Hafenorgel«.

»Der kleine Band ist 1937 erschienen. Rudi Zink kannte ja bereits

Kursaal Marienbad

Montag, den 10. Juli 1939, ½9 Uhr abends

TRIUMPH DES HUMORS

Harry Gondi
Der beliebte Rundfunkhumorist u. Filmschauspieler

Ethel Reschke
Die Hamburger Deern mit ihrem Schifferklavier

Anita Lane
Die schönste akrobat. Tänzerin des internat. Varietés

Jlse Meudtner
I. Solotänzerin der Staatsoper, Berlin
und die größte Tanzhumoristin der Gegenwart

Lale Andersen
Die größte nordische Vortragsmeisterin singt ihre „Lieder vom Meer"

Max Günther
Der bekannte Violin-Virtuose

Günther Sanderson
Der bekannte Rundfunkhumorist

Programm der Gastspieldirektion Jochen Patrzek, Berlin

Preise der Plätze: I. Platz 3.–^{50}, II. Platz 2.–^{50}, III. Platz 1.50 RM.
Kartenvorverkauf: Kursaal Kustos, Ruf **2234.** Fremdenführung
Obere Kolonnade Nr. 2, Ruf **2482.**

meinen Stil und wußte, welche Texte mir besonders liegen. Von ihm stammt die von mir im ›Simpl‹ zuerst vorgetragene Chansonfassung von ›Lili Marleen‹.«

Sie macht die Journalisten darauf aufmerksam, daß auch »Nächtliche Ruhestörung« und »Der Feldmohn« von Hans Leip gedichtet und von Zink in Musik gesetzt wurden.

Norbert Schultze, dessen Vertonung von »Lili Marleen« sie jetzt auf Schallplatte aufgenommen habe, kenne sie ungefähr seit 1931, ihrer Anfangszeit in Berlin.

Sogar Hans Leip hätte seine Lili Marleen vertont. (Er schreibt in seiner 1979 im Ullstein Verlag erschienenen Autobiographie »Das Tanzrad« auf Seite 81: »Entnommen meiner ersten Lyriksammlung, der ›Hafenorgel‹, 1937, von Norbert Schultze, ohne mein Wissen, vertont und mit seiner – nicht meiner im Dunkeln verbliebenen – Melodie.«)

»Für mich existierte nur die Zink-Vertonung von ›Lili Marleen‹. Er schrieb eine sehr lyrische Musik zu dem Gedicht von Hans Leip, und ich erinnere mich, daß ich anfänglich eine starke Abneigung gegen das Lied hatte. Das lag einmal an der schwierigen vierten und fünften Strophe und an der Musik Zinks.

Die Komposition des Berliner Norbert Schultze bekam ich vor etwa sieben oder acht Monaten in Köln vorgespielt. Von der Schallplattenfirma war ja die Chansonfassung von Zink abgelehnt worden, eben weil zu lyrisch, obwohl ich eisern darauf bestanden hatte, denn inzwischen war mir seine Vertonung vertraut geworden, und ich engagierte mich für sie. Aber die Schultze-Version setzte sich bei den Schallplattenproduzenten durch.«

Norbert Schultze habe für seine Vertonung des Gedichts mit einer glücklich inspirierten Melodie die Strophenform gewählt.

»Nachdem entschieden war, daß ich diese Komposition für Electrola singen soll, mußte ich meinen Vortrag dieser Musikform anpassen. Die Aussage des Gedichtinhalts wurde zwar nicht mehr so kräftig, beziehungsweise intensiv wie bei der Chansonfassung, doch dafür sind Melodie und Rhythmus mit ihrer fünfmaligen Wiederholung um so eindringlicher«, erklärt Lale den interessiert zuhörenden Presseleuten.

Um ihre Frauenstimme als die eines Soldaten glaubhaft zu machen, sei man auf die Idee gekommen, dem Lied den Titel »Lied eines jungen Wachpostens« zu geben.

Sie verschweigt gegenüber den Journalisten auch nicht, daß sie sich einfach nicht mit dem Soldaten, der seine Liebste direkt anspricht, identifizieren konnte. Sie habe statt dessen die Geschichte eines liebenden Soldaten erzählt, der Abschied nimmt von seinem Mädchen.

»So verstand ich die Worte von Hans Leip, und so verstand sie auch Rudi Zink und komponierte die dementsprechende Musik dazu.«

Jetzt aber würden Soldatenlieder verlangt. Offensichtlich ist die Musik von Norbert Schultze gefragter und scheint ins Konzept zu passen. Die Erstfassung von Zink ist u. a. als zu liedhaft beurteilt worden.

»Daher hat Electrola die von Schultze und nicht die von Zink akzeptiert.«

Die Unterhaltung wird von Paschi unterbrochen. Er erinnert Lale daran, daß noch geprobt werden müsse. Vor seinem Wort hat Lale enormen Respekt. Sie weiß, daß er ihrem Vortragsstil völlig neue Impulse gibt und sie ihm viele impressionistische Farbtupfer in ihrer Tonskala zu verdanken hat.

Der Abschied von den Zeitungsleuten ist herzlich. Man verspricht, ihre weitere Laufbahn mit Interesse zu verfolgen. »Tut das und schreibt etwas Positives!« lacht Lale ihnen nach.

Die Freude darüber, daß es eine neue (Electrola) Andersen-Platte gibt, ist unter den direkt Beteiligten auch in den nächsten Tagen noch sehr groß.

»Am liebsten würde ich die Kinder an die Nordsee kommen lassen«, gesteht sie Pasche.

Er findet tatsächlich Verständnis für ihren Wunsch. Im August 1939 trifft sich der Andersen-Wilke-Clan, einschließlich Lales »viertem Kind«, Pasche, auf Norderney.

»Wissen Sie, dieses Zusammentreffen ist sensationell. Ich erinnere mich nicht, wann ich das letzte Mal meine drei Kinder bei mir hatte.«

Der Fotograf, der das lustige Fünfergespann am Strand entdeckt, läßt sich die kleine Sensation nicht entgehen.

Seiner Aufforderung »bitte lächeln« kommt man gerne nach. Niemand denkt während dieser herrlichen Zeit an die immer drohendere Kriegsgefahr. Auch ob wir Geschwister uns bald wiedersehen, beschäftigt keinen von uns. Wir genießen unsere Mutter, Sonne, Strand und Meer.

Ich reise Mitte August in die Schweiz zurück. Michael muß zur Großmutter nach Bremerhaven, Björn ins Internat nach München.

Tagebuch, Berlin, Herbst 1939

»Es ist Krieg. Ich kann mich weder an das furchtbare Wort noch an die entsetzliche, zur Wahrheit gewordene Tatsache gewöhnen.

Wohl dem, dessen Leben immer Selbstdisziplin und Tapferkeit erfordert hat. Wir haben es jetzt leichter als die anderen, die plötzlich dieses andere Leben begreifen sollen. Was aus den Kindern, Pasche und mir wird, entscheidet die nächste Woche. Wahrscheinlich muß ich Paschi fürs Militär hergeben und den Beruf der Sängerin mit dem einer Schalterbeamtin oder ähnlichem vertauschen.

Hoffentlich kann ich die Jungens bei mir haben und für sie sorgen.«

Die politischen Ereignisse in den Monaten zwischen September 1939 und Anfang 1940 mögen mit dazu beigetragen haben, daß meine Mutter nicht dazu kam, Tagebucheintragungen vorzunehmen.

Sie bekommt zwar von Willi Schaeffers ein Engagement ins »Kabarett der Komiker«, muß aber auf ihren Pianisten Pasche verzichten. Der schreibt aus Thüringen mehrere angriffslustige, aber auch verbitterte Briefe. Wann es denn endlich wieder für ihn in Berlin Arbeit gäbe? Er hoffe, Schaeffers könne angesichts der Kriegslage sein Theater offenhalten. Ob noch Fernsehsendungen stattfänden?

Im Oktober läßt Lale Pasche nach Bremen kommen. Auf die beiden wartet kein allzu verlockendes Angebot, aber man muß froh sein, überhaupt ein Engagement zu bekommen.

Pasches Tonfall, sein rüdes, arrogantes Benehmen irritiert und ärgert Lale. Andererseits weiß sie aber auch, daß es niemanden gibt, der sie mit soviel Einfühlungsvermögen begleitet wie er. Also schluckt sie seine Anspielungen auf ihr Können. Zugleich nimmt sie sich eisern vor, ihm und anderen Kritikern ihres Stils zu zeigen, daß sie begabt ist.

Als die Neujahrsglocken das Jahr 1940 begrüßen, sitzt Lale im kleinen Kollegenkreis in Berlin und stößt mit ihnen auf ein baldiges Kriegsende an.

Rückblickend stellt sie fest, daß ihr das soeben verabschiedete Jahr einige sehr schöne Momente geschenkt hat. Da war das unvergessene Wiedersehen mit den drei Kindern, ihre Fernsehauftritte und die neuen Schallplattenaufnahmen. Nach wie vor glaubt sie an den Erfolg von »Lili Marleen«. Schließlich hat das Publikum das kleine Liedchen stets freundlich aufgenommen, ebenso auch ihre anderen Lieder wie »Backbord« und »Heinemann«.

»Wäre der Krieg nicht gekommen, hätten inzwischen noch viel mehr Menschen diese Nummern gehört, aber so?«

Etwas niedergeschlagen darüber, daß ihre so zuversichtlich begonnene Karriere eventuell ein rapides Ende nehmen könnte, geht sie in der Silvesternacht nach Hause. Daß ihr Name, gekoppelt mit dem des Liedes »Lili Marleen«, in weniger als zwei Jahren zu einem Begriff wird, ahnt sie nicht.

Tagebuch, Würzburg, Februar 1940
»Nach den schönen, fröhlichen Gastspielen in Frankfurt, Mainz usw., bei denen das Publikum hauptsächlich aus Soldaten besteht, bin ich nach Würzburg vorgefahren.

Hier war ich zuletzt, als ich 17 oder 18 Jahre alt war. Glückliche, junge, liebende Frau eines Malers. Von dem Hotel, in dem wir wohnten, weiß ich nichts mehr. Nichts davon, ob und wieweit Paul Ernst mich liebte. Aber daß ich geliebt habe, das fällt mir hier wieder ein. Da ist noch die Mainbrücke, von der aus Paul Ernst das gegenüberliegende Schloß malte. Da ist der Hof der großen Steindruckerei, dessen Inhaber einmal von einer jungen Frau im roten Musselinkleid mit bloßen braunen Beinen bestürmt wurde, Steinzeichnungen ihres Mannes zu verlegen. Sie wurden wirklich gedruckt. Und da existiert noch das märchenhafte Delikatessengeschäft, aus dem Paul Ernst von dem erlösten Geld ein halbes Pfund glasierte Kirschen kaufte. Diese und eine Dose voll Kekse, die er mir ein Jahr später in Appeldoorn beim Grenzübergang nach Holland schenkte, werde ich wohl nie vergessen.

Wie fern das alles ist – das Jungsein, das bedingungslos Liebende – das Gläubige. Viele Jahre fern...

Jetzt bin ich ein ziemlich desillusionierter Mensch, der mit immer müder werdendem Lächeln seine Pflicht tut, Postanweisungen für Björn und Michael ausschreibt, durch die Städte fährt und das besingt, was zwar nicht mehr da ist, aber wieder wach wird und lebt, wenn die Strahlen der Scheinwerfer aufleuchten.«

Die Presse urteilt weiterhin sehr positiv über Lale Andersen. Über ihren Vortrag in Pyrmont im Frühjahr 1940 schreibt man: »Der ganz große Gewinn des Abends (im Konzerthaus) aber war ohne Zweifel Lale Andersen (am Flügel Fritz Pasche) mit ihren Liedern vom Meer. Alles kleine Chansons, werden diese Lieder beim Vortrag der sympathisch aussehenden Sängerin mehr als dieser Name besagt. Ohne jeden äußeren Effekt, schlicht, einfach, aber mit der ganzen innigen Ausdruckskraft einer seelisch betonten Persönlichkeit sang sie menschlich leicht verständliche und mit einem Schuß Wehmut und leisem Glück versehene Chansons. Diese Frau gab uns etwas Besonderes und nahm den verdienten Beifall des Publikums zum Anlaß, uns mit mehreren Zugaben zu beschenken.«

Auch die Kritik über ihren Auftritt in Baden-Baden kann zufriedenstellen:

»Am stärksten beeindruckt ohne jeden Zweifel Lale Andersen das Kurhaus, die eine ganze Reihe eigenartiger und stimmungsstarker Lieder und Chansons vortrug, die es alle mit dem Meer und mit der Liebe, mit den Matrosen und dem Fernweh und Heimweh zu tun hatten. Schon rein als Erscheinung wirkte die Künstlerin in ihrem stilvollen, trachtartigen friesischen Kostüm einfach bezaubernd, und gar erst, als sie in ihrem durchaus eigengeprägten Vortragsstil nun halb singend, halb sprechend, mimisch und gestisch behutsam den Vortrag schattierend, jene Dinge sang, und so sang und mit ihrer ganzen Persönlichkeit geradezu darstellte, daß sie einem ins Blut gehen mußten. Wie verhalten und dezent sie von der Liebe sang, wie unendlich zart das isländische Wiegenlied und schließlich mit welcher Drolerie und Schnittigkeit die kecken parodistischen Dinge in Lale Andersens Wiedergabe Gestalt wurden, das war zauberhaft und das mußte man erlebt haben; und daß das Haus für dieses Erleben aufgeschlossen war, das bewies der stürmische, immer wieder Dreingaben erbittende Beifall.«

Im März schreibt meine Mutter an ihre noch immer in der Schweiz lebende Schwester Thekla in einem Brief, daß die durch viele Städte führenden Konzerte zwar sehr anstrengend seien, aber auch unendlich viel Freude bereiten.

»Die Popularität, die mir die Schallplatten- und Rundfunkarbeit des letzten Jahres gegeben hat, macht die Arbeit schön. Die Leute toben vor Freude. Mir ist manchmal ganz komisch, so ›prominent‹ werde ich behandelt. Meine herzlichsten Freunde sind die Soldaten. Jeden Tag gibt es einen Stoß Briefe von ihnen.«

Engagements wurden mittlerweile durch die Kriegsgeschehnisse immer knapper und wolle man als Künstler existieren, akzeptiere man dankbar jede Auftrittschance. Sie beendet ihren Brief mit dem Hinweis, daß sie eventuell noch im März eine Tournee an den Bodensee macht. »Dann werde ich sehnsüchtig auf eure Seite hinübersehen.«

Deutschen wurde vor geraumer Zeit verboten, Privatreisen ins Ausland zu unternehmen. Meine Mutter wird außerdem jetzt mit Angeboten überschüttet und verspürt kein Verlangen, in die Schweiz zu reisen.

Meine Brüder leben jetzt auch in Berlin, während ich in Zollikon bei Zürich in die Schule gehe. Die immer größer werdende Beliebtheit meiner Mutter nehme ich nur beiläufig zur Kenntnis, versäume es aber nicht, sie um Autogramme von Kollegen zu bitten, mit denen sie häufig im selben Programm auftritt.

Am Morgen des 9. April 1940 findet die überfallartige Besetzung Dänemarks und Norwegens durch deutsche Streitkräfte statt. Das Unternehmen erhält die Bezeichnung »Weserübung«.

In der Reichskulturkammer, Berlin, sitzt seit geraumer Zeit SS-Gruppenführer Hans Hinkel, Ministerialdirektor und Vizepräsident der Reichskulturkammer.

Er untersteht unmittelbar dem Reichspropagandaleiter Joseph Goebbels, der 1938 von Adolf Hitler zum Präsidenten der Reichskulturkammer ernannt wird. Zu den Aufgaben Hinkels gehört es, sogenannte Fronttourneen zu organisieren. Berühmte und bekannte deutsche Künstler werden von der Reichskulturkammer auf diese Tourneen »abkommandiert«.

Eine der ersten Auslandstourneen geht schon wenige Monate nach der verhältnismäßig friedlichen Besetzung Dänemarks nach Jütland. Unter den Künstlern befindet sich der Conférencier Karl Heinz Leander, der Baritonsänger Erich Schütz, das Tanzpaar Lisa Kretschmar/Günter Heß sowie Lale Andersen. Die Tournee beginnt in den entlegensten Gegenden von Friesland und Schleswig-Holstein. Fliegerhorste, Bunker, Marine-Schulen und manches Schiffsdeck bilden die Kulisse, das Publikum besteht ausschließlich aus Soldaten. Sie begrüßen die Künstler mit ehrlicher Begeisterung, der Applaus nimmt oft kein Ende. Wie eine Belohnung betrachtet die Tourneeleitung den Befehl, an die Auftritte im Norden Deutschlands habe sich ein Gastspiel in Dänemark anzuschließen.

Tagebuch, Dänemark, September 1940
»Die Reise nach Jütland, die fällt mir so schwer«, hat keiner von uns gesungen. Alle sieben, die wir Ende August über die Grenze fahren, träumen seit Wochen von Sahne, Schokolade, echtem Kaffee, unbegrenzten Fleischmengen und Butter. Zu Hause sind diese Lebensmittel längst rationiert, und unser Hunger wächst, verständlicherweise, desto näher wir dem Ziel kommen. So passiert es, daß wir nicht viel von Land und Leuten sehen, sondern nur vor überfüllten Schaufenstern stehen. Wie im Schlaraffenland kommen wir uns vor. Mich erkennen

die Kollegen sehr bald an meinen entzückt verdrehten Augen. Wenn nur nicht der uns zustehende Devisenbestand so jämmerlich mager wäre.

Er geht so quasi für eine sättigende Mahlzeit drauf. Trotz aller guten Vorsätze, einmal ein Essen auszulassen, um von dem Gesparten ein paar Strümpfe, ein Gummiband, ein Fensterleder oder ein Paar Hausschuhe zu kaufen, kommt es nie soweit. Von den Tagesgeldern, die uns jeweils für 14 Tage im voraus zugeteilt werden, ist nach ein paar Tagen schon nichts mehr da. Aber welche Frau kann, angesichts der Verlockungen, nüchtern denken, geschweige denn rechnen.

Wären unsere Vorstellungen nur der dänischen Bevölkerung zugänglich, stünden wir sicher oft vor einem nur halb ausverkauften Theater.

So aber spielen wir ausschließlich für Besatzungstruppen. Sie sind glücklich über ein Theater-Erlebnis und hungern nach Abwechslung. Zu Hunderten drängen sie sich in die Säle. Meistens folgt unserem Auftritt noch die herzliche Aufforderung des jeweiligen Ortskommandanten und seiner Offiziere zum geselligen Zusammensein. Da kann man nicht absagen. Fast alle Soldaten kommen schon von einem polnischen oder französischen Kriegsschauplatz. Es gibt viele interessante Gespräche.

Müde, aber zufrieden über einen gelungenen Abend, legt man sich dann um Mitternacht in sein braves, gutes dänisches Bett. Vor dem Einschlafen freut man sich bereits aufs Aufstehen und auf das Fest eines ausgiebigen Frühstücks.

Nun sind wir beinahe drei Wochen in Dänemark.

Unsere Koffer kleben voll bunter, dänischer Hotelschilder. Die Verständigung in der fremden Sprache fällt uns auch von Tag zu Tag leichter.

Meine Körperform beginnt sich langsam zu runden.«

»Hurra, die Devisenstelle zeigt endlich Einsehen. Sie hat tatsächlich unseren Lebensstandard mit zusätzlich täglich 10 Kronen veredelt und vergrößert«, informiert Lale strahlend ihre Kollegen beim Frühstück. Sofort wird überlegt, was als erstes zu kaufen wäre. Die Wunschliste scheint endlos.

Weiter geht die Reise des munteren Ensembles nach Aarhus, Viborg und Aalborg. Jede Vorstellung ist ein festliches Ereignis, nicht nur für die Mitwirkenden, sondern auch für das uniformierte Publikum. In den Hotelzimmern begrüßen große bunte Blumensträuße die Künstler.

Obwohl angeordnet ist, daß man vor deutschen Besatzungstruppen zu spielen hat, gelingt es mit ein wenig Organisationstalent und von den weiblichen Mitgliedern des Ensembles charmant vorgetragener Bitte, am 17. September in Aalborg eine öffentliche Vorstellung im »Kilden«-Theater zu geben.

»Es hat sich auch schon herumgesprochen, die Dänen strömen seit Kasseneröffnung in Scharen in den Saal«, stellt die Leitung kurz vor Beginn der Vorstellung zufrieden fest.

Unter den Zuschauern befindet sich sogar die Presse. Dem Tanzpaar Günter Heß und Lisa Kretschmar gelingt es am leichtesten, das dänische Publikum zu unterhalten und zu begeistern. »Das beste wäre, ich versuche es mit ein paar Liedern aus meinem internationalen Repertoire«, überlegt Lale, ehe sie auf die Bühne muß. Für ihre tanzenden Kollegen existieren keine Sprachprobleme, aber auch sie will Erfolg.

Mit dankbarem Applaus wird ihre Ansage, halb deutsch, halb in gebrochenem Dänisch, akzeptiert.

»Das machst du großartig, Lale. Ich habe das Gefühl, das Publikum ist von deiner gekauderwelschten Ansage entzückter als von deinen Liedern«, muß sie sich nach ihrem Auftritt von den anderen sagen lassen.

Auch ich erhalte von meiner Mutter einen Postkartengruß aus Dänemark. Unwillkürlich muß ich über ihre Zeilen lachen, denn sie schreibt, sie freue sich, daß ihre Tochter gut ißt und runde Beine und Backen hat.

»Ich bin nämlich in letzter Zeit auch um einige Pfunde dicker geworden. Falls das so weitergeht, lauf' ich dann später wenigstens nicht so allein mit rundlichen Formen herum.«

Tagebuch, Dänemark, September 1940

»Wir verbringen schon den dritten Sonntag in diesem Land. Den ersten mit der dänisch-deutschen Familie Huth in Hadersleben. Wir spazieren am Strand, genießen sonntägliche Stille und später herrlichen Kuchen und Schlagsahne.

Für den zweiten Sonntag übernimmt Oberstleutnant Schenk die Regie. In mehreren Autos fahren wir durch die herbstliche Landschaft, machen eine Schiffchenfahrt und singen für und mit den Soldaten, die sich eingefunden haben, Shanties und Heimatlieder.

Abends geht's zum Tanz. Der Parkettboden gehört ausschließlich der dänischen Jugend, während die deutschen Soldaten etwas traurige Gesichter machen. Für sie besteht Tanzverbot, wie können sie da schon ein Mädchen kennenlernen, geschweige eines in den Arm bekommen.

Es wird viel geraucht und wenig getrunken, denn der Tabak ist billig, der Alkohol dagegen verdammt teuer. In dem Augenblick, in dem die Kapelle, anstatt der vielen englischen Schlager, endlich ›Erika‹ oder ein anderes Marschlied spielt, singen sich die Soldaten an den Tischen laut etwas von ihrer Sehnsucht vom Herzen.

Die Mädchen lächeln ihnen dann aus dem Arm ihres dänischen Freundes zu. Auf dem Nachhauseweg hat dann doch manche Uniform ein Mädchen neben sich. Vor uns redet eine Soldatenstimme im Dunkeln auf das Buntgekleidete neben ihm ein. Wir vernehmen durch die Nacht ihre lachende Stimme.

In etwas bedrängtem Ton sagt sie immer wieder: ›O nein, o nein, s-limm, s-limm.‹ Das sind scheinbar ihre ganzen deutschen Sprachkenntnisse.«

Heute ist der dritte »dänische« Sonntag. In der Hotelhalle trifft sich Lale mit ihren Freunden und meint, heute könne man mit Berechtigung singen: »Reserve hat Ruh.«

Niemand hält ein Programm bereit, keiner der Anwesenden macht einen Vorschlag, wie der Sonntag zu gestalten sei.

Die Truppe wohnt im schönen Hotel »Royal« in Aarhus. Die Zimmer sind urgemütlich, und so drängt es keinen von der Clique, eine Stadtbesichtigung vorzunehmen.

Nur Pasche und ein dekorierter Fliegeroffizier beschließen, sich einmal die »Töchter des Landes« anzusehen. Lale lassen sie im Hotel zurück.

Weder Pasche noch der Fliegeroffizier erzählen Lale später, wie ihr Urteil über die in Aarhus ansässigen Mädchen ausgefallen ist. Statt dessen nehmen sie Lale in die Mitte und schleppen sie in einen neuen französischen Film mit Jean Gabin, Michel Simon und Michele Morgan. Anschließend wird ausgiebig Abendbrot gegessen. Mit einem Kuß verabschiedet sich Lale von den beiden Männern. Alle drei sind glücklich darüber, daß man Reserve tanken konnte. Wer weiß, was die nächsten Wochen und Monate bringen.

Für einige Aufregung sorgt schon ein paar Tage später die Mitteilung, daß der Devisen-Zuschlag zwar genehmigt, aber noch immer nicht überwiesen sei. Gottlob finden sich einige dänische Gönner, die das Ensemble retten und zunächst die Hotelrechnung begleichen.

»Dabei wäre ich ganz gerne noch länger in Aarhus und dem Hotel ›Royal‹ geblieben. Es erinnert mich so stark an den Charme des ›Regina-Palast-Hotels‹ in München«, sagt Lale zu Pasche.

Der stellt nur fest: »Deine Nerven sind ganz schön in Fettpolster eingepackt, sonst hättest du durch den Geldmangel längst deine Geduld verloren.«

Lachend gibt sie ihm recht.

Vor dem Hoteleingang steht bereits ein kleiner Autobus, der darauf wartet, die vergnügte Künstlertruppe nach Odense zu bringen.

»Mensch, Lale, hier steht doch das Geburtshaus des Märchendichters Hans Christian Andersen. Ist doch wohl ein Verwandter von dir, das mußt du dir ansehen«, lästert man belustigt, als der Bus in die Stadt einfährt.

Ohne auf die Anspielungen der Kollegen einzugehen, nickt sie Zustimmung. Kaum hält der Bus, erkundigt sie sich nach dem Weg zu dem Geburtshaus.

»Auch wenn er kein Blutsverwandter von mir ist, so sind unsere Seelen dennoch verwandt. Auch er brauchte die große weite Welt, trank sich voll an ihren bunten Eindrücken. Diese reichte er mit seinen Büchern an Millionen von Kindern in allen Ländern weiter.«

Warum soll sie sich nicht Andersen nennen? Allzulange ist es nicht her, da hieß sie noch Wilke. Inzwischen kennt man sie überall als die Andersen. Sie singt Lieder vom Meer, von seinen Menschen, von Sehnsucht und Fernweh.

Lale ist sich vollauf bewußt, daß das Image das wichtigste Zubehör eines Künstlers ist.

»Das Image ist die Maske, die uns das Publikum aufsetzt.«

Wogegen sie sich allerdings nach wie vor energisch wehrt: Sie will nicht als »echter deutscher Typ« klassifiziert werden. Die Beschreibung »nordischer Typ« sagt ihr entschieden mehr zu. Der von ihr letztlich ausgesuchte Künstlername Lale Andersen unterstreicht diesen Wunsch. Seit Beginn ihrer Karriere ist es eine Ambition Lales, sich international einen Namen zu schaffen. Ein Blick auf ihr Repertoire schon zur Anfangszeit bestätigt dies. Ihr Liederschatz kommt aus allen Teilen der Welt.

Der Krieg, ihre heranwachsenden Kinder und die allgemeinen Umstände verhinderten eine Karriere auf den internationalen Bühnen.

Und so gibt sie sich, im zweiten Kriegsjahr, damit zufrieden, vor einem dänischen Publikum zu bestehen. Schließlich war dies nicht jedem deutschen Künstler beschieden.

Tagebuch, Kopenhagen, Januar 1941

»Es ist der 1. Januar 1941. Ich liege in einem herrlichen dänischen Bett, gemästet von einem prächtigen Frühstück, und beobachte die ebenfalls gut genährten Schneeflocken, die an meinem Hotelfenster vorbeitanzen. Auf meinem Bauch balanciere ich einen Stoß Noten und warte gespannt auf den Anruf von Volmar Sorensen, dem Direktor des Kabaretts von Lulu Ziegler.

Wahrscheinlich wird das Leben jetzt ernster werden, denn heute abend stehe ich zum erstenmal in Kopenhagen vor einem dänischen Publikum. Beim bloßen Gedanken daran zuckt mein gefülltes Bäuchlein merkwürdig zusammen.

Solange ich mit meinem kleinen Ensemble, Paschi als Betonpfeiler für etwaige schwankende Stimmung am Flügel, in Dänemark für die deutschen Besatzungstruppen singe, ist das Leben leicht.

Andererseits, wie es jetzt ist, finde ich es beinahe reizvoller. Wenn ich nur schon mein erstes dänisches Lied, das wunderbar traurig ist, akzentfrei gesungen hätte. Von dem dänischen Publikum erwarte ich, daß es nach diesem Chanson erschüttert in den Sitz zurücksinkt und nicht – unausdenkbarer Gedanke – ein Heiterkeits-Applaus einsetzt.

Dieses Gastspiel ist dadurch zustande gekommen, daß ich, als wir Mitte Oktober für die deutsche Wehrmacht in Kopenhagen spielen, Frau Lulu Ziegler, meine wundervolle, liebenswerte dänische Kollegin, einlade, sich unsere Vorstellung anzusehen.

Meine Lieder gefallen ihr so gut, daß sie mich bittet, ein Gastspiel in ihrem bezaubernden kleinen ›Literarischen Kabarett‹ zu geben. Der Raum erinnert mich sehr an Lucienne Boyers ›Chez elle‹ in Paris.

Heute abend ist es also soweit.«

Während Lale auf den Bescheid von Herrn Sorensen wartet, erinnert sie sich plötzlich an den netten Empfangschef des Hotels »Astoria« in Kopenhagen. Dort wohnte sie vergangenen Oktober. Beim Abschied lehnte der Hotelangestellte ein Trinkgeld ab. Statt dessen bat er um einen Liederband von Hugo Wolf oder Brahms. Sie hat seinen Wunsch erfüllt. Zwischen Engagements war sie in Berlin und besorgte den Liederband. Endlich konnte sie in den Monaten zwischen Oktober und Dezember auch Mutterpflichten erfüllen. Björn und Michael reagierten weniger begeistert über den Besuch Lales.

»Wann fährst du wieder zurück? Du kannst gerne bald abreisen. Hauptsache, du kommst wieder mit so tollen Fressalien«, muß sich Lale sagen lassen.

Sie nimmt ihren beiden Söhnen deren Ehrlichkeit nicht übel. Besonders Björn scheint noch mehr abgenommen zu haben. Am liebsten hätte sie ihn auf die nächste Tournee mitgenommen.

Aber ihr Wunsch bleibt ungehört. Jetzt sitzt sie allein im Kopenhagener Hotel und wartet darauf, vor das Publikum dieser Stadt zu treten. Dem Empfangschef hat sie die Begegnung mit Lulu Zieglers Kabarett zu verdanken.

»Wenn Sie etwas typisch Dänisches kennenlernen wollen, dann gehen Sie einmal abends zu Lulu Ziegler«, schlägt er vor. Außer der bezaubernden Interpretin Lulu begeistert Lale und Pasche der Konzertpianist. Er spielt klassische Stücke sehr gekonnt und mit viel Einfühlungsvermögen. Später kommt er dann ins Hotel und entpuppt sich als Direktor Volmer Sorensen. Er mimt den sachlichen Businessman und will einen Vertrag abschließen. »Ich würde Sie auch sehr gerne am Klavier begleiten«, erklärt er Lale, nachdem sie den Vertrag unterzeichnet hat.

Am Premierenabend wird sie dann aber doch vom Hauspianisten begleitet und erntet einen unverhofften riesigen Erfolg.

»Heute können wir ja ein paar Stunden üben. Vielleicht hätten Sie, wenn es bei den Proben klappt, dann doch Lust, mich abends zu begleiten?«

Sorensen sitzt tatsächlich abends am Flügel. Der erste Teil des Programms klappt zur vollen Zufriedenheit Lales. Aber im zweiten Teil, der modernen Liedern gewidmet ist, streikt Sorensen. Ihm liegt dieser Stil nicht.

Der ständige Begleit-Pianist von Lulu Ziegler setzt sich ans Klavier, das Konzert und die Stimmung sind gerettet. Lale hat ihren Ärger schnell überwunden, der dankbare Applaus des Publikums mag dazu beigetragen haben. Sie nimmt Sorensen beim Arm und besucht mit ihm die »Ambassador«-Bar.

»Trinken wir auf ein besseres Gelingen in der nächsten Vorstellung, Volmer, es wird schon klappen, Skol!«

Aber Volmer ist voller Pessimismus und behauptet, der unglücklichste Mensch der Welt zu sein.

»Da bin ich aber neugierig, wie lange das anhält«, versucht sie ihn aufzumuntern...

Strahlende Sonne begrüßt Lale am nächsten Morgen. Mit ausführlichen Berichten widmen sich die Zeitungen ihrem Auftritt, sprechen von dem verdienten Erfolg Lale Andersens und veröffentlichen viele Fotos der deutschen Künstlerin.

Auch Sorensen hat seine Depressionen vergessen und überrascht Lale mit seinem gescheiten Humor und Unternehmungsgeist. Lächelnd meint er, es sei doch klar, daß ein Pianist Taktgefühl haben muß und Freude am Spiel. Als er sich noch einmal für sein Benehmen entschuldigen will, unterbricht ihn Lale, sie habe den Vorfall schon vergessen.

Sie freut sich über seine gute Stimmung und erfährt von weiteren ambitionierten Plänen des charmanten dänischen Kollegen. Er beschäftige sich mit dem Bau eines Eispalasts, handle mit Börsenpapieren, würde auch weiterhin Lulu Zieglers Kabarett leiten und stünde Lale selbstverständlich jederzeit zur Verfügung.

Tagebuch, Kopenhagen, Januar 1941
»Was mir sonst ja nie so wichtig erscheint, macht mir jetzt Freude; ich habe gute Garderobe dabei. Das wird direkt erwartet, denn die dänische Presse und die Kopenhagener Gesellschaft betrachtet mich als eine Diva. So etwas verpflichtet.

Sorensen entpuppt sich als ein ausgezeichneter Tänzer. Zusammen besuchen wir interessante Leute, sitzen mit einem reizenden Anwaltsehepaar in deren Wohnung zusammen, trinken Whisky, hören Schallplatten, tanzen und erzählen. Ich trinke nicht zuviel, um einen klaren Kopf zu behalten. Sorensen mag es nicht, wenn eine Frau viel trinkt.

Er hat einen sehr wachen, klaren Verstand, der schon dafür sorgt, daß ich ebenfalls aufpasse.

Endlich erhalte ich Post aus Berlin. Michael schreibt, daß alles in Ordnung sei. Auch Paschi ist noch Zivilist und trägt ›privates Grau‹.

Björn schreibt, er organisiere in einem Evakuierungslager kleine Theateraufführungen. Die Schule erwähnt er mit keinem Wort. Litta wohnt nun auch seit vergangenem November in München, tut sich aber noch schwer mit dem Eingewöhnen. Ich werde ihr schreiben, daß München eine ›wunderbare Mutter ist für ein junges Herz‹.«

In Kopenhagen findet im Januar die »Schwedische Woche« statt. Dazu gehören auch Vorlesungen bekannter moderner Dichter. Im Kabarett von Lulu Ziegler treffen sich allabendlich einige Lyriker. Sie lesen aus ihren Werken vor. Oft schließt sich an die Vorträge noch eine Privateinladung an.

Freudig akzeptiert Lale die Aufforderung, mit zu einem schwedischen Ehepaar zu kommen. Sie leben außerhalb von Kopenhagen in einer Atelierwohnung voll moderner reicher Romantik, zauberhaftem Licht und geschmackvollen Möbeln. Der moderne Stil und die positiven Farben gefallen ihr.

»So ungefähr möchte ich meine Wohnung auch einmal einrichten«, gesteht sie ihrem Gastgeber und fügt hinzu: »Das heißt, falls ich jemals zu einer eigenen, größeren Wohnung komme, jetzt im Kriege.«

Mit großem Interesse wartet Lale tags darauf auf den Auftritt der gefeierten schwedischen Diseuse Karin Inel. Sie wollte während der »Schwedischen Woche« in Kopenhagen mehrere Konzerte geben.

Schon nach den ersten Liedern zählt sich Lale zu den Anhängern dieser Künstlerin, deren Programm »Durch die Welt« heißt. Karin Inel macht mit ihrem Publikum eine Reise durch die Welt, singt ohne forcierten Effekt mit ihrer warmen, natürlichen Stimme Volksweisen aus Europa, den USA und Asien. Nach der Vorstellung läßt es Lale sich nicht nehmen, der Kollegin für den wunderbaren Abend zu danken und ihr zu dem verdienten Erfolg zu gratulieren.

»Wie schön, so singen zu können und so herrliche Texte zur Verfügung zu haben. Ich beneide Sie darum, denn Ihnen ist die Chance geboten, sie aus Gedichten zu holen. In Deutschland ist das kaum noch möglich. Wir scheinen inzwischen immer mehr Wert auf Effekte und Mätzchen zu legen, auf kalte Bravour-Technik«, klagt Lale der schwedischen Künstlerin.

Ob sie mich in Deutschland vergessen haben? überlegt Lale eines Morgens etwas besorgt. Schließlich lebt sie nun bereits mehrere Wochen in Dänemark. Zwar war sie im Herbst bis Jahresende in Berlin, aber nun ist es bald Februar, und sie schickt weiterhin Briefe aus Kopenhagen nach Hause.

Von der deutschen Kolonie kümmert sich auch niemand um sie. Niemand scheint sie von dieser Seite aus – was die künstlerische Karriere anbetrifft – zu unterstützen oder ihr zum Erfolg gratulieren zu wollen.

»So bleibt es eben ein wunderbarer Erfolg von Herz zu Herz.«

Tagebuch, Kopenhagen, Februar 1941
»Über dem Garderobenstuhl liegt der weite, weiße, bortenbesetzte Rock des norwegischen Kostüms. Eben noch hat der riesige Kino-Scheinwerfer mich und das Kleid beleuchtet. Ich glaube, ich habe gut gesungen. Auf alle Fälle mit Freude und ohne Herzklopfen.

Wie kommt es wohl, daß ich während meiner Kopenhagener Auftritte nie Lampenfieber spüre? Vielleicht, weil mich nichts, gar nichts ablenkt und ich mich ganz auf den Auftritt konzentrieren kann. Kein Haushalt, keine Kinder, kein Paschi, dem man vor dem Auftritt beim Anziehen helfen muß.

Vielleicht liegt es auch an Sorensen. Er strahlt eine herrliche Ruhe aus. Wir sind uns sehr nah, freundschaftlich nah. Das schafft zwischen uns eine ganz andere, entspanntere Atmosphäre. Würden wir uns lieben, sähe die Sache ganz anders aus.«

Aufgeregt kommt abends während der Vorstellung Lulu Ziegler in Lales Garderobe. Unten, im Zuschauerraum säße Asta Nielsen, die große dänische Stummfilm- und Bühnenschauspielerin.

Die Nielsen sitzt ganz nahe an der Bühne. Sie ist fast 52 Jahre alt und schaut mit müden Augen auf die blonde Sängerin aus Deutschland. Lale erinnert sich, wie sie schon als 12jährige diese grandiose Künstlerin bewundert hat. Warm ums Herz wird ihr, als die Nielsen nach dem Chanson »Adieu« kräftig applaudiert. Zu gerne würde sich Lale bei der scheu wirkenden Dänin für den Beifall bedanken, unterläßt es dann jedoch.

Nach dem Schluß der Vorstellung erfährt sie von Lulu, daß sich Asta Nielsen sehr an Lales Liedern erfreut hat.

»Sie möchte es dir selber sagen, los, sie wartet vor der Garderobe.«

Als Lale so plötzlich und völlig unvorbereitet vor ihr steht, kann sie gerade zur Kenntnis nehmen, daß die Nielsen groß und sehr schön ist und durchgeistigt wirkt.

Auf Lulu Zieglers Frage, wie ihr die Nielsen gefällt, antwortet Lale begeistert: »Sie ist voller Charme, wenn sie lacht. Auch ihre Umarmung und der schwesterliche Händedruck ist spontan und herzlich.«

»Diese Begegnung gehört zu einem der Höhepunkte meines dänischen Aufenthaltes«, schwärmt Lale ihrer liebgewonnenen Kollegin Lulu vor.

Auf Lale wartet im März 1941 ein Engagement in Willi Schaeffers' Berliner »Kabarett der Komiker«. Sie mag noch gar nicht an den Abschied denken, an die ungewisse Zukunft, die in der Reichshauptstadt auf sie wartet.

Die Kinder, Paschi, Haushalt... alles gehört zu einer anderen, harten, realistischen Welt. Ob man sich wieder einleben kann? Hier, in Dänemark, werden ihr keine Vorschriften gemacht. In Deutschland herrscht ein ganz anderer Ton, hat man sich unterzuordnen, der politischen Situation anzupassen.

»Ob ich dazu fähig bin? Ich muß doch sagen können, was ich will. Ich will durch Selbstdisziplin mein Ziel erreichen und nicht durch mir aufgezwungene Disziplin anderer. Meine künstlerische Zukunft bereitet mir Sorge. Wie hoffnungsvoll hat es vor zehn Jahren begonnen in Berlin!«

Zum Glück werden Lales deprimierende Gedanken durch Lulu Zieglers Erscheinen unterbrochen. Sie hoffe, daß auch Lale nach der Abendvorstellung zu ihr nach Hause käme. Sie und ihr Mann geben eine kleine Party, es kämen nur gute Freunde.

»Ärzte, Dichter, Maler, Schauspieler, Komponisten, Sie werden sich bestimmt gut unterhalten, Lale.«

Es wird eine erfolgreiche Party. Die Anwesenden bitten die Gastgeberin und auch Lale, ein paar Chansons vorzutragen, die Wünsche erfüllt man mit herzlicher Freude.

Gegen zwei Uhr morgens hält Peer eine kleine Rede auf Lulu, mit der er 14 Jahre verheiratet ist und die er liebt, als gehöre sie ihm erst seit gestern. Lulu lächelt glücklich.

»Wie schön ist diese skandinavische Natürlichkeit, zu seinem Herzen zu stehen«, freut sich Lale mit den anderen Gästen.

Tagebuch, Esbjerg, Februar 1941

»Nun muß auch ich mein Abschiedskonzert geben. Das Publikum zeigt ganz offen seine Sympathien, es fließen Tränen, einige Gäste kommen auf die Bühne, bringen mir Blumen und bedanken sich bei mir mit herzlichen Worten.

Noch einmal singe ich ›Des Nachts auf hoher See‹ und ›Heinemann‹. Für diese beiden Nummern habe ich immer den längsten Applaus bekommen.

Leider muß ich gestehen, daß das Verlangen nach dem Kurfürstendamm noch sehr klein ist. Ich genehmige mir also noch sieben Tage in Esbjerg, der dänischen Hafenstadt. Die heimatlichen Klänge der Schiffe, die Seeluft, alles erinnert mich an meine Kindheit. Ich träume, esse, schlafe und liebe jede dieser Minuten.

Auch meinen letzten Sonntag in Dänemark verbringe ich in Esbjerg. Obwohl die Zukunft grau und ungewiß auf mich wartet, freue ich mich dennoch auf sie. Dadurch verdränge ich auch die Abschiedsschmerzen.

Im Koffer befinden sich ganze Stöße skandinavischer Noten und Schallplatten. Und selbstverständlich diverse Mitbringsel, für die es gewiß manchen Kuß und manche Umarmung gibt.

Tagsüber klingen oft Lieder und Marschtritte deutscher Soldaten durch Esbjerg. Es liegen viele Besatzungstruppen hier.

Als mir noch in Kopenhagen vorgeschlagen wurde, hier ein paar Konzerte zu geben, sagte ich bereitwillig zu. Fast allabendlich sitzen junge Offiziere in der Vorstellung und sind ein reizendes, dankbares Publikum. Auch die Dänen sind aufmerksam und mit dem Applaus großzügig. Mein Repertoire ist wieder bunt gemischt, ich singe Lieder in deutscher, dänischer, französischer, englischer, schwedischer und norwegischer Sprache.

Der Raum ist so groß, daß ich mit Hilfe eines Mikrophons singen muß. Das ist ein sensationelles, bisher unbekanntes Gefühl. Das Mikrophon wird bald zu einem neuen Freund, mit dem ich spielen und flirten kann. Paschi würde sicher Mund und Augen aufreißen, wenn er mich hier sehen würde. ›Seine Lale‹ ernste Diseuse und ein bißl Jazzsängerin in einer Person. ›Wie ick mir fühle? Jroßartig!‹«

Heimlich schmunzeln muß Lale, als ihr junge deutsche Offiziere in ihrer Garderobe mit ernster Miene vorschlagen, sie solle unbedingt einmal in Deutschland auftreten. Sie wird von ihnen für eine Dänin gehalten.

»Sie haben wirklich eine hübsche Stimme, Sie hätten garantiert Erfolg, haben Sie denn keine Lust?«

»Doch, natürlich«, kommt ihre Antwort. »Falls sich eine Chance bietet, gehe ich!«

»Wenn man selbst weiß, wer man ist, ist es herrlich erfrischend, für andere niemand zu sein«, lautet Lales Kommentar.

Mit dem Zug fährt Lale nach Berlin zurück. Während der langen Fahrt muß sie an den Vertrag mit Schaeffers denken. Sie hatte bis zuletzt gehofft und erwartet, er würde die Gage erhöhen. Man hatte sich vor zwei Jahren auf diese Gage geeinigt. Inzwischen ist alles wesentlich teurer geworden. Sogar Paschi setzte sich ein, alles umsonst.

»Na ja, Vertrag ist Vertrag, ich muß meine Gefühle zurückstecken und meine Gleichgültigkeit verdrängen«, predigt sich Lale immer wieder ein.

Sie hat noch keine Ahnung, was sie singen wird, was für Bühnengarderobe sie anziehen und in welche Dekoration sie gestellt werden wird.

In Berlin stehen Michael und Paschi aufgeregt und strahlend am Bahnhof. Die Wohnung ist blitzblank geputzt, überall sind Blumen in den Vasen verteilt, die Ordnung hat beinahe etwas Beängstigendes.

Dieser Zustand ist allerdings im Nu vorbei, denn schon müssen Koffer ausgepackt werden, fliegen Noten, Kleider, Schuhe, Schallplatten und Mitbringsel durchs Wohnzimmer.

»Prima, daß du wieder da bist, Mami. Du hast ja keine Ahnung, was ich dir alles erzählen muß. Gut, daß du dich in Dänemark erholt und zugenommen hast. Für mich brauchst du starke Nerven, meint Paschi immer.«

Erholt ist gut, muß sie denken. Nur weil sie meistens heitere Briefe aus Dänemark geschrieben hat, wird gleich angenommen, sie habe sich vergnügt.

Wenn er größer ist, wird er selbst darauf kommen, daß der Beruf zwar Freude bereiten kann, aber gerade dann besonders hohe Ansprüche stellt. Der Zuschauer muß stets den Eindruck gewinnen, daß ein Künstler riesige Freude an seiner Arbeit hat und die Freude mit dem Publikum teilen möchte. Wenn das nicht zum Ausdruck kommt, gehört man nicht auf die Bühne. Das weiß Lale, und das spürt auch ihr Publikum.

Mit Paschi wird in den paar Tagen vor der Premiere im »Kabarett der Komiker« hart gearbeitet. Das Repertoire muß einstudiert werden. Neue Chansons gehören unbedingt in ihr Programm. Die Entscheidung über die geeignete Bühnengarderobe trifft sie. Einige Kleider müssen noch zur Reinigung.

Eine rege Hektik setzt ein, die herrlichen Monate in Dänemark versinken immer mehr in der Erinnerung. Für ihre beiden Söhne hat Lale überhaupt keine Zeit. Man solle sie um Himmels willen jetzt nicht stören, erst nach der Premiere könne sie mit Michael und Björn alles besprechen. In all der Aufregung bemerkt sie gar nicht, daß sich die Jungens inzwischen mit der größten Selbstverständlichkeit ebenfalls »Andersen« und nicht mehr »Wilke« nennen. Erst als jemand am Telefon nach Björn Andersen verlangt, erfährt sie davon.

»Reg dich nicht auf, Mami. Michael und ich wollen sowieso mal zum Theater, na, und da eignet sich dein Name bestens. Das mußt du doch wissen!«

»Gerade jetzt muß das passieren, wo sich eure Schwester Litta endlich angewöhnt hat, sich auch Wilke zu nennen, und nicht mehr den Nachnamen ihres Onkels benützt.«

Zu weiteren Gesprächen über dieses heikle Thema kommt es nicht mehr, dafür sorgt Paschi, der auf weiteren Proben besteht.

Die Premiere findet am 1. März 1941 statt und wird für Lale zu einem sehr schönen Erfolg. Begleitet von Fritz Pasche singt sie u. a. »Des Nachts auf hoher See«, ein norwegisches Volkslied, »Die Versuchung«, Text Hans Leip, Musik Norbert Schultze, und »Lied eines jungen Wachposten« (Lili Marleen), ebenfalls von Leip und Schultze.

In Programmheften und Pressestimmen ist noch niemand auf den Gedanken gekommen, dieses Lied mit »Lili Marleen« zu titulieren. Noch kennt man es als »Lied eines jungen Wachposten«. Niemand ahnt, am allerwenigsten die Interpretin, daß »Lili Marleen« in Kürze nicht nur die deutschen Soldatenherzen erobert. Die ganze Welt wird die Bekanntschaft mit »Lili Marleen« machen.

Im ungeheizten Berlin holt sich Lale kurz vor Ostern eine schwere Erkältung. Die Luftröhre, das Stimmband und der Kehlkopf sind stark entzündet, alle Auftritte müssen abgesagt werden.

Wie wertvoll die Gesundheit ist, kommt ihr erneut zum Bewußtsein. Vielleicht kann sie ein paar Wochen in die Berge fahren und sich auskurieren. Michael spielt währenddessen in der Verhoeven-Aufführung »Eines Mannes Leben« im »Deutschen Theater«, Berlin, die Rolle eines Pagen. Seiner Mutter teilt er aufgeregt mit, er verdiene pro Auftritt sechs Reichsmark. Ob sie glaube, er solle sich nun auch Autogrammkarten anfertigen lassen.

»Ich glaube nicht, daß dies nötig ist, Michalein, aber vielleicht kannst du mich ja bald ernähren«, schlägt sie lachend vor.

Tagebuch, Berlin, Ende Mai 1941
»Björn hat uns für 14 Tage besucht. Wie schön, mit ihm über andere, ernstere Dinge zu sprechen. Er ist ein zuverlässiger Kamerad, hoffentlich wird er es immer bleiben.

Und weil es so nett ist, wenn die Familie zur Abwechslung wieder einmal einen etwas größeren Umfang annimmt, beschließen Michael und ich, nach München zu Litta zu fahren. Die seltenen Begegnungen mit den heranwachsenden Kindern lassen jedes Wiedersehen zu einem kleinen Erlebnis werden. Der Gesprächsstoff nimmt kein Ende. Als Belohnung für ›gutes Betragen‹ besorge ich Karten für Shakespeares ›Ein Sommernachtstraum‹.

Nicht gerechnet habe ich allerdings mit Littas Reaktion im Anschluß an den Theaterbesuch.

Als wäre es etwas ganz Natürliches, erklärt sie mir mit strahlendem Gesicht, sie wolle auch zum Theater. ›Aber nur ins komische Fach.‹

Unwillkürlich muß ich zurückdenken. Ich war etwa im gleichen Alter, als ich denselben Entschluß faßte. Um Litta nicht zu enttäuschen, einigen wir uns darauf, daß sie nach Berlin kommen soll zum Rolleneinstudieren und Vorsprechen.

Damit ist dieses Thema, zumindest vorübergehend, beendet.«

Mit den Kriegsgeschehnissen befaßt sich meine Mutter kaum. Sie liest zwar von den Eroberungen der deutschen Wehrmacht auf dem Balkan und der Besetzung Belgrads, widmet sich aber dann wieder intensiv ihrer Karriere.

Von dem unerwarteten Siegeszug der »Lili Marleen« steht im April/ Mai 1941 allerdings noch nichts in den Karten.

Was sich zu dieser Zeit in Belgrad abspielt, darüber soll noch einmal kurz berichtet werden.

Im April 1941 stoßen deutsche Truppen immer weiter auf dem Balkan vor und rücken am 11. April in Belgrad, der Hauptstadt Jugoslawiens, ein. Durch die kriegerischen Ereignisse ist die Stadt stark zerstört. Es wird Monate dauern, ehe einigermaßen Ordnung herrscht. Zu den dringendsten Aufgaben der deutschen Besatzung gehört die Einrichtung und Betreuung eines Sammellagers, in dem etwa 9000 Gefangene, darunter Marokkaner, Spanier, Franzosen und jugoslawische Juden, untergebracht werden.

Besonders schwer zu schaffen macht den deutschen Soldaten das Sicherstellen der enormen Beute an feindlichen Kraftfahrzeugen. Auch das Instandsetzen der eigenen Truppenfahrzeuge bereitet große Probleme. Es fehlt der Truppe an geschulten Mechanikern. Gelöst wird dieses Problem, als Ende Mai Soldaten und Offiziere des Heereskraftfahrparks 533 unter der Führung seines Kommandeurs Hauptmann Hofbauer in Belgrad eintreffen.

Die Arbeit läuft bald auf Hochtouren. Dem HKP 533 mit seinen nur etwa 100 Mann wird fast zuviel zugemutet. Das Auseinanderliegen der einzelnen Dienststellen erweist sich als eine zusätzliche Belastung. Erst nach einigen Wochen wird die gesamte Verwaltung in einem Gymnasium untergebracht.

Gleich in der ersten Belgrader Zeit wächst die Arbeit des HKP ganz gewaltig. Zahlreiche Divisionen sollen für den Einsatz im Osten aufgefrischt werden. Täglich werden fast 300 Aufträge ausgeschrieben, so daß der HKP in kurzer Zeit rund 1800 Kraftfahrzeuge in Reparatur hat. Nach Dienstschluß bietet sich den Soldaten vorerst keine Möglichkeit, irgendwo in Belgrad Zerstreuung oder Abwechslung zu finden. Zwar existieren selbst in der zerstörten Hauptstadt ein paar relativ saubere Gaststätten und können Ausflüge in die nähere Umgebung gemacht werden, aber damit ist das Freizeitangebot so quasi erschöpft. Das muß geändert werden, beschließt der Kommandeur des HKP 533. Mit bereitwilliger Unterstützung seiner Soldaten richtet man sehr bald ein Soldatenkino mit zwei Vorführräumen ein. Auch ein Soldatenheim mit Leseräumen, Spielsälen und großer Kantine wird in kürzester Zeit zur Realität. Die Einrichtung eines Aufenthaltsraumes steht jetzt noch auf der Wunschliste.

Der Raum soll natürlich mehrere Funktionen haben. Ein Tischtennis soll zur Verfügung stehen, ein paar Spieltische gehören her, und eine gemütliche Plauderecke darf ebenfalls nicht fehlen.

»Jetzt brauchen wir nur noch unseren eigenen Radiosender«, schlagen die Landser vor.

Den einzurichten und mit Informationen und Schallplattenmaterial zu versorgen wird die Aufgabe von Karl-Heinz Reintgen, der zum Chef des Soldatensenders ernannt wird.

Die Bezeichnung »Belgrader Wachposten« erhält der Sender im Frühjahr 1941 noch nicht. Einiges muß sich nämlich erst noch ereignen, bevor man in der Heimat und an der Front allabendlich um kurz vor 10 Uhr Belgrad einschaltet, um »Lili Marleen« zu hören.

»Frau Andersen, ein Glück, daß Sie wieder gesund sind. Ihretwegen mußten verschiedene Termine abgesagt oder umdisponiert werden. Zunächst treten Sie zusammen mit Kristina Söderbaum und dem Opernsänger Helge Roswänge in einem Konzert auf. Es findet in der Aula in der Stephanstraße statt«, informiert sie der Direktor einer Berliner Künstleragentur am Telefon. Und die Bevölkerung von Eberswalde, besonders aber die dort stationierten Soldaten, warten sehnsüchtig auf Lale. Auch dort sollte sie schon vor Monaten auftreten.

»Ihr Auftritt wird von der KdF (›Kraft durch Freude‹) organisiert, die Programmwahl bleibt so ziemlich Ihnen überlassen.« In einer Kritik über diese Vorstellung – genaues Datum unbekannt – wird erstmals von dem neuen ›Soldatenlied‹ »Lili Marleen« gesprochen. In den Tagebucheintragungen befindet sich kein Hinweis über die Resonanz beim Publikum zu »Lili Marleen«. Lale notiert lediglich: »Mai und Juni, Berlin, Engagements, ferner im Funk und Tagesgastspiele für KdF und Wehrmacht.«

Das Zigeunerleben bleibt Lale auch in den Wochen zwischen Juli und August 1941 erhalten. Sie holt sich Beifall an der Ostsee und in Pommern, wo die Wehrmachtstournee sogar bis Danzig geht. Auf einer dieser langen Reisen befindet sich unter den männlichen Kollegen ein großer, schwarzhaariger Mann mit blauen Augen. Ein Spiel mit der Liebe einzugehen scheint Lale gegenwärtig unangebracht, obwohl die Verlockung sehr groß ist.

»Soll ich oder soll ich nicht?« wird das Gewissen gefragt.

Die Antwort gibt sie sich selbst: »Solange eine Frau mit Charme ›nein‹ sagt, bedeutet es dem Mann kein Aufgeben seiner Sehnsucht. Das Spiel geht weiter. Ahoi!«

Tagebuch, Bansin, Ostsee, August 1941
»Mit Litta, die gottlob momentan nur gelegentlich von der Schauspielerei spricht, und Michael verlebe ich herrliche Tage in der Sonne und am Strand. Außer damals meine Ferien mit All sind dies meine ersten richtigen Ferien. Keine Auftritte warten zwischendurch auf mich, und das Geld reicht für 14 Tage, ohne daß man in Schwierigkeiten gerät.

Ich habe gar nicht gewußt, daß Faulsein so ein riesiges Behagen verursacht. Das schönste ist, daß man abends mit den Kindern um acht Uhr schlafen gehen kann. Wie oft wird mir das geboten? Ich genieße diesen Luxus.«

Noch immer ist Lale mit ihren Kindern in Bansin. Gelegentlich erkennt sie ein Kurgast, bittet um ein Autogramm oder macht der Künstlerin höfliche Komplimente.

Ende August muß sie nach Garmisch zu einem Konzertabend. Litta soll dann mit ihr zurückreisen, in München wartet die Schule. Irgendwann muß Lale auch mal wieder Radio hören. Nur nicht im Urlaub. Aber es würde sie langsam auch interessieren, was das mit dem Soldatensender Belgrad auf sich hat. Der Pensionsinhaber in Bansin meint, er habe gerade neulich abends »Lili Marleen«, gesungen von Lale Andersen, gehört.

»Komisch, wie die wohl auf die Idee kommen, diese Platte zu spielen? Freuen tut's mich natürlich sehr, denn ich trage es fast in jedem Konzert vor.«

Von der Reichskulturkammer werden im September und Oktober 1941 Künstlerfahrten in die von Deutschen besetzten Gebiete organisiert. Für die Programmzusammenstellung und Auswahl der Künstler ist wieder Hans Hinkel, die rechte Hand des Reichspropagandaleiters Joseph Goebbels, verantwortlich.

Zu den gefragtesten Künstlern gehört die Sängerin, deren Stimme allabendlich um 10 Uhr im Belgrader Rundfunk das »Lied eines jungen Wachposten« singt: Lale Andersen. Immer lauter und dringlicher wird der Wunsch der deutschen Soldaten – egal ob im besetzten Frankreich, in Holland oder Belgien –, »Lili Marleen« persönlich kennenzulernen.

Lale hat gar keine Zeit, sich zwischen Kofferpacken, Interviews und ein paar hastig arrangierten Proben Gedanken darüber zu machen, wie es überhaupt dazu gekommen ist, daß ausgerechnet ihr Lied »Lili Marleen« im Belgrader Soldatensender erklingt.

Ob Lale eventuell ein paar Minuten Zeit habe, fragt kurz vor der Abreise nach Paris, Ende September, ein mit ihr befreundeter Berliner Journalist. Er würde ihr gerne noch eine kleine interessante Geschichte erzählen.

»Sehr gern, aber wir müssen schon morgen auf eine lang vorbereitete Künstlerfahrt in die besetzten Gebiete. Hinkel hat die Sache organisiert. Du mußt dich möglichst kurz fassen«, bittet Lale.

Und dann erfährt sie eine erstaunliche Geschichte: Bereits Ende April, Anfang Mai habe man in Belgrad auf Wunsch der dort stationierten deutschen Landser einen Radiosender gegründet.

»Natürlich mangelt es zunächst an gescheiter Musik. Speziell Unterhaltungsmusik ist entsetzlich rar. Zumal seit Kriegsbeginn kaum noch neue Schellackplatten gepreßt werden. Der Leiter des Senders, ein gewisser Karl-Heinz Reintgen, schickt also zwei seiner Leute, beide sollen etwas Rundfunkerfahrung besitzen, nach Wien zum dortigen Sender.

Einer der beiden heißt Richard Kistenmacher und ist beim Sender u. a. als Conférencier beschäftigt. Er sucht mit seinem Kameraden nach geeignetem deutschsprachigen Schallplattenmaterial. Gefunden haben sie ungefähr 200 Platten, darunter zahlreiche von den Nationalsozialisten verbotene Aufnahmen. Ich nehme an, es handelt sich dabei hauptsächlich um Texte jüdischer Dichter.

Auf alle Fälle entdecken die Männer auch die von dir besungene ›Lili Marleen‹-Nummer.

Was sie nicht geahnt haben, nicht ahnen konnten, ist, daß diese Platte das Lieblingslied unserer Soldaten werden würde«, erzählt der Journalist der interessiert zuhörenden Lale.

»Die Plattenauswahl ist nicht so enorm, und so greift man fast täglich auch auf deine ›Lili Marleen‹ zurück. Das Lied spricht außerdem vom Text her die Soldaten an. Dennoch hat es die Sendeleitung eines

Tages über. Langsam kann es niemand im Sender mehr hören. Die Platte ist inzwischen auch arg verkratzt.

Eine Woche etwa ertönt das ›Lied eines jungen Wachposten‹ nicht im Soldatensender Belgrad. Dann kommt der erste Feldpostbrief mit der Anfrage, warum denn ›Lili Marleen‹ nicht mehr gespielt wird. Es bleibt durchaus nicht bei einer Beschwerde. Innerhalb weniger Wochen treffen täglich mehr Briefe ein. Und die Post kommt nicht nur aus anderen Gebieten Jugoslawiens, sie kommt aus Griechenland, Bulgarien, Nordafrika und natürlich aus der Heimat. Reintgen und seine Mitarbeiter haben mit so einer Reaktion nicht gerechnet. Sie überlegen, wie es anzustellen ist, daß man den Soldatenwünschen gerecht wird und trotzdem nicht von morgens bis abends ›Lili Marleen‹ spielt. Nach einigem Hin und Her beschließt man, die Schallplatte allabendlich um kurz vor zehn Uhr zu bringen.«

Von dem Journalisten erfährt Lale noch, daß der Name »Belgrader Wachposten« als sehr passend empfunden wird. Lale bedankt sich bei ihrem Freund. Sie sei glücklich über den Erfolg des Liedes. Sie hätte es allerdings nie für ein »typisches Soldatenlied« gehalten und sei nun um so überraschter, daß diese es so gerne hören und verlangen. Als sie »Lili Marleen« in den Jahren zwischen 1937 und 1939 gesungen hätte, sei der Beifall gut gewesen, aber nicht umwerfend. Inzwischen würde sie aber häufig gerade auf das Lied angesprochen, das sehr populär geworden sei.

»Bei Autogrammwünschen verlangt man nicht sosehr meine Unterschrift, sondern auf der Karte soll stehen: ›Herzlichst, Lili Marleen‹«, beendet sie das Gespräch.

Am nächsten Tag nimmt sie Abschied von ihren Söhnen, Freunden und Kollegen und verläßt erneut Berlin, diesmal in Richtung Frankreich.

Tagebuch, Paris, Anfang Oktober 1941
»Die schönste Frage am heutigen Morgen stellt mir das Zimmermädchen. Was ich zum Frühstück wünsche: Bohnenkaffee, Kakao oder Tee, frisches Weißbrot, Eier, Marmelade oder Honig?

Paschi will nicht auf dem Zimmer frühstücken. Er ist das erste Mal in Paris und möchte auf Entdeckungstour gehen. Ihm die Stadt so zu zeigen, wie sie mir einmal All gezeigt hat, werde ich nicht können. All liebte mich. Bei der Erinnerung an die Tage mit ihm, die nie wieder kommen, sitzt eine Träne im Auge. Paris, du schöne, große, weitläufig gebaute Stadt, durch die die Musik deiner Sprache wie ein süßes Lied klingt. Die Boulevards sind voll bunter Menschen, es herrscht eine fast friedliche Atmosphäre.

Am ersten Abend gehe ich, wie vor Jahren schon einmal, zuerst ins ›Chez elle‹ zu Lucienne Boyer. Aber ihr Lokal ist leer. Die Kriegsverhältnisse haben es ihr genommen. Um 10 Uhr höre ich den ersten Geiger des kleinen Orchesters sagen, er fahre jetzt ins ›Alhambra‹, um Lucienne zu begleiten. In einer Stunde sei er zurück. Ob ich ihn begleiten dürfe, frage ich den Musiker. Er nimmt meine Hand und zieht mich mit langen Schritten hinter sich her zur Metro.

Während wir in eine ganz andere Gegend fahren, erzählt er mir, daß er die Boyer schon seit 12 Jahren begleitet. Er gesteht mir auch, daß er Deutschland, das er durch Tourneebesuche gut kennt, liebe. Als Franzose habe er gegen Deutschland kämpfen müssen. Nun sei er froh, daß der Krieg zu Ende gegangen sei. Der Direktor des ›Alhambra‹, dem er mich vorstellt, bringt mich in seine Loge, da das Theater überfüllt ist. Während des Auftritts der Boyer bleibt er bei mir. Die Boyer ist jung, strahlend und herrlich wie immer. Während sie singt, fühlt der Zuhörer, daß es nichts Schöneres für sie gibt, als zu singen. Sie war einmal mein Vorbild. Nun bin ich ganz anders geworden als sie, aber vieles in Auffassung, Geste und Hingabe ist doch gleich.

Beglückt verlasse ich das Theater, um dann durch die milde Nacht an der Hand meines Begleiters Raymond Verney ins ›Chez elle‹ zurückzurasen.«

Von Paris geht ein paar Tage später die Reise nach Bordeaux. Unter der hier stationierten deutschen Kriegsmarine spricht es sich in Windeseile herum, daß der Star der Veranstaltung »Unter der Laterne«, Lale Andersen, die Lili Marleen ist. Der Andrang zu dem Konzert im »Théâtre Français« ist so enorm, daß für nachmittags noch eine Extra-Veranstaltung eingelegt wird.

»Ihre Popularität bei der Marine kennt wohl gar keine Grenzen, Lale«, stellen die Kollegen des Begleitorchesters überrascht fest. Aus einer Vorstellung, wie ursprünglich geplant, werden schließlich drei. Jeder Auftritt der »Lili Marleen« wird mit unglaublichem Jubel aufgenommen. Nach der endgültig letzten Vorstellung reichen die Autogrammkarten kaum noch aus.

»Ich werde mir, gleich nach meiner Rückkehr, in Berlin neue Karten drucken lassen müssen«, stöhnt Lale lachend und spürt, daß Berühmtheit auch weh tun kann. Ihre Finger sind von den vielen Unterschriften angeschwollen.

Großes Hurra-Rufen ertönt am nächsten Tag, als die Tourneeleitung mitteilt, die Besatzung eines der im Hafen von Bordeaux liegenden deutschen Zerstörers habe die Landratten an Bord eingeladen. Die Begrüßung an Deck fällt dann auch fast noch herzlicher aus als abends zuvor während des Konzerts.

»Bei Ihnen fühle ich mich beinahe wie zu Hause. Die Sympathiekundgebungen der Marine für meine Platten und Lieder machen mich sehr dankbar«, verabschiedet sich Lale Stunden später von den Gastgebern. Die von der Auslandsorganisation »Seeschiffahrt« arrangierte Tournee geht anschließend noch nach Belgien und Holland. Sie endet Mitte Oktober in Berlin. An ein Ausruhen ist allerdings nicht zu denken. Es warten nicht nur bergeweise Post auf »Lili Marleen«, Lale muß schon in wenigen Tagen für die nächste Tournee bereit sein.

Tagebuch, Kiel, Ende Oktober 1941
»Manchmal, wenn ich an Lucienne Boyers ›Parlez moi d'amour‹ oder an Tino Rossis ›J'attendrai‹ gedacht habe, glaubte ich, so etwas sei bei mir nie möglich, daß einmal ein Lied durch mich das Lied ganz Europas werden könne wie jetzt ›Lili Marleen‹, denn ich singe keine Schlager, sondern bemühe mich seit jeher, Wort und Musik von zeitnahen, jungen Künstlern zu interpretieren. Nicht die Werke von Schlagerautoren will ich singen, sondern die von wahrhaften Dichtern und Komponisten. Und nun ist von diesen Liedern eines das Lied dieser Zeit geworden, und ich muß mich daran gewöhnen, ›berühmt‹ zu sein. Es wird sicher nicht allzu lange dauern. Entgegen den Ansichten von Zimmermädchen und unbekannten Kollegen bedeutet es für mich nicht ausruhen und sich feiern lassen, sondern ganz besonders viel und stark zu arbeiten.

Aus allen Ecken Europas kommen Bitten um Gastspiele. Zu Hause, so erzählen Björn und Michael, steht das Telefon nicht mehr still. Vielleicht ergibt sich nun endlich die Chance, sich die Sehnsucht nach einer größeren Wohnung zu erfüllen. Also werde ich jetzt noch einmal mit allen Voltstärken arbeiten und sparen.«

Trotz immer steigender Popularität, Verpflichtungen und den vielen Auftritten bekomme ich zwischen November und Ende Dezember 1941 ein paar Briefgrüße meiner Mutter. So erzählt sie mir, daß sie dabeisein muß, wenn in Berlin das WHW (»Winterhilfswerk«) ihre Autogramme und Schallplatten versteigert.

»Vielleicht komme ich anschließend nach München. Dann bringe ich Dir Briefmarken von meiner letzten Auslandsreise aus Frankreich, Belgien und Holland mit. Ich hätte zwar viel zu tun, aber immerhin die Zeit, im ›Regina-Hotel‹ einen Tee mit Dir zu trinken.«

Das Wiedersehen in München läßt sich nicht realisieren. Statt dessen kommt eine Einladung, Weihnachten in Berlin zu verbringen.

»Du kannst aber auch in den Weihnachtsferien zu uns in die Nähe von Traunstein kommen. Ich habe dort ein Häuschen gemietet, Björn und Michael können es nicht erwarten, bis die Reise losgeht.«

Die Entscheidung darüber, wo wir uns wiedersehen wollen, überläßt meine Mutter mir und dem Schicksal.

Die Kriegsverhältnisse lassen es nicht zu, daß sich gefragte Künstler, zu denen an erster Stelle auch Lale Andersen zählt, ihre Termine aussuchen können. Die Konzertagenturen müssen sich der politischen Lage ebenso anpassen wie jeder Normalbürger. Als Anfang Dezember die Aufforderung kommt, im Hamburger »Ufa-Palast« aufzutreten, akzeptiert Lale sofort. In Hamburg lebt zu dieser Zeit ein Mann, der, wenn auch indirekt, maßgeblich an ihrem Ruhm beteiligt ist. Kennen tut sie ihn schon seit einigen Jahren, als sie zum erstenmal den Gedichtband »Die Hafenorgel« in der Hand hielt. Jetzt wird sie ihn endlich persönlich kennenlernen: den Dichter Hans Leip, der schon 1915 als blutjunger Soldat »Lili Marleen« geschrieben hat, jenes Lied, das nun zu Lales Schicksalslied geworden ist.

Über diese kurze, aber herzliche Begegnung schreibt sie ins Tagebuch:

»Hans Leip, der aus Briefen und am Telefon schon lange mein Freund ist, persönlich kennengelernt. Ach, ist das ein prächtiger Bursche! Seine schmalen, grünen Augenschlitze wissen viel von der Welt und sind voller Skepsis, leuchten aber voll Wärme und Humor, wenn sie den rechten Menschen sehen. Er hat mir zwei wunderschöne Zeichnungen und ein herrliches Gedicht geschenkt.«

Große Fahrt

Morgens im Hafen lag das Schiff am Kai,
viele schöne Mädchen gingen da vorbei,
trugen bunte Blumen, die dort blüh'n, an Land,
und die Schönste winkte mit der braunen Hand.
Weit weg, weit weg, weit weg über Süd,
wo die Sonne glüht und wo wir heimwärts zieh'n.

Abends im Hafen sagen sie ade,
und das Schiff fuhr weiter auf die hohe See;
eine rote Blume lag verwelkt an Deck,
und es kam ein Wind auf und der blies sie weg.
Weit weg, weit weg, weit weg über Süd,
wo die Sonne glüht und wo wir heimwärts zieh'n.

Was wir auch sehen von der weiten Welt,
etwas bleibt doch immer, das uns mehr gefällt;
heimlich in die Ferne späh'n wir danach aus
und sind in Gedanken glücklich und zu Haus.
Weit weg, weit weg, weit weg über Nord,
wohin unsere Sehnsucht geht zum Heimatort.

»Für Lale Andersen geschrieben und unveröffentlicht und auch noch niemandem gezeigt, damit sie, je nach Lust und Laune, es an den trefflichen Komponisten Rudolf Zink weitergebe oder es in den Eimer werfe.

Mit allen guten Wünschen und Grüßen, herzlichst Hans Leip. 10. Dezember 1941.

Hamburg-Blankenese – unter dem großen Eindruck ihres Auftretens im Ufa-Palast und ihrer liebenswerten Persönlichkeit gestern abend im Hotel Vier Jahreszeiten.«

Das Lied »Große Fahrt«, Text Hans Leip, Musik Rudolf Zink, wurde von Lale eine Zeitlang ins Repertoire aufgenommen.

Nach Berlin zurückgekehrt, findet sie unter den Bergen von Autogrammwünschen und Verehrerpost auch meine Zusage, daß mich Berlin entschieden mehr reizen würde als die bayerischen Berge. Auf einer Postkarte teile ich meiner Mutter die Ankunftszeit mit. Zugleich erinnere ich sie daran, daß ich noch immer an einer »Künstlerkarriere« interessiert sei.

Vom Bahnhof holt mich mein Bruder Michael ab. Sogar Paschi ist mitgekommen.

»Den Koffer mußt du schon alleine tragen. Das Wertvollste, das ein Konzertpianist besitzt, sind seine Hände«, erklärt Paschi etwas wichtigtuerisch.

Michael schenkt Paschis Bemerkung überhaupt keine Beachtung. Er ist intensiv damit beschäftigt, mich eingehend zu mustern. Lakonisch meint er dann, ich hätte mich, wenn überhaupt, nur zum Vorteil verändert. Schließlich hatten wir uns fast ein Jahr nicht gesehen, und

Brüder können verflixt kritisch sein, wenn es um die eigene Schwester geht. Auf der Fahrt zur Berliner Wohnung informiert mich Michael, daß unsere Mutter wahnsinnig beliebt und gefragt sei.

»Sie muß sich sogar einen Stempel mit ihrer Unterschrift anfertigen lassen. Vom vielen Autogrammgeben bekommt sie nämlich Schreibkrämpfe. Wahrscheinlich sollen wir uns auch der Presse zur Verfügung stellen«, teilt mir mein Bruder aufgeregt mit.

»Mami wird froh sein, daß du einigermaßen aussiehst. Auch nicht zu erwachsen. Sie muß sehr auf ihr Image achten, da kann sie schlecht mit großen Kindern vor den Pressefotografen erscheinen«, weiß Michael zu erzählen.

Das Pressefoto kommt wirklich zustande. Es wird in diversen Illustrierten veröffentlicht und hat zur Folge, daß plötzlich auch ich von unbekannten Soldaten Feldpost erhalte, jedoch größtenteils mit der Bitte, einen ganz persönlichen Autogrammgruß von meiner berühmten Mutter zu schicken.

In Berlin darf ich auch endlich einem Theaterregisseur vorsprechen. Ich habe dafür das Gretchen aus Goethes »Faust« ausgewählt. Für das ernste Fach sei ich wohl kaum geeignet, höre ich den Regisseur zu meiner Mutter sagen. Die Blicke, die sich die beiden Erwachsenen dabei zuwerfen, deuten einwandfrei darauf hin, daß eine Theaterkarriere für mich nicht in Frage kommt. Das erleichterte Aufatmen meiner Mutter ist auch mir nicht entgangen.

»Schau, Littachen, eine Berühmtheit in der Familie genügt vorläufig. Warte, bis ich nicht mehr singen kann, dann kommst du an die Reihe«, tröstet mich daraufhin meine Mutter.

Wie kann sie ahnen, daß ihr wenige Monate später tatsächlich Auftrittsverbot erteilt wird. Ich kann allerdings nicht für sie einspringen, dazu bin ich zu jung, von Begabung ganz zu schweigen.

Kurz nach Weihnachten reist meine Mutter in die bayerischen Berge, um zu entspannen und für das bevorstehende neue Jahr 1942 Kraft zu sammeln.

Es soll ein schicksalsschweres Jahr für sie werden!

Tagebuch, in den bayerischen Bergen, Dezember 1941
»Letztes Jahr um diese Zeit war ich in Kopenhagen und lächelte den wohlgenährten dänischen Schneeflocken zu. Diesmal sitze ich in einem süßen bayerischen Häuschen fernab der Welt. Nach dem unruhigsten Jahr meines Lebens ist für ein paar Tage unendliche, weite, weiße Stille um mich.

Es klingt sicher etwas ›gewaltig‹, würde ich sagen, ich hätte dies Häuschen gemietet, um mich vom Ruhm und seinen Verpflichtungen auszuruhen. Es gibt ja viele Menschen, die viel, viel berühmter sind. Aber von meiner Sicht aus gesehen ist es mit meinem Ruhm schon arg genug. Die Zärtlichkeitswelle, die aus vielen Hunderten Soldatenbriefen von der Front kommt, ist wunderbar. Es ist kein Brief dabei, den ich nicht glücklich beantworte. Aber den Journalisten, die mit Kamera und Blitzlicht unsere winzige Berliner Wohnung stürmen, den Autogrammjägern, die sich mittels Autobus oder per Telefondraht heranschleichen, die gekränkt mit dem Schicksal hadern, daß ein so spröder, unzugänglicher Mensch wie die Lale Andersen zu einem Welterfolg kam, diesen allen muß man gelegentlich ausreißen.

Unwillkürlich denke ich an die Zeit, als ich nichts und niemand war und dennoch, oder gerade deswegen, so glücklich!«

Ob Frau Andersen vielleicht Lust und Zeit hätte, die Högl-Bäuerin zu besuchen, wird Lale ein paar Tage später von ihrer Vermieterin gefragt.

»Die feiert nämlich ihren Geburtstag. Das wär' eine schöne Überraschung, wenn ich Sie, die berühmte Künstlerin, mitbringen täte.«

Nicht nur das Geburtstagskind freut sich über den Gast, auch die anderen Bauernfamilien aus der Nachbarschaft spüren, daß diese Künstlerin keine Starallüren kennt.

Als Lale dann noch ein paar Weiß-Ferdl-Geschichten zum besten gibt, läßt sie sich gerne sagen, sie sei »a Pfundsfrau!«.

Sie werde dringend in Berlin erwartet, schreibt Michael an seine Mami in der ersten Januarwoche.

»Die Autogrammkarten sind auch beinahe verbraucht«, klingt es vorwurfsvoll im Brief. Ansonsten sei alles in Ordnung. Die Silvesterfeier wäre verrückt gewesen. »Litta und ich haben uns aus den Restbeständen Deiner Bar eine umwerfende – im wahrsten Sinne des Wortes – Bowle gemixt. Inzwischen sind die Kopfschmerzen wieder weg. Du kannst also getrost zurückkommen.«

Aber nicht der Brief Michaels zwingt sie zur Rückkehr nach Berlin. Mit derselben Post kommt der Vertrag für das nächste Engagement. Die Tournee führt von Krefeld nach Mannheim, Karlsruhe, Freiburg, Stuttgart, Köln und München.

Tagebuch, auf Konzertreise, Ende Januar 1942
»Ich bin auf Konzertreise. Wohlverstanden: nicht auf Tournee, sondern auf Konzertreise. Ich strahle. Man sagt, daß es außer bei Wilhelm Furtwängler und der Sängerin Erna Sack so total ausverkaufte Säle nicht gäbe. Das jahrelange Ziel, vor einem Publikum zu stehen, das einen Abend wirklich nur dem Zuhören meiner kleinen Lieder schenkt, hat sich erfüllt. Teils durch unbeirrbare Arbeit, teils durch dich, Lili Marleen.

Die erste Serie von 23 Konzerten innerhalb von knapp drei Wochen hat stattgefunden. Das Orchester, der Fahrer, unser Reiseleiter und ich haben miteinander ein gutes, kameradschaftliches Verhältnis geschaffen. Der Abschied wird uns schwerfallen.

Zuerst wurde ich von den Jungens als ›Star‹ behandelt. Niemand widersprach, niemand sagte etwas, wenn ich mich mal etwas verspätete, die Distanz zwischen uns betrug Kilometer. Inzwischen ist es so, daß eine reizende Ritterlichkeit entstand, aber man im übrigen als Kameraden miteinander durch graue sowie helle Tage fährt. In Städten, die Tradition und Kultur besitzen, war die Begeisterung am größten. Nicht enden wollte der Jubel in München, Karlsruhe, Freiburg, Stuttgart und Köln. Hoffentlich gibt es bald eine Wiederholung dieser glücklichen Tage.«

Im März 1942 muß Lale endlich einmal keine Koffer aus- und einpakken. Ihr Weg führt allabendlich von der Berliner Wohnung in das Varieté-Theater der »Scala«.

Die Feldpostbriefe stapeln sich nach wie vor auf dem Schreibtisch. Manchmal besteht die Antwort nur aus ein paar Zeilen, kommt aber ein Brief, wie der eines unbekannten, jungen Soldaten aus dem Osten, nimmt sich Lale Zeit für die Beantwortung.

»Liebe Lili Marleen, ich bin 24 Jahre alt, seit ein paar Monaten kämpfe ich in Rußland. Ihr Lied habe ich sehr oft gehört, bevor ich an die Front kam. Gestern fiel mein bester Kamerad. Ehe er starb, bat er, ihm noch einmal ›Lili Marleen‹ vorzusingen.«

An den jungen Briefschreiber geht eine lange, herzliche Antwort. Sollte ihn sein nächster Heimaturlaub zufällig nach Berlin führen, sei er bei ihr ein willkommener Gast. Daran, daß jeden Tag irgendein unbekannter Landser an der Berliner Wohnungstür klingelt, hat sich die Familie längst gewöhnt. Zwar müssen die Besucher häufig darauf verzichten, »ihre« Lili Marleen persönlich kennenzulernen, aber Michael bemüht sich, seine berühmte Mutter würdevoll zu vertreten.

»Ein Autogramm können Sie selbstverständlich bekommen. Meine Mutter läßt genügend hier, wenn sie auf Tournee ist. Nur wenn Sie eine persönliche Widmung haben wollen, müssen Sie Ihre Adresse hinterlassen.«

Lale befindet sich im Frühjahr 1942 in Berlin, als ihr von der Reichsfilmkammer, einer Abteilung der Reichskulturkammer, mitgeteilt wird, sie habe in dem Ufa-Propagandafilm »GPU« ein Lied vorzutragen. Als Regisseur wird Professor Karl Ritter engagiert. Die Hauptrollen in dem Film über die russische Geheimpolizei spielt Marina von Ditmar, ihr Partner heißt Andrews Engelmann.

Zwar kann sich Lale der kleinen Rolle nicht entziehen, es wird ihr aber wenigstens überlassen, welches Lied sie in dem Film singt. Ihre Wahl fällt auf ein textlich unengagiertes schwedisches Matrosenlied »Sorte Rudolf« (»Schwarzer Rudolf«), das sie schon vor dem Krieg ins Repertoire aufgenommen hat.

Im schwarzen Rollkragenpullover steht sie vor der Kamera. Lales Szene ist schnell abgedreht, aber als vorgeschlagen wird, sie auch für weitere Rollen zu holen, ist sie froh, das Angebot ablehnen zu können. »Ich muß ja im April schon wieder auf eine längere Tournee, leider.«

Tagebuch, Dresden, Mitte April 1942

»Wir haben eine neue Konzertreise begonnen. Sie soll bis Wien und Budapest gehen. Der Start in Dresden war, obwohl er auf den 13. fällt und in Sachsen stattfindet, schön und herzlich. Wie es die Menschen verändert, wenn nicht ihre Lippen, sondern ihre Herzen sprechen.

Wegen des ausverkauften Hauses müssen wir das Konzert in Dresden wiederholen. Fünftausend Reichsmark haben die beiden Tage der Steuer und somit dem Vaterland gebracht. Früher hätte ein Künstler das behalten dürfen. Aber das wäre ja zuviel des Guten. Soviel Applaus, Blumen und Begeisterung und obendrein noch Geld! Man muß versuchen von den Erstgenannten zu leben, wenn das auch mit drei Kindern nicht immer ganz einfach ist.

Unsere Fahrt geht weiter nach dem alten gescheiten Vorort Berlins: nach Breslau. Angekommen, Blumen und Jubel des brechend ausverkauften, riesigen Saales entgegengenommen und weitergefahren nach Proßnitz. In der fleißigen, blühenden Industriestadt des Sudetenlandes entdecke ich einen Schuster, der in zwei Stunden alle meine Schuhsohlen repariert. Einfach märchenhaft!

Jetzt befinden wir uns in Brünn. Es ist schon der 19. April. Im Kon-

Willkommensgruß der Dresdner

an

Lale Andersen

zu ihrem ersten Auftreten in Dresden

am 13./14. April 1942

Ungezählte Millionen
Hören dem Sender entlang,
Bis in entlegendste Zonen
Deiner Stimme heimlichen Klang.

Tönt doch in späterer Stunde,
Aus Belgrad so gegen Zehn,
Aus Deinem beruf'nem Munde
Das Lied der „Lili Marleen".

Oftmals kopiert, niemals erreicht,
Wird's auch von And'ren gesungen.
Nur aus Deinem Munde vielleicht,
Hat es berückend geklungen.

Und die Vielen, die Dich gehört,
Ja, es ist zu verstehen,
Wollen Dich jetzt – ungestört, –
Endlich persönlich mal seh'n.

So steigt die Spannung Zoll um Zoll,
Gleich einem Zeitgeschehen.
Ganz Dresden wird erwartungsvoll
„An der Laterne stehen."

C. Jaedicke
ehem. Mitglied d. Sächs. Staatstheaters

2000 hörten „Lili Marlen"

Lale Andersen sang im Konzerthaussaal

Schlank, blond und braungebrannt, geschmackvolle Kleider nach Lied und Laune wechselnd, stand Lale Andersen im Licht der Scheinwerfer. So lebte sie in der Vorstellung, die Sängerin des Liedes der Lili Marlen, des populärsten Volksliedes dieses Krieges, dem sie allein zu den stürmischen Erfolgen an den Fronten und in der Heimat verhalf. Wer indessen erwartete das Lied des jungen Wachtpostens auf dem Programm zu finden, war zunächst enttäuscht. Mit kleinen norwegischen Volksliedern begann Lale Andersen und es war erstaunlich, mit welcher Delikatesse und feinem musikalischen Gefühl sie diese Weisen sang: das rührend naive Wiegenlied, den kessen „Sorte Rudolf" und das empfindsame Lied „Am Kai".

Meist handeln alle ihre Chansons von den Matrosen, dem Meer, irgendeiner Hafenkneipe zwischen Hamburg und Bombay und vor allem der Liebe in ihren tausendfachen Variationen. Ob sie von Leip—Schulze, Endrikat—Roßwiese oder Grunenberg—Zielhoff stammen — wobei Textdichter und Komponist erfreulicherweise genannt werden — immer sind diese Lieder ohne Lale Andersen nicht denkbar. Sie singt sie nicht, sie spielt sie, macht das Konzertpodium zur Szene und erfreut durch die Eleganz ihrer Gesten ebenso, wie durch die Nuancen, die sie jeder dieser kleinen Anspruchslosigkeiten abzugewinnen versteht. Nicht auf das Timbre der Stimme, ihre Tragfähigkeit und Modulation kommt es bei ihr an; sie läßt das Wort tönend werden und entwickelt vom melodramatischen Sprechen bis zur klingenden Melodie eine reiche Skala wirkungsvoller Effekte.

Nicht vergessen sollen ihr die kleinen Lieder sein, die ihr von Soldaten zugingen und die sie nun, wie einst der unbekannten Lili Marlen zum Erfolge verhalf. Der Beifall wuchs mit später werdender Stunde. Zugabe folgte auf Zugabe, bis schließlich in die enthusiastischen Ovationen die bekannten Klänge fielen: „Vor der Kaserne, vor dem großem Tor . . ." Hier kannte die Begeisterung der fast zweitausend Breslauer, die nun Lili Marlen leibhaftig vor sich sahen, keine Grenzen. Es dauerte geraume Zeit, bis sich Lale Andersen verabschieden konnte — nicht ohne, daß zum Schluß noch einmal der Wachtpostenruf ertönte und der Saal im Chor das Lied, das Lale Andersen berühmt machte, mitsang.

Die Kapelle Theo Held mit seinen Solisten trug viel zu der guten Laune dieses erfrischenden Abends bei. Der Klarinettist Rudi Hinz holte sich mit seiner komischen Parodie „Ein Hahn sucht eine Henne", einer eigenen witzigen Komposition, einen schönen Sondererfolg. Ernst Thiel

zertsaal sitzen hauptsächlich Soldaten. Ihre Gesichter strahlen, wenn ich auf die Bühne trete, um ihnen für ein paar Stunden Entspannung zu schenken.«

Von ihrem Pianisten sieht Lale zwischen den Auftritten wenig. Paschi hat sich wieder einmal selbständig gemacht. Aber diesmal nicht, um die Mädchen von Brünn zu begutachten, sein Ziel sind die Geschäfte der Stadt. Sein Einkaufsbummel hat sich gelohnt. Freudestrahlend kehrt er ins Hotel zurück und breitet vor Lale Schätze aus, die es in Berlin nicht mehr zu kaufen gibt.

»Sieh dir das an, Mottenkugeln, Bleichsoda, echte Schuhcreme und Bücher.«

»Das ist ja großartig, Paschi, dann rate mal, was mir der hübsche Hotelpage geschenkt hat? Ein ganzes Kilo schauriges Konfekt. Und das für ein Sündengeld. Dabei hätte ich den Kindern so gerne anständiges Konfekt mitgebracht. Über die Bücher werden sie sich viel mehr freuen.«

Über Prag geht die Tournee nach Rumburg. Hier finden, wie fast in jeder Stadt, ebenfalls zwei Konzerte statt. Ohne Zwischenfälle reist die Gruppe über Dresden nach Leipzig. Am 24. April verbeugt sich Lale vor einem dankbaren Publikum im Schützenhaus von Karlsbad. Dermaßen verstaubt habe sie sich das weltbekannte Kurbad wirklich nicht vorgestellt.

»Der Name ›kahles Bad‹ würde weitaus besser zutreffen. Wenn ich mir vorstelle, hier trafen sich einmal Goethe und Beethoven, na, ich weiß nicht.«

Mißmutig schminkt sie sich für den zweiten Auftritt.

»Seh dir bloß meine Frisur an«, klagt sie. So schlecht sei sie schon lange nicht mehr frisiert worden.

Paschis tröstliche Worte werden kaum beachtet. Erst als nach der fünften Zugabe der Applaus noch immer nicht nachläßt, vergißt Lale ihre schlechte Stimmung endgültig.

»Siehst du, hier kümmert es kein Aas, wie du auf dem Kopf aussiehst, auf das Herz kommt es an«, wird sie von Paschi aufgemuntert.

»Zum Abschied habe ich noch eine Überraschung! Ich habe für uns Butterbrot- und Toilettenpapier ergattert. Und ein Glas echte Tinte! Auch Karlsbad weist noch wahre Schätze auf«, lacht Paschi und akzeptiert geduldig Lales Küsse.

Ein kurzer Blick auf den Reiseplan der kommenden Tage, um zu erfahren, wie die nächsten Ziele heißen. Bayreuth, Bamberg, Ans-

VORTRAGSFOLGE

1. Theo Heldt mit seinen Solisten

a) An den Frühling
Grieg

b) In mir klingt ein Lied
Chopin-Melichar

2. Lale Andersen

Auf den Flügeln bunter Träume
Grothe

Nordisches Bilderbuch

a) Des Nachts auf hoher See
Norwegische Volksliedbearbeitung

b) Wiegenlied
Schulz-Gellen/Gaze

c) Sorte Rudolf (Schwarzer Rudolf)
Schwedisches Matrosenlied

d) Am Kai (Ved Kaien)
Andersen/Blichmann

3. Theo Heldt mit seinen Solisten

a) Küsse im Dunkeln
Micheli

b) Capriccio
Ehrhard

c) Jalousie
Gade

4. Lale Andersen

Aus der weiten Welt:

a) In Puerte Allegro
Grunenberg-Zielhoff

b) Madelaine
a. d. Flämischen von Schulz-Gellen

c) Die Versuchung
Leip-Schulze

d) Schiffsjungenlied
Endrikat-Rosswiese

P A U S E

5. Theo Heldt mit seinen Solisten

a) Der kleine Postillon
Winkler

b) Souvenir
Drdla

c) Ein Hahn sucht eine Henne
Hinz
(Solist Rudi Hinz)

6. Lale Andersen

Kleines Lied in großer Zeit:

a) Am nächsten Tag
Dehmel-Grothe

b) Brief aus der Heimat
Schwenn-Winkler

c) Einmal noch nach Bombay (O Jonny)
Leip-Zink

7. Theo Heldt mit seinen Solisten

Der Student geht vorbei
Cortopassi

Am Flügel: Friedrich Pasche

Programmänderung vorbehalten!

Tourneeleitung: Mannheimer Gastspieldirektion Heinz Hoffmeister, Mannheim, O 7, 16, in Verbindung mit der Berliner Gastspieldirektion Jochen Patrzek, Berlin-Steglitz, Schloßstr. 32

bach, Weiden und Asch. Fast alles ziemlich kleine Städte und Ortschaften. In Asch findet das Konzert in der Turnhalle statt. Die Wortspielerei mit dem Ortsnamen überhört Lale. Sie überlegt vielmehr, wie wohl die ländliche Bevölkerung auf Texte von Leip und Schulz-Gellen reagieren wird. Ihre Sorgen sind unbegründet, denn auch hier sitzen im Publikum mehr Uniformierte als Zivilisten.

»Lili Marleen« singt sie erst nach mehreren Zugaben. Es nicht zu bringen käme einer Katastrophe gleich. Wo immer sie auftritt oder erscheint, wird sie als »Lili Marleen« identifiziert. Das Publikum hört erst auf zu applaudieren, rufen, trampeln und toben, wenn das »Lied eines jungen Wachposten« erklingt.

Tagebuch, Salzburg, Mai 1942
»Ins Hotel kommt alle Stunde die Gestapo und sieht die Liste der neuangekommenen Gäste durch. Hitler hat sich eine Stunde entfernt von hier, in Berchtesgaden, mit Mussolini getroffen. Für ein paar Tage habe ich Michael aus Berlin herkommen lassen. Wir wollen uns Salzburg und Wien ansehen. Beide Städte zeigte mir vor wenigen Jahren All. Überall weht das Fähnchen der Erinnerung an ihn, sei es in Wien, Paris, Barcelona oder Nürnberg. Wenn es ihm nur gutgeht.

Ein Vertreter der Wiener Tagespresse entdeckt mich beim Kaffeetrinken im Café Sacher. Ob er ein kurzes Interview haben kann. Entschuldigend fügt er hinzu, ich sei ja nun ›Staatseigentum‹ und würde ein kleines Gespräch gewiß nicht ablehnen. Die Fragen sind immer die gleichen: Wann und wo Karrierebeginn, woher ich stamme, wie ich auf das Lied ›Lili Marleen‹ gestoßen sei, meine Zukunftspläne. Ich bemühe mich, daß die Antworten nicht abgedroschen klingen.

›Lale Andersen ist ein einfacher und schlichter Mensch, und daher verlangt sie im Grunde genommen auch nicht mehr, als immer wieder schenken zu dürfen – ihr eigenes Ich, ein neues Chanson...‹, beendet der Journalist seinen Bericht, der tags darauf in der Zeitung steht.

Er hat mich ganz richtig analysiert. Wer als Künstler schenken darf, wird beschenkt.«

Die Ferientage mit Michael sind vorbei. Trotz heftiger Proteste, ob er nicht nach Berlin zurückfahren könne, schickt Lale ihn auf die oberbayerische Schulbank zurück. In Berlin sei niemand, der seine Schularbeiten überprüfe.

»Im gemieteten Häuschen in Ruhpolding wartet außerdem Tante

Die Verführerin Lili Marlen

Meldung unserer Berliner Schriftleitung

☐ **Berlin,** 26. Mai

Die Briten haben schon ihre Sorgen. Zu den vielen „glorreichen" Rückzügen, den Schiffsversenkungen und der Gewißheit, daß die Initiative an allen Fronten beim Gegner liegt, macht ihnen jetzt auch noch das Lied des Belgrader Soldatensenders, die „Lili Marlen", arge Kopfschmerzen. Jedenfalls sieht sich der „Daily Herald" veranlaßt seinem Vertreter im Mittleren Osten Raum für einen Stoßseufzer zu geben. Besagter schrieb, daß etwas gegen Lili Marlen getan werden müsse, gegen jenes Lied, das jede Nacht die sentimentalen Ohren der Soldaten der 8. britischen Armee kitzle. Lale Andersen sei mit ihrer „Komm-und-küß-mich-Stimme" auf dem besten Wege, die Verführerin der Briten im Mittleren Osten zu werden. Ihr Lied findet den Weg zum Herzen des männlichen Heimwehs und rühre fast zu Tränen. Das Lied Lale Andersens habe eine derartige Berühmtheit bei den englischen Soldaten erlangt, daß sie der Rede Churchills in der Wüste nur mit einiger Ungeduld zuhörten, aus Angst, daß dies zu lange dauern könnte und die Briten dadurch um ihr abendliches Entzücken gebracht würden.

Gutti auf deine Rückkehr, und deine Schwester will ja auch zu Besuch kommen.«

Lales Ziel sind die kleinen und großen Ortschaften in Württemberg. Überall wird sie auf das herzlichste empfangen, aber immer seltener als Lale Andersen, sondern als »Lili Marleen«. Nach der Abendvorstellung bildet sich vor der Garderobe des Theaters in Schwäbisch-Gmünd die übliche lange Kette Autogrammjäger.

»Bitte schreiben Sie eine persönliche Widmung, Frau Andersen, die Karte möchte ich meinem Mann schicken, er ist Soldat an der Ostfront.«

»Mir bitt schön zwei Autogrammkarten. Was kostet das?« spricht eine tiefe Männerstimme die Künstlerin an.

»Gar nichts. Es ist das einzige, was ich zu verschenken habe.«

Mit einem langen, prüfenden Blick schaut der Fremde Lale an. Dann greift er in die Hosentasche, zieht ein Fünf-Mark-Stück hervor, überreicht es ihr und meint: »Das ist für Sie, Sie müssen ja auch leben.«

In Landshut, dem nächsten Ziel, sitzen ein paar Mitglieder des Orchesters, der Pianist Pasche und Lale in einem kleinen Café, als sich plötzlich ein junger Marinesoldat auf Lale stürzt.

»Mensch, Lale, erinnern Se sich noch an mir? Von Berlin? Café ›Leon‹? Ick war dort Kellner und hab' Ihnen immer für det halbe Jeld doppelte Portionen zujeschoben. Det war'n noch Zeiten, da kannte Se noch keen Mensch.«

An der Wiedersehensfreude beteiligen sich innerhalb von Minuten alle Anwesenden.

»Da kommen einem direkt die Tränen, ach, Kinder, das waren Zeiten, damals in Berlin«, schwelgt Lale.

Wo die Künstlerin denn in Landshut untergebracht sei. Gerne würde er ihr noch eine kleine Freude bereiten, erkundigt sich der ehemalige »Leon«-Kellner. Am darauffolgenden Morgen meint Paschi, es seien auffallend viele Marinesoldaten im Publikum gewesen.

»Die ganzen ersten Reihen hatten die blauen Jungs in Beschlag genommen. Dein Ober aus dem ›Leon‹ hat das wohl organisiert?«

Lales Antwort muß ausfallen. Vor ihr steht der Hotelportier mit zwei riesengroßen Pappkartons. Zwei Marinesoldaten hätten die Pakete schon vor etwa zwei Stunden abgeliefert. Sie wollten aber die Künstlerin nicht stören. Jetzt flossen die Tränen bei Lale, während Paschi vor ihren verweinten Augen Butter, Eier, Wurst und Landbrot auspackt.

»Nach unserer heutigen Abendvorstellung gibt's eine Freßorgie! Mir ist ganz egal, ob ich danach in meine Abendkleider hineinpasse oder nicht. Der Anblick dieser Reichtümer läßt mich alle Beherrschung vergessen«, strahlt Lale mit verklärtem Blick ihren Pianisten an.

Nächstes Ziel: Colmar und Straßburg. Beide Städte bieten viele Sehenswürdigkeiten. Kaum sind die Koffer ausgepackt, macht sich Lale allein auf Entdeckungsfahrt.

Mit einer gewissen Erleichterung erklärt sie nach der letzten Vorstellung in Straßburg: »Gottlob, ich habe die zugenommenen Pfunde in Straßburg zurückgelassen. Dem Mannheimer Publikum wird eine schlanke Lale gegenüberstehen.«

Tagebuch, Mannheim, Ende Mai 1942
»Am Anfang der Konzertreise sah man spätnachmittags auf die Uhr und fühlte mit wohligem Schauer: Jetzt beginnt die Stadt, in der du heute bist, das gleiche zu tun, sie beginnt den Alltag abzustreifen, vor den Spiegel zu treten, ein festliches Kleid anzuziehen und kommt zu

dir. Mit tausend Illusionen, die du nicht zerstören darfst. Du mußt schön sein, lieb und einfach. Mit deiner warmen Stimme, der jedes Training fehlt, mußt du zwei Stunden lang faszinieren, entzücken.

Wie leicht sieht alles aus, und wie unendlich groß ist die Verpflichtung. Am 50. Tag unserer Tournee natürlich noch größer als am ersten Tag. Man ist schon etwas müde. Die anfangs noch fremde Sehnsucht verstärkt sich: Wenn ich doch heute abend wie jeder andere mein Haupt aufs Kopfkissen legen und im eigenen Bett schlafen könnte...

Trotz der Katastrophe des Gagenstopps, der einem Künstler Ketten angelegt hat, sollte man dennoch nicht pausenlos arbeiten. Wenn ich soviel schenken soll, muß ich auch einmal nehmen dürfen. Wir haben uns daher eine kleine Freiheitswoche genehmigt. Sie beginnt morgen. Großer Jubel!«

In Berlin wartet seit einigen Wochen eine neue, geräumige, hell tapezierte und möblierte Kurfürstendamm-Wohnung auf Lale. Sie hatte sich seit langem um eine größere Bleibe für sich und ihre drei heranwachsenden Kinder bemüht. Zwischen Engagements und Tourneen bleibt wenig Zeit hierfür.

Wieder einmal auf Suche nach mehr Räumlichkeiten, hörte sie von einer leergewordenen Wohnung am Kurfürstendamm, schräg gegenüber von Willi Schaeffers' »Kabarett der Komiker«, wo auch sie öfter auftritt. Die vorherigen Mieter, das peruanische Konsulat, hatte die Wohnung wegen der politischen Ereignisse aufgegeben. Die Monatsmiete beträgt 250 Reichsmark. Selig unterschreibt Lale den Vertrag. Aber es vergehen noch Monate, ehe der Umzug vonstatten geht. Erst muß renoviert werden.

Lales Rückkehr Anfang Juni entgeht niemandem. Vor der Wohnungstür schmettert der berühmten Lili Marleen ein Chor der Hitler-Jugend ein Willkommenslied entgegen. Kaum hat sich Lale für das unerwartete, unbestellte Ständchen bedankt, muß sie sich von ihrem Großen ein Gedicht anhören.

»Wenn das so weitergeht, muß ich abreisen, ohne mein Zuhause genossen zu haben«, stöhnt Lale. Ihr einziger Wunsch in diesem Moment besteht darin, die Haustür zuzuknallen, abzuschalten und alle Verpflichtungen zum Teufel zu jagen. »Dich natürlich nicht, Björn!« versichert sie erschöpft ihrem Sohn.

In sämtlichen Räumen stehen Blumen. »Es sieht ja fast so aus, als sei ich gestorben. Mit Dankschreiben werde ich wahrscheinlich meine sogenannten Urlaubstage verbringen.«

Dank ihrer Disziplin und ihres Organisationstalents hat Lale in kürzester Zeit die allerwichtigsten und dringlichsten Dinge erledigt. Auch ich erhalte einen Brief nach München, in dem meine Mutter mir schreibt, sie genieße ihre Zeit auf der Dachterrasse in der Sonne.

»Auf dem Kurfürstendamm ist fast ständig ein Menschenauflauf. Entweder weil ich danebengegossen habe, oder weil ich zu wenig bekleidet bin, oder weil ich vor Freude zu laut singe. Im Juli erwarte ich Dich in Berlin, damit wir meine Kleiderschränke für Dich aussortieren.«

Aus meiner Reise wird nichts. Auf meine Mutter warten vorrangigere Sachen. Die Reichskulturkammer hat Pläne für Lili Marleen.

Mit Björn als offiziellem Reisebegleiter reist Lale im Juni durch Holland. Vielleicht wird es seine letzte Reise, in seiner Tasche steckt bereits der Wehrpaß. In dem schönen Städtchen Arnheim kann Lale freudig feststellen, daß sich das Orchester an sie und sie sich ans Orchester gewöhnt hat. Die Stimmung ist großartig.

»Wahrscheinlich, weil wir uns endlich wieder einmal sattessen können«, behauptet Paschi. In Begleitung von Björn macht das Trio einen Einkaufsbummel, jede ergatterte Kleinigkeit wird wie ein Juwel betrachtet.

»Stellt euch vor, kein Mensch sagt hier: Bedauere, das gibt's nicht mehr oder ist längst rationiert. In den Gärten blühen anstatt Kartoffeln und Runkelrüben die herrlichsten Blumen.«

In die Konzerte drängeln sich die deutschen Soldaten. Die Vorstellungen finden jetzt nicht mehr in Theatern oder Varietés statt, sondern in provisorischen Turnhallen, die nach Schweiß, in Kantinen oder Gasthäusern, die nach abgestandenem Essen riechen.

In Den Haag findet Ende Juni der letzte Auftritt statt. Die Koffer sind fertig gepackt, an kleinen Mitbringseln für die Kinder und Freunde fehlt es nicht.

»Ich bin ja gespannt, Mami, wie dein nächster Marschbefehl lautet. Ob aus unseren Plänen, ein paar Tage an die Ostsee zu fahren, etwas wird«, überlegt Björn auf der Fahrt nach Berlin.

Nach Belgrad soll Lale ja auch endlich persönlich kommen. Das einjährige Bestehen des Soldatensenders will man mit Lili Marleen feiern. Mit den Vorbereitungen befasse sich die Sendeleitung bereits intensiv, wurde Lale mitgeteilt. Sie weiß aber auch, daß die Formalitäten gerade für diese Reise auf den Balkan mit Schwierigkeiten verbunden sind, und ist skeptisch. »Was Belgrad anbetrifft, heißt die Devise abwarten und Tee trinken.«

Unter den Stößen von Post, die in Berlin auf Lale warten, sind hauptsächlich Feldpostbriefe, aber auch, wie vermutet, der neue Marschbefehl. Die Berliner Wohnung erhält die Bezeichnung »Umschlagplatz«. Die Bühnengarderobe wird ausgewechselt, ein paar Kleider kommen in die Reinigung.

Im Juli heißt es erneut Abschied nehmen. Sie schickt aus Oslo, ihrem Reiseziel, Postkartengrüße.

Tagebuch, Oslo, Juli 1942

»Die Reise von Berlin führt über drei Grenzen und dauert 32 Stunden. Weil uns die Devisen zum Übernachten in Kopenhagen fehlen, sind wir gleich nach Schweden weitergefahren. Abends um 10 Uhr sind wir in Fredriksborg. Vom Inhaber des Bahnhofrestaurants bekommen wir jeder zwei Mark umgewechselt, vorausgesetzt, wir essen unser Abendbrot bei ihm. Wir tun es nur zu gerne. Unser Magen zehrt jetzt noch von der Erinnerung an seine herrlich mundende Mahlzeit.

In Oslo ist die Ernährungslage katastrophal. Kein Fleisch, kein Gemüse, keine Kartoffeln, kein Obst, kaum Brot und Margarine. So essen wir, wohl oder übel, von morgens bis abends Fisch; sei es als Suppe, Kloß oder Pudding. Gut, daß Paschi ausnahmsweise wieder einmal zu seinem Herzen steht und völlig ›borstenfrei‹ in die Arme genommen werden kann. Das sättigt auch.

Die Arbeitstage in Oslo sind herrlich! In der Freiheit und Größe der Sendervorschläge erinnert es an die schöne Zeit im Berliner Fernsehsender 1939. Es ist Kollektivarbeit im positivsten Sinn. Das Orchester Wehner begleitet mit Begeisterung und Ausdauer während der Proben. Erst wenn wir an der Hitze der fensterlosen Proberäume fast ersticken, werden Noten und Instrumente weggepackt.

Die Hafenschutzflotille hat uns gestern weit in den Oslofjord gefahren. Der Wind, der das winzige Motorschiff umpfiff, war eine pfundige Erfrischung.«

Lales erfolgreiche Tournee in Oslo geht nach einer Woche zu Ende. Diesmal fliegt sie nach Berlin zurück. Noch immer beschäftigt meine Mutter die geplante Reise nach Belgrad. Das teilt sie mir auch in einem Brief mit, der Poststempel Oslo, 11. Juli 1942, trägt.

»Gerne wären wir noch länger in Oslo geblieben, aber da in Belgrad bereits alles auf uns wartet und ich vorher in Berlin ein paar Plattenaufnahmen machen muß, müssen wir den hiesigen Aufenthalt begrenzen.«

In den kommenden Wochen drängen keine Termine. An Entspannung ist dennoch nicht zu denken. Entweder verbringt Lale ihre Zeit am Schreibtisch oder am Klavier. Bei Sonnenschein flüchtet sie auf die Dachterrasse, nicht ohne vorher strikte Instruktionen bei der Haushälterin zu hinterlassen.

»Falls Anrufe kommen: Ich nehme ein Sonnenbad, ab vier Uhr bin ich wieder ansprechbar.«

Mit der Post kommt im Juli auch ein lieber Gruß von Hans Leip. Er ist jetzt irgendwo am Bodensee daheim. Sein Geschenk ist eine kleine Feldausgabe, betitelt »Die Laterne«, Lieder und Gedichte. Gleich auf der ersten Seite ist »Lili Marleen« abgedruckt.

»Liebe Lale Andersen, diese Feldausgabe als kleines Zeichen der Dankbarkeit, Ihr Hans Leip. Am Bodensee, Juli 1942«, schreibt er als Widmung.

Der willkommenste Gast dieser Tage ist Götz Röthe. Er entwarf 1938 das Bühnenbild für Lales Berliner Premiere im »Kabarett der Komiker«. Lale kann sich genau entsinnen. Er hatte eine Laterne auf die Bühne gestellt, die später symbolisch werden sollte für Lale.

»Seit dieser Zeit bist du für mich der Laternenanzünder Götz«, umarmt sie den Rußlandurlauber bei der herzlichen Begrüßung.

Die beiden sehen sich beinahe täglich. Das Thema Liebe wird wohlweislich vermieden. Lale erinnert sich an den Altersunterschied, versucht Götz als jüngeren Bruder zu sehen. Wenn sich die beiden in die Arme fallen, dann ohne Kuß.

»Statt Götz mit in mein großes Bett zu nehmen, übrigens mein erstes eigenes, gehe ich mit dem Duse-Buch schlafen«, vertraut Lale einer intimen Freundin an.

Lale solle lieber daran denken, daß ihre Kinder ja auch anwesend sind, lacht die Freundin.

»Wann startet denn deine nächste Tournee? Solltest du nicht nach Belgrad, um dort im August den Geburtstag des Senders mitzufeiern?« möchte auch Götz wissen, mit dem Lale nachmittags bei sich Tee trinkt.

Die Reichskulturkammer, die auch die Genehmigung für diese Fronttournee geben muß, verweigert Lale den Auftritt in Belgrad. Die Gründe kann sich Lale denken, darüber zu sprechen erscheint ihr sinnlos, unangebracht und zu riskant dem Freund gegenüber. Sie erklärt lediglich, in der Reichskulturkammer säße ein sehr einflußreicher Mann.

»Er war noch nie besonders gut auf mich zu sprechen. Sein Name ist

Hans Hinkel, SS-Gruppenführer und Ministerialdirektor. Wie du weißt, imponieren mir Titel nicht, nur Taten. Das hat Hinkel auf einer Osttournee zu spüren bekommen. Titel kann man kaufen, nicht aber Taten. Das hab' ich ihm mehr oder weniger gesagt. Na ja, und seitdem hat er mich auf'm Kieker«, bemüht sich Lale, leichtfertig über das Thema hinwegzugehen.

An den Vorfall mit Hinkel erinnert sie sich erst abends, nachdem sich Götz verabschiedet. Aufs Lesen kann sie sich nicht konzentrieren, ihre Gedanken wandern zurück...

Die von Hinkel angeordnete Künstlerfahrt durch das ostdeutsche Protektorat (es erstreckte sich seit der Besetzung deutscher Truppen bis Polen) fand im Frühjahr 1942 statt. An der Tournee beteiligt sich u. a. Werner Fütterer als Ansager, Marika Rökk, Grete Weiser und Marita Gründgens. Als von Hans Hinkel der Befehl kommt, er wünsche, daß sich die deutschen Künstler einer Besichtigung des Ghettos anschließen, weigert sich Lale.

Aus Widerstandskreisen, zu denen der Schriftsteller Günther Weisenborn gehört, weiß Lale über die menschlich unwürdigen Zustände im Warschauer Ghetto Bescheid. Kurzentschlossen packt sie ihren Koffer und reist nach Berlin zurück, ahnend, daß Hinkel sie für ihr »undeutsches« Verhalten auf irgendeine Art bestrafen wird.

In Berlin erzählt sie niemandem von dem Vorfall. Nicht einmal ihrem Tagebuch vertraut sie sich an. Es könnte bei einer Hausdurchsuchung in falsche Hände geraten, oder eines der Kinder könnte sich für die Aufzeichnungen der Mutter interessieren. Das Erlebte prägt sich in das Gedächtnis ein. Da ist es am allerbesten aufbewahrt.

Tagsüber und nachts beschäftigt Lale auch weiterhin der Vorfall. Sie überlegt, wie sie sich Hinkel gegenüber rechtfertigen kann, sollte er auf einer Begründung beharren. Niemand, so argumentiert sie, könne sie zu einem »Zwangsbesuch« eines Ghettos verpflichten, nicht einmal Herr Hinkel. Hiervon stünde nichts in ihrem Vertrag, wird sie ihm mit Bestimmtheit erklären. Sie sei zur Truppen-Unterhaltung engagiert worden! Daß Hinkel sich rächen wird, ist Lale klar. Nur über das Wie, das Wann, darüber ist sie sich nicht im klaren.

Wie verdächtig Lale bereits im Mai/Juni 1942 der Reichskulturkammer erscheint, bestätigen die vom Reichspropagandaamt Berlin veröffentlichten »Kulturpolitischen Informationen«, die an die Presseorgane verteilt werden. Lale weiß nichts von den Anweisungen des Reichspropagandaamtes. Die Dokumente werden mir erst nach dem

an: t/g 115/16

REICHSPROPAGANDAAMT BERLIN
Ka.

Berlin C 2, den 22. Mai 1942
Leipziger Str. 81
Tel. 16 39 54

Kulturpolitische Information Nr. 22 33

1.) Die ankündigende DKD-Notiz über die vom 13. bis 15.6. in Berlin stattfindende Tagung des Rates für die internationale Zusammenarbeit der Komponisten verdient Beachtung.
2.) Es wird gebeten, den demnächst im DKD. erscheinenden Artikel "Rundfunk-Erlebnis" im Zeitspiegel" abzudrucken oder auszuwerten.
3.) Auf die heutige Eröffnung der deutschen Graphikausstellung in Brüssel wird nochmals besonders hingewiesen, ebenso wird die Frühjahrsausstellung der Preussischen Akademie der Künste in Berlin, die am 23.5. mit Sonderschauen von Klimsch und Kolbe eröffnet wird, der Aufmerksamkeit der Presse empfohlen.
4.) Die Vorlesungen des Dichters Karl R o t h e in Frankreich und in den übrigen Westgebieten verdienen Beachtung.
5.) Das Buch "Kriegskunst der Germanen" von Kurt Pastenaci (Adam Kraft-Verlag (Karlsbad) wird zur Besprechung besonders empfohlen.
6.) Ankündigende Meldungen über die Salzburger Festspiele 1942, die für Soldaten und Rüstungsarbeiter durchgeführt werden, sind nur von DKD. zu übernehmen.
7.) Der 60. Geburtstag des ehemaligen Schulrates Dr. Theodor B o h n e r , Berlin, ist in der Presse nicht zu erwähnen.
8.) Meldungen der ausländischen Presse über den angeblichen Tod des norwegischen Dichters Knut H a m s u n sind nicht zu übernehmen, da es sich um Falschmeldungen handelt.
9.) Über die Kulturkundgebung der europäischen Jugend in Weimar und Florenz ist eine DKD.-Notiz abzuwarten.
10.) Die im DKD. vom 21.5.42 erschienene Notiz über den Bavaria-Film "Fünftausend Mark Belohnung" ist erst nach dem 1. Juni frei.
11.) Die Presse, auch die Wirtschaftspresse wird gebeten, die Meldung von der Gründung einer Ufa-Filmstadt A.G.in Den Haag nicht zu übernehmen.
12.) Das "Faust"-Gastspiel von Staatsschauspieler Paul H a r t m a n n am 24. und 31.5.42 in Hannover wird der Beachtung der Presse besonders empfohlen. Es wird gebeten, die erschienenen Besprechungen der Abteilung Zeitschriften-Presse, Kultur-Abteilung des Reichsministeriums für Volksaufklärung und Propaganda, Berlin NW 7, Mittelstr. 58, einzusenden.
13.) Die im DKD. vom 14.5.42 enthaltene Notiz über das neue Drama von Wilhelm Müller-Scheld verdient Beachtung.
14.) Die Zeitungen und Zeitschriften werden gebeten, Bilder der Sängerin Lale A n d e r s e n vor Veröffentlichung bei der Abteilung ZP. Kulturpresse vorzulegen.
15.) Berichte über die anlässlich der Arbeitstagung der de C h e m a in Frankfurt a/Main gehaltenen wissenschaftlichen Referate sind vor Veröffentlichung der Abteilung ZP. in der Presse-Abteilung der Reichsregierung vorzulegen.
16.) Über die in Wien vom 27.5. bis 30.5. stattfindende Modellschau und die damit verbundene Modeschau kann in der lokalen Wiener Presse und der Fachpresse berichtet werden.
17.) Über die Modeschau der Berliner Modell.-G.m.b.H. am 20. Mai in Berlin kann nur die Fachpresse und zwar den geltenden Sprachregelungen entsprechend berichten.

Strahe

aus: ZSg 115/16

REICHSPROPAGANDAAMT BERLIN
Nu.

Berlin C 2, den 5. Juni 1942
Leipziger Str. 81
Tel.: 16 3954

35

Kulturpolitische Information Nr. 24

1.) Berichte über das Thema "Arzneimittelversorgung" sind, soweit sie sich an die bestehenden Sprachregelungen halten, zur Veröffentlichung frei. Die DNB-Notiz über dieses Thema wird zum Abdruck empfohlen.

2.) Die Presse wird auf eine im Rahmen der Berliner Kunstwochen vom 13.6. bis 15.7. durchgeführte Ausstellung im Schloß Schönhausen mit Werken Berliner Künstlerinnen hingewiesen. Berichte über die Ausstellung sind nach der Eröffnung frei.

3.) Bei Berichten über die Amtsausführung des Reichssendeleiters Hadamowsky anläßlich seiner Ernennung zum Stabsleiter der Reichspropagandaleitung der NSDAP sollen seine Verdienste um die Entwicklung des nationalsozialistischen Rundfunks gebührend hervorgehoben werden.

4.) Folgende Rundfunksendungen werden der Presse zur Besprechung empfohlen:
a) Am 11.6. 17.15 Uhr bis 18.30 Uhr "Musik der Reichshauptstadt"
b) " 12.6. 21.00 " bis 22.00 " Deutschlandsender: "Aus dem Schaffen von Richard Strauß". (Zum 78. Geburtstag des Komponisten).
c) Am 14.6. 20.15 Uhr bis 21.00 Uhr "Bachscher Familientag", zusammengestellt von Prof. Hans Joachim Moser.

5.) Eine Havas-Meldung aus Washington über das Verbot der weiteren Herstellung von Musikinstrumenten in den Vereinigten Staaten und über die Beschlagnahme aller vorhandenen Instrumente für Marine und Heer kann in der Presse als Glossenmaterial verwandt werden.

6.) Das Buch "Klavierspiel für alle" von P.A. Fay (Selbstverlag) ist in der Presse nicht zu besprechen.

7.) Der in Heft 5 des "Deutschen Militärärzteblattes" erschienene Aufsatz "Fehler und Gefahren chirurgischer Art im Ostfeldzug" von Prof. Dr. F. Starlinger ist nicht zu übernehmen oder zu kommentieren.

8.) Eine demnächst erscheinende DKD-Notiz über die Oberschlesische Kunstausstellung, bei der erstmalig der Preis für bildende Kunst der Stiftung Oberschlesien in Höhe von RM 10.000 ausgegeben wird, soll gut beachtet werden.

9.) Eine Meldung "Die Reichsschrifttumskammer sorgt für heimkehrende Buchhändler" ist für die Tagespresse ungeeignet und daher nicht zu übernehmen.

10.) Es wird gebeten, die folgenden Kurzgeschichten nicht zu veröffentlichen:
a) "Später wird es ein Mensch" von Felix Riemkasten,
b) "Die Ideale. Ein modernes Märchen" von Ferdinand Breckenfeld,
c) "Tante Tine" von Walter Persich

11.) Aus gegebener Veranlassung wird erneut darauf hingewiesen, daß sämtliche Bilder der Sängerin Lale Andersen vor Veröffentlichung der Abt. ZP vorzulegen sind.

-2-

Zweiten Weltkrieg vom Bundesarchiv Koblenz zur Verfügung gestellt.

Aus der kulturpolitischen Pressekonferenz vom 16.10.1942 (Auszug):

1.) Auf die bei uns schon erwähnte Ausstellung von Projekten für den Umbau von Bauernhöfen (Technische Hochschule Charlottenburg) wird noch einmal hingewiesen.

2.) Prag hat für den Winter ein großes Musikprogramm aufgestellt, das in Gestalt eines Kalenders veröffentlicht wurde. Um ein Exemplar zu erhalten, möge man sich an Dr. Hiebsch, Prag, Czerny Palais wenden.

3.) Die italienische Botschaft weist darauf hin, daß bei Gastspielen italienischer Künstler die Angaben über ihre Tätigkeit an bestimmten Theatern wegzulassen seien. Denn in Italien gebe es, anders als in Deutschland, keine festen Spieltruppen an den Theatern.

4.) Heute und in den nächsten Tagen findet der Eutiner Dichtertag statt, von dem nicht Notiz genommen werden soll.

5.) Am 19. Oktober wird im Rathaus Köpenick Gerhard Schuhmann aus eigenen Werken lesen.

6.) Was die Nachklänge zu Weimar angeht: man möge präzis die Bezeichnung »Europäische Schriftstellervereinigung« festhalten.

…

…

16.) Der Name Lale Andersen soll von jetzt an in keiner Weise mehr in der Presse erwähnt werden. Es sind einige Vorwürfe gegen sie erhoben worden, die auf Landesverrat hindeuten. Es ist zwar noch nicht klar, wieweit das stimmt, aber man sieht doch so viel, daß einiges Wesentliche nicht mehr zu entkräften sein wird.

Instinktiv fühlt Lale, während sie die letzten Juliwochen und ersten Augusttage in Berlin verbringt, daß ihr Leben bedroht und ihre Zukunft ungewiß ist. Sie wartet mit immer größerer Ungeduld auf die Genehmigung der Reichskulturkammer, anläßlich des einjährigen Bestehens des Soldatensenders Belgrad dorthin zu reisen. Die Sendeleitung rechnet mit ihrem Besuch, und Soldatenwünsche schlägt sie nicht ab.

Sehr bald schon wird auch ihr Ältester in die Uniform gesteckt.

Ein Mädchen, das sich die ganze Welt erobert hat

Lili-Marlen feiert Geburtstag / Millionen liegen ihr zu Füßen / Ein drittes Lied folgt

Berlin, 12. August

Lili-Marlen ist den Weg aller Schlager gegangen. Erst sangen ihn ein paar, dann gröhlten ihn die Jungen auf der Straße, Leierkasten nahmen ihn in ihr Repertoire auf, und — — — nein, die letzte Station im Schlagerleben, das Vergessenwerden und das „Nicht-mehr-hören-wollen" hat Lili-Marlen noch nicht erreicht, und, wenn man die Millionenzahl der Briefe, die an sie bzw. an ihren Vater, den Soldatensender Belgrad, gerichtet sind, liest, dann möchte man nicht daran glauben, daß diese letzte Station überhaupt einmal erreicht wird.

Wie gesagt, der Soldatensender Belgrad, der Lili-Marlen populär gemacht hat, feiert am 18. August den Tag seines einjährigen Wirkens.

Das „12 Uhr Blatt" hat sich mit einem seiner Mitarbeiter in Verbindung gesetzt, wir haben mit Belgrad telefoniert, man hat uns eine Auswahl der Soldaten- und Hörerbriefe um Lili-Marlen vorgelegt, und — wir waren baß erstaunt.

Jawohl, Tausende von Briefen werden an jedem Tag in die Räume des Senders geschleppt, und die Summe der Geldspenden für den „Jungen Wachtposten der Stadt und Veste Belgrad" hat schon eine Million Mark überschritten.

Wie begann denn eigentlich der Werdegang Lili-Marlens, fragen wir den Mann aus Belgrad.

Ein Leutnant und fünf Mann

Ein Leutnant und fünf Mann waren wir, erzählt er, die den Sender Belgrad vor einem Jahr übernahmen. Aber so einfach war das alles nicht, und neben anderen Dingen stellten wir bald fest, daß der Schallplattenbestand des Senders bei weitem nicht ausreichte. Also gingen wir auf die Suche nach neuen Platten. Unter ihnen befand sich das „Lied eines jungen Wachtpostens". Der Soldat, der sie prüfend zur Hand nahm, meinte, sie könne wohl für einen Soldatensender passen. Und damit war Lili Marlen entdeckt.

Wie ging es weiter? Allen Soldaten am Sender gefiel das Lied bald so gut, daß es immer wieder in den Sendungen eingesetzt wurde. Das ging so weit, daß der Leiter des Senders eines Tages sogar verbieten mußte, die Platte zu spielen. Das war das Signal für die Soldaten, die den Sender jetzt schon überall hörten. Es hagelte Beschwerdebriefe. „Warum spielt ihr die Lili-Marlen nicht mehr?" Und dazu kamen immer wieder Briefe, in denen der Sender Belgrad aufgefordert wurde, Grüße an diesen oder jenen Soldaten, an diesen oder jenen Angehörigen in der Heimat zu senden.

Das war der Augenblick, in dem die Soldaten des Senders Belgrad die entscheidende Idee hatten: der Belgrader Junge Wachtposten, genannt nach jener Platte, wurde geboren. Das war am 18. August 1941. Abend für Abend erklang am Ende dieser Grüße die Lili-Marlen, und Abend für Abend sang sich dieses Lied mit Lale Andersens Stimme in immer neue Herzen hinein. Es machte nicht Halt vor den Grenzen des Großdeutschen Reiches, in immer neue — bisher 22 — Sprachen wurde es übersetzt. Auf Schallplatten in allen Sprachen singt und klingt es von Lili-Marlen. Es ist das Soldatenlied dieses Krieges geworden.

Auch wenn sie sich ihre Rolle als Soldatenmutter nicht vorstellen kann, muß sie sich daran gewöhnen. Auf ihr Künstler-Image kann der Krieg keine Rücksicht nehmen.

Die Reiseerlaubnis nach Belgrad trifft nicht ein. Der 18. August, der Tag des einjährigen Bestehens des »Belgrader Wachpostens«, ist verstrichen.

»Nicht traurig sein, Mami. Lies mal, was das Berliner ›12 Uhr Blatt‹ über den Geburtstag von ›Lili Marleen‹, dem Soldatensender Belgrad und über dich schreibt«, ruft ihr Björn schon von der Haustür zu.

An diesem Tag bleibt die gute Stimmung noch etwas länger zu Gast. Im Laufe des Tages erhält Lale den Bescheid ihrer Berliner Konzertagentur, ihr italienisches Gastspiel sei genehmigt worden. »Abreise Anfang September, Dauer der Tournee knappe drei Wochen«, steht im Vertrag.

Rasch werden die Sachen der Kinder durchgesehen, ein paar dringende Einkäufe getätigt, ein Stoß Autogrammkarten unterzeichnet und der Haushälterin Anweisungen erteilt. »Völlig überflüssig, ich weiß, Koschel«, lacht Lale, während sie das Notenmaterial zusammensucht.

Michael möge bitte daran denken, daß es neue Schallplatten nur im Tausch gegen zwei alte gibt.

»Natürlich darfst du, wenn es sich dabei um einen dringenden Wunsch handelt, eine meiner Platten weggeben. Aber nur gegen zwei gebrauchte.«

In der Ku'damm-Bude, wie die geräumige Wohnung von ihren Söhnen liebevoll bezeichnet wird, ist endlich wieder altgewohnte Hektik ausgebrochen.

»Ruhe vor dem Sturm«, bezeichnet es Björn. »Bloß nicht«, denkt seine Mutter.

Götz erscheint ein paar Tage vor ihrer Abreise, um »Lebewohl« zu sagen. Er muß an die russische Front zurück. Unwillkürlich denkt sie beim Abschied von Götz an All. So wie sie All ein ganzes Leben lang liebbehalten wird, möchte sie auch Götz immer liebbehalten und ihm freundschaftlich verbunden bleiben.

Der begabte Bühnenbildner fällt kurz vor Kriegsende an der Ostfront.

Tagebuch, Italien-Tournee, September 1942
»Am Brenner muß ich aussteigen, weil der Luftwaffen-Führungsstab, für den ich zehn Lazarette besuche, italienische Lire hinterlegt hat. Nun müssen verschiedene Formalitäten erledigt werden. Die gesamte Wachstube scheint seit Stunden auf diesen Augenblick gewartet zu haben. Ich bin nicht mehr Lale Andersen, sondern wieder Lili Marleen.

Kaum habe ich die ersten Autogramme gegeben, hat es sich auch schon herumgesprochen. Aus dem Ort kommen die italienischen Kinder und aus dem langen Zug unzählige Reisende. Dreihundert der Autogrammkarten, die für Italien gedacht waren, sind schon an der Grenze verschenkt. Mit strahlenden Glutaugen bahnt sich ein Journalist seinen Weg zu mir und bittet um ein Interview. Ich flüchte mit ihm in sein parfümduftendes Abteil.

›Wie finden Sie die italienischen Männer?‹ beginnt er.

Ich hätte gerne gesagt: ›Was ich bisher davon kenne, war schwarzhaarig und ungefährlich.‹ Aber ich lasse die Antwort noch offen.

›Italia è terra d'amore‹, will er mich anschließend überzeugen und mir die nötigsten italienischen Worte beibringen, die ich, seiner Ansicht nach, täglich gebrauchen werde.

Ich versuche vergeblich, ein paar praktische italienische Brocken zu lernen. Aber der Journalist meint, er könne mir nur Worte der Liebe beibringen, die seien in Italien von Bedeutung. Ecco! Ich verlasse ihn mit sorgenvoller Stirn, denn mein Herz ist in Berlin.

Nach einer Fahrt von zwei Nächten und einem Tag sehen wir in Bordighera unter der Bahnhofsuhr eine weiße Luftwaffenuniform stehen. Ich bleibe beim Gepäck und der Paschi-Igel rollt dem Luftwaffen-Major entgegen. In seiner charmanten Art weist er mit dem Daumen in meine Richtung, um dem Offizier klarzumachen, daß ich auf ihn warte. Der Major stürzt sich daraufhin auf eine unmittelbar vor mir stehende Italienerin, die hilflos seinem Wortschwall zuhört. Diesen Vorfall beobachtet der ihn begleitende Gefreite. Abends gibt er das Erlebte seinen im Lazarett liegenden Kameraden zum besten. Es wird zum herzlich belachten Lieblingsthema der nächsten Stunden.

Aus meinem Besuch bei den Verwundeten wird ein wahres Fest. Es ist erschütternd, welche Dankbarkeit, Liebe und leuchtende Augen die Soldaten für den Begriff ›Lili Marleen‹ zeigen. Nach einem Umtrunk mit den Offizieren sitze ich singend und erzählend noch lange mit der Mannschaft zusammen.«

Tagebuch, Ospadeletti, Italien, September 1942
»Auch die hiesige Vorstellung ist keine Vorstellung, eher ein ›Abendempfang‹ mit höchsten diplomatischen und militärischen Gästen, einem pfundigen Essen und andächtigstem Lauschen während meiner Darbietung. Ich staune, daß das italienische Publikum bei mir so brav und still ist. Dabei haben wir diesmal kein Begleitorchester mit, sondern ich stehe, mit Paschi am Flügel, den ganzen Abend allein auf dem Podium.«

Tagebuch, Bellagio, Italien, September 1942
»Wir haben die farbenglühenden Küsten am Mittelmeer mit der sanften, grünen Palette des Comer Sees vertauscht. Nach zwei Nächten in sehr fraglichen Hotels, von Fliegen und Moskitos geplagt, anstrengenden Reisen in den überfüllten, staubigen Zügen, atmet das müde Herz auf, wenn es Stille fühlt. Hier wollen wir für ein paar Tage Geldmangel, Marschbefehle und die Sorgen um das nun täglich von englischen Fliegern bedrohte Zuhause in Deutschland vergessen.«

Tagebuch, Malpenga über Biella, Italien, September 1942
»Die fehlenden Devisen lassen uns bald weiterziehen. Wir akzeptieren dankbar die Gastfreundschaft von Conte Buratti, dem Bonaparte der italienischen Textilindustrie. Ich revanchiere mich mit einem

Hauskonzert auf Malpenga und morgen abend mit einem Konzert für Biellas Industriearbeiter.«

Die erholsamen Tage in Italien sind gezählt. Die Zeitungen greifen immer gieriger nach Lili Marleen. Überall erscheinen Berichte, sogar die in mehreren Sprachen erscheinende Illustrierte »Tempo« erscheint mit einem Pressefotografen in der Villa von Conte Buratti.

»Wir wollen einen großen Bericht über Sie bringen. Er ist für unsere Dezember-Ausgabe.«

Charmant, aber bestimmend gibt der Journalist Anweisungen. Lale unterliegt seinen und den Wünschen des Fotografen.

Als diese Bildreportage im »Tempo«-Journal Mitte Dezember 1942 mit der Überschrift »Begegnung mit Lili Marleen« veröffentlicht wird, darf der Name Lale Andersen längst nicht mehr im Zusammenhang mit Lili Marleen erwähnt werden. Ungeachtet der Anordnungen der Reichskulturkammer in Berlin bringt die Redaktion von »Tempo« den Bericht und sorgt dafür, daß er in Lales Hände gelangt. Mit Wehmut denkt sie beim Lesen an ihren Italien-Aufenthalt zurück.

Ein Interview jagt das andere, mit der himmlischen Ruhe ist es aus. Lale hetzt zu einer Radiosendung mit verwundeten italienischen Soldaten in Turin, macht einen Besuch in der Redaktion der »Stampa«, gibt Autogramme bis zum Umfallen und wird, wo immer sie erscheint, von einer Meute Journalisten und Fotografen umzingelt.

Mit den Ferien ist es endgültig »finito«, stöhnt sie erschöpft, als sie abends mit ihrem Gastgeber und dessen Familie zusammensitzt.

»Si, Senora, ich fürchte es. Ihr Pianist hat schneller aufgegeben als Sie. Er ist in die Einsamkeit geflohen, oder nach Berlin. Gesagt hat er nichts über seine Pläne.«

Nachts schläft Lale schlecht. Ihre Gedanken wandern nach Berlin. Die harmlos hingeworfene Bemerkung des Conte Buratti, Paschi sei vielleicht nach Berlin zurückgereist, beschäftigt sie.

Um Paschi sorgt sie sich nicht, aber durch die aufreibenden Tage in Italien, die Hetze von einem Auftritt zum nächsten, war die Erinnerung an Hinkel, ihre Weigerung, ein Ghetto zu besichtigen, ihr eigenmächtiger Entschluß, nach Berlin zurückzureisen, ganz in den Hintergrund geraten.

Wenn es jemals eine Chance gab, Berlin zu entrinnen, sich einer Bestrafung zu entziehen, dann jetzt. Aber wie? Anvertrauen konnte sie sich niemandem. Es wäre nicht nur für sie, sondern auch für den anderen zu gefährlich. Sie muß ohne fremde Hilfe eine Lösung finden.

Von Italien in die Schweiz zu gelangen, das scheint die idealste Rettung. Gott sei Dank darf sie noch bis Monatsende im Land bleiben. Das bedeutet, Zeit gewinnen, Briefe an ihre Schweizer Freunde aufsetzen.

Unbedingt soll »Hirschi«, Kurt Hirschfeld, der Chefdramaturg am »Züricher Schauspielhaus«, von ihren Problemen erfahren. Ihn kennt sie mit am längsten, fast zehn Jahre.

In Rom ist Lale das erste Mal. Unerkannt, unbelästigt und für wenige Tage frei von Zukunftssorgen, durchstreift sie die traditionsreiche Stadt, besichtigt und bewundert deren berühmte Monumentalbauten und entspannt bei einer Tasse Espresso auf der Via Veneto.

Ihr Antwortschreiben an das »Züricher Schauspielhaus« ist verfaßt. Mit ein paar ganz persönlichen Worten bedankt sie sich für die herzliche Einladung, einen Liederabend zu bringen. Da ihr Brief ja an einen guten Freund und alten Kollegen gerichtet ist, verschweigt Lale nicht ihre Sorgen um die eigene berufliche Zukunft. Sie macht keinen Hehl daraus, daß ihr die Einmischung der Berliner Reichskulturkammer durchaus nicht in den Kram paßt. Dabei bezieht sie sich auf ihre künstlerische Laufbahn.

Den Brief wirft sie noch während ihres Aufenthaltes in Italien in den Postkasten. Pflichtgemäß mit vollem Absender.

(Während des Zweiten Weltkrieges war es Gesetz, den Absender anzugeben. Auch herrschte Postzensur, d. h. ins Ausland gehende und aus dem Ausland kommende Post wurde geöffnet und zensiert.)

Diese unüberlegte Handlung soll bald für sie nachteilige Folgen haben. Lale spielt durch ihre Briefe an jüdische Freunde Hans Hinkel die begehrte Trumpfkarte in die Hand. Die Schlinge um ihren Hals zieht sich zu!

Tagebuch, Castello Malpenga, Italien, Ende September 1942
»Die italienischen Fliegen und Mücken haben die gleiche Zuneigung zu Lili Marleen wie die Bevölkerung. Ich wünsche mir manchmal Michael, den Meister im Fliegenfangen, herbei. Endlich bekomme ich auch die erste Post von zu Hause. Besonders interessant ist der Inhalt des Schreibens von der Zentralstelle für Informations-Bibliotheken. Nun soll also ›Lili Marleen‹ auch in französischer, holländischer und italienischer Sprache von mir gesungen werden.

Da werde ich mich wohl so langsam auf die Heimreise begeben müssen.

Beim Gedanken an das Wiedersehen mit den Kindern hüpft mein

Zentralstelle
für Informations-Bibliotheken
und Schallplatten-Archive

BERLIN W8 14.September 1942.
Leipziger Straße 103 Ta.

Fernsprecher: 11 45 60

Bankkonto: Commerz- u. Privatbank, Depositenk. AB, Berlin W8
Krausenstraße 4/5, Konto 7430

Postscheckkonto: August Martin
Sonderkonto Z Berlin 2072 33

Frau
Lale A n d e r s e n
Berlin-Halensee
Kurfürstendamm 92.

Betrifft: Schallplattenaufnahmen.

Sehr geehrte gnädige Frau !

Ich danke für Ihre Zuschrift aus Italien und hoffe, dass Sie inzwischen im Besitz meiner beiden Schreiben vom 31.August und 10.September sind.

Der Ordnung halber wiederhole ich nochmals, dass der Aufnahmetermin selbst auf

Dienstag den 29.September ab 9 Uhr vormittags

festgesetzt wurde. Herr T e m p l i n ist entsprechend unterrichtet.

Zu dem Programm möchte ich nun noch folgendes bemerken:

Es ist geplant, die "Lili Marleen" in französischer, holländischer und italienischer Sprache zu bringen. Ein spanischer Text konnte bisher noch nicht beschafft werden. Die Aufnahmen in den vorgenannten drei Sprachen sollen nun folgendermassen kombiniert werden:

"Lili Marleen französisch - Ihrem Vorschlag gemäss mit: "14. Julliet" französisch.

Hierzu habe ich heute Herrn K u d r i t z k i den Auftrag für das Arrangement erteilt.

"Lili Marleen" holländisch - Hierzu ist noch keine Rückseite vorhanden. Haben Sie ein passendes Lied in holländischer Sprache in Ihrem Repertoire?

"Lili Marleen" italienisch - hierzu kommt als Rückseite: "Drei rote Rosen".

Die Texte für die fremdsprachigen Versionen erhalten Sie anliegend. - Ich bitte nunmehr um Ihre recht baldige Rückäusserung.

Mit den besten Grüssen

Heil Hitler !

(Martin)

Herz, anstatt vernünftig zu schlagen. Hoffentlich nimmt mir der Zoll nicht die Geschenke ab.

Conte Buratti, mein Gastgeber, ist ein herrlicher Mensch, ein italienischer Henry Ford, aber menschlich ganz einfach und unverbildet geblieben. Seine Bemühungen, in Italien ›Lili Marleen‹ einzuführen, schätze ich sehr. Ich würde gerne in diesem Land arbeiten. Singenderweise oder beim Film, ganz gleich.

Lieber natürlich in Deutschland. Nachdem wir aber in der Reichskulturkammer einen Mann bekommen haben, der sich von den ihn umgebenden Weiblichkeiten, deren hübsche Köpfchen nichts füllt als Stroh, Ehrgeiz und Haß gegen meine menschliche Überlegenheit, beeinflussen läßt, bedrückt mich der Gedanke an die Zukunft.

Jetzt hoffe ich erst recht auf ein Engagement in der Schweiz.«

Tagebuch, Mailand, 23. September 1942
»In wenigen Stunden vertausche ich das Land der Sonne mit der Heimat aus Erz und Stahl. Mit Italien habe ich einen zweimonatigen Vertrag unterschrieben, aber zuvor muß ich in Deutschland noch meine Schulden abarbeiten. Dann kann ich gehen.«

Als Lale die Rückreise antritt, wird sie noch aus dem Zug heraus am Brenner von zwei Gestapobeamten festgenommen.

Sie erfährt weder die Gründe der Verhaftung noch irgendwelche anderen Andeutungen. Sie habe unverzüglich nach Berlin zurückzureisen, sich nicht aus ihrer Wohnung zu entfernen und jederzeit zur Verfügung zu stehen. Ihr Gepäck wird in Beschlag genommen, ebenso ihre Tagebuchaufzeichnungen.

Jetzt dankt sie dem lieben Gott, daß sie mit den Eintragungen vorsichtig gewesen ist. Den Inhalt kann man ihr nicht anlasten.

Ihre Ankunft in Berlin nimmt niemand, außer Björn und Michael, zur Kenntnis. Die Presse muß sich mit den Geschehnissen an der Front befassen oder mit den Ereignissen an der Heimatfront. Wen hat es da zu interessieren, daß Lale Andersen aus Italien zurückgekehrt ist und unter Hausarrest steht?

Zum Nichtstun verurteilt zu sein kommt einer Verdammung gleich. Mit den Gedanken alleingelassen zu werden, zermürbt. Warum wurde sie nach Berlin beordert? Warum kann sie die Wohnung nicht verlassen? Daß sie es nicht tun würde, wissen ihre Feinde. Schließlich hat sie zwei Söhne, beide leben bei ihr. War es ihre Weigerung, im Frühjahr

Für das Familienalbum: Lale
mit ihrem jüngeren Bruder
Helmuth

Lale auf einem Künstlerfest
mit ihrem späteren Ehemann,
Paul Ernst Wilke

Lale mit ihrer Tochter
Litta

Paul Ernst Wilke war
ein bekannter Maler

Ihr erstes
Künstlerporträt

Zürich 1931: als Schauspielerin (2. v. r.) in »Quadratur des Kreises«

Mit ihren Schauspielkollegen Ernst Deutsch (l.) und Erwin Kalser (r.) in der Schweiz

Eine Kollegin, mit der Lale in den Berliner Anfangsjahren häufig zusammen ist: Lotte Lenja

Kurt Hirschfeld, Rolf Liebermann und Lales Sohn Michael (v. l.)

Lale mit Björn,
Litta und Michael.
Dazwischen ihr
Pianist Friedrich
Pasche

Rolf Liebermann
war ihre große
Liebe

Das Ensemble vom »Simpl« besucht die Münchener Auer Dult. In der 1. Reihe der »Simpl«-Wirt Theo Prosel

Willi Schaeffers (l.) vom Berliner »Kabarett der Komiker« hatte zuerst Lales Talent als Lieder- und Chansonsängerin entdeckt. Neben ihr der Bühnenbildner Götz Rothe

Start zur Karriere auf der Bühne der Berliner »Scala«

Mit Michael und Litta läßt sich »Lili Marleen« für die Presse fotografieren

Lale Andersen singt
in Berlin vor
verwundeten
deutschen Soldaten

In ihrem Berliner Heim am Kurfürstendamm
singt sie vor Heimaturlaubern, die sie
besuchen. Sohn Michael sitzt dabei, am Flügel
Friedrich Pasche

Lale: »Meine dankbarsten Zuhörer sind die Verwundeten.«

Auf Künstlerfahrt durch das ostdeutsche Protektorat. Neben Lale (r. außen) Grete Weiser

In dem Ufa-Film »GPU« singt Lale das schwedische Matrosenlied »Sorte Rudolf« (Schwarzer Rudolf)

Englische Soldaten laden Lale ein, nach Kriegsende für sie »Lili Marleen« zu singen

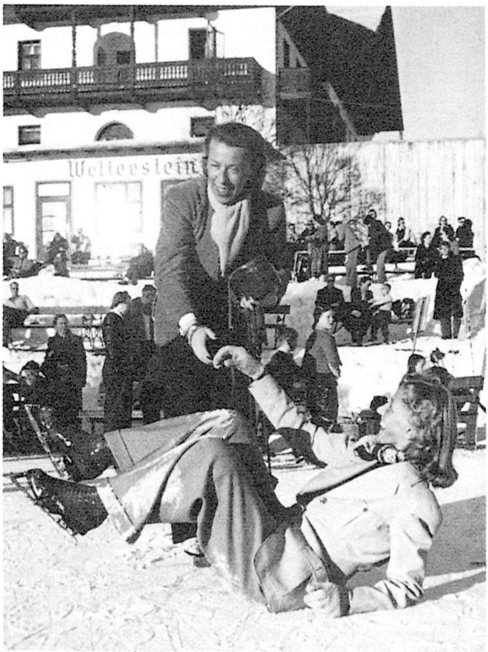

Die Eislauftrainerin Thea Frenssen und ihre »Schülerin« Lale

»Für Lalilein« schreibt Rolf Liebermann als Widmung

Ein langersehntes Wiedersehen im Ausweich-»Simpl« am Platzl: Gert Fröbe, Theo Prosel, Lale, H. M. Backhaus, Lony Heuser (v. l.)

1949 heiratet Lale in Zürich den Schweizer Schlagerkomponisten Artur Beul

Als »The Original Lili Marleen« macht Lale 1950 eine Tournee durch England. In London singt sie für die »Desert Rats«, ehemalige Afrikakämpfer

Mit dem englischen Filmstar David Niven tritt Lale auf einem Londoner Wohltätigkeitsball auf

Die »Andersen«-Kinder: Michael, Litta, Björn (v. l.)

Lale mit dem Tourneeleiter Conny Wessel in Winnipeg, wo sie eine Tournee durch Kanada startet

Wiedersehen von Lale und ihrer Tochter Litta in Kanada

Von einer Hillbilly-Band läßt sich Lale auf ihrer Tournee durch den »Wilden Westen« begleiten

Lale und ihre Schwester Thekla

Erster großer Auftritt in Winnipeg vor einem deutsch-kanadischen Publikum

Rolf Liebermann und Lale Andersen bei dem Wiedersehen in Hamburg

Eine der letzten Begegnungen zwischen Lale und Litta 1970 im »Sonnenhof« auf Langeoog

Lale als Star der Fernsehshow »Porträt in Musik« unter der Regie von Truck Branss

das Ghetto zu besichtigen? Wenige Tage nach ihrer Rückkehr muß sich Lale in der Reichskulturkammer, Wilhelmsplatz 8/9, bei ihrem Widersacher, Hans Hinkel, melden. Innerlich zitternd, äußerlich so beherrscht wie nur möglich, steht Lale vor ihrem ärgsten Feind. Auf seinem Schreibtisch sieht sie sofort die von ihr geschriebenen Briefe. Nicht nur ihr letzter, in Italien verfaßter Brief ist dabei. Auch frühere, die sie ebenfalls an Kurt Hirschfeld nach Zürich schickte, liegen auf dem Schreibtisch Hinkels. Jetzt hat sie verloren, keine noch so geschickt vorgetragene Entschuldigung kann sie retten. Das Beweismaterial spricht gegen sie.

»Ab sofort Auftrittsverbot! Sie unterlassen sämtliche Interviews! Erwähnen Sie mit keinem Wort Ihren Namen und den von Lili Marleen. Sie werden keine Autogramme geben und nirgends ›Lili Marleen‹ als Unterschrift setzen. Ich hoffe, Sie haben mich verstanden!«

Dann deutet Hinkel auf die Briefe. Er würde es ihr ersparen, den Inhalt vorzulesen oder gewisse »eindeutige« Passagen daraus zu zitieren.

»Außer, Sie bestehen darauf, Frau Andersen. Ich sollte Sie vielleicht daran erinnern, daß am Züricher Schauspielhaus vornehmlich Juden engagiert sind. Die Tatsache, daß Sie mit diesen ›Künstlern‹ aufgetreten und befreundet sind, ist bekannt. Als deutsche Künstlerin ist Ihr Verhalten skandalös. Ihr letztes Schreiben in die Schweiz mit der Zusage, in Zürich ein Gastspiel zu absolvieren, konnten wir, zu Ihrem Pech, abfangen. Somit wußten wir auch, daß Sie geplant hatten, von Italien in die Schweiz zu gelangen. Ihre naive Annahme, der Postzensur ein Schnippchen zu schlagen, indem Sie aus Italien in die Schweiz geschrieben haben, war ein Irrtum.« Nun sei sie das zweite Mal ein Opfer ihrer Einfältigkeit geworden. »Die Reichskulturkammer wird dafür sorgen, daß Sie für Ihr undeutsches Betragen bestraft werden. Sie werden von uns hören. Heil Hitler!«

Zwei oder drei Tage nach der Begegnung mit Hinkel teilt Björn seiner Mutter so gelassen wie möglich mit, vor dem Hauseingang stünden zwei Männer in Zivil, wahrscheinlich Gestapo. Ihre innere Erregung und Nervosität ist ihm nicht entgangen. Sonst rasch zur Reizbarkeit neigend, benimmt sich seine Mutter auffallend ruhig. Sie sei abgespannt und möchte sich hinlegen, entschuldigt sich Lale bei ihrem Ältesten und der Haushälterin Koschel.

Nachts schluckt Lale eine Überdosis Veronal. Als Gestapobeamte sie abholen wollen, können sie die Sängerin nicht in Haft nehmen. Sie liegt in tiefem Koma.

»Holen Sie unverzüglich einen Arzt und einen Krankenwagen, Frau Andersen hat einen Selbstmordversuch gemacht!« ruft einer der Gestapomänner aufgeregt ins Telefon.

Minuten später fährt ein Krankenwagen vor das Haus Kurfürstendamm 92. Den anderen Bewohnern entgeht der Vorfall nicht. Geflüster, Getuschel... das sei doch Frau Andersen aus der obersten Etage gewesen, die abtransportiert wurde. Keiner wagt es in dieser Zeit, Fragen zu stellen.

Lale liegt noch im Koma, da wird von der BBC in London die Meldung verbreitet, Lale Andersen habe Selbstmord begangen. Hinzugefügt wird, Goebbels habe befohlen, die Sängerin von »Lili Marleen« wegen ihrer antideutschen Haltung zu verhaften und in ein Konzentrationslager zu transportieren. Der Verhaftung sei sie durch Selbstmord entgangen.

Wie diese Meldung nach London gelangt ist, läßt sich nur ahnen. Vielleicht durch Widerstandskämpfer oder durch Journalisten eines neutralen Landes, eventuell der Schweiz, die in Berlin auch während des Krieges als Auslandskorrespondenten tätig waren.

Tatsache ist, daß Lales Leben durch die »Falschmeldung« gerettet wird. Goebbels läßt ein Dementi verbreiten, um somit die BBC »wieder einmal einer Propagandalüge zu bezichtigen«. Lale kann in ihre Wohnung zurückkehren. Das von Hinkel verhängte Auftrittsverbot bleibt in Kraft.

Glücklich und dankbar, überhaupt noch am Leben zu sein, muß sie sich von ihrem Jüngsten noch nachträglich anhören, was ihm in der Schule passiert ist.

»Die Jungens in meiner Klasse sind gekommen und haben behauptet, man hätte dich ins KZ gesteckt, Mami. Ich war vielleicht froh, als Björn kam und mich nach Hause holte.«

Schweigend umarmt Lale ihre beiden Söhne. Wie soll es nur mit ihr und den beiden weitergehen?

Wenige Wochen später muß Lale in ihre geräumige Wohnung Evakuierte aufnehmen. Ein weiterer Racheakt Hinkels? Die Antwort kann ihr niemand geben. Björns Stellungsbefehl folgt kurz danach.

Tagebuch, Berlin, Mitte Oktober 1942

»Wäre ich doch länger in der italienischen Sonne geblieben. In Berlin wartete das Dunkle, Gefährliche auf mich, das ich bis über die Grenzen gespürt habe. Wäre ich nicht so arm und kraftlos, führe ich fort.

Aber ich bin arm. Paschi ist für die große Schuldensumme, die ich

15. Oktober 1942

RKK-KP 4010-06/41-29.

1.) Frau

Liselotte W i l k e
(Lale Andersen)

Berlin-Halensee

Cicerostr. 49

Aus gegebener Veranlassung werden Sie darauf aufmerksam gemacht, dass Sie es zu unterlassen haben, Wehrmachtspersonen ihre Mitwirkung bei Veranstaltungen - "vorbehaltlich der Genehmigung durch das Propagandaministerium oder Herrn Hinkel" - zuzusagen oder ähnliche Absprachen zu treffen. Sie sind verpflichtet, anfragenden Personen oder Dienststellen gegenüber zu erklären, dass Sie bis auf Weiteres sich künstlerisch nicht betätigen können. Sie haben weitere Auskünfte abzulehnen und die anfragenden Personen oder Dienststellen an die Hauptgeschäftsführung der Reichskulturkammer (Abteilung Kulturpersonalien) zu verweisen.

2.) Herr v. Loebell hat Abdruck hiervon erhalten.

Abschrift.
- - - - -

Ministerialdirektor
Hinkel

Berlin, den 19.10.1942

Persönlich
Vertraulich!

An die Herren

Stabsleiter Hadamowsky
Ministerialdirektor Prof.Hunke
Ministerialdirigent Fritzsche
Chef des Propagandaamtes Wächter
Reichshauptamtsleiter Tiessler
Ministerialdirigent Dr.Schlösser
Reichsfilmintendant Dr.Hippler
Generalmusikdirektor Dr.Drewes

--

Betr.: Lale Andersen.

Zu Jhrer persönlichen vertraulichen Jnformation berichte ich Jhnen- um sich mehrende Anfragen zu verhindern- über den Stand des Falles Lale Andersen:

Lale Andersen (bürgerlicher Name Liselotte Wilke geb.Bunnenberg) darf seit dem Bekanntwerdens ihres Verhaltens vor etwa 14 Tagen nicht mehr künstlerisch tätig sein. Aus der Reichskulturkammer bzw.der Reichstheaterkammer ist sie nicht bzw.noch nicht ausgeschlossen worden.Der Herr Minister hat in letztgenannter Frage noch keine Entscheidung getroffen.

Lale Andersen hat bekanntlich bis zum Juni ds.Js. mit jüdischen Emigranten in der Schweiz- besonders mit dem berüchtigten ehemaligen Dramaturgen Dr.Samuel H i r s c h f e l d in Zürich- in fortlaufender Korrespondenz gestanden. Es liegen dafür als Beweismaterial mehrere Briefe des Hirschfeld an Lale

Andersen und der Andersen an Hirschfeld im Wortlaut vor. Der letzte Brief von Lale Andersen an Hirschfeld wurde durch den SD sichergestellt und uns zugeleitet. Lale Andersen schrieb diesen Brief, dessen Jnhalt politisch unwürdig und pornographischen Jnhalts ist, während einer Tournee aus Den Haag nach Zürich.

Da Lale Andersen ihren grossen Bekanntenkreis (besonders bekanntere Künstler und einige unwissende Soldaten sowie unbedeutendere Diplomaten) zu Jnterventionen für sie auf allen nur erdenklichen Wegen mobil macht, bitte ich Sie, anfragende Dienststellen an meinen Mitarbeiter, Pg. von Loebell, Leiter der Abteilung Kulturpersonalien in der Reichskulturkammer, zu verweisen.

Auf Entscheid des Herrn Ministers hat die Gestapo bei Lale Andersen-Wilke eine Pass-und Ausreisesperre verhängt

Dr. Hilleke Berlin, den 30. November 1942

<u>Vermerk:</u>

Die Vorgänge Lale A n d e r s e n in der RKK habe ich eingesehen. Lale Andersen, bürgerl. Name Lieselotte Wilke geb. Burmenberg, geboren in Wesermünde am 23.3.1900, wohnhaft Halensee, Cicerostr. 49, hat ein vorläufiges Auftrittsverbot für Rundfunk, Bühne und Film erhalten, weil sie noch in diesem Jahr im Briefwechsel mit dem jüdischen Emigranten Hirschfeld in der Schweiz gestanden hat und damit nicht nur gezeigt hat, dass sie Umgang mit jüedischen Emigranten pflegte, sondern mit diesem Briefwechsel eine besondere Würdelosigkeit bezeigt hat. Von einem Ausschluss aus der RKK ist auf Weisung des Herrn Ministers vorläufig Abstand genommen.

Wenn Pechi oder er oder Goetz doch so alt oder so reich wäre, dass man heiraten könnte und man Kindern und dem Beruf keinen Gedanken mehr nachsenden brauchte.

Je mehr ich Zeit dazu habe, desto mehr werd ich mich zu den Freuden und Leiden des reproduzierenden Künstlers distanzieren. Wie lächerlich und banal das schon jetzt alles scheint, was man Zeit hat beim Künstlervölklein zu beobachten: Den Hunger nach Beachtetsein in der Presse, in der Gesellschaft, im Sender und vielleicht gar "oben". Ach wieviel widerliche Konzessionen bleiben einem erspart wieviel menschliche Degradierungen, wenn man erkennt, dass der Charakter, den einem der liebe Gott mitgegeben hat, zu all diesen Bücklingen nicht nachgiebig genug und somit tauglich ist.

Bisher war mein Weg klar und sauber und liebenswert. Soll ich mich nun mit Neid, Missgunst und Verleumdung herumschlagen? Bitte lieber Gott nicht!

absingen wollte, eingetreten. Aber bares Geld kann ich nicht auch noch von ihm nehmen. Auftreten oder einen Plan in dieser Richtung machen darf ich nicht. Wie trostlos ist das alles. Wie schön war unser neues Programm.

Was tun, woher Kraft nehmen?

Ich habe für diesen und nächsten Monat 60 Konzerte absagen müssen. Das hat viel Arbeit gemacht und entsetzlich viel Geld gekostet, weil ich für die Kostüme, Plakate, Programme und vor allen Dingen für die teuren Orchester-Arrangements schon 32000 Reichsmark Vorschuß genommen habe.

Wie bin ich froh, daß mein ›Nervenzusammenbruch‹ mich nicht gänzlich umgeworfen hat.

In meiner 14-Zimmer-Wohnung habe ich zwei Räume behalten dürfen. So können Michael und ich vorläufig wohnen bleiben. Björn liegt seit ein paar Tagen in der Kaserne in Spandau. Er ist sehr tapfer, Michael und ich durften ihn auch schon besuchen.«

Tagebuch, Berlin, Ende Oktober 1942

»Und mich quält man weiter. Ich muß die Tage mit Nichtstun und Grübeln verbringen. Wenn ich mich doch freimachen könnte von allem! Aber ich kann es nicht begreifen, daß man angeklagt wird wegen so unwichtiger, kindischer Briefe und nicht die Chance bekommt, sich zu rechtfertigen.

Es hat noch nie einen guten Menschen gegeben, der das Gute und Saubere meines Wesens beim Gegenübersitzen nicht gefühlt hat. Aber Goebbels läßt mich nicht vor, und so muß er mich für den philosemitischen Menschen halten, wie es ihm von Hinkel einsuggeriert wurde. Und das ist anscheinend etwas schrecklich Böses. Hinkel will bestimmt nicht, daß Goebbels mich kennenlernt. Zu welcher Wichtigkeit bin ich gekommen, und wie wenig habe ich sie angestrebt.

Jetzt einen Mann haben, an dessen Schulter ich mich ausheulen und ausschlafen kann; der Kamerad und Tröster ist, der mir Halt gibt.

Ich bin allein.«

Tagebuch, Berlin, 27. Oktober 1942

»Ich sitze am Telefon und warte, daß mein Großer mich anruft. Sie sind jetzt vereidigt worden. Nachmittags dürfen sie ihre Angehörigen in der Kaserne treffen. Mit seinem Schulfreund Hebbe rase ich zu Björn hinaus. Nach dreiviertelstündiger Fahrt und einem kleinen Dauerlauf sitzen wir bei ihm und einem Malzbier in der ›Hopfenblüte‹.

Die Jungens sind schon feldmäßig ausgerüstet und marschbereit für die Fahrt nach Rußland. Trotzdem ich ihm einzureden versuche, daß ich bald wieder singen darf, bedrückt ihn meine Situation sehr. Er weiß, wie es mir in der Kehle würgt, wenn ich es ihm auch an Tapferkeit gleichzutun versuche.

Wie schade, daß Paschi nicht bei uns ist. Aber er ist zu Tournee-Besprechungen in Holland und Frankreich. Ohne mich. Wie merkwürdig das alles ist, nachdem wir Jahre zusammen gereist, gehungert, auf der Bühne gestanden und nach Hause gegangen sind. Einmal ging's uns gut, einmal schlecht, aber immer machte uns die Arbeit glücklich.

Nun bin ich zum schlechten Menschen erklärt worden und darf nicht mehr mitmarschieren. Ob ich schlecht bin?«

Tagebuch, Berlin, 28. Oktober 1942

»Michaels Kameradschaft ist herrlich. Gestern ist auch Paschi zurückgekehrt, voller Pläne und Leben. Wenn man ihn vorlassen würde, ich glaube, er ginge sofort zu Hinkel, um für mich einzustehen. Aber er soll es gar nicht.

Ich vermeide alles, um ihn nicht in meine Belange hineinzuziehen. Schon der Verdacht, daß Paschi mir etwas bedeutet, würde wahrscheinlich genügen, ihn von mir zu trennen. Am Kurfürstendamm wird erzählt, ich sei längst im Konzentrationslager.«

Tagebuch, Berlin, 1. November 1942

»Meine Stimmung wird langsam kämpferisch. Sich Luft zu machen ist gewiß bekömmlicher, als allmählich in Ungewißheit und Untätigkeit zu ersticken. Falls das Recht auf den Tisch zu hauen und zu brüllen nur für Ministerialdirigenten wie Herrn Hinkel und nicht für eine Künstlerin, die die Welt liebt, existiert, muß ich eben die Konsequenzen tragen.

Laut der neuesten Gerüchte in Berlin wird behauptet, daß ich die Geliebte Hinkels gewesen sei und meine Nachfolgerin starken Einfluß auf Hinkel ausübe. Meine Verhaftung sei ihre Rache. Das geht zu weit. Da muß man doch lostoben. Wer hierfür kein Verständnis hat, ist ein Fisch und kein Mensch.«

Tagebuch, Berlin, 10. November 1942

»Ich glaube, ich schaffe es, alles zu besiegen: die Verzweiflung, die Traurigkeit, die Angst und den Zorn. Ich kann sogar wieder am Radio sitzen. Ich kann lächelnd zuhören, wie andere meine Lieder singen. Ich stehe es durch, daß Paschi mit anderen übt, ohne daß ich vor Traurigkeit zu ersticken drohe. Ich kann in ein Konzert oder in ein Theater gehen, ohne daß mir jeder menschliche Ton die Tränen in die Augen treibt.

Litta schreibt mir aus München aufmunternde Briefe. Ich habe ihr mitgeteilt, daß ich weiter im Dustern sitze. ›Die Kerzen sind heute knapp. Und Herr Hinkel schmeißt jeden raus, der eine für mich anstecken will. Er haßt mich halt. Vielleicht hast Du Glück bei ihm, wenn Du während der Weihnachtsferien einen Besuch riskierst. Michael will ja auch zu ihm‹, antworte ich meiner Tochter.«

Tagebuch, Berlin, 13. November 1942
»Die Alliierten haben Tobruk zurückerobert. ›Wenn ich eine Frau wäre, würde ich jetzt weinen‹, sagt der Arzt des Afrika-Korps, der gerade bei mir ist, als diese Nachricht durchgegeben wird. ›Das habe ich mit erobern helfen. Zwei meiner besten Freunde sind dabei an meiner Seite gefallen.‹

›Sie sind ein Mann, Sie dürfen fluchen.‹

Ich gebe ihm meinen letzten Schluck Cognac und lasse ihn in meinem Bett schlafen. Es vereint uns nichts als Enttäuschung und Traurigkeit.

Währenddessen fährt ein junger Oberleutnant, der für eine solche Nacht schwindlig vor Glück gewesen wäre, an die Front zurück. In einem Wartesaal schreibt er einen Brief voller Sehnsucht und Liebe, und Paschi sitzt in irgendeinem Pariser Nachtlokal auf dem Montparnasse und ist mein Kamerad nicht mehr.

Meine sphärische Liebe haucht mir einen tröstlichen Kuß auf die müde Stirn, die zu begreifen versagt.«

Tagebuch, Berlin, 18. November 1942
»Nun stehe ich bald zwei Monate auf dem Abstellgleis und versuche das Moos, das auf meinem Haupte wächst, mit Würde zu tragen. Mein Feind verdreht mein ganzes Sein ins Negative. Warum er mich wohl so grenzenlos haßt? Ich komme mir vor wie ein ausgenommenes Huhn. Damit keiner sieht, wie elend mir ist und wie viele Tränen geweint werden müssen, habe ich für ein paar Tage die Wohnung geräumt und bin ein bißchen weggefahren.«

Tagebuch, Berlin, 1. Dezember 1942
»Bei einer Frau ist alles Herz, auch der Kopf, sagt der greise Gerhart Hauptmann, dessen 80jähriger Geburtstag gefeiert wird. Infolgedessen wird eine wirkliche Frau auch nie die Grausamkeit und Härte dieser Zeitepoche begreifen können. Unsere Männer leben augenblicklich, um zu hassen. Desto mehr sollte eine Frau lieben.

Wehen Herzens bin ich in die Berge gefahren, habe den Pachtvertrag gelöst und alles Inventar nach Berlin geschafft. Auf der Rückfahrt über München habe ich Litta besucht. Abends geht es natürlich in den guten, alten ›Simpl‹. Freudestrahlend kommt mir Walter Hillbring entgegen und meint: ›Dir sollen sie ja eins mit dem Reichskulturhammer auf den Blondschopf gehau'n haben?‹

Alles lacht, und es wird ein Abend voller Menschlichkeit. Der Abschied vom geliebten München und die Rückkehr nach Berlin fällt sehr schwer.«

Tagebuch, Berlin, 17. Dezember 1942
»Götz Röthe hat ein paar Tage Urlaub. Er arrangiert in meiner Wohnung einen Abend mit Offizieren, darunter der Ritterkreuzträger Freiherr von Wolff.

In dieser Stimmung lasse ich mich dazu hinreißen, mit Paschi am Flügel, meine schönen, geliebten Lieder zu singen. Dabei fühle ich, daß niemand sie so vortragen kann wie ich, und möchte schreien und die Hand, die mir den Mund zuhält, wegreißen oder in sie hineinbeißen. Aber die Hand ist hart und gefühllos und würde es sicher gar nicht merken.«

Tagebuch, Berlin, 20. Dezember 1942
»Italien besteht auf den Antritt des in großem, repräsentativem Sinn zugesagten Gastspiels für 50 Lieder-Abende im Februar und März. Was soll ich bloß tun? Ich weiß mir selbst nicht mehr zu helfen. So viele wollen mir helfen, vor allem die Soldaten, einige wenige Künstlerkollegen und ein paar Diplomaten. ›Daß Lale Andersen nicht mehr auftreten darf, liegt an ihrer ganzen Persönlichkeit‹, hat man im Propagandaministerium dem jungen Oberleutnant gesagt. Der Offizier wollte mich, wie schon zahlreiche vor ihm, für das Kompaniefest anläßlich der Weihnachtsfeier ›anfordern‹.

Kopfschüttelnd kommt er zu mir, und als wir uns ratlos ansehen, müssen wir lachen. Anschließend an seinen Genesungsurlaub hat er noch Studienurlaub bekommen. Er ist Jurist. Er ist jung. Er liebt die

Pferde, die Musik und das Ballett. Jeden Abend sitzt er im Konzertsaal. Oft mit mir, oft allein.

Natürlich glaubt er, mich zu lieben, und ist überzeugt, daß er schnell Justizminister werden muß, um mir zu helfen. Peters Gegenwart hat etwas ungemein Wärmendes. Heilig Abend gehen Peter, noch zwei Offiziere und ich nachmittags in den Dom zur Christmesse. Wir singen Weihnachtslieder. Michael putzt inzwischen den Baum. Wenn wir zurück sind, werden die Kerzen angezündet.

Björn, mein Großer, verbringt sein erstes Soldaten-Weihnachten zwischen Kameraden. Litta ist noch in München und hält am zweiten Weihnachtstag in Berlin Einzug.«

Unter der vielen, vielen Weihnachtspost befinden sich Hunderte von Soldatengrüßen und -wünschen. Trotz Auftrittsverbot und der Tatsache, daß Lales Stimme seit Wochen nicht mehr über den Soldatensender Belgrad ausgestrahlt wird, adressieren die Landser ihre Grüße an: Lili Marleen – Berlin. Jetzt kann sich Lale Zeit nehmen, die herzlichen Grüße zu beantworten. Fast vier Monate sind vergangen, seit sie nicht mehr singen darf. Ein hassenswerter Zustand. Da nützt auch kein von den Familienmitgliedern toleriertes Hauskonzert in der eigenen Wohnung. Michael hört zwar gelegentlich geduldig zu, wenn seine Mutter ein paar Stunden probt, erklärt dann aber mit umwerfender Ehrlichkeit, sein Geschmack sei Jazz. »Wenn schon Gesang, dann der von Ella Fitzgerald oder Louis Armstrong«, informiert er seine Seemannslieder singende Mutter.

Auch ließe sich zu Jazzmusik wesentlich besser tanzen als zu Hafenmelodien. An diese Bemerkung erinnert sich Lale, als sie von Götz am Silvesterabend in die Staatsoper eingeladen wird. Er habe Karten für »Die verkaufte Braut« bekommen. Seine Gegenwart läßt für kurze Zeit alle Sorgen um die Existenz vergessen. Von Litta und Michael erfolgt auch kein Protest.

»Geh du ruhig aus, Mami. Wir amüsieren uns auch ohne dich. Litta brennt darauf, meine Jazzplatten zu hören.«

»Um Himmels willen, Michael, spiel deine amerikanische Musik bloß nicht so laut. Du weißt genau, es ist verboten. Ich stecke schon genug im Dreck«, bittet Lale ihren Jüngsten, ehe sie die Wohnung verläßt.

Mit einem bescheidenen Rest Cognac stößt Lale um Mitternacht mit ihrem Freund Götz auf das neue Jahr an.

»Nur keine Sentimentalitäten aufkommen lassen, aber auf die Erfüllung meines größten Wunsches wollen wir anstoßen: daß ich 1943 wieder auftreten darf. Für meinen Beruf habe ich zu viele Opfer gebracht, als daß ich jetzt schon das Ende meiner Karriere akzeptieren kann oder will!«

Lale betrachtet Götz als guten Kameraden, sein Verliebtsein schmeichelt ihr zwar, aber beruht nicht auf Gegenseitigkeit. Sie vertraut ihm an, daß sie einfach nicht in der Lage sei, Konzessionen zu machen, selbst wenn es für sie von Vorteil wäre. »Ich bin nicht jemand, der Bücklinge macht. Mein künstlerischer Weg war bisher klar und sauber, soll ich mich nun mit Neid, Mißgunst und Verleumdungen herumschlagen? Das wird mir nie gelingen. Wäre ich beispielsweise eine Sängerin wie die Cebotari oder eine Schauspielerin wie die Käthe Gold, würde mich meine Begabung vielleicht zum Kampf verpflichten«, äußert sie Götz gegenüber ihren Standpunkt.

Letzten Endes sei es ja doch unwichtig, ob eine andere Künstlerin ihre Lieder mehr oder weniger innig singe. Was habe das denn schon zu bedeuten? Götz ist nicht derselben Ansicht, schweigt aber. Er fühlt, daß die von ihm verehrte und geliebte Frau unendlich darunter leidet, nicht mehr auftreten zu dürfen.

Wie gründlich dafür gesorgt wird, daß niemand mehr Lale Andersen engagiert, erfährt sie rein zufällig von einem Kollegen. Von ihm erhält sie am Silvesterabend einen Anruf. Er wolle ihr für das kommende Jahr alles Gute wünschen.

»Wie du weißt, habe ich mit der ›Fachschaft Film‹ zu tun, bei der du ja auch Mitglied bist. Laut Information darfst du nicht mehr beim Film beschäftigt werden.«

Lale zeigt sich wenig erstaunt über diese Mitteilung.

»Ich werde umsatteln müssen, vielleicht hat Hinkel sogar schon etwas für mich auf Lager, womit er mich beschäftigen kann. In irgendeiner Dunkelkammer«, versucht sie zu scherzen.

Tagebuch, Berlin, 5. Januar 1943
»Zu den ersten Anrufern an diesem Morgen gehört Carlchen Jädicke, mein alter Bekannter gemeinsamer Tourneereisen. Er sei in Dresden. Seine Stimme am Telefon klingt empört und aufgeregt. Er habe auf einer Gesellschaft gehört, ich sei, als ich in die Schweiz fahren wollte, um jüdische Freunde zu besuchen, an der Grenze erschossen worden.

Erschossen, geflohen, KZ, Privataffäre mit dem Minister, Spionage ... langsam kenne ich alle Versionen. Wie kann es möglich sein, daß all diese Gerüchte entstehen? War denn mein Erfolg wirklich so

V e r m e r k

Die Fachdarstellerin
Lale Andersen - Wilke, Mitglieds-Nr.: 3044
darf sich lt. Herrn Alberti nicht mehr im Film betätigen.

Berlin, den 29. Dezember 1942
Fachschaft Film

Andersen, Lale — Sängerin

(Andersen-Wilke) — Nr. 3044

Berlin-Halensee, Cicerostr. 99 T: 97-1687

geb.: 23.3.05 in Wesermünde

darf seit Anfang Oktober 42 nicht mehr künstlerisch tätig sein. [illegible] festgest. Unterstützung. (Verkehr mit Juden). s. Vorgang.

Mitgl. d. NSDAP
" [illegible]

Werdegang
2 Jahre Schauspielunterricht, Gesangsunterricht

1936: erstmalig in „[illegible]" 62,50
1941 [illegible] Ufa 600.--

groß, daß er so viele Verleumdungen und Neid nach sich ziehen muß?

›Du mußt etwas unternehmen‹, sagt Carlchen aufgeregt. ›Denk an deine Kinder. Du mußt doch ihretwegen deine Ehre verteidigen. Nimm doch wenigstens Rücksicht auf deinen Großen, der Soldat ist. Verlange dein Recht auf Ehre und Arbeit!‹

Gutes Carlchen. Natürlich hat er recht. Aber er hat keine Ahnung, wie aussichtslos meine Lage ist.«

Mein Bruder Michael und ich müssen unserer Mutter kräftig zureden, als sie Anfang Januar tatsächlich ein Arbeitsangebot erhält.

»Mensch, Mami, ist doch prima. Du kommst raus aus Berlin, kannst tagsüber draußen sein und siehst die Berge wieder. Wir übernehmen die anfallende Post und was sonst noch so eingeht.«

Zweifelnde Blicke. »Meint ihr wirklich, ich eigne mich zur Kameraassistentin?«

Eine bekannte Bildjournalistin befand sich plötzlich ohne Assistentin und bot meiner Mutter die Aufgabe an. Das Ziel der Reise sei Seefeld, Tirol. Dort unterrichte die international bekannte Eislauftrainerin Thea Frenssen.

»Die Arbeit hört sich leicht an, Mami. Du sollst doch nur dabeistehen und assistieren. Kinderspiel! Uns kannst du die Lebensmittelmarken schenken, denn in Österreich gibt es viel mehr zu essen als hier«, drängen wir auf unsere Mutter ein.

Als wenige Tage später ein Freund der Familie anruft, um sich nach unserer Mutter zu erkundigen, staunt er über Michaels Auskunft.

»Mami ist jetzt Kameraassistentin in Tirol. Sie hat sogar Schlittschuhlaufen gelernt. Heimweh nach Berlin hat sie überhaupt nicht!«

Das war alles leicht übertrieben, denn in ihrem ersten Brief aus Seefeld schreibt meine Mutter:

»Heute morgen habe ich meiner Meisterin zum erstenmal die Kameras aufs Eis hinterhergetragen. Die Sonne schien, der Schnee funkelte, und die Vögel sangen (in der Ferne). Wer beschreibt aber meinen Schreck, als ich merke, daß die Aufnahmen auf einer langen, spiegelglatten Eisfläche gemacht werden müssen, die man nur auf Schlittschuhen betreten darf. Unglücklicherweise waren genügend zum Ausleihen da. Ich ließ mir also mit weichen Knien ein Paar anziehen und lief mit noch weicheren Knien hinter meiner Chefin her. Während sie fotografierte, mußte ich auf der besetzten Eisfläche eine Art Verkehrsschutzmann machen, damit nicht Fremde in die Aufnahmen hineinliefen. Wenn sich ein Fremder nahte, warf ich mich ihm kurzerhand vor die Füße und brüllte: ›Halt, Aufnahme!‹ Alle waren sie von meinem Eifer gerührt, aber ich habe aufgeatmet, als ich die Brotmesser unter meinen Stiefeln abnehmen konnte.«

Daß meiner Mutter der Applaus im Konzertsaal sehr fehlt, von den Gagen ganz zu schweigen, vertraut sie mir in einem weiteren Brief an.

»In den Restaurants von Seefeld präsentieren die Oberkellner, als sei es eine Selbstverständlichkeit, stets mir die Rechnungen. Wenn die wüßten, wie leer meine Taschen sind!«

Erst Ende Januar kehrt Lale nach Berlin in eine noch immer ungewisse Zukunft zurück. Von seiten der Familie fällt die Begrüßung mit Herzlichkeit und großem Hallo aus.

Beim flüchtigen Durchlesen der Postberge bemerkt sie einen Brief, der ihr verdächtig erscheint. Der Inhalt bestätigt ihre Nervosität: Für den 20. Januar 1943 wird sie zur Gestapo bestellt. Wegen Spionageverdacht.

Tagebuch, Berlin, Ende Januar 1943
»Die Anschuldigungen betreffen den in wirklicher Unschuld verfaßten Brief an Kurt Hirschfeld. Alles wird diesbezüglich ins Überdimensionale gesteigert. Mit dem Brief soll der absolute Beweis erbracht werden, daß ich eine unwürdige Person bin. Mit diesem Brief will man alles bisher Gute in meinem Leben auslöschen. Das Urteil lautet dementsprechend: Weiterhin keine Auftrittserlaubnis für Lale Andersen.«

Tagebuch, Berlin, 13. Februar 1943
»Paschi hat diese Nachricht fast umgeworfen. Ganz fassungslos, verstört und fiebernd liegt er auf seinem Bett. Ich, der letztlich alles am schmerzlichsten ist, muß ihn trösten. Genau wie die Electrola-Leute, die mich ratlos anstarren: ›Wie ist denn so etwas möglich, was macht man nun?‹

Befehl ist Befehl und muß ausgeführt werden. Der Tag wird kommen, an dem die Soldaten nach neuen Platten rufen. Dann werden wir sie neu aufnehmen und viel schöner als bisher. Wie gut, daß man sich zu Härte und Disziplin dem kleinen Ich gegenüber erzogen hat.«

Gegen Ende Februar reist Lale erneut nach Seefeld. In Berlin wird sie auf Schritt und Tritt von Erinnerungen verfolgt. Zum absoluten Nichtstun verurteilt zu sein empfindet sie wie eine Todesstrafe. In Seefeld beschäftigt sie sich mit Lesen und versucht ein bißchen zu schreiben. Allerdings ohne viel Erfolg. Es fehlt die Stimmung. Die Verzweiflung hat alle Inspiration verdrängt. Um lästigen, wenn auch nicht unbedingt bös gemeinten Fragen auszuweichen, verläßt Lale nur spät am Abend die kleine Pension und wandert allein durch die Berglandschaft.

Tagebuch, Berlin, Anfang März 1943
»Wenn ich nur endlich wieder arbeiten dürfte. Ich glaube, wenn mir jemand diese Nachricht überbringen würde, wäre er in meinen Augen ein Engel, der sich aber dennoch umarmen und küssen lassen müßte. Immer noch treffen dicke Stöße Feldpostbriefe – an Lili Marleen – ein. Dabei erklingt meine Stimme nun seit Monaten nicht mehr im Sender Belgrad.

Ich werde Hinkel einen Brief schreiben und ihn um eine Aussprache bitten. Er hat mir ja nicht nur weh getan, er hat auch einmal im Zug mit mir Sechsundsechzig gespielt und selbstgereimte hessische Gedichte aufgesagt. Trotz seines Mißtrauens meinem Verstand gegenüber gab es manch gutes Wort zwischen uns.

Ich will gerade an den Schreibtisch, um den Brief aufzusetzen, da kommt Paschi unangemeldet vorbei. Die Ruhe und Konzentration wird durch seine Gegenwart zerstört. Der Briefbogen bleibt so leer wie meine Gefühle, die ich in diesem Moment für Paschi empfinde.«

Tagebuch, Berlin, 22. März 1943
»Gleich ist es 24 Uhr, und ich habe Geburtstag. Was soll ich mir vom neuen Jahr wünschen? Daß mir Björn bleibt und Litta und Michael ihr Zuhause behalten. Daß ich wieder singen darf, erscheint in Anbetracht dieser Wünsche unwichtig.

Aber ich werde wieder singen! Ich setze mich erneut hin und verfasse den Brief an Hinkel. ›Ich habe Ihnen schon so oft schreiben wollen, aber Stolz und Elendsein waren immer wieder stärker als die Ausführung des Entschlusses.‹

So beginnt der Brief an Hans Hinkel, den ich mich endlich, den Verstand für eine Viertelstunde mit Spiritus betäubend, zu schreiben entschließe.«

Tagebuch, Berlin, Ende März 1943
»Ich werde von seinem Mitarbeiter Herrn von Löbell empfangen. Auf seinen Rat hin schreibe ich einen Brief an die Reichskulturkammer mit der Bitte, meine Auftrittssperre aufzuheben. Aber weil es schwer

ist, in eigener Sache zu reden, und der Brief daher recht trocken und unpersönlich gerät, schreibt der Verleger Hanns Arens einen kameradschaftlichen Kommentar, ganz klar und herzlich formuliert.«

Im April hält es Lale nicht länger in Berlin aus. Die ewige Warterei auf eine Nachricht von der Reichskulturkammer zermürbt sie. Auch die Gerüchte um ihre Person lassen nicht nach. Sich andere Arbeit zu suchen hat keinen Zweck. Sie kann weder als Lektorin, Autorin, Berichterstatterin noch als Schriftleiterin tätig sein. Die Reichskulturkammer entscheidet auch hier, wer wo arbeiten darf.

In Baden-Baden wohnen alte Bekannte. Lale erinnert sich an deren herzliche Einladung und reist, kurz vor Ostern, mit Michael in das Heilbad.

In dem von Fliegerangriffen verschonten Kurort lebt es sich gut. Aber gerade diese Ruhe, der täglich sich wiederholende Rhythmus geht Lale auf die Nerven. Andere Künstler auf der Bühne zu beobachten, während sie zur Zuschauerin degradiert wurde, läßt Lale wütend und verbissen werden. Als Michael dann noch Heimweh nach Berlin, seinen Freunden und der Schule äußert, platzt ihr die Geduld.

»Was soll ich bloß tun?« fragt sie ihre Bekannten. »Mir wird ganz elend, wenn ich mir vorstelle, daß mit meiner Rückkehr alles von neuem beginnt. Die verwünschten Anrufe: ›Können Sie hier oder nächsten Monat dort singen?‹ Die Fragerei der Bekannten: ›Ist deine Sache endlich beigelegt?‹ Das widerwärtige Anstarren, wenn man mal ausgeht: ›Das ist die Andersen, die war doch im KZ?‹ Dann die Wege zum Rechtsanwalt, an den ich zwar glaube, aber doch nicht mehr mit der anfänglichen Einfalt.«

Lale fühlt, daß sich ihre Verzweiflung irgendwann ein Ventil schaffen muß. Dagegen hilft keine Selbstdisziplin. Daß dann etwas Nicht-Wiedergutzumachendes passieren könnte, bedrückt ebenso wie die Tatsache, daß sie niemanden hat, der sie führt, sie zum Durchhalten ermutigt, bis eines Tages alles wieder so ist wie früher.

Tagebuch, Berlin, 12. Mai 1943
»Nun haben mein Freund und Anwalt Dr. Oskar Möhring und der Verleger Hanns Arens doch erreicht, daß eine Aussprache zwischen meinem merkwürdigen Feind und mir stattfindet. Ich hatte schreckliches Herzklopfen, als ich von dem Termin erfuhr. Es war gut, daß man ihn mir eine Woche vorher sagte. So konnte ich mich darauf vorbereiten.

Ich bin merkwürdig ruhig bei dem Gedanken, dem Mann gegenüberzustehen, der mich vom kleinen Paradies ins Fegefeuer stieß und mich neun Monate hindurch eine Neugeburt durchmachen ließ. Habe ich mich gewandelt? Nein. Aber distanziert habe ich mich von den Niedrigen, Schäbigen und nähergekommen bin ich den Großen, Geraden, die Einsamkeit und Unverstandensein nicht mehr traurig machen kann.«

Tagebuch, Berlin, Ende Mai 1943
»Jetzt gehe ich mit den längsten Schritten, die einer Dame nur eben vormittags auf dem Kurfürstendamm gestattet sind, zu meinem Fürsprecher Dr. Möhring und falle ihm um den Hals. Wir haben es geschafft! Ich darf wieder singen!! Selbst wenn er mitten in einer Konferenz ist, ist's mir egal. Ich muß jetzt jemanden umarmen. Der Weg nach Steglitz zu Paschi ist mir zu weit, das halte ich nicht aus. Ich darf wieder singen, lieber Gott, ich kann es noch gar nicht begreifen.

›Nur Ihrer familiären Verhältnisse wegen und wegen Ihres Jungen im Osteinsatz‹, höre ich Hinkel sagen. Er blickt auf die Aktenbogen, die vor ihm auf dem Schreibtisch liegen. Manchmal hebt er den Blick und sieht mich an wie ein Schlächter ein Kalb, das ihm noch nicht verlockend genug erscheint.

›Sich irgendwie mit dem Lied Lili Marleen in Verbindung zu bringen ist Ihnen strengstens untersagt. Es ist Ihnen auch untersagt, vor KdF und nationalsozialistischen Verbänden aufzutreten.‹

›Ebenfalls ist Ihnen untersagt ...‹

Ja, ja, dies und das und fast alles, aber irgendein Eckchen werde ich schon finden, und da singe ich, da singe ich so schön und so innig wie nie zuvor. Wenn ich nur hier erst rauskönnte.

Hinkel steht auf. ›Wissen Sie überhaupt, was Sie für Glück gehabt haben? Um etwas viel weniger Schlimmes war meine jetzige Frau fast vier Monate im Konzentrationslager.‹

Ja, ja, denke ich. Schon gut. Ihre Frau – Stimmungssängerin und was weiß ich noch mehr. Damit wagt er mich in einem Satz zu nennen.

›Ohne mich hätte Ihnen das gleiche passieren können.‹

Hinkel hält meine Hand fest.

Ich aber will nur weg, ehe ich ersticke. Ich will zu meinem Fürsprecher, zu Dr. Möhring, der anständig ist und klug wie All. Ganz schwindlig vor Freude laufe ich durch den flimmernden Maimorgen zu meinem Anwalt. Er kommt aus dem Sitzungszimmer gestürzt, sieht mich an und strahlt.

›Kommen Sie herein. Wir unterbrechen für ein paar Minuten unsere Besprechung. Darf ich vorstellen‹ – sechs Herren erheben sich, sechs Namen werden genannt –, ›und dies ist Frau Lale Andersen. Sie wissen schon!‹

›Psch‹, sage ich, des Verbots mit dem Lili-Marleen-Zusammenhang gedenkend.

Es wird Tee gereicht. Ich weiß, daß ich störe. Ich überfühle es. Nachdem er mich hinausbegleitet hat, muß ich mich ins kühle Treppenhaus auf eine Stiege setzen und weinen...«

Pressenotiz vom 15.5.43:
Über die Sängerin Lale Andersen kann in der deutschen Presse wieder berichtet werden, jedoch nur zurückhaltend, auf keinen Fall in hervorhebender Weise oder mit Bild.

Im Kriegsjahr 1943 nimmt die Presse keinerlei Notiz von der Tatsache, daß Lale Andersen nach neunmonatiger Auftrittssperre wieder singen darf. Weitaus wichtigere Nachrichten stehen jetzt in den durch Papierknappheit ohnehin schon an Platzmangel leidenden Zeitungen. Vorbereitet und begleitet von Tag- und Nachtangriffen der alliierten Bomberkommandos setzt 1943 der Angriff auf die »Festung Europa« ein. Im Osten befindet sich die Rote Armee auf dem Vormarsch gen Westen. Im Südosten kämpfen die jugoslawischen und griechischen Partisanen gegen die deutschen Besatzer. Von Süden über Sizilien und Italien sind die Alliierten im Anmarsch.

Die Verbote und Vorschriften Hinkels ins Gedächtnis eingraviert, überlegt Lale verzweifelt, wie sie ihren durch das Auftrittsverbot entstandenen Schuldenberg abbezahlen soll. In irgendeinem Varietétheater auftreten möchte sie nicht. Die Konzertsäle, die noch nicht bombenzertrümmert sind, sind auf Wochen hinaus vermietet.

Ein kurzer Blick auf den Kalender erinnert Lale und Paschi daran, daß Pfingsten bevorsteht. Erfahrungsgemäß suchen die Menschen um diese Jahreszeit lieber Abwechslung in der Natur als im Theater oder in Konzerten. Vielleicht hat der Wettergott aber Mitleid und läßt es regnen. Das würde bedeuten, daß Lale vor ein volles Haus treten würde.

Plötzlich hat sie entsetzliche Angst. Wie wird das Publikum reagieren, ob es überhaupt noch an Lale Andersen interessiert ist? Was wissen die Zuhörer von ihr? Alle unwahren Gerüchte, Lügen und Diffamierungen tauchen noch einmal in der Erinnerung auf.

»Wenn man erst einmal alles verloren hat, kann man nichts mehr verlieren. Los, Paschi, pachte in meinem Namen für die beiden Pfingsttage den großen Dresdner Konzerthaussaal im Gewerbehaus. Ich werde inzwischen auf schlechtes Wetter hoffen, auch wenn im Moment noch die Sonne lacht. Nun wird sich ja herausstellen, ob die Erinnerung an meinen Namen, der nun fast dreiviertel Jahre aus Rundfunkprogrammen und Presse gestrichen war, noch Bedeutung hat.«

Paschi reagiert grimmig und skeptisch, möchte aber der Herausforderung nicht ausweichen. Hotelunterkunft und Konzertsaal gebucht, macht sich die Künstlertruppe auf die Reise von Berlin nach Dresden.

Nach beinahe neunmonatiger Auftrittssperre gibt Lale am 13. und 14. Juni 1943 in Dresden ihr erstes Konzert. Hinkels Anordnungen folgend, steht »Lili Marleen« nicht mehr auf dem Programm.

Tagebuch, Dresden, 12. Juni 1943
»Merkwürdig muß das sein, wieder auf der Bühne zu stehen. Nein, nicht das Stehen, sondern zum erstenmal wieder vor den Vorhang zu treten. Ob ich es schaffe, dies ganz nüchtern zu tun? Besser ist es. Man ist diszipliniert und reagiert aufmerksam und wach auf den Geschmack des Publikums.«

Tagebuch, Dresden, 14. Juni 1943
»Gestern habe ich nun zum erstenmal wieder gesungen. Es war wunderschön! Viel, viel zu schön, als daß es alltäglich so sein könnte! Soviel Seligkeit muß vom Schicksal ab und zu unterbrochen werden, sie würde einen ja sonst aufzehren und vor der Zeit zum Engel werden lassen.

Ich fühle mich nicht mehr mit der Erde verbunden, wenn dreitausend Menschen zu mir hinaufsehen, wenn ihr Herzschlag und das Gehör sich auf eine Stimme konzentrieren, auf meine Stimme. In dieser schlägt das eigene Herz, und es liegt ganz allein in meinen Händen, was ich singe oder meinem Publikum erzähle.

Es ist ein erregendes Gefühl, es zu beschreiben fällt mir schwer. Ich habe vor meinem ersten Auftritt nach all den langen Monaten nichts getrunken. Das war gut. Die Atmosphäre des riesigen, ausverkauften, festlich erleuchteten Saales war berauschend genug.

›Lili Marleen‹ habe ich nicht gesungen. Diese Entscheidung fiel mir unsagbar schwer. Tausend Stimmen verlangten immer wieder das Lied zu hören. Ich aber hörte nur die warnende Stimme von Hinkel: ›Jeg-

Dresdner Konzertdirektion Hans Hoppe

Konzertvermittlung und Unternehmung im ganzen Reichsgebiet

Pfingstsonntag, 13. Juni und Montag, 14. Juni 1943, 19.30 Uhr, Gewerbehaus

Lale Andersen

Am Flügel: FRIEDRICH PASCHE

Das Orchester Kurt Giese

VORTRAGSFOLGE

Orchester Kurt Giese:	An den Frühling	Grieg
	Illusion	Grothe

LALE ANDERSEN „Liebeslied für meine Heimat" (Wilke)

„Paul"	Wilke - Zink
Der Junge an der Reling	Tiedemann
Die Bar zu Albemarl	Leip - Schultze

Orchester Kurt Giese:	Alo-Ahe	Bearbeitung v. Steimel
	Heimatlied	Bochmann
	Serenata Appassionata . . .	Steiner

LALE ANDERSEN „Kleine Hafenorgel"

Denn Du weißt	Leip - Zink
Große Fahrt	Leip - Zink
Die Versuchung	Leip - Schultze
O, Jonny	Leip - Zink

— Pause —

Orchester Kurt Giese:	Ich schenk' mein Herz	Millöker - Mackeben
	Hungaria	Leopold
	Wenn der weiße Flieder . . .	Doelle (Bearbeitg. Kussatz)
	Wir machen Musik	Mackeben (Bearb. Kussatz)

LALE ANDERSEN „Lieder zur Nacht"

Wunschlied, aus „Liebe auf den ersten Blick"	Arnolds - Igelhoff
Unter einem Regenschirm, aus „Meine Nichte Susanne" .	Adler - Steinbrecher
Um das bißchen Liebe, aus „Meine Schwester und ich" .	Benatzky
Wenn wir heut' nacht nach Hause geh'n	Schwenn - Kreuder

Orchester Kurt Giese:	Spanischer Marsch	Rixner

Konzertflügel Steinway & Sons a. d. Magazin Stolzenberg, Johann-Georgen-Allee 13

Tourneeleitung: Berliner Gastspieldirektion Jochen Patrzek
Berlin-Steglitz, Schloßstraße 32 b Fernruf 79 36 51 / 79 50 55

In Vorbereitung: DORA KOMAR - erstes persönliches Auftreten in Dresden

PEUTINGER-DRUCK, RUF 63185

liche Verbindung Ihres Namens mit dem Soldatenlied »Lili Marleen« hat in jedem Fall zu unterbleiben.‹

Ganz zum Abschluß, ich stand bereits hinter der Bühne, sang das Publikum das Lied für mich. Nur Paschi bemerkte meine Tränen...«

Tagebuch, Berlin, 19. Juni 1943
»Paschi ist nun auch eingezogen worden und dient als Schütze im Musik-Korps in Döberitz.

Neue Engagements lassen auch auf sich warten. Ich kann also entspannen, mit glatten, strähnigen Haaren herumlaufen und ungeschminkten Lippen. Ich zucke nicht mehr zusammen, wenn es an der Tür klingelt, und rase nicht zum Telefon mit zittrigen Händen. Diese Ruhe habe ich sicher verdient, aber was verdiene ich damit, gar nichts.

Um die Zeit wenigstens ein wenig zu vergessen, sitze ich über Briefen, Büchern und Noten. Klappt es aber überhaupt nicht mit der Konzentration, gehe ich auf den Dachgarten und blinzle in den Sonnenhimmel ein Fragezeichen hinein.«

Wie »gut« die Reichskulturkammer auf in Ungnade geratene Künstler aufpaßt, geht aus einem Schreiben vom 6. Juli 1943 an Lale hervor.

Die Programmhülle, an der die Reichskulturkammer Anstoß nahm.

Reichskulturkammer
Hauptgeschäftsführung

Berlin, den 6.7.1943.
W. 15, Schlüterstr. 45
Fernsprecher: 92 80 11.

Aktenzeichen: RKK - A. 9
(In der Antwort anzugeben)

Frau
Lieselotte Wilke-Andersen
Berlin-Halensee
Cicerostr. 49

Auf Ihre Anfrage vom 30.6.1943 wird mitgeteilt, dass die darin angeführten Liedertexte Ihnen freigegeben werden.

Auch die Nachpressung der von Ihnen besungenen Schallplatten mit den in Ihrem Schreiben vom 30.6.1943 aufgeführten Texten wird zugelassen.

Aus einem hier vorliegenden Schreiben der Elektrola-G.m.b.H. geht hervor, dass Sie dort mitgeteilt hätten, Sie würden zu Veranstaltungen des Rundfunks wieder zugezogen. Falls dieses den Tatsachen entspricht, werden Sie darauf hingewiesen, dass Ihnen laut Schreiben vom 15.5.1943 jede Betätigung im Bereich des Grossdeutschen Rundfunks untersagt ist. Auf Ihre weitere Anfrage betr. die weitere Verwendung Ihrer Programm-Hüllen mit der Aufschrift "Lale Andersen singt" werden Sie demnächst Bescheid erhalten.

Die Verwendung dieser Programmhüllen wird Ihnen vorläufig nicht gestattet, da auf der vorletzten Seite auf Ihre frühere Betätigung an Deutschen Sendern und am Berliner Fernsehsender Bezug genommen wird. Eine endgültige Entscheidung zu diesem Punkte wird jedoch noch erfolgen und Ihnen zugehen.

Im Auftrag:
gez. Funke.

Beglaubigt:

Die Sängerin hatte angefragt, ob sie bestimmte Lieder, die schon lange zu ihrem festen Repertoire gehören, vortragen darf. Auch ob gegen die Verwendung der Programm-Hüllen mit ihrem Namen etwas einzuwenden sei, möchte Lale wissen.

Die Antwort auf ihren Brief läßt nicht lange auf sich warten.

In Lales Horoskop steht, daß es für im März geborene Widder noch im Juli eine angenehme Überraschung gebe. Auch eine neue Bekanntschaft stünde ins Haus.

Die angenehme Überraschung entpuppt sich als ein Tourneeangebot der Konzertagentur Hoffmeister. Glücklich sagt Lale zu. Gereist wird allerdings nicht per Bahn oder im Privatauto. In einem alten, behäbigen Reiseautobus kutschiert das Orchester mit Lale von Ort zu Ort.

Die vorausgesagte neue Bekanntschaft ist ein großer, gutaussehender blonder Mann mit blauen Augen, zirka Ende 40, der sich als Reiseleiter Nicki Rummert aus Berlin vorstellt. Lale blickt zunächst sehr kritisch auf diesen Menschen, der mit einem Empfehlungsschreiben der Konzertagentur vor sie tritt. Charmant und weltgewandt beginnt er das Gespräch mit einem Kompliment.

»Ach, wissen Sie, das lassen Sie bitte sein. Wir müssen beruflich miteinander auskommen, darauf sollten Sie sich konzentrieren. Für private Gespräche habe ich auf Tourneen keine Zeit«, weist Lale den Reiseleiter zurecht. Vielleicht war ihr Tonfall zu scharf, aber da sie den Verdacht hegt, bei Nicki könne es sich um einen Mann vom SD (Sicherheitsdienst) handeln, der sie beobachten und kontrollieren soll, ist sie besonders vorsichtig.

Sie ist überzeugt, daß er über ihr Leben wachen soll, damit sie auch ja keines der vielen Verbote übertritt, die ihr Hinkel mit auf den Weg gegeben hat.

Nicki spürt, daß sich Lale ihm gegenüber sehr reserviert verhält. Aufmerksam beobachtet er sie, vermeidet aber engeren Kontakt, sondern bemüht sich um den reibungslosen Tourneeablauf.

Die Konzerte enden jedesmal mit einem herrlichen Erfolg. Manchmal stehen die Soldaten noch lange nach dem Schluß vor der Bühne und bitten eindringlich um »Lili Marleen«.

»Daß mir Hinkel verboten hat, es zu singen – mein Lied und das der Soldaten –, ist das einzige Tröpfchen Bitternis in diesen Wochen«, schreibt sie in ihr Tagebuch, ihr einziger und zuverlässigster Freund auch auf dieser Reise.

Tagebuch, August 1943, auf Tournee

»Der Flügel dürfte verstimmt sein, der Magen hungrig, der Schlaf häufig zu kurz, nichts kann mich aus diesem seligen Freudenzustand, wieder singen zu dürfen, herausbringen. Die Jungens des Orchesters schütteln die Köpfe und staunen mich an: ein Star ohne Launen, immer strahlend und tapfer, ja gibt's denn das wirklich?

Doch, das gibt es! Und nach einem so dunklen Winter erst recht. Manchmal bekomme ich vom ›SD‹ (Nicki) einen zärtlichen Blick. Gelegentlich hänge ich mich auf dem Nachhauseweg bei ihm ein und fühle mich an seinem Arm glücklich. Auf einem Zwischenstopp in Berlin lade ich ihn zum Hasenbraten ein. Ins Gästebuch schreibt er unter seine Dankesworte: ›Ihr Kamerad der Landstraße‹.

In Kissingen ist nach drei Wochen die Konzertreise beendet. Alles trennt sich und reist in die verschiedensten Himmelsrichtungen. Von meiner erfolgreichen Tournee nimmt die Presse kaum Notiz. Meinem Image schadet das nichts. Das poliere ich so nach und nach auf Hochglanz!«

Tagebuch, September 1943, auf Tournee

»Wieder geht es, nach einem kurzen Besuch bei Björn, der in Wildbad im Lazarett liegt, von Stadt zu Stadt. Die Fröhlichkeit der Deutschen verstummt immer mehr. Sizilien mußte aufgegeben werden. Siegreich hat die achte englische Armee das italienische Festland betreten. Über Deutschland tummeln sich die todbringenden amerikanischen Luftgeschwader.

In Baden-Baden müssen wir am 1. September die Tournee eine Zeitlang unterbrechen. Wir kommen nicht weiter, weil Paschi und das Begleitorchester zum Militär zurückmüssen und außerdem die Städte, in denen wir gastieren wollten, zertrümmert sind. Dazu gehört auch das Haus der Konzertdirektion in Mannheim.

Mir drohte auch großer Ärger. Dabei war ich daran völlig unschuldig. In Bad Ems hatte die Kurverwaltung die offiziellen Plakate der Mannheimer Konzertagentur durch eigene ersetzt. Dick und fett stand da zu lesen ›Lale Andersen – die Lili Marleen des Belgrader Senders‹...

Wie konnten sie auch ahnen, daß mein Name nicht mehr mit Lili Marleen in Verbindung gebracht werden durfte. Nicki klärte die Sache auf. Nicht unbedingt zur Zufriedenheit der Kurverwaltung, aber wenigstens zu meiner Beruhigung.

Mitte September soll ich nach Berlin. Michael nehme ich auf sein

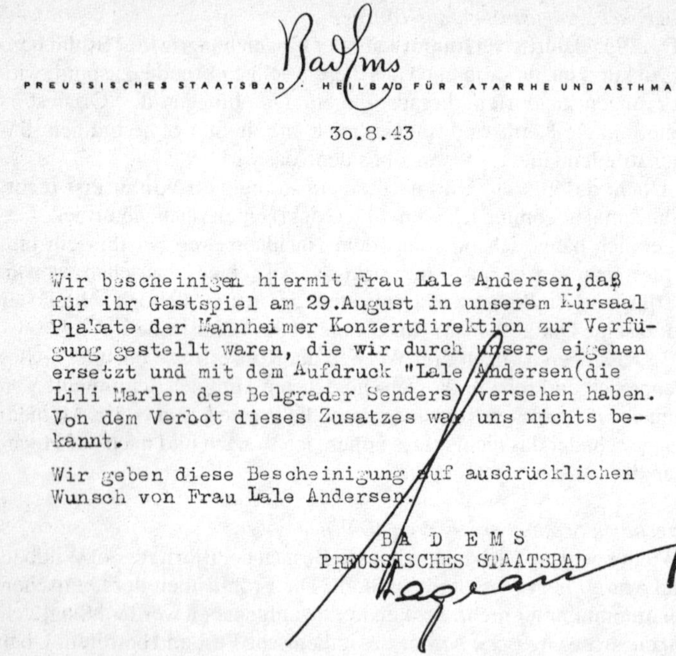

Bad Ems

PREUSSISCHES STAATSBAD · HEILBAD FÜR KATARRHE UND ASTHMA

30.8.43

Wir bescheinigen hiermit Frau Lale Andersen, daß
für ihr Gastspiel am 29.August in unserem Kursaal
Plakate der Mannheimer Konzertdirektion zur Verfü-
gung gestellt waren, die wir durch unsere eigenen
ersetzt und mit dem Aufdruck "Lale Andersen(die
Lili Marlen des Belgrader Senders) versehen haben.
Von dem Verbot dieses Zusatzes war uns nichts be-
kannt.

Wir geben diese Bescheinigung auf ausdrücklichen
Wunsch von Frau Lale Andersen.

B A D E M S
PREUSSISCHES STAATSBAD

Drängen hin mit. In Berlin braucht mich diesmal die Rundfunkpolitische Abteilung.

Für die deutsche Wehrmacht zu singen, die so auf ihre ›Lili Marleen‹ wartet, hat mir Hinkel verboten. Merkwürdig, und nun muß ich alle Innigkeit in englische Lieder legen, damit sie nach Übersee und zur Mittelmeer-Armee gesandt werden und die Herzen zu Deutschlands Gunsten betören. Lili Marleen ist nach langen Kämpfen von der englischen und amerikanischen Regierung freigegeben und *das* Lied geworden.

›Das hat die Welt Ihnen zu verdanken‹, sagte der Gesandte Schmidt, der meinetwegen ein Frühstück im Adlon gab.

Langsam hört das, was Hinkel mir angetan hat und vor allem antun wollte, auf zu schmerzen. Ich kann wieder lächeln, wenn ich angestarrt werde.

Lächeln muß ich auch, als mir jemand (der Absender blieb unbekannt) die freie Übersetzung eines Kommentars zusendet, den der

Londoner Rundfunk ausgestrahlt hat und der sich mit dem Lied ›Lili Marleen‹ befaßt. Inhaltlich trifft nicht alles zu, aber das nimmt niemand so genau. Auch ich nicht.«

Aus: London Rundfunk vom 14.9.43

»Lili Marleen« kommt als einziges Lied dieses Krieges
»Tipperary« gleich

Die Armeen im Mittelmeerkriegsschauplatz haben etwas gemeinsam, ganz gleich für welche Seite sie kämpfen. Es ist ein Lied, »Lili Marleen«. Aus allen Berichten geht hervor, daß dieses Lied von den Deutschen sich zu den Engländern, Kanadiern und Italienern ausbreitet. Auch die Zivilisierten singen und spielen es jetzt. Es scheint im Afrika-Korps seinen Ursprung zu haben, von wo es sich verbreitet hat. Der Rundfunk hat das erleichtert, und die Männer aus den verschiedenen Ländern setzen jetzt ihre Worte in die Melodie ein.

Es ist ein sentimentales Lied über ein Mädchen, das gewöhnlich mit einem Soldaten bei einer Laterne vor dem Kasernentor ein Rendezvous hatte.

Es handelt sich um das einzige Lied, das der Krieg bisher hervorgebracht hat, das mit »Tipperary« oder »Over there« verglichen werden kann. Es unterscheidet sich aber von allen beiden dieser Lieder.

Was aber noch ungewöhnlicher ist, ist, daß »Lili Marleen« von den Soldaten beider Seiten gesungen wird. Es ist nicht das Lied des Afrika-Korps oder der »Desert Army«. Es ist das Lied des Mittelmeerkriegsschauplatzes.

Man hört die verschiedensten Versionen darüber, warum »Lili Marleen« so volkstümlich wurde. Das Lied wurde tatsächlich vor dem Krieg geschrieben, im Jahre 1938, wenn man es genau nimmt, und zwar von einem wenig bekannten Komponisten volkstümlicher Lieder aus Wien. Die Verse stammen von einem zweitrangigen deutschen Dichter, und in ihnen liegt viel mehr Sinn und Gefühl als in den Sachen, die von den »Moon-June«-Dichtern aus der Tinpan Alley verfaßt werden.

Tagebuch, Oktober 1943
»Gott sei Dank, es hat sich ein Pianist und ein Begleitorchester gefunden. Wir fahren durch einen sonnigen, bunten Herbst von Stadt zu Städtchen, Ort zu Dorf.

In Erfurt ist der Erfolg einmalig. Auch hier übernimmt die lokale Gastspielleitung die Werbung und ›übersieht‹, daß auf den Plakaten kein Hinweis auf meine Verbindung mit dem Sender Belgrad gedruckt werden darf.

Inzwischen bin ich geübt in Sachen ›Verbote‹. Schriftlich lasse ich mir bestätigen, daß ich mit den Plakaten nichts zu tun habe.«

E r f u r t , den 1.Oktober 1943.

Jch bestätige hiermit Frau Lale A n d e r s e n , dass ich zu ihrem Gastspiel in Erfurt am 1. und 2.Oktober 1943 die Plakate selbst in Auftrag gegeben habe. Die Mannheimer Gastspiel direktion Heinz Hoffmeister war infolge der vollkommenen Zerstörung der Büros in Mannheim durch den feindlichen Fliegerangriff nicht in der Lage, mir irgendwelches Werbematerial zur Verfügung zu stellen.

Jch versichere Frau Andersen ausdrücklich, dass ich auf den Plakaten den Zusatz " vom Sender Belgrad " selbständig habe aufdrucken lassen.

Zu einem unglaublichen Zwischenfall, der sich Gott sei Dank nie wiederholt, kommt es am 27. Oktober, während Lales Auftritt in der böhmischen Stadt Gablonz. Ein »Sprengkommando« der Hitlerjugend, Bann 631, aus der benachbarten Stadt Reichenberg, stört mit Pfiffen und Zwischenrufen das Konzert. Als Lale auf die Bühne tritt, nehmen die Störungen einen solchen Umfang ein, daß sie schon nach wenigen Minuten die Bühne verläßt. Sofort fällt der Vorhang. Den Orchestermitgliedern spricht Lale unter Tränen Mut zu.

»Bloß nicht aufgeben, jetzt! Ihr müßt noch einmal anfangen, spielt ein paar Takte, dann trete ich vor den Vorhang. Bis dahin hat sich das Publikum bestimmt beruhigt und die Störenfriede auch.«

Kaum aber tritt Lale mit verkrampftem Lächeln und am ganzen Körper zitternd vor die Zuschauer, beginnt das Pfeifkonzert mit doppelter Lautstärke.

»Abbrechen. Packt die Instrumente ein und laßt uns verschwinden«, befiehlt der Dirigent. Seine Anweisungen erscheinen überflüssig. Die Orchestermitglieder haben die Aufforderung gar nicht erst abgewartet.

Zwei Tage später erhält Lale von einem Herrn einen an sie persönlich adressierten, handgeschriebenen Brief, der in ihrem Gablonzer Hotel abgegeben wird.

Sehr verehrte gnädige Frau!
Ich möchte Ihnen heute nochmals mein Bedauern und das vieler, vieler anderer aussprechen über den abgebrochenen Abend vor zwei Tagen und das unverständliche Verhalten einiger Fanatiker, anders lassen sich die Störenfriede nicht bezeichnen. Besonders unsere Verwundeten, in deren Herzen Sie sich durch all die wunderbaren Lieder gesungen haben, sind über das Mißlingen Ihrer guten Absicht schwer enttäuscht. Mit vieler Mühe, teils sogar auf Krücken und im Rollstuhl, sind sie alle gekommen, um von Ihnen persönlich die Verheißung zu hören: Es geht alles vorüber... Wie schwer gerade die Enttäuschung der Soldaten war, kann ich hier nicht in Worte kleiden. Man fragt sich hier in Gablonz, wie war das nur möglich.

Lassen Sie es sich eine Genugtuung und kleinen Trost sein, daß Ihre weiteren Konzerte, u. a. in Zittau, umso größere Erfolge waren.

Wenn Sie in der Folge Ihrer Vortragsreise Abend für Abend jubelumbraust auf der Bühne stehen, denken Sie bitte an die enttäuschten Gablonzer, die auf Sie verzichten mußten.

Indem ich Sie meiner allergrößten Hochachtung versichere, begrüße ich Sie ergebenst Ernst Oschinski

Tagebuch, Berlin, Anfang November 1943
»Die Tournee soll mit einem Abend im Berliner Beethovensaal enden. ›Nur kein neuer Sensationserfolg in Berlin‹ glauben einige Neunmalkluge warnen zu müssen. ›Das fordert von neuem Ihren Feind heraus.‹

Das Konzert ist innerhalb von zwei Tagen ausverkauft. Ich strahle in der Arbeit und Vorbereitung dieses schönen Programms.

Im Konzert ist sehr gutes, erwartungsvolles Publikum. Nach meinem zweiten Lied klappt alles herrlich. Es ist ein Erlebnis ohne alle Erdenschwere, ein Zufliegen aller Herzen, und nach der Vorstellung gibt es viele, viele Blumen.«

Die Warnung einiger Freunde, Lale solle sich von einem allzu durchschlagenden Erfolg in Berlin nicht blenden lassen, beweisen sich als angebracht. Von offizieller Seite wird ihr weiterhin Mißtrauen entgegengebracht. Daß sie unter Spionageverdacht steht, weiß sie nicht.

Auch hat sie keine Ahnung, daß sich ein ähnlicher Verdacht auch gegen die Sängerin Rosita Serrano richtet.

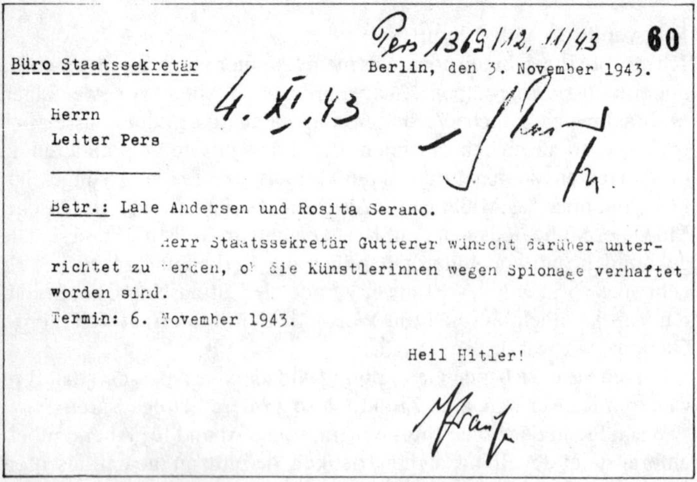
Pers 1369/12. 11/43 60

Büro Staatssekretär

Berlin, den 3. November 1943.

4. XI. 43

Herrn
Leiter Pers

Betr.: Lale Andersen und Rosita Serano.

Herr Staatssekretär Gutterer wünscht darüber unterrichtet zu werden, ob die Künstlerinnen wegen Spionage verhaftet worden sind.

Termin: 6. November 1943.

Heil Hitler!

Tagebuch, Aschersleben, Ende November 1943

»Die Entwicklung des Krieges ist in den letzten Wochen immer grausamer geworden. Eine deutsche Stadt nach der anderen sinkt unter der Wucht der englisch-amerikanischen Bombardements in Trümmer. Das Elend der aufs Land, ins Ungewisse Flüchtenden ist grenzenlos. Stumm, mit angstverzerrten Gesichtern vor den nächsten Hieben, die der Feind für sie bereit hält, hetzen sie von einer Ecke Deutschlands in die andere.

An dem Tag, an dem sich unser Häuflein nach der schönen Ferienwoche in Berlin wieder sammeln und treffen wollte, begann die Zerstörung Berlins. Das Heulen und Pfeifen der heruntersausenden Bomben, das verbissene, verzweifelte Donnergetöse der Flak erlebte ich neben Nicki im Hausflur. Der Weg über die Straße in den nächsten Luftschutzkeller war wegen der herunterstürzenden Steine und Flaksplitter nicht mehr möglich. Wie bin ich erleichtert, daß Michael wieder in Baden-Baden ist.

Am nächsten Morgen haben wir aus Schutt und Trümmern unseren Reisebus ausgegraben, unsere Orchestermitglieder zusammengesucht, einen von ihnen ans Steuer gesetzt und kamen abends um sie-

4. 11. 43

Der Leiter der Personalabteilung — Berlin, den 5. November 1943

Sachbearbeiter: Regierungsrat Dr. May

Pers 1369/12. 11. 43

62

An — **Verschluss!**

den Herrn Staatssekretär

- - -

Betrifft: Lale Andersen und Rosita Serano.

- - -

1.) Gegen Lale A n d e r s e n war vor einiger Zeit wegen ihrer Beziehungen zu Juden (Brief an einen ausländischen Juden in der Schweiz) ein Auftrittsverbot verhängt worden, das aber von der Reichskulturkammer inzwischen wieder aufgehoben worden ist. Die Künstlerin kann seither privat wieder auftreten; im Rahmen der Truppenbetreuung darf sie jedoch nicht mehr eingesetzt werden.

2.) Auch bei Rosita S e r a n o ist eine Verhaftung nicht erfolgt. Die Künstlerin hält sich z.Zt. in Schweden auf. Falls sie in das Reichsgebiet zurückkehrt, hat sie allerdings ein Untersuchungsverfahren zu gewärtigen, da Spionageverdacht gegeben ist.

Heil Hitler!

Der Staatssekretär hat Kenntnis

ben Uhr, kurz bevor das neue Bombardement begann, aus der Stadt heraus.

Der eigentliche Fahrer und fünf unserer Jungens fehlten.

Auf der Autobahn nach Stettin, wo wir an diesem Abend ein Konzert geben sollten, geht das Gas aus. Zwanzig Kilometer marschierten wir, bis wir in ein Dorf kamen, in dem wir, auf provisorischen Lagern, hungrig und frierend, übernachten konnten. Nicki brachte es fertig, daß uns am nächsten Morgen Gas gebracht wurde und langsam alles ins gleiche Gleis kam. Ich nehme mir fest vor, im Anschluß an diese abenteuerliche Fahrt Bremerhaven wiederzusehen.«

Tagebuch, Bremerhaven, Dezember 1943
»Ich bin wieder im Heimathafen. Das bedeutet, daß ich zu Papas Grab draußen auf dem kleinen Friedhof über der Weser herausfahre und mich für ein paar Minuten noch einmal seiner Güte und Größe erinnere, an sein herzliches Lachen. Das bedeutet auch: Salzluft atmen und abends in der überfüllten Stadthalle zu sagen: ›Ich freue mich so, wieder einmal zu Hause zu sein.‹

Und dann versuche ich ganz besonders schön zu singen.«

Das Weihnachtsfest 1943 verbringt meine Mutter bei meinem Bruder Michael in Baden-Baden. Björn hat keinen Heimaturlaub erhalten und wartet in irgendeiner Kaserne auf neuen Fronteinsatz. Ich befinde mich während der Weihnachtsferien in den Allgäuer Bergen bei Freunden.

Da wir in punkto Trennung viel Erfahrung haben, klingt aus unseren gegenseitigen Weihnachtsgrüßen und -wünschen nur wenig Traurigkeit. Irgendwann wird sich der Andersen-Wilke-Clan wieder in die Arme fallen, wann und wo, überlassen wir dem Schicksal.

Auf dem Tourneeplan meiner Mutter steht im Januar 1944 zunächst das Rheinland.

Aber die Vorstellungen werden täglich durch Fliegeralarm unterbrochen. Die wenigen Konzertsäle, die im Winter und Frühjahr 1944 noch zur Verfügung stehen, sind zwar meistens ausverkauft, aber es tauchen andere Probleme auf. Entweder ist das Orchester nicht vollzählig – irgendein Mitglied wird einberufen oder muß zum Einsatz zurück –, oder Bomben haben den Saal Stunden zuvor zerstört.

Gastspieldirektion Erich Knoblauch

Dresden A 24

Fernsprecher 477 77 Bankkonto: ADCA, Dep.-Kasse E Postscheckkonto: Dresden 18376 E. Knoblauch

Ihr Zeichen:

Ihre Abteilung:

Unser Zeichen: Kn/MS.
(In der Antwort bitte anzugeben)

Betrifft:

Dresden A 24, den 3.Januar 1944
Langemarckstraße 15

Frau
Lale A n d e r s e n
Berlin - Halensee

Kurfürstendamm 92

Liebe, gnädige Frau!
Lieber Herr Rummert!

Nehmen Sie unseren schönsten Dank für Ihre Neujahrswünsche, die wir auf das Herzlichste erwidern. Der Betrieb hielt uns bis 30.v.Mts. vollständig in Atem, jetzt haben wir eine kurze Veranstaltungspause. Am 12. geht es aber wieder mit Lommel im Gau Schlesien weiter.

Auch wir würden uns aufrichtig über ein Wiedersehen mit Ihnen Beiden freuen. Ich habe aber keine Städte mehr in meinem "Arbeitsgebiet für Hoffmeister" und habe Hoffmeister bereits in diesem Sinne geschrieben; denn ich soll eigentlich die Zeit ab 15.Februar übernehmen.

Anders lägen die Dinge, wenn die verehrte Frau Lale für KdF wieder frei wäre. An sich ist die "Sperre" bekanntlich ja längst vorbei. Dann könnten wir das von Luftalarmen beinahe völlig verschonte, riesige schlesische Gebiet beglücken. In den Gauen Nieder - und Oberschlesien habe ich aber keine privaten, örtlichen Geschäftsbeziehungen sondern nur "Kraft durch Freude". Das weiss auch Herr Hoffmeister und ich bat ihn bereits, Sie zu bitten, Ihre Gründe für eine Fortdauer der Sperre fallen zu lassen. Bitte lassen Sie recht bald hören.

~~Auf~~ Den Zwischenfall "Reichenberg" konnte ich zufolge der Einstellung des Herrn Hoffmeister, der mir die Antwort noech schuldig ist, ob ich Schadenersatzansprüche für Sie oder die Kapelle Witjes stellen soll, noch nicht weiter betreiben. Auch liess Herr Oschinski mein Schreiben vom 10.November 43 (Durchschlag anbei) unbeantwortet. Zudem hörte ich, dass Dr.Kinzel wegen allgemeiner Unbeliebtheit kaum noch im Amte sein dürfte. Ich frage mich nun, soll ich einen Bericht an Herrn Hinkel schicken mit der Bitte, die Massnahmen zu treffen, damit sich solche Zwischenfälle nicht wiederholen können. Im Bezug auf den Sudetengau hat ein solcher Bericht wenig praktischen Wert, weil KdF das Feld beherrscht und in einigen günstigen Städten, wie etwa Bodenbach und Aussig sowie Teplitz keine Säle vorhanden sind, und gerade in diesen Städten bin ich nicht auf KdF angewiesen. "Was tun, spricht Zeuss"!

Mit nochmals allen guten Wünschen und in der Hoffnung auf baldiges, frohes Wiedersehen, verbleiben wir mit den schönsten Grüssen

Ihre

Tagebuch, in den bayerischen Bergen, Februar 1944
»Aus Berlin kommt ein Telegramm: Haus Bombenschaden. Irgendwann mußte ich ja auch drankommen. Es ist schon nicht mehr optimistisch, sondern arrogant, zu denken, daß bei den täglichen Fliegerangriffen das eigene Haus verschont bleibt. Ich habe mich mit dem Gedanken, daß es uns nicht bleibt, so vertraut gemacht, daß mich die Realität nicht mehr umwirft. Seit dem Konzert im Beethovensaal am 10. November vergangenen Jahres habe ich die geliebten eigenen hellen, sonnendurchfluteten Räume nicht mehr gesehen. Diese Distanzierung mildert den Schlag. Die Kinder haben einmal für zwei Jahre gewußt, wie schön ein eigenes Zuhause ist. Die Erinnerung daran muß wohl lebenslänglich reichen. Für mich auch. Ich gehöre halt zu den Menschen, deren Schicksal das ewige Provisorische ist.«

Im März, genauer gesagt, am 23., feiert Lale ihren Geburtstag in Straßburg, wo zugleich eine neue Konzertreise beginnt.

Auf ein Ständchen muß sie verzichten. Bei den Musikern handelt es sich jetzt nur noch um Ausländer. Nicki, noch immer zum Reiseleiter verdammt, entschädigt dafür mit kleinen Geschenken: ein Paar hauchdünne Seidenstrümpfe, Parfum und ein Kasten Zuckergebäck.

Von Straßburg reist die Gruppe auf Umwegen, um Luftangriffe zu vermeiden, in Richtung Osten weiter. Sosehr sie sonst Abenteuern zugetan ist, die Ungewißheit, wo der nächste Auftritt stattfinden wird, geht Lale doch auf die Nerven. Steht sie aber erst vor ihrem Publikum, dessen Dankbarkeit für ein paar Stunden Vergessen enorm ist, denkt sie nicht mehr an sich. Immer häufiger finden die Konzerte in kleinen Städten statt. Einmal in prächtigen, festlichen Sälen vor elegantem Publikum, dann wieder in besseren Scheunen oder Tanzhallen. Das Wetter ist noch sehr kühl, nur selten sind die Säle beheizt, von den

Garderoben ganz abgesehen. Als dann in einer kleineren Stadt der Umkleideraum besonders gemütlich warm ist, freut sich Lale. Alle paar Minuten taucht sogar eine polnische Magd auf, um den Ofen nachzufüllen. Die Garderobe befindet sich im Keller, unter der Bühne. Es duftet stark nach Heu und Vieh. Nach dem Konzert will sich Lale bei der Saalbesitzerin für die herrlich geheizte Garderobe bedanken.

»Das war nicht für Sie, Frau Andersen, sondern wegen der trächtigen Ziege. Die hat sich im großen Stall erkältet. Da haben wir für sie einen Verschlag im Keller, neben der Garderobe gebaut.«

Gelächter auf beiden Seiten.

In Dresden werden zu Ostern zwei weitere Konzertabende veranstaltet.

Tagebuch, im ostdeutschen Gebiet, April 1944
»Die Sonne scheint auf die kilometerweite Barackenstadt, in die uns die Konzertdirektion für eine Woche geschickt hat, um Werk-Konzerte zu veranstalten. Ohne vielleicht zu wissen, daß zu solchen Veranstaltungen auch ein Flügel gehört und eine Bühne und Zuhörer, die hier und da ein Wort Deutsch verstehen. So aber stehe ich vor 17 Nationen, die hier brav für Deutschland leben und arbeiten, aber nichts von dem verstehen, was ich singe.

Wir nehmen das Ganze komisch. Ich wüßte auch gar nicht, wie ich es anfangen sollte, nach Star-Art empört zu sein und zu toben. Jedenfalls werden wir nach einer Woche alle wissen, daß der Mensch im Grunde nichts braucht als ein Feldbett, einen Spind, warmes Wasser, einen Gemeinschaftsraum und eine gute Gemeinschaftsküche. Falls die Zerstörung der europäischen Kultur weitergeht, haben wir unsere Generalprobe für das Zeitalter des ›Barack‹ abgelegt.«

Tagebuch, Berlin, Mai 1944
»Mit Michael bin ich von Baden-Baden nach Berlin gereist. Die Seligkeit beim Michael ist riesig. In der Wohnung ist vieles entzwei, und drei Räume sind völlig zerstört, aber das mindert nicht unsere Freude, wieder einmal zu Hause zu sein.

Ohne es zu wollen, muß ich an die Verbote denken, die mir von der Reichskulturkammer auferzwungen wurden. Mein Benehmen in den vergangenen Monaten war einwandfrei. Brav tat ich, wie mir geheißen, habe niemals ›Lili Marleen‹ gesungen und auch sonst nach ›Befehlen‹ gehandelt. Nun überlege ich, ob ich mit einem erneuten

Lale Andersen in Olmütz

Nun ist sie also auch in Olmütz gewesen — Lale Andersen, die viel berühmte und viel gescholtene! Denn während die einen sie in den Himmel heben, verdammen sie die andern in den Pfuhl der Verderbnis. Dabei muß objektiverweise zugegeben werden, daß sich der Streit der Gemüter ja nicht so sehr um ihre Persönlichkeit erhitzt als um jene Musikart und Vortragskunst, in der sie eine Spitzenvertreterin darstellt und die am sinnfälligsten bei den Vorträgen der sie begleitenden Jazz-Kapelle Willi Artelt in Erscheinung tritt. Das ist es: der Jazz. Dieser ist nun einmal, mag man für ihn noch so heftig die Lanzen brechen, keine arteigene deutsche Kunst. Wer deutsche und europäische Musik liebt und in ihr beheimatet ist, der versagt dem Jazz immer das teurere Wort M u s i k. Zwar gesteht er ihm den Rhythmus zu, den allerdings in erregendem Maß; einem Maß, das alle sinnlichen Instinkte der ungebändigten Natur zu entfesseln vermag.

Schreiben an Hinkel treten soll, mit der Bitte, mich wieder ›mein‹ Lied singen zu lassen. Wie oft brach mir das Herz, wenn Soldaten darum baten und ich ihren Wunsch nicht erfüllen konnte.

Gewiß, diese Briefe an Hirschfeld, wenn sie auch noch so unpolitisch und harmlos waren, waren eine zu dreiste Freiheit.

Zumindest in den Augen solcher Männer wie Hinkel, Glasmagier und Ohnesorge. Die beiden letzteren kenne ich überhaupt nicht persönlich.

Zugegeben, von ihnen aus gesehen, muß ich büßen. Nie wieder auftreten lassen, diese Person, unwürdig, noch je für die Deutsche Wehrmacht, KdF (›Kraft durch Freude‹), die Reichssender und das deutsche Theater zu singen.

Singen durfte ich nach acht Monaten wieder. Dank der Hilfe des Auswärtigen Amtes, des tapferen Freundes Hanns Arens und wegen Björns Verwundung in Rußland. Auch der Einsatz vieler braver Unbekannter in Briefen an das Ministerium waren meine Helfer.

Aber hier nicht und da nicht singen, und dies nicht und das nicht und so nicht und so nicht und für eine so kleine, von Hinkel festgesetzte Gage das Herz aus dem Leibe singen, daß dieser Leib vor Hunger schmerzt. Und Michaels Leib braucht auch sein Teil.

Und das soll ich einfach hinnehmen, wie selbstverständlich? Es ist schwer. Ich muß einfach noch einmal an die Reichskulturkammer schreiben.«

Die Antwort Hinkels läßt nicht lange auf sich warten.

SS-GRUPPENFÜHRER
H I N K E L
MINISTERIALDIREKTOR
VIZEPRÄSIDENT DER REICHSKULTURKAMMER
DER REICHSFILMINTENDANT

Berlin W 15, den 16. Juni 1944
Schlüterstr. 45
Tel.: 11 00 14 App.2621 u.2644

Frau
Lale A n d e r s e n
Berlin-Halensee
Cicerostr. 49

Sehr geehrte Frau Andersen!

Ich erhalte Ihr Schreiben vom 8. 6. 44 und ersuche Sie, mich beschleunigt wissen zu lassen, mit welchem Herrn im Auswärtigen Amt, wie Sie in Ihrem Brief schreiben, Sie über den Vorgang, Ihre künstlerische Betätigung betreffend, gesprochen haben. Sie wollen diese Nachricht raschestens an den Leiter der Abteilung KP in der Hauptgeschäftsführung der Reichskulturkammer, SS-Standartenführer v. L o e b e l l, übersenden.

H e i l H i t l e r !

Hinkel

Auf Anraten ihres Anwalts Dr. Möhring verfolgt Lale ihre Pläne nicht weiter. Der Krieg sei sowieso so gut wie verloren, erfährt sie auch von anderer Seite. Heimkehrende Soldaten bestätigen es, die täglichen Nachrichten klingen immer weniger zuversichtlich.

»Ruhen Sie sich bis zum Beginn der nächsten Tournee in den bayerischen Bergen aus«, schlägt Dr. Möhring vor.

Michael wird also nach Baden-Baden verfrachtet, und Lale kehrt nach Reith zurück. Auf dem Weg zu ihrem bayerischen Unterschlupf spricht sie ein Nachbar an. Ob sie schon gehört habe, daß die Amerikaner in Rom einmarschiert und die ersten sogar bereits in Frankreich gelandet seien?

»So? Nun, es kommt mir wirklich etwas plötzlich und unwahrscheinlich vor. Vor allem, wenn man so lange nichts aus dem Radio und den Zeitungen gehört hat«, erwidert Lale vorsichtig.

Der Bauer gibt nicht nach. »Glauben Sie noch an den Sieg?«

Auf ihre ausweichende Antwort reagiert er mit breitem Grinsen. »Sagen's das jetzt aus Überzeugung oder aus Vorsicht?«

Bis Ende 1944 müssen immer mehr Tourneen abgesagt oder bis auf weiteres verschoben werden. Überall herrscht Chaos, sind Eisenbahnschienen und Bahnhöfe durch die zahlreichen Bombenangriffe vernichtet.

Lales treuer Kamerad der Landstraße, Nicki, erhält im November seinen Stellungsbefehl und muß sich in Wilhelmshaven melden. Der Abschied fällt beiden schwerer, als man zugeben will. Über ein Wiedersehen spricht man nicht. Das hat man sich in den letzten Kriegsjahren abgewöhnt.

Und dann steht Nicki, unangemeldet und unerwartet, Weihnachten plötzlich vor der Berliner Wohnungstür. Michael kommt überraschend aus Baden-Baden angereist, und von Björn erhält Lale nach zwei Monaten den ersten Brief.

Zu kaufen gibt es nichts mehr, aber daß man noch am Leben ist, wird als das größte Weihnachtsgeschenk empfunden. Nach vier Tagen muß Nicki wieder in die Kaserne zurück, Michael und Lale bleiben einstweilen noch in Berlin, beschäftigen sich aber jetzt intensiver mit der Frage: Wohin, falls die Wohnung einem Bombenangriff zum Opfer fällt?

Tagebuch, Berlin, Anfang 1945
»Wir sitzen in dem noch heilgebliebenen Teil der Berliner Paradieswohnung und überlegen: Sollen wir uns vor der Fluchtwelle, die nun seit einem Jahr die Deutschen vom Osten zum Westen, vom Westen zum Osten und nun wiederum vor den Russen zum Westen hetzt, mit fortspülen lassen? Sollen wir wiederum unsere Koffer mit dem Nötigsten packen und uns nach Baden-Baden begeben?

Michael meint: nein. Und ich finde es auch jämmerlich, dieses Rennen nach Sicherheit. Es muß sich auch in dieser wahnwitzigen Zeit noch eine würdigere Möglichkeit finden, seinen Tagen einen Sinn zu geben.

Im Übersee-Sender braucht man mich für englische Lieder nur einmal wöchentlich. Im deutschen Sender werde ich nicht beschäftigt. Mit Sendungen unserer unantastbaren wahrhaft Großen Beethoven, Bach, Goethe, Schiller, Schumann und Brahms glauben die Herren Sendeleiter, ihr hohes Niveau zu dokumentieren. Daß auch in unserer Zeit Komponisten leben und daß auch aus unserer Zeit Dichter sprechen, wissen sie nicht. Nur kein geistiges Experiment.

Auf Anordnung des Auswärtigen Amtes nehme ich also in englischer Sprache Schallplatten auf oder singe in den eigenen vier Wänden, wonach mir das Herz steht.

Draußen, wo die Mark ans Mecklenburgische grenzt, haben wir ein Zimmer gemietet, das uns aufnehmen soll, wenn einer der allnächtlichen Bombenangriffe die Paradieswohnung endgültig zerstört.

Nicki ist von Wilhelmshaven fort auf ein Nordsee-Inselchen versetzt worden. Langeoog sei ein kleines Paradies, schreibt er. Zu essen gäbe es zur Genüge.

Es klingt alles so verlockend, ich ertappe mich dabei, Reisepläne zu schmieden. Im Übersee-Sender ist immer weniger zu tun. Die könnten mich schon einmal vier bis sechs Wochen entbehren.

›Aber dieser Abschied von dem Berliner Zuhause ist dann wohl ein endgültiger, Michalein! Wir können auf diese abenteuerliche Fahrt, die man wohl mehr zu Fuß, mit dem Pferdewagen oder einem gnädigen LKW machen muß, nur jeder ein Köfferchen mit dem Nötigsten mitnehmen.‹

›Das macht doch nichts, Mami. An die Nordsee möchte ich schrecklich gerne.‹

Das ist ein Familienerbfehler, diese leidenschaftliche Liebe zum Meer. Und dann kommt solch eine Reise natürlich auch Michaels Abenteuerlust entgegen. Meiner allerdings auch.«

Am 10. Februar 1945 verläßt Lale mit ihrem Jüngsten die Reichshauptstadt. Ihr geliebtes Berliner Zuhause soll sie nicht wiedersehen. Es geht bei den wahnsinnigen Kämpfen um die Stadt am 2. Mai durch Granatwerfer restlos in Flammen auf. Verdreckt, erschöpft, aber glücklich gelangen sie heil bis an die Nordseeküste. Am 17. Februar nimmt ein Versorgungsdampfer der deutschen Wehrmacht Lale und ihren Sohn mit auf die Nordseeinsel Langeoog. Noch ahnt kein Mensch, daß es sich bei der Flüchtlingsfrau, die dem zerbombten Berlin entkommen konnte, um »Lili Marleen« handelt. Erst mit der Besetzung der ostfriesischen Insel durch eine französisch-kanadische Besatzungsmannschaft im Frühjahr 1945 kann Lale wieder an ihre Image-Pflege denken. Dafür sorgt ihr gesprächiger Sohn.

Einer der kanadischen Soldaten will von Michael wissen, wer denn das nette Mädchen sei, mit der er gesehen wurde. Ungläubige Blicke, als Michael verkündet, das sei seine Mutter, Lale Andersen.

»She is the one who sings ›Lili Marleen‹«, gibt er stolz Auskunft.

»Impossible«, kommt die Erwiderung.

Mit den notwendigen Unterlagen, Reisepaß, Zeitungsartikeln, Fotos und Dokumenten meldet sich Lale bei dem zuständigen kanadischen Offizier. Er habe schon von dem Gerücht, »Lili Marleen« befände sich auf Langeoog, gehört. Nun sei er sehr gespannt, wie Madame das beweisen wolle.

Lale breitet alle Unterlagen vor ihm aus. Eingehendst werden die Dokumente und die vorgelegten Fotos studiert.

Sie sei ja wirklich die berühmte, berückende Stimme. Sein Cousin habe unter »Monty«, dem Feldmarschall Montgomery, in Afrika bei den »Desert Rats« gedient und ihm von der Stimme, die auch die Engländer betört hat, berichtet.

Händeschütteln und die Bitte um ein Autogramm! »Write, from Lili Marleen, best wishes!« verlangt der Kanadier.

Zögernd gehorcht Lale seinem Wunsch. Wie lange ist es her, daß sie mit »Lili Marleen« unterschrieben hat. Ob man sie jemals als »die Andersen« akzeptieren wird, oder bleibt sie für alle Zeiten »Lili Marleen«?

Auf dem Nachhauseweg fragt sich Lale unentwegt, ob sie sich nun darüber freuen soll, daß sie ausgerechnet auf der kleinen friedvollen Nordseeinsel Langeoog »wiederentdeckt« wurde, oder ob es nicht schöner wäre, eine unbekannte Berliner Flüchtlingsfrau zu bleiben.

Aber sie hat vergessen, wie schnell sich auf einem kleinen Inselchen Nachrichten verbreiten. Die Inselbewohner nehmen zwar die kleine Sensation mehr oder weniger gelassen zur Kenntnis, aber als sie gefragt wird, ob sie eventuell für Verwundete, die man auf die Insel transportiert hat, ein Konzert geben würde, kann sie nicht nein sagen.

Im Juni findet der erste Auftritt Lale Andersens auf Langeoog statt.

Tagebuch, Langeoog, 30. Juni 1945

»Die ersten zwei Liederabende für die Verwundeten sind verklungen. Wie schön ist mein Beruf! Es war so heiß im überfüllten Theatersaal, ich spürte, wie gut den armen Soldaten jedes Lied gefiel, sie konnten nicht genug Applaus spenden.

Die erste Programmhälfte bestand aus Liedern aus der weiten Welt, die zweite aus Film- und Operettenliedern. Ich kann das Programm nicht zu ernst gestalten, es soll letztlich die armen, zusammengeschossenen Jungen aufheitern und auf andere, schönere Gedanken bringen. Sie müssen fühlen, daß es auch für sie eine bessere Zukunft gibt.«

Noch im selben Jahr bezieht Lale mit ihren zwei Männern, Michael und dem inzwischen vom Militär entlassenen Nicki, eine ehemalige Wehrmachtsbaracke auf der Insel. Die primitive und provisorische Bleibe tauft Lale auf den Namen »Musentempel«. In den darauffolgenden Jahren wird die Baracke umgebaut, umklinkert und bekommt ein Strohdach. Anfang der fünfziger Jahre wird ein zweites Haus dazugebaut, das 1956 bezogen werden kann und von Lale »Sonnenhof« getauft wird. Für sich läßt sie, angegliedert an das Haupthaus, einen kleinen Bungalow bauen. Bezeichnet als »Studio«, wird es ab 1963 Lales höchstpersönliches Sommerdomizil. Die Verwaltung vom »Sonnenhof« übernimmt fortan Nicki.

Sosehr Lale das ungehetzte, gemütliche Leben auf Langeoog genießt, wird sie doch zusehends ungeduldiger, wenn im Radio davon gesprochen wird, wie sich das kulturelle Leben, vor allem in Berlin und Hamburg, wieder zu regen beginnt.

Als im Juli 1945 der Sender Berlin eines ihrer alten Lieder bringt und kurze Zeit darauf schon wieder ihre Stimme im Radio erklingt, werden die fast schon vergessenen Ambitionen wach.

»Ich muß unbedingt nach Hamburg und Berlin. Meine Imagepflege, auf die ich sonst so großen Wert gelegt habe, ist viel zu lange verschlampt worden. So geht das nicht weiter. Ich muß neue Lieder einstudieren, muß dahin, wo Begabung gefragt ist. Bequemes Leben, ahoi!«

Ein paar Wochen später reist Lale per Lastwagen nach Hamburg, einem neuen Start entgegen. Sie hat keine Ahnung, was sie in der Hansestadt erwartet.

Tagebuch, Hamburg, September 1945
»Im Sender hat man mich reizend aufgenommen. Die Engländer leiten ihn, lassen aber den Deutschen ziemlich große Freiheit in der Programmauswahl. Meine Popularität bei der englischen Besatzungsmacht ist durch ›Lili Marleen‹ ungeheuer groß.

Es scheint ihnen absolut ›thrilling‹, diese Sängerin nun wirklich kennenzulernen.«

Erst Weihnachten kann Lale auf die Insel Langeoog zurückkehren. Im Baracken-Zuhause feiert sie ein bescheidenes Fest. Zu den schönsten Geschenken gehört das Lebenszeichen von Björn. In einem Brief, der fast 12 Monate unterwegs war, schreibt er, er sei gesund und in Italien in englische Kriegsgefangenschaft geraten.

Auch Litta scheint es einigermaßen gut zu gehen. Auf eigene Faust reiste sie nach Kriegsende ins Allgäu zurück, wo sie bei Lales Schwester und deren Mann zunächst bleiben will. Wann sich die Familie wiedersehen wird, steht in den Sternen.

Kaum ist die Postverbindung mit dem Ausland wieder einigermaßen hergestellt, schreibt Lale an Rolf Liebermann in der Schweiz einen Brief. Sie ist sehr neugierig, zu erfahren, wie es All in all den Jahren ergangen ist. Zu viele Fragen stellt sie vorsichtshalber nicht. Erst möchte sie abwarten, wie All auf das erste Lebenszeichen von ihr reagiert.

Im Frühjahr 1946 meldet sich All mit einem sehr herzlichen, sehnsüchtigen Brief endlich bei Lale. Er schreibt ihr aus Zürich, daß er sie schon vor Monaten am Hamburger Sender gehört habe, und ihre Stimme klänge unverändert. »Das heißt, Du hattest noch immer keine. Aber Sex-Appeal wie zwölf unmündige Negerinnen.«

Von sich erzählt er, daß er noch unverheiratet sei. »(Ehe)frau habe ich keine, also besitze ich viele Frauen«, witzelt All. »Was meinen Beruf anbetrifft: er ist ehrenvoll und bringt keinen Gewinn, aber er ernährt einen weniger Verwöhnten. Meine Hauptbeschäftigung ist die eines Komponisten mißtönender Melodien, die von Wohlwollenden nicht ganz unbemerkt blieben.«

Jede Anspielung Alls auf das, was früher war, auf ihr gemeinsames Liebeserlebnis, übergeht Lale. Sie zieht eine freundschaftliche Bindung vor. All, der bereits vor Jahren die Ambitionen der Geliebten erkannt und zu spüren bekommen hat, respektiert, wohl oder übel, diese Wünsche. So bleiben letztlich nur die Erinnerungen, die wachgerufen werden, wann immer es zu einem Wiedersehen kommt.

Im Jahre 1946 gastiert Lale in der britischen Besatzungszone. Sie singt für englische Truppen und vor deutschem Publikum. Noch ist der Grenzübertritt von einer der vier Zonen zur anderen (amerikanischen, französischen, englischen oder russischen) von den Militärbefehlshabern untersagt.

R. A. F. Casino-Productions, Detmold

Presenting

Lale Andersen

Continental Radio Star

*

Maria Sarzarina

Première Danseuse, Admiralspalast Berlin

*

Pat Bohnen's Melody Swingers

Germany's Leading Swing Sextette

*

Günther Andersch

Renowned Concert Pianist

*

At H.Q. 2 GP. R.A.F. H.Q. 84 GP. R.A.F.
H.Q. B.A.F.O. Admin. School of Infantry Training
H.Q.400 Unnra, Lemgo. R.A.F.Casino-Theatre, Demold

»Lili Marleen« war wirklich zum Schicksalslied Lale Andersens geworden. Erst nach dem Krieg erfährt sie von den englischen Besatzungstruppen, daß »ihr« Lied bereits im Mai 1943 von dem amerikanischen Musikverlag Chappel & Co. Ltd. verlegt wurde. Den englischen Text schrieb Tommie Connor.

In England wurde »My Lili of the Lamplight« mit großem Erfolg von der jungen Sängerin Ann Shelton vorgetragen. Aber auch Englands »sweetheart«, die ungemein populäre Vera Lynn, nahm das Lied in ihr Repertoire auf. Zweifellos die bekannteste Sängerin, außer Lale Andersen, aber war Marlene Dietrich, die das Lied vor amerikanischen Soldaten während des Zweiten Weltkrieges sang.

Die Besetzer Deutschlands, vor allem also die amerikanischen und englischen Soldaten, kannten längst die Melodie, nicht aber die Frau, die es als erste sang: Lale Andersen. So kann Lale, auch nach Beendigung des Zweiten Weltkrieges, dem Geist der »Lili Marleen« nicht mehr entrinnen. Sobald es sich unter den englischen Truppen herumgesprochen hat, wer sich hinter ihrem Namen verbirgt, wird Lale bei jedem Auftritt vor einem englischsprechenden Publikum als »The Original Singer of Lili Marleen« vorgestellt.

In den Jahren 1946 bis Anfang der fünfziger Jahre führt meine Mutter kein Tagebuch. Dafür hat sie stets Taschenkalender des jeweiligen Jahres bei sich. Seit Beginn ihrer Karriere, vermerkt sie, mit ein paar Stichworten, ihre Auftrittserfolge, die Reaktion des Publikums, den Namen des Theaters, Varietés oder Kabaretts, Name der Stadt, und gelegentlich auch das Orchester.

In den ersten Nachkriegsjahren gehörte sie zwar mit zu den gefragtesten deutschen Künstlern, aber zu viele Engagements warteten nicht auf sie. Sämtliche Reisen mußten von den Militärbehörden genehmigt werden. Trotz ihrer Popularität bei den Engländern war es selbst meiner Mutter nicht gestattet, in anderen Besatzungszonen, beispielsweise der amerikanischen, aufzutreten. Erst im Frühjahr 1947 erhielt sie die offizielle Genehmigung, Angebote in die französische und amerikanische Zone zu akzeptieren.

Zum Briefeschreiben hatte sie ausnahmsweise einmal Zeit und schrieb mir, ein Wiedersehen stünde bevor. Ich erfuhr nun auch, daß Björn aus der Gefangenschaft zurückgekehrt war. Seit Kriegsende befand er sich in einem englischen Lager in Ägypten. Die Nachricht stimmte mich sehr froh. Ich wußte, daß meine Mutter um ihn verständlicherweise am meisten gebangt hatte. Michael lebte jetzt in Hamburg, während ich einem Wiedersehen mit meiner berühmten Mutter nach fast zwei Jahren in Oberstdorf entgegensah. Ihrem Brief lag übrigens noch ein neues Foto bei.

»Damit Du mich wiedererkennst. Wie Du siehst, übe ich mich fleißig in Englisch«, fügte sie als Erklärung hinzu. »Von meinem ›Lili-Marleen‹-Image komme ich auch nicht mehr los. Die Tommys bestehen darauf, daß ich meine Fotos mit ›Lili‹ signiere.«

Im Sommer 1948 reist Lale zum erstenmal wieder in die Schweiz, wo sie in Zürich, zusammen mit Michael Jary, für die Schallplattenfirma Decca zwei Chansons aufnimmt: »Sing Nachtigall, sing« und »Das Meer«. In dieser Zeit lernt Lale den Komponisten Arthur (Turi) Beul kennen, den sie ein knappes Jahr darauf, im Juni 1949, in Zürich heiratet.

Der Hochzeit meiner Mutter komme ich mit meiner eigenen zuvor. Im Januar 1949 heirate ich in Hamburg den englischen Journalisten Dudley Magnus und übersiedle im März 1949 nach London. Die englische Presse macht eine kleine Sensation aus dieser Heirat, denn es war nicht allgemein bekannt, daß Lale Andersen verheiratet war, geschweige denn, aus erster Ehe drei Kinder hat.

»He married Lili Marleen's daughter« lauten die fettgedruckten Schlagzeilen auf der ersten Seite der Londoner Presse. Schon wenige Wochen darauf erklingt in englischen Radiosendungen ein sentimentales Liedchen, betitelt »The Wedding of Lili Marleen« (»Die Hochzeit der Lili Marleen«). Den englischen Text schrieb Tommie Connor, der auch die englische Version von »Lili Marleen« verfaßte.

Ob ihn die Meldung über meine Hochzeit zu dem Lied inspiriert hat, läßt sich nicht in Erfahrung bringen. Den deutschen Text schrieb übrigens Hans Leip. Für internationale Schlagzeilen sorgt meine Mutter, als sie ein paar Monate später ebenfalls heiratet. Schmunzelnd schreibt sie, kurz nach ihrer Hochzeit aus der Schweiz, es ginge einfach nicht, daß ich ihr die »Publicity« klaue.

»Also habe ich Dir nachgeeifert und bin ebenfalls eine brave Ehefrau geworden.«

Noch im selben Jahr erhält meine Mutter eine Einladung nach England. Die Schlagzeilen über ihre Heirat haben die Briten neugierig gemacht. Sie wollen nun endlich Lili Marleen persönlich kennenlernen. Sie soll auf der großen »Alamein Re-Union« (Jahrestreffen der Desert Rats) ihre Lili-Marleen-Version singen. Einer der Organisationsleiter des Treffens, K. C. Johnstone, schreibt im Sommer 1949 an meine Mutter. Meiner Mutter scheint der ungeheure, durch Presse und Radio garantierte Publicity-Wirbel nicht bewußt zu sein, der mit diesem Auftritt in London vor ehemaligen englischen Afrikakämpfern verbunden gewesen wäre. Da dem Organisationskomitee nur für die Reiseunkosten Mittel zur Verfügung stehen, meine Mutter aber andere, lukrative Verträge hätte absagen müssen, schreibt sie ab.

Zu einer erfolgreichen England-Tournee kommt es dann aber doch. Im März 1950 verkünden die Londoner Tageszeitungen den Besuch

ALAMEIN RE-UNION

TO BE HELD AT

EMPRESS HALL - 21st OCTOBER, 1949

Under the patronage of Field-Marshal the Viscount Montgomery of Alamein, K.G., G.C.B., D.S.O.

K.C. Johnstone,
Kemsley Newspapers Ltd.,
Kemsley House,
London, W.C.2.

Frau Artur Beul,
Mattenweg 4.,
Zollikon,
Zurich.

Dear Frau Artur Beul,

As I am responsible for organising the entertainment at this important Re-union, I have been instructed by the Committee to extend to you an invitation to attend.

We feel that it would be a great memory to all those present if you could sing to us your original version of Lili Marlene.

What a wonderful idea this would be, and I am sure you would want to come and do it.

If you are willing to come, we could arrange for you to fly over or come by boat and train at our expense.

Would you be kind enough to let me have your reply as soon as possible as we wish to proceed with our arrangements. I might say that the entertainment will consist of the appearance of one or two leading artists of this country, and that during the evening both Viscount Montgomery and Mr. Winston Churchill will be broadcasting.

Yours sincerely

von Lili Marleen. Bei der Ankunft am Flughafen wird sie von einer Schar Pressefotografen empfangen. Jeder will die Frau sehen, deren Stimme sich während des Zweiten Weltkrieges über alle Fronten hinwegsetzte. Als sie sich zudem noch bereit erklärt, an einer Wohltätigkeitsveranstaltung für verwundete englische Kriegsveteranen teilzunehmen, bedanken sich die Gastgeber mit anhaltendem Applaus für ihr Erscheinen.

Wie enorm ihre Popularität bei den Engländern ist, erlebe ich, als meine Mutter uns außerhalb Londons besucht. Es ist ein Wochenende, und als wir vor dem Abendessen noch einen Pub-Bummel vorschlagen, hakt sie sich bei meinem Mann und mir ein, und wir schleppen sie zu unserem Stammlokal. Innerhalb von wenigen Minuten ist meine Mutter umringt und muß Autogramme geben. Irgend jemand verständigt die Presse, Fotograf und Reporter tauchen alsbald auf.

Ich spüre den schiefen Blick meiner Mutter, höre, wie sie flüstert: »Sag, du bist 18«, und muß innerlich lachen. Bemerkungen dieser Art sind nichts Neues für Künstlerkinder. Die an sie gerichteten Fragen beantwortet sie mit Geduld und Charme, und ihr holpriges Englisch gewinnt ihr zusätzliche Verehrer. Später erklärt sie mir, Ehrlichkeit sei gewiß ein schöner Zug. »Aber weißt du, Littachen, manchmal ist man gezwungen zu schwindeln, das erwartet das Publikum nicht anders. Also warum ihnen die Illusion nehmen?«

Tagebuch, Mittelmeer, September 1952

»Ich mache Ferien am Mittelmeer und habe keine Noten, keine Bühnenkleider in den Koffer getan, wie früher, in der heimlichen Hoffnung, daß mit ihrer Hilfe die Hotelrechnung zu bewältigen sein wird. Zum erstenmal bin ich also in die Ferien gefahren, um *wirklich* Ferien zu machen.

Aufatmen oder Wehmut? In Deutschland wäre jeder Schritt, vor allem die schlaksigen, unüberlegten, beobachtet worden. Das ist das Herrliche an diesem Land, daß ich mich wie Mme. Unbekannt nach Belieben benehmen oder nicht benehmen darf. Nur der Concierge weiß Bescheid. Trotz aller Vorsichtsmaßnahmen, die Post unter Beul nachzusenden, rutscht mal ein Telegramm oder Brief unter dem Namen Andersen dazwischen. Nur mein dramatisches Gesicht und die drohenden Worte: ›Ich reise sofort ab, wenn Sie es irgendwem verraten‹, hat beim Portier gewirkt.

Jetzt blinzeln wir uns jedesmal zu, wenn wir uns sehen. Das heißt, er kneift ein Auge zu und ich zur Antwort beide, weil mir das mit dem einen Auge nicht gelingt. Das Grand Hotel hat einen eigenen Strand. Allmählich lernt man die Urlaubssuchenden genauso gut kennen wie die bunten, großen Sonnenschirme und die Liegestühle und weiß, wer zu wem gehört.«

Tagebuch, auf Tournee 1953

»Ich sah René Carol zuerst in Bremerhaven. Er schlenderte mit unserem Reisebegleiter vor dem Konzertsaal auf und ab, als ich mit dem Wagen ankam. Ein kräftiger, viereckiger junger Mann mit dunkler Haartolle, blauen Augen und einem harten, guten Gesicht. Seine Kleidung war die eines Provinzlers am Sonntagnachmittag; sein ganzes Äußeres überhaupt von einer unfaßbaren Un-Eitelkeit.

Nach der ersten Enttäuschung kam der beruhigende Gedanke: also vom Äußeren her ist keine Gefahr. Was er sagte, war der leicht verlegene Unsinn, den jeder junge Mann zusammenredet, wenn er einem weiblichen Star gegenübersteht. Und ich war ganz auf Rauschen und Premiere aufgemacht.

Dann sah ich ihn auf der Bühne. Hörte ihn singen, mit dieser großen, vitalen, fordernden und gebenden Stimme. Ganz ehrlich zu seinen Liedern stehend und zu einem Gefühl, das heute kaum noch ein Mensch einzugestehen wagt. Meine Knie wurden so weich wie die jedes anderen weiblichen Wesens. Ich atmete genauso auf wie die anderen, als er seine Herz-Türen dann mit einem Satz bezaubernder Selbst-Persiflage zuknallte und verspielt und jugendhaft parodierte und erzählte.

Es waren immer viele Mädchen um ihn herum. Tagelang sah ich René nur flüchtig während der Konzerte. Mein Herz, aufgerissen wie das der anderen durch seine Stimme, schlug wieder im normalen Rhythmus. Man mußte ja nicht zuhören, wenn er sang. Ein Verzicht, der schwerfiel, aber den irgendeine weise innerliche Stimme gebot.«

Zum Ensemble gehört auf der Herbsttournee 1953 außer René Carol auch die kleine Cornelia Froboess und ihr Vater. Die Stimmung unter den Kollegen ist gelockert und herzlich. Die starke Zuneigung, die René Lale entgegenbringt, erwidert diese zunächst auf humorvolle Art. An einem Abenteuer ist sie nicht interessiert.

Welcher Beliebtheit sich René Carol im Ruhrgebiet erfreut, kann sie feststellen, als die Tournee durch verschiedene Städte des Rheinlandes führt.

»Hier habe ich ja auch vor fünf Jahren zu singen begonnen. Die meisten Freunde stammen aus dieser Gegend und kaufen meine Platten«, erzählt er stolz seiner Kollegin Lale. Sie muß über seinen Eifer lachen und prostet nach der Vorstellung bereitwillig auf seine allerneueste Errungenschaft, einen Chrysler, an.

Trotz der harmonischen Atmosphäre unter den Kollegen sehnt sich Lale nach Erholung, die sie nur auf Langeoog finden kann. Sie bittet um eine Tourneepause, die ihr bewilligt wird. In ein Gästebuch schreibt sie einen ihrer Leitsprüche: »Wer langsam geht – geht weit, wer langsam singt – singt lange!«

Gerade will sie sich auf ihr Zimmer verdrücken, da erklärt ihr René, er habe einen Abschiedsabend arrangiert.

»So mit Kerzenlicht, schöner Musik und gutem Wein. Und um Mitternacht kommt ein Schornsteinfeger und wird dir einen Strauß Nelken überreichen.«

Es wird eine recht lustige, lange Nacht, die bis morgens dauert. Beide sind nicht mehr ganz nüchtern. Als René auf die verrückte Idee kommt, die »Bitte nicht stören«-Schilder, die an einigen Türgriffen hängen, auszuwechseln, können sich die beiden kaum noch halten vor Lachen. Der Abschiedskuß fällt inniger aus, als von Lale beabsichtigt.

Gegen Mittag des nächsten Tages reist Lale auf ihre Insel. »Zum Auslüften«, ruft sie den Kollegen ein letztes Mal zu.

Tagebuch, Langeoog, Oktober 1953

»Im Inselhaus werden Kleider und Seele wirklich ausgelüftet und ausgebügelt. Ich fühle mich glücklich und wunderbar, bis zu dem Tag, an dem sich die Rechnungen in Zürich, München und im Inselhaus zu sehr anhäufen.

Also beginnt man wieder eine Tournee. Diesmal sind Gerhard Wendland und Peter Frankenfeld mit von der Partie. Und immer wieder Braunschweig, immer wieder Köln, immer wieder Stuttgart und was an großen und kleinen Städten dazwischen liegt. Herr Hoffmeisters Tourneepläne fangen an, mir auf die Nerven zu gehen.

Als Weihnachtsgeschenk kommt völlig unerwartet die Anfrage eines deutsch-kanadischen Fußballclubs, ob ich für eine Woche nach drüben kommen könne. Sie möchten mit meiner Hilfe die Vereinskasse stärken und vier Konzerte mit mir machen, deren Reinertrag dem Verein zugute kommen soll. Von einer Gage spricht man nicht, aber freier Flug und Aufenthalt wird garantiert. Mir ist klar, daß meine große Tochter Litta hinter diesem Angebot steckt. Seit knapp einem Jahr lebt sie mit ihrem Mann in Kanada. Ihre ›Drohungen‹, sie würde mich schon irgendwie nach drüben bekommen, nahm ich nicht ernst. Andererseits, bei so einer ruhelosen Familie, wen wundert's!

Gott sei Dank, also endlich einmal etwas anderes. Mein guter Kamerad Nicki steht kopfschüttelnd daneben. Er hat es nicht leicht mit seinem Zugvogel.«

In Winnipeg leben ungefähr 45000 deutschstämmige Einwanderer. Daher befindet sich in der Hauptstadt der Provinz Manitoba auch der Verlag der ältesten und größten deutschsprachigen Wochenzeitung Nordamerikas: »Courier-Nordwesten« (seit 1980 »Kanada Kurier«). Ich gehörte zu den freien Mitarbeitern. Mein Mann war als Redakteur bei einer der beiden Winnipegger Tageszeitungen beschäftigt. Logisch war also, daß die Einladung an meine Mutter von einer deutsch-kanadischen Organisation, in diesem Fall dem Fußballclub, ausging.

Nicht ahnen konnte meine Mutter, woran es zu dieser Zeit – 1954 – gelegen hat, daß sie der erste deutsche Star war, der sich bis in den »Wilden Westen« Kanadas vorwagte. Fliegen dauerte von Montreal bis Winnipeg elf Stunden! Per Bahn war man drei Tage und drei Nächte unterwegs. Ich hatte ihr auch nichts von den Minus-Temperaturen erzählt. Während der kältesten Monate – Januar und Februar – fällt das Thermometer oft bis dreißig und vierzig Grad unter Null. Von all diesen Dingen ahnte meine Mutter nichts, als die Einladung in ihr Inselhaus flatterte.

Tagebuch, in Kanada, Anfang 1954
»Im Atlas hatte ich gelesen, daß Montreal nach New York die zweitgrößte Hafenstadt der Welt ist. Das interessierte mich. Es war bitterkalt. Der Kanadier, den ich vor meinem Hotel ansprach und fragen wollte, wo es zum Hafen geht, nahm die Hände nicht von den Ohren und zuckte die Achseln. Mir fiel auf, daß alle Menschen Ohrenschützer tragen. An den Straßenecken wehte ein eisiger Wind. Ich habe den Hafen von Montreal nie gesehen. Er liegt 28 Kilometer von der Innenstadt entfernt.

›Bis dahin bin ich ja fast in Winnipeg‹, sagte ich zum Hotelportier.

›Nehmen Sie den Zug oder fliegen Sie?‹

›Wieso?‹

›Mit dem Zug brauchen Sie drei Tage und drei Nächte. Mit dem Flugzeug elf Stunden.‹

›Ich will nach dem Winnipeg, das in Kanada liegt; mitten in Kanada.‹

›That's it‹, sagte der Portier. ›Wenn Sie von Ostkanada nach Westkanada reisen wollen, dann brauchen Sie mit der Bahn fünf Tage und ...‹

›Schon gut‹, sagte ich erblassend.

Mir fiel ein, daß ich auch den Namen Edmonton und Calgary auf dem Tourneeplan gesehen hatte. Diese Städte lagen noch weiter westlich als Winnipeg. Auf dem Atlas war das doch alles ganz nah beieinander gewesen. Leider hatte ich ihn im letzten Moment daheim gelassen. Er war zu dick. Für die Noten hatte ich sowieso schon 300 Mark Übergewicht bezahlt. Sollte ich von meiner deutschen Konzertagentur 300 Mark Gepäckspesen zu kassieren versuchen, würde man mir nichts anderes reichen als ein Glas kaltes Wasser. Das ist in Nordamerika anders.

›Take it easy‹, lächelte mein Agent Conny Wessel, als ich ihm in Winnipeg gegenübersaß, und schob mir einen Stoß Dollarscheine zu.

Es herrschte sibirische Kälte, als meine Maschine auf dem Flugplatz von Winnipeg landete. Jemand stülpte mir eine dicke Pelzkappe auf den Kopf. Trotz der unmenschlichen Temperaturen folgte eine herzliche warme Begrüßung. Das Wiedersehen mit Litta wurde privat gefeiert. Offiziell mußte ich natürlich meinen Gastgebern und der Presse zur Verfügung stehen. So verlangt's das Künstlerleben.

Erleichtert stellte ich fest, daß in Winnipeg eine große deutsche Kolonie existiert. Ich konnte also die Hälfte meines Programms in Deutsch singen. Nur die Sendungen und die Interviews mußten teils Englisch, teils Französisch sein. Dabei passierte mir ein Schnitzer, der mich auf ungewollte Art als eine himmlisch komische Person in einem Tag in ganz Kanada bekannt machte.

Es geschah noch in Montreal, wo ich mein erstes Radiointerview geben sollte. Tags zuvor sah ich mir den Film ›How to Marry a Millionaire‹ mit Marilyn Monroe in einer der Hauptrollen an. Als mich der Radiointerviewer vorstellte und fragte, wie mir ›Monrea‹ gefalle, war ich zwar erstaunt darüber, ein Interview gleich mit einer Frage über Filmstars zu beginnen, aber bei der Popularität der Monroe in Nordamerika war es wiederum verständlich. Also sagte ich:

›Reizend, und für Männer sicher sehr aufregend.‹

Der Sprecher stutzte etwas und meinte: ›Wieso für Männer?‹

Ich, etwas ratlos: ›Vielleicht auch für manche Frauen. Aber da bin ich nicht zuständig, ich empfinde ganz normal.‹

Er: ›Haben Sie es denn schon richtig gesehen?‹

Ich: ›Soweit das in zwei Stunden möglich ist.‹ (Wenn er doch bloß auf ein anderes Thema kommen würde!)

Er: ›Ha! In zwei Stunden! Dafür braucht man Tage, Wochen, Monate. Ich möchte Ihnen Monrea zeigen können.‹

Ich: ›Sie kennen sie wohl sehr gut?‹

Er: ›Von Norden nach Süden, von links nach rechts, mit jedem Hügel und jedem Eckchen.‹

Mir wurde der Knabe langsam unheimlich, aber ich durfte nicht unterbrechen, weil es eine Direktübertragung war.

Er, zäh beim selben Thema bleibend: ›Haben Sie in Europa etwas Ähnliches?‹

Ich: ›Wir haben Hildegard Knef.‹

Er: ›Na, Sie sind ja süß. Wissen Sie, daß Monrea den zweitgrößten Hafen der Welt besitzt?‹

Mir dämmerte etwas.

›Wovon sprechen Sie, bitte?‹ Jetzt blickte mich der Sprecher an wie ein Irrer.

›Na, von Monrea!‹

Ich: ›Von der Filmschauspielerin?‹

Er: ›Wieso Filmschauspielerin, ich rede die ganze Zeit von der Stadt Montreal.‹

Dann erklärt mir der Interviewer, daß Kanadier Montreal wie ›Monrea‹ aussprechen.

Diesem ersten Schreck folgte einige Zeit später ein zweiter. Die Tourneeroute führte von Winnipeg weiter und weiter nach Westen. Das Publikum bestand immer weniger aus Deutschen und immer mehr aus romantischen Typen wie Trapper, Cowboys, Farmer. In Edmonton, Alberta, gab man mir zur Auswahl-Begleitung teils ein kanadisches Royal Airforce-Blasorchester, teils eine echte Hillbilly-Band. Da dies für ein abendfüllendes Konzert an Tonschönheit wohl nicht gereicht hätte, war ein sogenannter bunter Teil dazu engagiert. Ein Conférencier sagte an. Ich hörte an den Lachsalven, daß seine Witze nicht nur sehr derb sein mußten, sondern wohl auch ein englischsprechendes Publikum im Saal saß.

Ehe ich auf die Bühne trat, fiel mir ein, wie René Carol manchmal das Orchester vorstellte. Also ahmte ich ihn nach. In deutscher Sprache machte ich irgendeine witzige Bemerkung. Dröhnendes Gelächter. Also war auch deutsches Publikum im Saal. Aufatmend begann ich mein Programm halb in deutscher und halb in englischer Sprache.

In der Pause kam ein junger Mann in die Garderobe. In bestem Deutsch sagte er:

›Ich hätte Sie gerne einiges gefragt. Ich bin Journalist, und es war sehr interessant für mich, Sie hier arbeiten zu sehen.‹

›Für wen schreiben Sie denn?‹ fragte ich, glücklich, deutsche Laute zu hören. ›Für den Spiegel.‹ Ausgerechnet... was der wohl schreiben wird.

Der deutsch-kanadische Fußballclub in Winnipeg ernannte mich, ehe ich von dort weiterflog, zum Ehrenmitglied. Als alte Fußballnärrin, allerdings ohne jegliche Fachkenntnisse, freute mich diese kleine Ehrung sehr. Dank der Auftritte in anderen kanadischen Städten hatte ich am Schluß der Tournee genügend grüne Scheinchen in der Tasche. Ich konnte einen Flugschein kaufen, der kanadischen Minus-Temperatur entfliehen und mich im sonnigen Süden auftauen. Mein Ziel: Nassau, Bahamas.«

Tagebuch, Langeoog, Mai 1954
»Endlich bin ich wieder im Norden und glücklich. Aber nur, solange es nicht zum Geldverdienen in die großen Städte geht. Ich fühle, daß manche Leute denken: die Andersen hätte auch in Nordamerika bleiben oder auf dem Rückflug in einen Bach fallen können. Aber ich muß Geld verdienen. Auch hat man technisch noch nie so reizvolle Schallplatten machen können wie jetzt. Die Arrangements sind weitaus aparter und durchdachter, die ›Tempi‹ werden immer ruhiger und gekonnter.

Sogar mit meiner Stimme bin ich in letzter Zeit manchmal sehr zufrieden. Früher bekam ich beim Abhören jeder Platte, die ich bei der Aufnahme mit soviel Inbrunst ins Mikrophon geschmettert hatte, Selbstmordgedanken. Alles klang so spröde, unausgeglichen, und die Tempi des Begleitorchesters kamen mir so nervös und idiotisch vor wie die strampelnden alten Filmstreifen. Ich war immer zu langsam.

Jetzt wird das immer besser. Und jetzt soll ich aufhören? Mag ich nicht. Und kann ich nicht!«

Im Sommer dieses Jahres reist Lale erneut ins Ausland. Mit schönem Erfolg singt sie in Helsinki. Der Premierenabend ist restlos ausverkauft. Auch an den darauffolgenden Abenden begrüßt ein enthusiastisches Publikum die Sängerin aus Deutschland.

Zu einem kleinen lustigen Zwischenfall kommt es am dritten Abend des norwegischen Gastspiels. Als das Orchester zum Tusch ansetzen will, fegt ein plötzlicher Windstoß sämtliche Noten von den Notenständern. Ehe Lale dazu kommt, »Vorhang runter« zu zischen, greift einer der Orchestermitglieder nach der roten Mütze des Portiers, nimmt von irgendwoher einen Blumenstrauß und überreicht ihn der verdutzten Lale. Mit charmantem Lächeln akzeptiert sie den Strauß.

»Wir wissen ja, was dir deine Musik wert ist«, lacht Mario, der italienische Schlagzeuger nach der erfolgreichen Vorstellung. Schließlich sind sämtliche Noten ihr persönliches Eigentum und für sie arrangiert. Nach jedem Tourneeabschluß muß sie erst einmal nachsehen, ob auch keine Stimme fehlt.

Sie erinnert sich an Paschi, der einmal in Berlin beinahe einen Tobsuchtsanfall bekam, als er, schon am Flügel sitzend, feststellte, daß die Partitur fehlte. Seitdem bewacht sie ihr Notenmaterial wie andere ihren Schmuck.

Für weitere Erinnerungsträume bleibt keine Zeit, denn im Anschluß an ihre Tournee in Helsinki muß sie schleunigst nach Deutschland zurückfliegen. In Berlin erwartet man sie zu Schallplattenaufnahmen. In ihr Repertoire sollen auch ein paar englische Titel aufgenommen werden: »Tender and True« und »When Swallows say Good-Bye«.

Gesundheitlich fühlt sie sich seit mehreren Wochen nicht auf der Höhe. Bei der kleinsten Aufregung bekommt Lale Nesselfieberausschlag am Hals und im Gesicht. Sie glaubt sich vom Pech verfolgt, als sie, zusätzlich enttäuscht durch die fehlgeschlagenen Besprechungen über eine Filmrolle, nach Langeoog flüchtet. Ungern erinnert sich Lale daran, daß ihr Horoskop für die kommenden Monate nicht sehr rosig steht. Bedrückt denkt sie an den Monat Juni, wenn sie die neue Tournee antreten muß, die nach Mannheim, Ludwigshafen, Freiburg, Heilbronn und Schwäbisch Gmünd führt.

Die Tournee verläuft zunächst reibungslos. Als man dann aber im Theater von Schwäbisch Gmünd nur wenige Plätze vorverkauft hat, wird das Konzert abgeblasen. Lale verflucht ihre Pechsträhne. Nach außen hin zeigt sie ihre depressive Stimmung keinem, im Gegenteil, sie spricht ihren Kollegen Mut zu: »Ihr werdet sehen, in der nächsten Stadt ist unser Konzert ausverkauft. Die Zuschauer werden uns beweisen wollen, daß sie unseren Auftritt zu schätzen wissen.«

Lale behält recht. In Bad Neuenahr spielt man vor einem vollen Haus. Aber noch gibt es keinen Anlaß zum Jubilieren. In Marburg ist die Vorstellung nicht nur miserabel besucht, das Orchester wird von Lale als schrecklich empfunden, aber auch mit sich selber ist sie unzufrieden. In knapp sechs Wochen gibt man 38 Vorstellungen. Kein Wunder, daß Lale kurz vor dem letzten Konzert selbstkritisch feststellt, sie sehe sehr abgespannt aus.

»Äußerlich bin ich ganz hübsch zerknautscht. Jetzt kann mir nur eine Ruhepause auf meiner Sonneninsel Langeoog helfen«, gesteht sie ihrem Spiegelbild.

Tagebuch, München, November 1954

»Ich hatte doch sonst immer Bert Brechts weises Wort: ›Es geht auch anders – aber es geht auch so‹, auf meinem Fähnlein. Ob meine Pechsträhne mit den Sternen zusammenhängt? Ich müßte in diesem Jahr eigentlich mit einem Schild um den Hals herumlaufen, auf dem steht: ›Achtung! Explosionsgefahr!‹

Da war nicht nur die Sache mit der Filmrolle, die mir verlorenging. Da war die Reizbarkeit, weiterhin Tourneen zu machen, deren Stumpfsinn in Idee und Aufbau mich unerträglich anödete.

Ich löse in einem Anfall von Zorn über ein taktloses Wort des stellvertretenden Produktionsleiters meinen Schallplattenvertrag (die Kollegen sagen statt Zorn ›geistige Umnachtung‹). Obendrein weigere ich mich, zwei englische Titel zu singen, die für die USA vorbereitet waren, und bringe, da alles miteinander zusammenhängt, meinen ganzen Amerika-Vertrag ins Wanken. Es kommt noch schlimmer. Gestern werfe ich die Leiterinnen des Lili-Marleen-Clubs zum Tempel hinaus, weil mir ihre Augenverdreherei und das Schwärmen so auf die Nerven ging, daß ich nicht anders konnte. Ich mußte ihnen zeigen, daß ich kein Halbgott, sondern z. Zt. ein unbeherrschter menschlicher Vulkan bin. Brrrrrr. Ich bin mir langsam selbst nicht mehr geheuer.«

Tagebuch, Miami, Florida, Ende Dezember 1954
»Mit einem ausgeruhten Gesicht, einem neuen schwarzen Mantel, ein paar Cocktailkleidern und etwas Langem für den Abend bin ich nach Amerika geflogen. Vielleicht auch geflohen. Vor mir und den trüben Wintertagen Europas.

In diesem Land hat mein Image noch nicht gelitten, dazu ist es noch gar nicht gekommen. Erst muß ja eines geschaffen werden. Es gibt Menschen, die sagen: ›Neapel sehen und sterben.‹ Die verstehe ich nicht. Ich würde auch nicht verstehen, wenn einer sagt: ›New York sehen und sterben.‹ Aber wennschon, dann lieber New York.

Ich sehe New York, vorerst nur vom Flugzeug aus. Wir landen, von Zürich kommend, um sieben Uhr morgens. Es ist noch ganz dunkel. Trotzdem nehme ich mir die Zeit, um mir, während des Stop-Overs, etwas von der faszinierenden Stadt anzusehen. Die Sehnsucht nach der Sonne ist aber stärker. Hier im sonnigen Florida scheint sie auch am Heiligabend, der daher kein richtiger Heiligabend ist, was, so weit von Deutschland fort, wiederum erleichternd ist. Es tauchen keine sentimentalen Gefühle auf.

Komisch, daß ich in Florida gar keinen Vogel singen höre. Nicht einmal ein Spatz piept. Es scheint dies kein Platz für solch armseligen gefiederten Verein.

Manchmal ist es gar nicht so leicht, sich mit Anstand durch all die Millionäre hindurchzuschlängeln. Ich lasse mir aber mein Vergnügen dennoch nicht nehmen. Gut, daß ich von René gelernt habe, daß man an Theken essen, sein Bier trinken und sich unterhalten kann.

Jeder Künstler hat in Amerika einen Agenten, der mit ihm und für seinen Auftritt arbeitet. Wenn ich doch auch einen finden würde und somit endlich einmal einem Menschen begegne, der mir Aufgaben stellt. Je schwerer, um so besser! Es ist so schade, daß es beruflich stets nur die Aufgaben für mich gibt, die ich mir selbst stelle. Es ist schon eine ziemliche Nervenbelastung, der ich mich da aussetze. Stunden, in denen ich denke: Kämpfe, kämpfe, um wenigstens noch einen Zipfel dieses wunderbaren amerikanischen Show-Business zu erwischen.

Aber dann habe ich wieder das Gefühl: soviel Kräfte sind nicht in einem Künstler, daß er zweimal diesen harten, steinigen Weg von unten nach oben geht. Ich glaube, wenn ich irgendwo ein richtiges Zuhause hätte, so wie vor Jahren in Berlin, führe ich in meiner momentanen Stimmung heim.«

Tagebuch, New York, Januar 1955
»So, das ist nun also New York! Und mit dem heutigen Tag ist der Traum einer kleinen Seemannstochter aus Bremerhaven Wirklichkeit geworden. Ich habe im Hotel sehr schnell meine Koffer ausgepackt und bin zur Bushaltestelle gegangen. Während des Fluges von Miami habe ich gründlich den Stadtplan von New York studiert und weiß genau, wie ich fahren muß, um zum Broadway zu kommen. Im Bus sitzt mir gegenüber ein Ehepaar, das so anheimelnd jüdisch berlinert, daß mir auf einmal alles wie im Jahre 1931 vorkommt, als ich zum erstenmal in einem Bus den Kurfürstendamm entlang fuhr.

Ich fühle mich überhaupt nicht fremd in New York. Ob es daran liegt, daß ich mich soviel mit dieser Stadt beschäftigt habe? Komisch, daß man immer mit der Zunge über die Zähne fahren muß, weil man das Gefühl eines dicken Staubbelages hat. Die Luft in Miami ist so rein. Aber so kribbelnd ist sie nicht wie die New Yorker.

Es funkeln und flimmern Millionen Lichter am Broadway. Was sie beleuchten? Sehr profane Figuren; Rudel von Halbstarken, ziemlich laut und ziemlich schmutzig. Ich sehe viele graue, abgespannte Gesichter, die sich vom Lichtermeer abwenden. Dann wieder junge Mädchen, sehr streng und sehr bürgerlich. Zeitungsverkäufer an allen Ekken, es könnte die Berliner Friedrichstraße 1931 sein. Der Broadway ist irrsinnig lang. Vielleicht habe ich das verkehrte Ende erwischt.

Ich liebe diese Manhattan-Wolkenkratzer, in denen sich auf acht bis zehn Etagen nur Studios befinden, wo man schon im Fahrstuhl das komische, das so liebenswerte Völkchen vom Show-Business trifft, Noten, Fotos oder Instrumente unter dem Arm. Zu Tausenden warten sie auf ihre Chance. Wäre ich zwanzig Jahre jünger, ich bliebe bei ihnen, denn es gibt auf der Welt keine liebenswertere Familie als die des amerikanischen Show-Business.

Von Bob Krolls berühmtem Coucher's Studio blicke ich aus einem Erkerfenster auf den Broadway und seine Millionen Lichter, die aussehen wie Augen, die einem Mut zuzwinkern. Vor zehn, elf Jahren, als die Lili-Marleen-Psychose die Welt erfaßt hatte, haben diese Lichter auch nach mir gerufen. Aber erst war Krieg, dann kam die Nachkriegszeit, und ich konnte nicht kommen. Nun ist es ein bißchen spät. Jetzt nützt alles Zuzwinkern nichts mehr.

Natürlich wäre ich gerne in New York geblieben, wenn ich jünger wäre. Jetzt bin ich zu gescheit geworden und weiß, daß all die Entbehrungen, Konzessionen, Erniedrigungen und Enttäuschungen einen zu hohen Preis darstellen für ein paar Jahre im Scheinwerferlicht. Der Scheinwerfer dreht sich immer weiter wie ein Lichtkegel. Und wendet er sich einem neuen Gesicht, einer neuen Stimme zu, beginnt der bittere Kampf von neuem, denn die Rückkehr ins Dunkle, Namenlose, die Gefahr, nicht mehr zu interessieren, ist für jeden Künstler bitter. Alles freiwillige Tun im Leben ist schön. Schön wäre es auch, freiwillig zu sagen: Genug der Singerei, des Ehrgeizes, des Applauses und der Ruhelosigkeit. Genug der Interviews, der Autogramme, des ewigen ›Keep Smiling‹.

In ein paar Tagen muß ich abfliegen und in mein unfreiwilliges Leben zurückkehren. An meine nächste Tournee mag ich noch nicht denken. Das alles kommt früh genug, wenn es wieder heißt: Münster, Rheine, Düren, Recklinghausen, Nordhausen und... und... und...

Wie schön, daß ich vorher noch ein paar Tage mit Turi in Zürich zusammensein kann. Auf ihn und auf das Wiedersehen mit Langeoog im Sommer freue ich mich.«

Tagebuch, auf Tournee durch Bayern, Oktober 1955

»Der Autobusfahrer heißt Zeiselmeier. Die zwei Jodlerinnen, aus denen, außer einem Quizmeister und einem kleinen Orchester des Bayerischen Rundfunks, das Programm besteht: Toni und Minnerl.

Alle diese Namen sind wie bayerisches Barock, heiter, froh und unbeschwert. Es sind wunderbare Tage, in denen ich mit dieser kleinen Schar und den vier Mannequins, die die schönsten Modelle der Bayerischen Textil-Industrie vorführen – die Veranstalter der Tournee –, durch die süddeutsche Landschaft und einen sehr sonnigen, leuchtenden Herbst fahre und singe.

Mit meinem zuverlässigen Kameraden Nicki hatte ich vor Tourneebeginn nach langem Überlegen und Überschlafen beschlossen, an den ›Sonnenhof‹ einen zweiten Flügel anzubauen. Dazu braucht es viel,

viel Geld. Also heißt es wieder einmal: weiter singen. Für dieses Ziel und in dieser Umgebung macht es auch viel Freude.

Toni ist ein bayerisches Original mit einer Bavaria-Figur und einem Wesen wie eine Radi-Verkäuferin auf dem Münchener Viktualienmarkt. Für sie gelten nur alte Namen wie Richard Tauber, Johannes Heesters und Liesl Karlstadt. Mich akzeptiert sie gerade noch. So sagt sie neulich aus ihrem stattlichen Doppelkinn und den vielen Fältchen heraus, in die ihre enzian-blauen Augen gebettet sind, beim Anblick eines Marlene-Dietrich-Fotos in einer Zeitschrift:

›Ja mei, woan i amol so oalt bin wie die und möcht no sooo ausschau'n.‹

Nach einer recht langen Strecke, die wir gestern fahren mußten, wollte ich mich in dem kleinen Gasthaus in Altötting nachmittags noch etwas ausruhen. Ich sah auf die Uhr, es war fast halb sechs.

›Wecken Sie mich bitte um halb sieben‹, sagte ich zum Hausdiener, ›und bringen Sie mir dann einen Krug mit heißem Wasser aufs Zimmer.‹

Nichts geschah. Ich schlief erst gar nicht ein, und das Waschen fand mit kaltem Wasser statt.

Heute früh klopft es energisch an meine Tür. Draußen ist noch dunkel.

›I bring Eana das hoisse Woassa und hoalba sueben is' aa!‹«

Sosehr ihr die Tournee durch die großen und kleinen bayerischen Städte Freude bereitet hat, so froh ist Lale dann doch, als sich die Kollegen eine Woche vor Weihnachten voneinander verabschieden. Lale reist umgehend nach München, erledigt die wichtigsten Einkäufe und reist dann in Richtung Schweiz. In Bern muß sie zwischen Weihnachten und Neujahr auftreten. Glücklich ist sie vor allem darüber, daß auch die beiden Jodlerinnen Toni und Minnerl mit zum Ensemble gehören. So sorgt immer einer der Künstlertruppe für Stimmung und gute Laune.

Aufgekratzt und mit einem kleinen Schwips – Silvester steht ins Haus – möchte Lale zu gern einmal ohne »Lili Marleen« von der Bühne abtreten. Sie probiert es, doch ohne Erfolg. Erst rufen nur wenige Stimmen nach dem Lied, dann immer mehr, letztlich verlangt es der ganze Saal. Mit Seemannsgang tritt sie vor das Publikum.

»Mir scheint, ich habe etwas vergessen. Was war es nur gleich?«

Die Antwort war zu erwarten: »Lili Marleen, Lili Marleen...«

»Tscha, dann muß ich Ihnen wohl das Lied, das uns einmal soviel bedeutet hat, von dem ich aber hoffe, es wird nie mehr aktuell, singen.«

Die letzte Strophe summen viele mit, und als der Vorhang endlich fällt, fällt auch der Vorhang des alten Jahres. In melancholischer Stimmung kehrt Lale allein ins Hotel zurück. Wieder ist ein Jahr vergangen: Was wird 1956 ihr bringen?

Tagebuch, München, Winter 1956
»Eine finanzielle Basis für den neuen ›Sonnenhof‹ zu schaffen ist viel komplizierter, als ich dachte. Sie frißt beängstigend viel von der Zeit und den Nerven, die ich eigentlich für meinen Beruf brauche.

Ich merke halt langsam, daß ich ein altes Mädchen bin, von dem man in Fachkreisen sicher sagt: ›Eine nette Person, die Andersen, aber mit der Singerei sollte sie langsam Schluß machen.‹ Leider zwingt mich meine finanzielle Situation, solche Bemerkungen, so charmant es mir irgend möglich ist, zu überhören. Mein Erspartes liegt größtenteils im ›Sonnenhof‹.

Daß man sich mit fast 100000 DM Schulden ausgerechnet auf einer Insel ansiedelt, die jetzt auch schon wieder seit fast drei Wochen ringsherum eingefroren und vom Festland abgeschnitten ist und im Jahr höchstens drei Monate hindurch eine Verdienst-Chance bietet, macht manchmal auch nachdenklich.

Am schlimmsten ist aber die Feststellung einer Passivität, ein Nachlassen der Kampffreudigkeit. Unser Beruf, der keine Sicherheiten hat, ist ja ein täglicher, ein stündlicher Kampf. Unter meinen letzten Platten war kein Bestseller, und ich kämpfe seit Monaten vergeblich um neue Aufnahmen. Brrr – langsam mag ich nicht mehr.

›Von der Andersen hört man gar nichts mehr‹, sagt auch mein Hörer-Publikum.

Wie viele Programmvorschläge habe ich ausgearbeitet und verschickt. Keine Antwort. Und so rutscht man, noch als Star, langsam zurück ins Kabarett. Das einzige, was mir bleibt und welches mir, schon einmal, vor 25 Jahren, die einzige Verdienstchance bot.

Schöner wäre das Milieu von Theater, Film oder Funk. Aber dort entscheiden neben der Begabung die Vor- und die Schlafzimmer. Ich habe mein Leben lang eines so wenig gemocht wie das andere. Mit einem tiefen Seufzer beende ich diesen grauen Monolog.«

Ein Blick auf Lales Schreibtisch im »Sonnenhof« genügt. Da liegen Autogrammkarten und Notenmaterial. Die Lektüre besteht seit ein paar Tagen aus Autokarten, denn der Beginn einer neuen Tournee steht im März 1956 bevor. Das bedeutet ein Leben aus halb ausgepackten Koffern, Theatergarderoben und Hotelzimmern. Es bedeutet, daß Kritiken studiert werden müssen und sich zwischen den guten, freundlich gesinnten auch eine böse befindet, die feststellt: »Die Jahre sieht man der Andersen nicht an, aber man hört es.«

»Ich möchte viel lieber eine gescheite Theaterrolle annehmen oder in einem Film mitwirken. Mit meinem nachlassenden Elan wäre das viel klüger, als auf ›Sweet und Hot‹ zu machen. Letzteres war einmal.«

Sie erinnert sich an die Zeit, als es per Bahn durch Deutschland ging. Wie lange das alles zurückliegt. Treu geblieben ist ihr aus den vergangenen Jahren ihr Schicksalslied. Wie oft hat sie versucht, es einmal nicht zu singen. Kein Propagandaministerium, kein Hinkel, kein Mensch verbietet es ihr. Im Gegenteil, immer wieder verlangt das Publikum gerade danach. Jedesmal, wenn Lale dieses Lied vorträgt, werden Erinnerungen wach, bei ihr ebenso wie bei ihren Zuhörern.

In der Post befindet sich, kurz nach Lales Abreise in Richtung Süden, eine Anfrage aus Düsseldorf. Am 29. und 30. September findet dort aus Anlaß des 5. Bundestreffens des Deutschen Afrika-Korps ein großer Abend statt. Als Ehrengast möchte man natürlich Lili Marleen, Lale Andersen, begrüßen. Nicki sendet den Brief nach Mailand. Von dort war noch Ende August angefragt worden, ob Lale im italienischen Fernsehen auftreten möchte.

»Si, si«, hatte Lale begeistert geantwortet und sofort den Wechselkurs der Lira studiert. »Die wollen mir für einen Auftritt 150000 Lire bezahlen, wieviel ist das in unserem Geld, Nicki. Hört sich ja phantastisch an.«

Der Wechselkurs ergab zwar nur einen Betrag von tausend Mark, aber riß Lale aus ihrer deprimierten Stimmung heraus. »Die kleinen und großen, schönen und traurigen Überraschungen, die unser Beruf mit sich bringt, möchte ich nie missen. Deshalb werde ich freiwillig nie aufhören«, schwört sich Lale, alle vorherigen Pläne und Absichten vergessend.

Im Anschluß an eine strapaziöse Weihnachtstournee, die täglich an zwei verschiedenen Orten in Süddeutschland dargeboten wird, reist Lale am Neujahrstag 1957 von Basel nach Zürich zu Turi. In zugigen Garderoben hat sie sich eine starke Erkältung geholt. Noch während der Autofahrt überlegt Lale, ob nicht ein paar Tage Erholung im sonnigen Tessin angebracht wären.

Aber ganz so schnell will Turi sie nicht wieder fortlassen. »Es liegt

Zur Erinnerung an den persönlichen Auftritt
unserer beliebten Künstlerin LALE ANDERSEN
anläßlich des 5. Bundestreffen des
DEUTSCHEN AFRIKA-KORPS
am 29. und 30. September 1956 in Düsseldorf.

„Lili Marleen" begeisterte 20000 „Afrikaner"

Ehemalige Afrikakämpfer trafen sich in Düsseldorf

Düsseldorf (dpa). Vor fast 20 000 ehemaligen Afrikakämpfern aus Deutschland, England, Österreich und Italien setzte sich Bundesinnenminister Dr. Schröder gestern in Düsseldorf dafür ein, die Wehrdienstfrage in der Bundesrepublik schnell zu entpolitisieren. Die Bundesregierung wird nicht zulassen, daß bestimmte Gruppen diffamiert werden. Sie werde es unterstützen, die Kriegskameradschaft auf Soldatentreffen neu zu festigen.

Generalleutnant Speidel ehrte in Anwesenheit der Witwe Rommels das Andenken dieses Truppenführers auf dem nordafrikanischen Kriegsschauplatz. „Sein Mut und Opfer waren höherer Art, als sie das Schlachtfeld prägt", sagte er.

Unter starkem Beifall begrüßte der ehemalige General der Panzertruppen im Afrikakorps und Vorsitzende des Traditionsverbandes der Afrikaner, Cruewell, viele bekannte Ehrengäste aus dem In- und Ausland: Generalfeldmarschall a. D. Kesselring, Generalfeldmarschall a. D. Milch, den Kommandeur der deutschen Ostafrika-Schutztruppe im ersten Weltkrieg, den 86-jährigen General a. D. von Lettow-Vorbeck, sowie erstmals starke Abordnungen ehemaliger englischer, italienischer und österreichischer Afrikakämpfer.

Am Sonnabend hatten sich bereits die ehemaligen deutschen und ausländischen Afrikakämpfer an einem Kameradschaftsabend beteiligt. Vielumjubelter Höhepunkt war die Sängerin Lale Andersen, die auf das Podium stieg und unter dem orkanartigen Beifall ihr bekanntes Lied „Lili Marleen" sang.

Etwa 6000 Zuschauer sahen gestern ein Fußballspiel zwischen den „Wüstenratten", einer aktiven Mannschaft der 7. englischen Panzerdivision, und den „Wüstenfüchsen", einer Auswahl ehemaliger deutscher Afrikakämpfer. Die englische Mannschaft gewann mit 7:0.

auch ein ganzer Stoß Post für dich bereit«, erinnert er Lale. Nur die Anrufer wimmelt er charmant ab. Und will jemand mit ihm eine Verabredung treffen, erklärt er: »Nein, ich chan noet, mini Frau is hei cho!«

Schön ist es, miteinander am Klavier zu sitzen und neue Kompositionen von Turi einzustudieren. Oder sie bummeln zusammen in die Stadt, besuchen Antiquitäten-Geschäfte und kennen bald alle Händler.

»Ehe ich der Verführung unterliege und mir eine der schönen alten Barock-Vitrinen kaufe, fahre ich nach Cademario. Das ist für mich nicht nur gesünder, es ist ungefährlicher«, sagt Lale nach einer Woche.

In dem reizvollen Tessiner Dorf in der Nähe von Lugano wohnt sie wie gewohnt in der Dependance des Kurhauses. Sie genießt die herrliche Ruhe. Endlich kann sie an ihrem geplanten Stück schreiben. Das

Konzept steckt seit Monaten in ihrem Kopf. Zunächst kommen die Gedanken leicht und fließend, nach ein paar Tagen merkt sie, daß der Dialog holperig und trocken, sogar stumpfsinnig wird. Erst durch etwas Abwechslung und Gespräche mit einigen der Kurgäste findet Lale neuen Ansporn und kann ihr Stück fortsetzen.

Tagebuch, Cademario, Januar 1957
»Die Sonne scheint zart und jungfräulich, und der Himmel hat das Blau sehr alter, zerschlissener Seide. Im Speisesaal sitzen zwei Herren mit an meinem Tisch. Ein gescheiter alter Schweizer Bankier, der sich in jedes Essen mit einer kleinen Reibe Knoblauch streut (nur in sein's!), und ein sehr gut aussehender deutscher Arzt. Aus Deutschland kommt keine Post. Zum erstenmal im Leben macht mir das keine Sorge, denn ich weiß, daß es den Mannsbildern – Michael, Björn und Nicki – gutgeht.

Mit meinem Stück komme ich prima voran, den ersten und zweiten Akt bin ich aber nochmals durchgegangen und mußte vieles verbessern.

Jetzt ist die Post meiner doch fündig geworden. Es befinden sich auch ein paar Engagementsmöglichkeiten darunter. Die werde ich wohl, wenn auch seufzend, akzeptieren. Ohne Geld kein Cademario, keine süße Münchner Wohnung, keine Barockengel...

Ich schreibe den ganzen Tag. Die zwei ersten Akte bekommen jetzt Licht und Schatten. Ich beginne bereits den dritten. Der dritte ist immer eine Nuß, eine verdammt harte. Mal schaun, wie der geliebte Friedrich Dürrenmatt seinen ›Besuch der alten Dame‹ gelöst hat.

Am selben Abend – hurra – ein Anruf aus Köln: die Electrola will eine Langspielplatte mit mir machen.

Inzwischen habe ich auch ›Besuch der alten Dame‹ gelesen. Na ja, Laleken, danach kann ich mein Werk (haha) nur noch als Käse bezeichnen – als naturalistischen Quark. So etwas hat Gerhart Hauptmann, hat Zuckmayer tausendmal besser gemacht.

Abends kommt ein Anruf aus München bezüglich meiner Brecht-Weill-›Dreigroschen-Oper‹-LP. Wie schön, daß auf dem Plattenmarkt wenigstens noch einer an mich glaubt.

Das Stück wird zunächst einmal weggepackt. Jetzt macht es mir weitaus mehr Vergnügen, ein neues Repertoire zusammenzubasteln. Irgendwann muß es ja wieder losgehen, das ›Tingeln‹.

Warum ich immer so allein sei, fragt mich einer der Kurgäste, vorwurfsvoll. Ich langweile mich durchaus nicht dabei, erkläre ich.

›Aber es hat etwas Kränkendes für die anderen Kurgäste.‹

Ich sehe mich um – liebe, sympathische, meist ältere Leute. Schweizer Ehepaare zwischen 50 und 60, Witwen und Junggesellen im gesetzten Alter. Aber nirgends ein Gesicht, bei dessen Anblick die Neugierde erwacht. Vielleicht kommt mal eins, und auf das werde ich dann wieder losschnellen wie der Pfeil einer Armbrust, die sehr lange gespannt war. Ich kann dem armen Mann nicht sagen, daß mich die Figuren in meinem Stück viel mehr interessieren als die in der Hotelhalle. Sicher wird er mich mit der Zeit als langweilig abtun.

Manchmal bekomme ich hysterische Anrufe und Telegramme: ›Rückdrahten, ob dann und dann frei und Gagenforderung.‹ Ich rückdrahte und atme auf, wenn ich nichts mehr höre.«

Tagebuch, München, Februar 1957

»Ich bin wieder in München, und es kommen wieder die gleichen Anrufe. Wo warst du? Was haben Sie gemacht? Sie müssen sich unbedingt mal wieder sehen lassen! Sie geraten in Vergessenheit, wenn Sie's so weitertreiben. Zu komisch, denke ich nur. Aber man geht in sich – man wird befangen. Noch habe ich die steile Wendeltreppe zu Verlegern und den Medien nicht hinter mich gebracht. Noch lebe ich davon, daß ich Lale Andersen bin.

Ich kaufe mir ein neues Abendkleid, besuche ein paar Bälle, lasse mich erneut infizieren vom Ehrgeiz, stürme gegen die Türen von Sendern und vom Fernsehen und atme auf, als es soweit ist und ich zu drei Chanson-Abenden ins Engadin fahren muß.«

Mit ihren beiden Söhnen Björn und Michael feiert Lale am 23. März in München ›und nicht auf der Landstraße‹, wie sie einem Reporter glücklich erzählt, ihren Geburtstag. Kurz darauf produziert sie die Brecht-Weill-Platte mit dem Orchester von Friedrich Schröder. An eine Weiterarbeit ihres in Cademario begonnenen Stücks ist vorläufig nicht zu denken. Das läßt der Terminkalender nicht zu.

Unter der vielen Privatpost befindet sich ein Brief aus Zürich von Rolf Liebermann. Sie hatte ihm aus Cademario Grüße geschickt und ein Foto, das sie im Abendkleid zeigt. Es erscheint manchmal wie eine Unendlichkeit, wenn Lale zurückdenkt an das Jahr, als sie in Zürich den angehenden Musiker Rolf Liebermann kennenlernte und aus der Begegnung die große Liebe wurde.

Noch immer fühlt sie sich im Rollkragenpulli, in langen Hosen und bequemen flachen Schuhen am wohlsten. Aber an das Image eines

Stars werden höhere Ansprüche gestellt. Als sie Liebermann das Foto mitschickte, tat sie es, weil sie auf seine Reaktion gespannt war. Zwischen den beiden herrschte auch jetzt noch ein offener und direkter Ton. Über seine Antwort mußte sie herzlich lachen.

»Traurig, daß Du meinem geistigen Antlitz nicht glaubst. Ich habe aber diesen Schmerz nur im Gesicht, weil ich Dich so viel lieber in langen Hosen als im Abendkleid sehe. Mit langen ungepflegten Haaren und einem Rollkragenpullover. Göndi (Liebermann) und ich gehen vorläufig einmal versuchsweise bis Ende 58 nach Hamburg, und wenn es uns mißfällt, dann spucken wir in die See, das gibt ganz kleine Kreise.

Alles Liebe und herzliche Grüße von Göndi und mir, stets Dein Liebi.«

»Nicht nur die Zugvögel fliegen im Frühjahr gen Norden, auch für mich ist es wieder soweit«, erinnert sich Lale. Im Münchener Domizil packt sie wieder einmal die Koffer, Noten, Make-up, einschließlich der Reiseschreibmaschine, und verstaut alles im eigenen Wagen.

Im Juni geht es nach Holland, im Juli ist Aachen an der Reihe, in Wilhelmshaven hat sie, trotz müden Aussehens und einer recht wackligen Begleitung, einen riesen Erfolg. Zwischendurch muß ihr Auto in München in die Reparatur. Die kleine Pause nützt Lale, um wichtige Post zu beantworten. Der Rundfunk plant eine Produktion, die mehrere Tage beansprucht. Im August lernt sie neue Gebiete Österreichs kennen, denn ihre Auftritte erfolgen u. a. in Bad Ischl, Wels, St. Pölten und Bad Schallerbach.

»Gut ausgesehen und gesungen, prima Kamera«, kritzelt eine sehr selbstkritische Lale in ihren Taschenkalender nach einer Wiener Fernsehaufzeichnung.

Als sie am 11. August in Ebensee im Salzkammergut nachmittags ein Konzert geben soll, findet sie den Saal kaum besetzt. »Ja mei, bei dem schönen Wetter«, meint der Saalbesitzer. Lale ist auch auf solche Situationen eingestellt.

»Dann verlegen wir die Matinee auf den Abend und gehen baden«, sagt sie und ist auch schon in Richtung Schwimmbad verschwunden.

Abends ist die Stimmung prima. Zufrieden mit sich und ihrem Vortrag notiert Lale in ihren Taschenkalender: »Gut gesungen!«

Zu einer gewaltigen Strapaze wird die anschließende Autofahrt von Kitzbühel nach Villach. Neun Stunden ist Lale unterwegs, bei total verregneten Straßen.

»Was soll's, ich wollte ja unbedingt über den Großglockner fahren«, macht sie sich noch während der Fahrt den Vorwurf. Wie wenig ahnt das Publikum, mit welcher Nervenbelastung solche Tourneen verbunden sind. An alles muß dabei gedacht werden. So auch, ob das Orchester vollzählig ist, die Noten verteilt und nach der Vorstellung wieder zurückgegeben werden. Früher gab sie ihre eigenen Nummern schon gelegentlich aus der Hand, wenn ein Musiker die Noten für sich kopieren wollte. Nur vergaß der Kollege manchmal, die Noten an sie zurückzugeben, und Lale konnte vor dem nächsten Auftritt verzweifelt danach suchen.

Eine böse Überraschung erlebte Lale, als sie nachts von Bregenz kommend – wo eine Spätvorstellung stattfand – in München eintrifft, um am nächsten Morgen zusammen mit dem Orchester nach Linz zu fahren. Wer nicht erscheint, ist das Orchester. In der vagen Hoffnung, die Band sei direkt nach Linz gefahren, setzt sich Lale in ihren Wagen und fährt nach Österreich.

Von ihrem Orchester keine Spur. Das Konzert muß abgeblasen werden, die Gage fällt aus. Ohne Orchester keine Vorstellung. Erzürnt fährt sie nach München zurück. Verfluchter, geliebter, anstrengender Künstlerberuf, jammert sie, während sie bereits an das nächste Auftreten denkt.

Gottlob bringt der September einen erfreulichen Lichtblick. Lale fliegt von München nach Kopenhagen. Hier und in anderen dänischen Städten gibt sie mehrere Konzerte. Das Wiedersehen mit dem dänischen Publikum ist äußerst herzlich. Einige erinnern sich noch sehr gut an Lale. So trat sie in Aalborg schon einmal auf, während der deutschen Besetzung Dänemarks. Von einer kleinen Verschnaufpause steht allerdings noch immer nichts im Terminkalender. Ganz im Gegenteil. Zwei wichtige Schallplattenaufnahmen müssen erfüllt werden. Einen Tag darauf hat Lale in Hannover zwei Vorstellungen zu geben. Als sie erfährt, daß die Abendvorstellung restlos ausverkauft ist, atmet sie erleichtert auf.

»Das Publikum muß mir sehr zugetan sein. So einen tobenden Applaus müßte ich einfangen und mitnehmen können, um ihn mir anzuhören, wenn es keinen mehr für mich gibt«, lacht Lale überglücklich nach der letzten Zugabe.

Zwischen Oktober und Dezember kommt sie noch immer nicht zur Ruhe. Lale hat Verträge in allen Ecken Deutschlands und Österreichs zu erfüllen. Jede freie Minute nützt sie, um Post zu erledigen oder Interviews zu geben. Für diese muß ihr ja auch immer etwas Neues, etwas Originelles einfallen. Aber wie oft erlebt eine herumziehende Künstlerin schon etwas Außergewöhnliches.

»Leicht wird es einem wirklich nicht gemacht«, klagt sie dann schon einmal ihren Kollegen.

Weihnachten steht vor der Tür, als Lale endlich in München dazu kommt, Geschenke einzukaufen. Die Liste ist sehr lang. Es wartet ja nicht nur die eigene Familie, da sind die Kollegen zu beschenken und Lales viele, viele Fans, die ihr nach wie vor die Treue halten. Diese Treue weiß Lale zu schätzen, ein Leben lang.

»Ein Glück, daß Marzipan von vielen so gern gegessen wird«, seufzt Lale hörbar, als sie die kleinen Päckchen dem Postbeamten zuschiebt.

»Mei, Frau Andersen, müssen Sie viele Verehrer ham«, strahlt der Mann sie an, als er den Stoß entgegennimmt.

»Verehrer, Verpflichtungen, Familie«, stöhnt sie lachend.

Im Berliner Sportpalast wird am ersten Weihnachtstag noch einmal das Publikum unterhalten. Zwei Vorstellungen muß sie absolvieren: um 17 Uhr und um 21 Uhr. Den Applaus teilt sie mit einem lieben, alten Kollegen aus ihrer Berliner Anfangszeit: mit Hans Albers.

Tagebuch, München, 31. Dezember 1957
»Es ist ein himmelblauer Silvestertag. Keine Tingelei am Abend, kein Kopfzerbrechen darüber, was ich heute abend anziehen soll, kein Friseur, der sich noch meiner glatten Haare erbarmen und sie zu einer schicken Dinner-Frisur zurechtmachen muß. Alle diese lächerlichen Sorgen, die heute Tausende von Mitschwestern plagen, existieren für mich nicht.

Mein Silvester sieht so aus: Nach dem obligatorischen Spaziergang durch meine eigenen vier Wände mit Gießkanne und Staubtuch geruhsam waschen, frühstücken, anziehen, den ›blauen Walter‹ aus der Garage holen und in die Stadt fahren. Stundenlang in Antiquitätenläden stöbern und mit einem Barock-Sockel für die wiedergefundene schwarze Madonna, drei Büchern von Hemingway, Camus und Ringelnatz und zwei Berliner Pfannkuchen nach Schwabing zurückfahren.

In aller Gemütlichkeit habe ich mir eine Tasse Kaffee gefiltert und zu lesen angefangen. Dann beschließe ich, diesen Idealzustand abends fortzusetzen, und putze noch ein bißchen und hänge Bilder auf oder um. An Littachen in Kanada geschrieben, daß sich endlich wieder jemand fand, der die Illusion hat, daß sich meine Platten noch verkaufen lassen. In ein paar Wochen gehen wir in Produktion. Für meinen Abstecher nach Zürich, zu Turi, und ein paar Tagen Entspannung in der Tessiner Sonne die Koffer gepackt. Um Mitternacht mit Björn, der aus Garmisch angereist ist, auf ein gesundes neues Jahr geprostet.«

»Liebstes Littachen«, schreibt mir meine Mutter zum Jahresbeginn 1958 aus Zürich, »wieder einmal wird aus L. A. vorübergehend Madame Beul, die in der Schweiz ihre Steuer-Formulare ausfüllt, Krankenkasse, Autosteuern, Alters-Versorgung usw. einzahlt. Ich genieße die friedlichen Tage. Leider zahlen sie aus der Alterskasse erst vom 65. Lebensjahr zurück, sonst würde ich gleich hierbleiben und es mir gemütlich machen.

Ich mache nun zwar keine Tourneen mehr und trete nur noch in Sälen auf, in denen die Chance gegeben ist, von weitem sehr entfernt auszusehen (wie Weihnachten mit Hans Albers im Berliner Sportpalast), aber von irgend etwas muß der Schornstein ja auch im Winter rauchen.

Du bekommst auch meine neue Schallplatte. Es sind lauter Edelschnulzen von mir drauf. Wenn man mich beim Singen nicht sieht, ist es immer noch eine Freude, mir zu lauschen. Das habe ich irgendwo gelesen. Na, und um diese Freude will ich Dich nicht bringen.

Mit einem dicken Kuß – Deine Mami.«

Der Briefwechsel zwischen meiner Mutter und mir ist immer sehr rege. Seit der Übersiedlung nach Kanada 1952 haben wir uns nur einmal gesehen, als sie 1954 ihre erste Kanada-Tournee machte. Jedesmal, wenn ich anfrage, wann sie denn ein zweites Mal in Kanada auftritt, erhalte ich die gleiche Antwort: »Sobald bei euch auch die Eskimos Bikinis tragen, auf keinen Fall aber im Winter.«

Im März 1958 schreibt mir meine Mutter vom Tode der Großmutter Berta Bunnenberg. Sie starb kurz vor ihrem 85. Geburtstag in Bremerhaven.

»Omi wurde mit sehr viel Liebe und unter einem Meer von Frühlingsblumen und Kränzen beigesetzt. Ich habe es versäumt, sie noch einmal zu sehen. Eine Reihe von unglückseligen Umständen waren schuld. Nun ist es zu spät. Welch ein bitteres Wort: zu spät.«

Etwas fröhlicher klingt ein Brief vom September desselben Jahres. Meine Mutter befindet sich zu der Zeit auf Langeoog und lobt die Insel als den Idealplatz, um in Ruhe und Abgeschlossenheit Bücher zu schreiben.

»Kannst Du Dir so etwas überhaupt heutzutage noch vorstellen?

Ein 18 Kilometer langes Fleckchen Erde, auf dem kein Auto und kein Motorrad fahren darf? Wo man nur das Meer und die Möwen hört? Manche sagen: schrecklich bei der Vorstellung, aber das sind meistens Leute, die sich nicht mit sich selbst beschäftigen können. Mir gefällt es von Mal zu Mal besser hier.

Anbei ein Foto von mir als ›Frau Senator‹ mit ihrem Kaffeekränzchen, dem sie immer dolle Abenteuer auftischt. Außerdem hat ›Frau Senator‹ einen Hut-Tick, denn sie trägt seit ihrer Konfirmation immer denselben, den sie aber zu jedem ›Kränzchen-Treffen‹ künstlerisch umgestaltet. Ha-ha-ha. Aber den Fernsehteilnehmern macht's scheinbar Spaß und mir sowieso. Was bleibt einem auf die alten Tage auch übrig, als komisch zu sein?

Deine alte komische bzw. komische alte Mami.«

Für Schlagzeilen sorgen 1959 drei Ereignisse: das Lied »Lili Marleen« feiert den 20. Geburtstag, Hans Leip, der als junger Gardefüsilier 1915 das Lied schrieb, wird am 22. September 65 Jahre alt, und Lale Andersen behauptet sich mit dem Lied »Ein Schiff wird kommen« wochenlang auf der Hitparade.

Lale kann sich gratulieren. Dank des überwältigenden Erfolges von »Ein Schiff wird kommen« feiert sie ein sagenhaftes Comeback. Auch jüngere Menschen beginnen sich plötzlich für sie zu interessieren. Dies beweisen die vielen Autogrammbitten. Lale weiß sehr genau, daß sie es sich nicht leisten kann, auch nur einen Auftritt abzusagen. Vorläufig fallen alle privaten Träume und Pläne ins Wasser, Lale kommt noch einmal in den »Genuß« der Popularität.

»Mit dem Erfolg ist es wie mit der Liebe; man weiß nie, wie lange der herrliche Zustand anhält«, sagt sie zu einem Journalisten, der wissen will, wie Lale auf das unerwartete Comeback reagiert. Statt im August auf Langeoog zu entspannen, studiert sie die Statistiken des Schlagermarktes, die Fernsehkritiken und Illustrierten. Außerdem textet sie fleißig, in der Hoffnung, den Text und sich bei einer Plattenfirma unterzubringen. Die Nachfrage nach Lale Andersen war lange nicht so groß wie gegenwärtig. Die Chance weiß sie zu nützen!

Die Berge von Fan-Post müssen auch täglich beantwortet werden, darin war sie von jeher sehr korrekt. Auch den Vertretern der Presse steht sie, auf Verlangen, stets für Interviews oder Fotos zur Verfügung. Dafür mußte sie diesmal nach Hamburg. »Am besten wird wohl sein, ich fahre für einige Tage aufs Festland. Gisela Schlüter will mich sowieso in Hamburg treffen und mir mein Horoskop sagen.«

Die beiden Künstlerinnen sind seit vielen Jahren gut befreundet. Auch diesmal gibt es nicht nur allerhand zu erzählen, Gisela sorgt wieder einmal dafür, daß Lale nicht aus dem Lachen herauskommt.

»Na ja, weißte Laleken, aus dem B. kann ja nichts werden. Der Mann hat'n verkehrten Taschenspiegel. Der sieht sich selber verkehrt. Und wer sich selbst nicht kennt als Künstler, wie soll den das Publikum erkennen? Was ich von dem Herrn M. halte, der die Sendungen zusammenstellt? Sag ich dir. Der wird dich nie engagieren. Weißte, das ist der Typ Mann, der anschließend drei Tage impotent ist, wenn ihm eine Frau wie du begegnet.«

Mit ihrem neuen Horoskop in der Tasche und ein paar Mahnworten von Gisela, Lale solle in der nächsten Zeit sehr auf ihre Gesundheit achten, verabschiedet man sich.

Tagebuch, Langeoog, September 1960
»Die Künstlerin gab in den vergangenen Monaten viele Abende. Geglückte und solche mit dem kleinen bitteren Nachgeschmack der Unzufriedenheit mit sich selbst. Aber ein Künstler ist halt kein Musikautomat mit ständig gleicher Perfektion. Ich habe das auch an meinen letzten Schallplatten gemerkt. Die Titel, die ich gerne eingesungen hätte, sangen mir andere, Geschicktere, Schnellere vor der Nase weg, bis jetzt endlich, nach den wunderbaren Sommerwochen am Meer, meine Vitalität und mein Tempo den anderen vorauskam und endlich wieder eine Lale-Platte da ist, zu der ich stehe und über die ich glücklich bin: ›Ein Schiff wird kommen‹ und ›Manchmal träum ich vom Kornfeld‹.«

PLATTEN für Sie?

Kein Zweifel: Lale Andersen scheint alle anderen (und jüngeren) Konkurrentinnen zu schlagen: Ihre Version von „Ein Schiff wird kommen" wurde 500 000mal verkauft (Electrola 21 615).

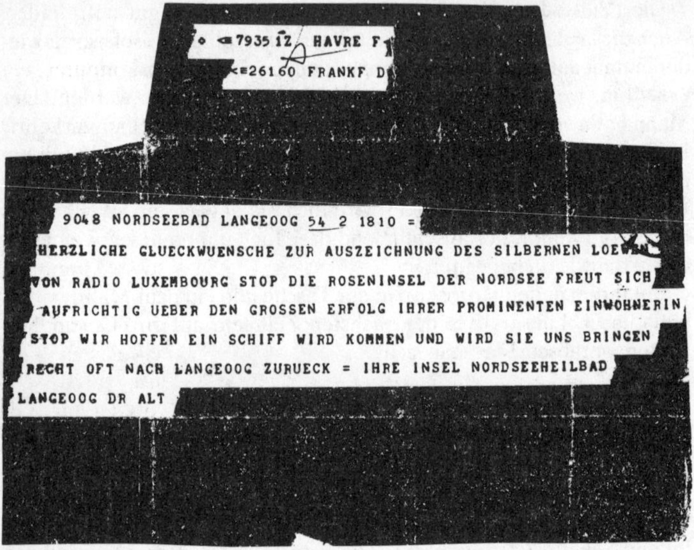

7935 1Z HAVRE F
=26160 FRANKF D

9048 NORDSEEBAD LANGEOOG 54 2 1810 =
HERZLICHE GLUECKWUENSCHE ZUR AUSZEICHNUNG DES SILBERNEN LOEWEN
VON RADIO LUXEMBOURG STOP DIE ROSENINSEL DER NORDSEE FREUT SICH
AUFRICHTIG UEBER DEN GROSSEN ERFOLG IHRER PROMINENTEN EINWOHNERIN
STOP WIR HOFFEN EIN SCHIFF WIRD KOMMEN UND WIRD SIE UNS BRINGEN
RECHT OFT NACH LANGEOOG ZURUECK = IHRE INSEL NORDSEEHEILBAD
LANGEOOG DR ALT

Für ihre Interpretation des Hits »Ein Schiff« und als beliebteste deutsche Schlagersängerin des Jahres 1960 wird Lale am 3. März 1961 auf dem Luxusdampfer »United States« der »Silberne Löwe« von Radio Luxemburg überreicht. Den »Goldenen Löwen« bekommt die amerikanische Sängerin Conny Francis, den »Bronzenen« Caterina Valente. Die Verleihung findet auf hoher See statt.

Zu ihrem zweiten, künstlerischen Frühling meint meine Mutter in einem Brief an mich, anscheinend läge es in der Familie, Spätzünder zu sein.

»Dir steht sicher auch noch viel Schönes bevor, Litta! Und aufzuhören, wenn man oben ist, ist doch weitaus angenehmer, als wenn man schon ganz unten gelandet und vergessen ist. Nimm es also mit meinem Schwanengesang genauso wenig ernst wie ich im Moment. Vielleicht bringt mein gegenwärtiger Erfolg ja auch eine Reise nach Kanada mit sich. Aufhören würde mir jetzt wahnsinnig schwerfallen, kommt also gar nicht in Frage. Außerdem, nur der kann sparen, der reich ist«, beendet sie ihren kleinen philosophischen Brief.

Die Glückssträhne dauert an. Wenige Wochen nach der Verleihung des »Silbernen Löwen« soll sie bei der Vorentscheidung zum »Grand Prix d'Eurovision de Chanson« in Bad Homburg mitwirken.

Tagebuch, Mai 1961
»War das Lied ›Einmal sehen wir uns wieder‹ mit Text von Ernst Bader und Musik von Rudolf Maluck, das ich auf der Vorentscheidung zum Grand Prix gesungen habe, wirklich besser als all die vielen anderen Titel? Ich glaube, es war gar nicht das Lied. Es war die Tessiner Sonne auf meiner Haut und in meinem Lächeln. Die verträumte, geheimnisvolle Ruhe, die das Tessin dem Herzen schenkt, mit dem ich in Bad Homburg alle meine Rivalen überrannte und mit zwei Drittel Mehrheit den ersten Preis gewann.

Blumen, tobender Applaus, Stöße von Glückwunschtelegrammen und drei Wochen später eine Reise nach Cannes zur Eurovisions-Entscheidung. In diesen drei Wochen jagte leider ein Auftritts- und Reisetag den anderen. Die Tessiner Kraftreserven verbrauchten sich mehr und mehr. In Cannes stand dann vor 30 Millionen Fernsehzuschauern wieder die schmale, müde abgespannte Lale, wurde von der Jury mit Recht auf den viertletzten Platz gestellt und sagte sich energisch: Jetzt wird aber wirklich Schluß gemacht!

Was an Verträgen noch zu absolvieren ist, wird bis zum Herbst abgesungen. Danach heißt es endgültig: ›Schluß mit den Tingeleien, der private Teil der Andersen-Story beginnt.‹«

Tagebuch, Langeoog, Oktober 1961
»Es wurde Herbst, nach einem unruhigen, grauen Sommer ein warmer, goldener, gütiger Herbst. Ob ich nun wirklich mit dem passiven Teil des Lebens beginnen kann? Im Augenblick werde ich bei dieser Vorstellung ein leicht skeptisches Lächeln nicht los, aber der Versuch wird gemacht. Tournee-Angebote in Höhe von ungefähr 35000,– DM habe ich schon abgesagt; drei Monate Max-Greger-Tournee, zwei Monate Lou-van-Burg-Show! Ich kann nicht sagen, daß mir das schwerfiel, ich tat es mit vor Glück klopfendem Herzen. Worauf ich nicht verzichten möchte, ist die Mitarbeit im Fernsehen und weiterhin gute Schallplatten zu machen. Eine hat mir die Electrola zugestanden: eine kleine LP mit plattdeutschen Volksliedern.

Noch nie in meinem Leben habe ich eine Platte lieber gesungen als diese. Der begabte, liebenswerte Hans Blum, dessen Genialität unbegreiflicherweise außer mir nur erst ganz wenige erkannt haben, hat die Arrangements geschrieben. Arrangements so voll Reinheit, Atmosphäre, Herz und Heiterkeit, daß man während der drei Tage der Aufnahmen in einer besseren Welt lebte. Kein Gedanke an Verkaufsziffern störte sie, denn daß man mit solcher Platte nur einen kleinen

Kreis Menschen beglücken kann, wissen wir. Aber es ist eben gerade der Kreis Menschen, für die zu singen es sich lohnt. Bei der Electrola behandelt man diese kleine Kostbarkeit mit lächelnder Nachsicht. Man hat halt einer Künstlerin, mit der man im letzten Jahr sehr viel verdiente, einen naiven Wunsch erfüllt. Um diese Jahreszeit ist es im Inselhaus wunderbar still. Bald wird nun auch der Bungalow fertig sein. Auf diesen Augenblick freue ich mich am allermeisten.«

Tagebuch, München, 19. November 1961
»Anstatt, wie die meisten meiner Kollegen, um diese Jahrezeit auf Tournee zu sein oder aber in den Städten die Besetzungsbüros zu belagern, Theater zu spielen, zu filmen oder einer TV-Chance nachzurennen, gehe ich an einem Alltagsvormittag ganz langsam und glücklich durch das Herbstlaub des Englischen Gartens oder sitze zwischen Rentnern und Kindermädchen am Ufer der übermütig dahinquirlenden Isar. Das hat es in meinem ganzen Leben noch nicht gegeben: an einem Alltagsvormittag nichts zu tun.

Ein bißchen komisch ist es ja schon: gestern noch vielgeliebte, vielbegehrte ›Schlagersängerin‹ auf der Höhe der Popularität, heute zurückgezogene, distinguierte ältere Dame. Gestern noch ohne Alter, oder besser gesagt, infolge der künstlerischen Vitalität zeitlos, den Begriff der Jahre unter den Wogen der Begeisterung begraben – heute kritisch vor dem Spiegel stehend und erkennen: also Lale, die Zeit der Bluejeans muß nun vorbei sein. Das glatte, mädchenhaft herunterhängende Haar muß umfrisiert werden. Ich darf nicht mehr wahllos einkaufen und verschenken, sondern muß einteilen und rechnen.

Meine großen Söhne Björn und Michael sehen mich manchmal verstohlen an, als wollten sie fragen, ob es mir wirklich ernst ist mit dem Schlußmachen.

›Willst du jetzt tatsächlich nichts weiter sein als eine reizende ältere Dame mit erwachsenen Söhnen, die ihr Alter nicht länger verheimlicht?‹

Vorsichtshalber übersehe ich, wie sich Michael und Björn zublinzeln, und überhöre die Bemerkung der beiden: ›Wetten, daß...?‹«

Kurz vor Jahresende erhält Lale einen ihrer sehnlichsten Wünsche erfüllt. Electrola bringt ihre Schallplatte mit plattdeutschen Volksliedern heraus.

Tagebuch, Langeoog, 24. Juni 1962
»In Berlin hat der mutige Bubi Scholz die 15 Runden seines Herausforderungskampfes um die Weltmeisterschaft im Mittelgewichtsboxen gegen Harald Johnson tapfer durchgestanden. Johnson gewann nach Punkten. Das NDR-Fernsehen übertrug nicht diesen interessanten Kampf, was logischer gewesen wäre, sondern einen ›Besuch im Sonnenhof‹ auf Langeoog, der vor drei Wochen von Regisseur Wazyen hier aufgezeichnet wurde. Ich saß, wie immer, wenn ich mich selbst sehe, mit entsetzlichem Mißtrauen und Lampenfieber vor dem Bildschirm, entspannte mich dann aber schnell.

Wazyen ist ein gescheiter, großartiger Regisseur und Kameramann. Seine Art, wie er mich sprechen ließ, fotografierte und die Lieder mit Außenaufnahmen von Wolken, Schiffen, Schlehdornzweigen und einer Löwenzahnblüte illustrierte, schuf absolut ein kleines Meisterwerk.«

Tagebuch, Langeoog, Juli 1962
»Die Blumen, Bücher, Schokolade und Trostbriefe, die nach der Pressemeldung über meinen gebrochenen linken Mittelfußknochen eintreffen, habe ich gar nicht verdient. Die Schmerzen im Fuß sind auszuhalten. Erst als der Arzt beim Anblick der Röntgenbilder ein besorgtes Gesicht macht und etwas von mangelnder Kallus-Bildung erzählt, wird die Situation unbehaglich.

Gottlob läßt es sich im Sonnenhof-Bungalow, meinem ganz privaten Eckchen, herrlich aushalten. Beschäftigung gibt es, durch die Berge von Post, genügend. Soweit sie beruflicher Natur sind, läßt sie sich noch bewältigen. Aber neun Zehntel sind privat. Gewiß ist es rührend, all diese, manchmal – aber selten – auch gescheit formulierten Beweise der Sympathie meiner Anhägner zu lesen. Aber oft werden sie auch zum Alpdruck, besonders durch meine altmodische Einstellung, daß man die gutgemeinten Wünsche wenigstens mit ein paar Zeilen oder mit einem Autogramm beantworten muß.«

Was hatte Gisela Schlüter für das Jahresende 1962 prophezeit? »Du machst noch eine Auslandsreise. In ein Land, das du noch nicht kennst. Soll es ja noch geben.«

Als dann, völlig unerwartet, der Anruf des griechischen Komponisten Manos Hadjidakis erfolgt und er Lale für einen griechischen Fernsehfilm nach Athen einlädt, sagt sie, ohne zu zögern, zu.

»Das ist nun einmal das Herrliche an diesem Beruf. Es können täglich oder jährlich Wunder geschehen«, freut sich Lale auf das Wiedersehen mit dem Mann, dem sie »Ein Schiff wird kommen« letztlich zu verdanken hat, denn er hat es komponiert. Für Lale ist Manos der genialste griechische Komponist derzeit. Für seinen Film, den er in Athen drehen will, schlug er neben Melina Mercouri und Juliette Greco auch Lale vor. Sie sang die weltbeste Fassung von »Les enfants du Pirée« (»Ein Schiff wird kommen«) und war seine Begleiterin und Dolmetscherin, als Manos in Frankfurt die Goldene Schallplatte für seine Filmkunst »Jamais le Dimanche« erhielt.

Athen ist zwar weit, ihre Französischkenntnisse auch nicht rühmlich, die neuen Lieder, die Manos für sie geschrieben hat, müssen an Ort und Stelle einstudiert und in kürzester Zeit in die deutsche Sprache gut übersetzt werden. Die Gagenverhandlungen sind unklar, ach was, dennoch kein Grund, die Einladung abzusagen. Natürlich klingt alles ein bißchen mehr nach »Ruhm und Ehre« als nach harten Zahlen.

Aber Lale fliegt, weiß sie doch, eine plötzliche Absage wäre unverzeihlich. Auf dem Flughafen von Athen: »Großer Bahnhof«, Blitzlichter, Reporter und, im weißen Hemd, ein strahlender Manos, umgeben von einem Menschenschwarm.

Η ΤΡΑΓΟΥΔΙΣΤΡΙΑ ΠΟΥ ΛΑΝΣΑΡΕ ΤΟ ΤΡΑΓΟΥΔΙ ΤΟΥ ΠΟΛΕΜΟΥ

Ἡ διάσημη «Λιλὴ Μαρλὲν» ἡ ῎Ελλα ῎Αντερσεν ἔφθασε χθὲς στὴν ᾽Αθήνα

ΓΙΑ ΝΑ ΣΥΝΑΝΤΗΣΗ ΤΟ ΜΑΝΟ ΧΑΤΖΙΔΑΚΙ ΠΟΥ ΘΑ ΕΡΜΗΝΕΥΣΗ ΔΥΟ ΤΡΑΓΟΥΔΙΑ ΤΟΥ

Τὸ τραγούδι ποὺ τὴν ἔκανε διάσημη τὸ θυμόμαστε ὅλοι. Ἡ ῎Ελλα ῎Αντερσεν ἐξήγησε χθές, κατὰ τὴν ἄφιξή της στὴν ᾽Αθήνα. — 20 ὁλόκληρα χρόνια μετὰ ἀπὸ τὴν ἐποχὴ ποὺ τὸ ἴδιο τραγούδι ἦταν στὰ χείλια ἑκατομμυρίων ἀνθρώπων — πῶς τὸ περίφημο «Λιλὴ - Μαρλὲν» ἔγινε συγχρόνως σῆμα τῶν ραδιοσταθμῶν τῆς κατεχομένης Εὐρώπης, ρεφραὶν ποὺ τραγουδήθηκε καὶ ἀπὸ στρατιῶτες ποὺ φοροῦσαν τὴν γερμανικὴ μπόττα, ἀλλὰ καὶ ἀπὸ ξανθοὺς Καναδοὺς καὶ Αὐστραλοὺς τῶν συμμαχικῶν στρατευμάτων.

Es ist Mitternacht. Ein kleiner Kreis sitzt gemütlich in Manos' Wohnung, während er Bänder seiner letzten Konzerte und Filme vorspielt. Zwischendurch werden kleine Schüsseln mit griechischen Spezialitäten gereicht und aus irdenen Krügen getrunken.

Bereits am nächsten Tag muß sie sich auf einen völlig anderen Tagesverlauf umstellen. Lale gewöhnt sich an den veränderten Ablauf der Gezeiten. Mit der Arbeit beginnt Manos um 13 Uhr. Von 20 bis 23 Uhr ist Pause. Der zweite Teil beginnt nachts um 23 Uhr und dauert bis gegen drei Uhr morgens. Die Arbeit mit dem vitalen, amüsanten Manos macht Lale viel Spaß. Noten werden von Manos verachtet. Alles wird von ihm unmittelbar aus seinem Gefühl für Musik und seinem Gehör aufgenommen, geprobt und gesungen. Natürlich erfordert dies sehr viel Geduld und Mühe. Nach einer Woche im warmen Athen fliegt Lale ins graue, verschneite Deutschland zurück.

Tagebuch, München, Ende 1962
»Die ›Hanseatic‹ macht im Januar eine ›Traumreise‹ nach Florida und hat mich eingeladen, während dieser Reise ihr Gast zu sein. Als Gegenleistung bittet man um drei Chansonabende während der 14tägigen Überfahrt. Natürlich werden, trotz der freien Passage, allerhand Nebenausgaben zusammenkommen. Aber die und den Rückflug singe ich in drei bis fünf Gastspielen in Amerika zusammen, darin bin ich geübt. So verdiente ich mir schon einmal vor vielen Jahren eine Reise. Halleluja!«

Tagebuch, Sao Miguel, Januar 1963
»Sao Miguel ist die größte Azoreninsel. Sie gehört zu Portugal und ist ohne Fremdenverkehr. Die Bäume sind um diese Jahreszeit noch kahl und winterlich wie bei uns. Wo immer man mich erblickt, schauen die Einheimischen mich staunend an. Die kleinen Mädchen, die aus der Schule kommen, reißen den Mund auf und dann prusten und kichern sie haltlos. Männliche Arbeitstrupps, die auf Lastwagen an mir vorbeifahren, überschütten mit mich Lachsalven.

Ich begreife das nicht, sehe ich doch aus wie ein ganz normaler Mitteleuropäer. Endlich kommt mein Begleiter, Carl Bay, auf die Ursache des Gelächters. Hier, im südlichen Klima, wo Frauen ausnahmslos nur Kopftücher tragen, hat man noch nie eine Pelzmütze gesehen. Schon gar nicht eine derartig voluminöse, wie sie bei uns gegenwärtig Mode ist. So glauben die Sao-Miguel-Bewohner, ich trage entweder eine Kaffeemütze spazieren oder sie halten mich für Frau Chruschtschow.

Ende Januar laufen wir Port Everglade an. Die herrliche Traumreise ist zu Ende, es beginnt erneut der Ernst des Künstlerlebens. Zusammen mit Ursula Köster, Kurt Lehfeldt, Rupert Glawitsch, Carl

Lale Andersen in New York

Das Lied von "Lili Marleen" ging während des Krieges um die Welt, ja, es erwies sich als dauerhafter als die meisten anderen Errungenschaften jener Zeit. Kein Wunder, daß auch so gut wie jeder Amerikaner diese sehnsüchtige, einprägsame Melodie gehört hat. Und jetzt haben die Amerikaner auch endlich einmal Gelegenheit, die Original-Lili-Marleen, Lale Andersen, am Fernsehen zu erblicken. Das erfuhren wir von der bekannten norddeutschen Künstlerin, als sie dieser Tage auf der Rückreise nach Deutschland kurz in New York Aufenthalt hatte. "Leider kann ich diesmal nicht länger in New York bleiben", bedauerte Lale Andersen. "da wir schon eine ausgedehnte Tournee durch die USA hinter uns haben und ich jetzt schleunigst wieder zu meiner Arbeit in Deutschland zurück muß. Ich hoffe aber, daß sich bei meiner nächsten Reise nach Amerika auch Gelegenheit ergibt, mit den New Yorkern Freundschaft zu schließen!"

Bay und dem liebenswerten Pianisten Herbert Loher trete ich in verschiedenen Städten Amerikas auf. Die ›Star-Parade‹ wird ein schöner Erfolg!«

Tagebuch, Baden-Baden, Juni 1963
»Hier finden alljährlich die Schlagerfestspiele statt, auf denen das beste ›Schallplatten-Baby‹, die beste neue Schlagerschallplatte gesucht und ausgezeichnet wird. Das Ereignis wird von Funk und Fernsehen übertragen. Angereist kommen alle, die durch den Schlager leben: Verleger, Rundfunkproduzenten, Kompositeure, Textautoren, Sänger und Sängerinnen. Am Wettstreit habe ich mich diesmal nicht beteiligt.

Nachdem ich vor zwei Jahren gegen eine Elite-Konkurrenz Erste wurde mit einem Titel, der weniger stark war als der Einsatz der ›personality‹, vermeidet man es auch diplomatisch, mich zum Mitmachen aufzufordern. Abgesehen davon, daß ich es reizvoller finde, einem jungen Menschen eine Chance zu geben. Diesmal liegt sie bei dem bezaubernden 17jährigen dänischen Mädchen Gitte (Haenning). Ich hätte auch nicht mehr den Mut, ohne eine ungewöhnlich gute Nummer in solch eine Rivalität einzusteigen. Aufs Fluidum und Können würde ich mich nicht mehr verlassen. Erstens machen sich in meinem Alter zwei Jahre im Gesicht schon recht bemerkbar, und zweitens bin ich keine Marlene Dietrich. Sie trat, außer Konkurrenz, als Stargast auf, hatte das beste Licht, die beste Ansage und den besten Platz im

Programm. Alles war getan, um auf das Ungewöhnliche ihres Auftretens hinzudeuten. Und es war ungewöhnlich, und sie war – Alter hin, Alter her – besser und stärker und attraktiver als alle anderen. Um so empfangen zu werden und so aufzutreten, braucht es Vorbereitungen, Kämpfe, Diskussionen. Das alles kann ein Star nicht allein ausfechten. Dazu gehören Manager, Sekretäre, Publicity-Agenten. Dieses Fußvolk kostet Geld, viel Geld. Marlenes Gagen erlauben ihr, es auszugeben. Daß ihr am Ende nicht viel mehr bleibt als den Normal-Stars, ist klar. Aber sie hat die Freude des Superlativen, und das scheint mir die schlechteste nicht zu sein für einen Künstler.

Der Grund, warum ich nach Baden-Baden gefahren bin, anstatt mir das Festival gemütlich in der Schwabinger Wohnung auf dem Bildschirm zu betrachten, war für mich der Regisseur Truck Branss. Er will im September für das deutsche Fernsehen ein Lale-Andersen-Porträt filmen. Er ist der genialste unter den jungen Regisseuren und ein Individualist, der sich nichts und niemanden aufdrängen läßt. Wie der gerade auf mich kommt?«

Tagebuch, München, November 1963

»Bis vorgestern war ich beim Saarländischen Fernsehen, wo Truck Branss versuchte, die letzten Szenen seiner Andersen-Show zu drehen. Das Wetter allerdings war gegen uns: es regnete nahezu ununterbrochen, was Außenaufnahmen nicht besonders reizvoll macht. Das übrige Team ertrug die Lage tapfer und diszipliniert. Branss aber war gereizt, verärgert, ungerecht, und zum Schluß hatte er Bauchweh vor lauter Zorn.

Na ja, er ist halt Genie und Star. Petrus dürfte der einzige sein, der nicht nach seiner Pfeife tanzt. Seine tröstliche Feststellung: ›Lale, hast du einen tollen Kopf‹, hörte ich immer seltener und fühlte, daß er langsam jedes Fältchen meines Gesichts zu hassen begann. Ich habe es aber mutig in den Regen und in Hug Schotts Kamera gehalten, sehr ernst und nachdenklich, wie die Lieder, die Branss für diese Show ausgesucht hatte.

Einmal muß ja schließlich Schluß sein mit dem mädchenhaften Lächeln und dem undefinierbaren Alter. Für viele meiner Verehrer wird das Fernsehporträt ein Schock sein, vor allem für meine vielen jungen Bewunderer. Alle aber werden den genialen Regisseur spüren. Viele Szenen gab es, in denen sich meine Logik und mein gesunder Verstand in Opposition gegen Branss verbinden wollten. Aber ich kam schnell darauf, daß der Begriff ›Neue Welle‹ nichts anderes ist, als unlogisch zu sein. Ich biß die Zähne zusammen und tat, was mir geheißen wurde. Bei Branss, an dessen Begabung ich glaube, ist das immerhin noch leichter als bei meinen neuen Electrola-Bossen, denen ich vor der Reise nach Spanien vor vier Wochen endgültig adieu sagte. Nun bin ich zwar ohne Schallplattenvertrag, aber was bedeutet in diesem zu Ende gehenden Jahr dieser kleine Minuspunkt gegenüber allem Schönen.«

Die Ausstrahlung von »Porträt in Musik« erfolgt Anfang März 1964. In ihrem Taschenkalender kommentiert Lale knapp und bündig: »Vieles sehr gut, leider nicht alles.«

Tagebuch, Langeoog, Pfingsten 1964
»Daß ich mit meiner Version von ›Ein Schiff wird kommen‹ vor vier Jahren Caterina Valente, die herrliche Mercouri und Lys Assia überrannte und in wenigen Monaten über 800000 Platten von meiner Fassung verkauft wurden, ist längst vergessen. Hits kommen und gehen. Heute lösen sie Begeisterungsstürme aus und werden schon morgen als gähnend langweilig empfunden. Von all den vielen Liedern, die ich bereits gesungen habe, haben nur fünf oder sechs alle Krisen überstanden und sind zu den ›Standards‹, zu ›Evergreens‹ geworden: ›Der Junge an der Reling‹, ›Lili Marleen‹, ›Blaue Nacht am Hafen‹, ›Spiel mir eine alte Melodie‹ und ›Ein Schiff wird kommen‹.

Es gibt aber viele Sänger, die trotz aller Mühen und guter Stimme ihr Leben lang keinen Hit zusammenbringen. Die Plattenbranche ist schnellebig und setzt jeweils auf den Interpreten, der gerade einen Hit macht. Wem das ein paar Jahre nicht gelang, dem wird mit reizender, infantiler Ehrlichkeit das Wort ›passé‹ in den Rücken oder auch direkt ins Gesicht geworfen. Man muß schon die Weisheit oder den niedrigen Blutdruck der Andersen haben, um das gelassen hinzunehmen und lächelnd zu sagen: Wartet es nur ab.«

Ganz privat, das heißt, ohne Verpflichtungen, verbringt Lale im Juli eine Woche bei ihrem Mann in Zürich. Von hier aus fährt sie diesmal nicht nach Deutschland zurück, sondern nach Interlaken.

Plakatiert als Hauptattraktion soll Lale am Schluß des Programms im eleganten Kursaal ein 45 Minuten dauerndes Repertoire vortragen. Eigentlich wollte sie ja in Interlaken nicht noch einmal auftreten, nachdem ihr hier schon einmal vor Jahren ein Mißgeschick zustieß. Als Lale Wilke stand sie damals auf der Bühne. Kurz vor ihrem Auftritt hatte sie sich Kaffee über ihr Bühnenkostüm gegossen. Umziehen konnte sie sich nicht, erstens blieb dazu gar keine Zeit, zweitens hatte sie überhaupt nur einen Anzug eingepackt. Es blieb ihr keine Wahl, sie mußte im nassen Kostüm erscheinen.

Diesmal ist sie viel gelassener, hat kein Lampenfieber und genügend Zeit zum Schminken und Ankleiden. Plötzlich ein ohrenbetäubender Tusch. Lale hört ihren Namen angesagt. Sie hat überhaupt nicht auf die Uhr geachtet. Auch betrachtet sie sich als Star des Abends und erwartet, daß man sie verständigt, sobald sie drankommt.

Erneuter Tusch, Applaus – keine Lale. Die sucht nämlich in der Garderobe nach ihrem rechten Ohrring, der unter die Couch gerollt ist.

Dritter Tusch. Mit nur einem Ohrring und einem Abendhandschuh hastet Lale vom Keller – wo sich die Garderoben befinden – nach oben. Sie will gerade eine Tür, die zur Bühne führt, aufreißen, verschlossen. Also rast Lale wieder nach unten und auf der anderen Seite nach oben und auf die Bühne.

Nicht als Grande Dame, sondern als komische Nummer tritt Lale Andersen, Star des Abends, vor ihr Publikum. Noch am selben Abend schwört sie sich: nie wieder Interlaken!

Bevor sie nach München zurückkehrt, ruht sich Lale von dem »Schock« erst einmal in Turis kleinem Garten aus. Inzwischen kann sie auch wieder über ihren Fehl(auf)tritt lachen und gibt das Erlebte ein paar Tage später bei einem Wiedersehen mit Göndie und Rolf Liebermann in deren Haus am Zürichsee zum besten.

Tagebuch, Langeoog, August 1964
»Das Programm meines Chansonabends ist jetzt rund und ausgefeilt. Ich singe vor Snobs in Nightclubs und auf Freilichtbühnen in Volksparks. Hier wie da aber geht der Abend nie ohne sechs bis acht Dacapos zu Ende.

Eigentlich will ich ja den 23. März 1965 als Schlußtag für das Vagabundenleben festsetzen. Seit Beginn meiner Karriere sind 33 Jahre vergangen, ein langes Zigeunerleben. Wenn ich so daran denke, zu welcher Vollkommenheit sich ein Chansonabend noch ausfeilen läßt, wieviel Niveau man sich und seinen Zuhörern abverlangen kann, ist die Verlockung allerdings groß, hinter den nächsten 23. März statt eines Punktes ein Fragezeichen zu setzen.

Nicht ganz unbeteiligt an diesen Überlegungen sind meine treuen, jahrelangen Fans. Wie zum Beispiel der alte, gehbehinderte Berliner aus der Invalidenstraße, der jetzt mit seiner Frau in der Nähe Lüneburgs lebt und der vor mir stand in der Garderobe, meine Hände nahm und dem statt Worte Tränen kamen. ›Für Artur‹ mußte ich auf das Foto schreiben, das ich ihm schenkte. ›Unvergeßlich‹ schrieb mir der Blick seiner guten, tränenschweren Augen ins Herz.«

Tagebuch, München, Totensonntag 1964
»Zum Vergangenen gehören seit einigen Tagen zwei weitere Freunde, die meinem Leben viel bedeuteten: Ernst Ginsberg, der mir damals am Zürcher Schauspielhaus selbstlos und intensiv Unterricht gab. Rolf Liebermann hatte ihn darum gebeten und immer wieder gehofft, das versprochene Honorar aufzutreiben. Es gelang ihm nie. Und Kurt Hirschfeld, seit 1936 Dramaturg am Zürcher Schauspielhaus, seit drei Jahren sein Direktor. Leopold Lindtberg hat heute seinen Posten übernommen. Ginsberg, der sensible, noble Schauspieler, und Hirschfeld, der selbstlose Arbeiter, von vielen Menschen bewundert (geliebt?) und betrauert. Ob ihnen der Abschied vom Leben schwerfiel, weiß ich nicht. Wir sind uns im letzten Jahr nicht mehr begegnet... Soviel ich weiß, waren beide ohne Kinder. Für immer, lebt wohl... Lebt wohl gemeinsame Erinnerungen an eine Zeit, die uns Hirschi, Ernst, All und mir so viel bedeutete und die so viel Inhalt hatte.«

Tagebuch, Göppingen, Januar 1965
»Sühnetag in Hannover am 31. Dezember. Sühnetag in Göppingen am 2. Januar. (Der nächste ist für den 9. Januar in Bonn festgesetzt.) Das sind die Tage, an denen ich die Zinsen für das verhältnismäßig bequeme Leben zahle, das ich seit einem Jahr führe. Von den Angeboten, anläßlich einer Theatereröffnung, eines Balles oder auf einer Werksveranstaltung zu singen, suche ich mir die heraus, die am lukrativsten sind. Dann packt Herbert Loher die Noten, ich die Bühnenkleider ein. Mit dem zusätzlichen Gepäck eines schwer belasteten Gewissens reisen wir dorthin, wo man sich von unserem Erscheinen – immer noch – ein ausverkauftes Haus und ein begeistertes Publikum verspricht. Mein Optimismus ist viel bescheidener als der des jeweiligen Unternehmens.

›Wie halten Sie es mit Ihrem Auftritt, gnädige Frau? Ein langer oder lieber zwei kurze?‹

›Aber ich bitte Sie (dabei an die versprochene Gage denkend), zwei lange selbstverständlich.‹

›Und was werden Sie singen?‹

›Ja, das kann ich wirklich erst nach der ersten Fühlungnahme mit dem Publikum sagen. Aus diesem Grund hat mein Pianist Loher auch immer dreißig bis vierzig Nummern mit. Ein gescheites Publikum bekommt Folklore, Parodien und Brecht-Weill. Ein einfältiges Schlager, ein unreifes ebenfalls und Gemischtes, d. h. von allem etwas.

Und nun geht's zur Probe, und wir wollen sehen, was auf die Göppinger zutrifft, was sie wert sind... Nach meinem Auftritt habe ich es festgestellt: Sie sind das Beste wert! So ein Publikum wünsche ich mir das ganze Jahr hindurch. Mein Image ist doch noch gefragt.«

Tagebuch, Bonn, Januar 1965

»›Haben Sie irgendeinen großen Wunsch, dessen Erfüllung Sie freuen würde?‹ hatten im Herbst, als ich in Rhöndorf einen Chansonabend gab, ein paar Journalisten am Ende eines Interviews gefragt.

›Das liegt doch nahe‹, sagte ich und dachte, was gehen euch meine geheimen Wünsche an. ›Hier in Rhöndorf wäre es natürlich wunderbar, Bundeskanzler Konrad Adenauer besuchen zu dürfen.‹

Das schreiben die bestimmt nicht, glaubte ich zu wissen. Aber sie erwähnten es doch. Der Sohn Adenauers, Georg, las es, ein Bildberichter erinnerte sich an das Herbstinterview, kurzum, Adenauer erklärte sich einverstanden, mich am 9. Januar, mittags um 11.30 Uhr, in seinem Empfangsraum im Bundeshaus zu sehen.

Hans-Jakob Müllegan, ein Bekannter aus Rhöndorf, und ein Bildberichter, der sich eine interessante Aufnahme erhoffte, und ich beobachteten von einem versteckten Parkplatz aus, wie der nicht besonders elegante Mercedes Dr. Adenauers um drei Minuten vor halb zwölf vorfuhr. Ich wollte meine Begleiter natürlich nicht mitnehmen.

›Haben Sie kein Gefühl dafür, wie taktlos es wäre, mit einem Reporter zu einem solchen Empfang, der doch ganz privater Natur ist, zu gehen?‹

Daß meine Begleiter nicht so ohne weiteres nachgeben würden, ahnte ich.

›Also gut, solcher Empfang dauert meistens eine Viertelstunde. Kommen Sie dann ins Vorzimmer und fragen, ob Sie zum Abschied eine Aufnahme machen dürfen. Ich kann das nicht entscheiden.‹

Punkt 11 Uhr 30 meldete mich die Vorzimmerdame an, und schon hieß es: ›Der Herr Bundeskanzler läßt bitten!‹

Ich weiß nicht, was beim Betreten des schönen Raumes mit den sonnengelben Sesseln größer war, meine Freude oder meine Verlegenheit über die Selbstverständlichkeit, mit der ich einem Mann begegnete, der zu den ganz Großen der Weltgeschichte gehört.

Groß, schlank, mit einem kleinen Lächeln im ernsten, asketischen Gesicht, reichte Adenauer mir die Hand und bot mir einen Platz auf dem Sofa an. Meine Befangenheit war wie weggeblasen. Wir unterhielten uns wie zwei alte Freunde; über alte und moderne Literatur, über Malerei, über Reisen und natürlich auch über Politik, die ihn verständlicherweise mehr interessiert als alles andere. Er erzählt mir von de Gaulle, den er für einen sehr großen, wichtigen Mann hält, von dem amerikanischen Außenminister John Foster Dulles und von Chruschtschow.

Zweimal bringt die Vorzimmerdame einen Zettel. Er liest ihn und reagiert nicht.

›Ist das vielleicht der Fotograf?‹ frage ich. ›Dann lassen Sie ihn doch für einen Augenblick rein oder schicken ihn fort. Oder macht es Sie nicht nervös, wenn hinter der Tür jemand steht und wartet?‹

›Dat bin isch jewöhnt‹, lächelt er nur und beginnt wieder von Worpswede zu sprechen, der Künstlerkolonie, aus der ich ihm eine bemalte Keramikschale von der Weichberger mitgebracht habe.

›Wie hieß doch der Bremer Industrielle, der soviel für Worpswede getan hat, in der Zeit, als dort noch Paula Modersohn-Becker und Vogeler lebten und malten?‹

Er liebt Kunst, die ehrlich ist, wie er sagt. Alles Konstruierte lehnt er ab.

Das Gespräch wird immer privater. Er hat meine Hand zwischen seine Hände genommen, mit dem selbstverständlichen ernsten Charme, mit dem er mich nach zweistündigem Zusammensein auch in die Arme nimmt und küßt. Seine Männlichkeit ist noch voller Zauber und vom Alter genausowenig angetastet wie seine Seh- und Gehörnerven. Er trägt keine Brille, und als ich beim Betreten des Zimmers vorsichtshalber recht laut sprach, sagte er lächelnd:

›Ich nehme das als Beweis dafür, daß Sie denken und daß Sie Herzenstakt haben. Notwendig ist es nicht. Ich höre sehr gut.‹

Im Vorzimmer sind inzwischen einige Menschen unruhig geworden. Aus Rhöndorf hat die Familie, die an diesem Samstag mit ihm zu Mittag essen wollte, bereits einigemal angefragt, ob er nicht endlich käme. Sein persönlicher Referent, sein Fahrer und der Bildberichter blicken seit zwei Stunden auf die Uhr. Eine so lange Audienz unter vier Augen habe sie noch nicht erlebt, meint auch die Vorzimmerdame. Noch einmal bitte ich darum, den Fotografen fortzuschicken oder eintreten zu lassen. Er darf ins Zimmer, mit ihm ein zweiter Fotograf. Nach drei Minuten müssen sie den Raum wieder verlassen. Ich habe meinen Hut aufbehalten, denn unter dem Hut habe ich ein Haarteil angesteckt und zittere ein bißchen vor dem Augenblick, in dem Adenauer vorschlägt, ich solle doch den Hut abnehmen. Er sagte es nicht.

Er nimmt überhaupt Menschen und Dinge als gegeben und verliert keine Zeit damit, sie zu korrigieren. Doch gibt es nichts, was seine klugen Augen nicht wahrnehmen. Verliert man sich zeitlich einmal in der Beschreibung eines längeren Erlebnisses, hört er aufmerksam zu. Er selbst formuliert, was er erzählt, mit Brechtscher Kürze. Durch den Kölner Akzent hat dennoch jedes Wort von ihm etwas Liebenswürdiges.

Wir sind ans Fenster getreten, als die Fotografen gegangen sind. Trotzdem er von seiner Umgebung und seiner Familie bestimmt geliebt und verehrt wird, macht er minutenlang den Eindruck großer Einsamkeit. Er erzählt von den Memoiren, an denen er schreibt.

›Eine anstrengende Beschäftigung‹, sagt er mit dem Gesicht eines Schulbuben, der von seinen Hausaufgaben spricht. ›Aber ich möchte es nicht wie Winston Churchill machen und mehr als die Hälfte von einem Ghostwriter schreiben lassen. Wennschon, dann möchte ich es alles in meiner eigenen Sprache und Formulierung aufzeichnen. Sie sollten auch Ihre Memoiren schreiben‹, sagt er dann.

Ich beichte ihm, daß ich nach der Lektüre von ›New York, 61. Straße‹ von Gisela Frankenberg, das ich gerade zu Ende las und das mir eine der interessantesten Bucherscheinungen überhaupt scheint, den Mut verlor, in meiner einfachen, simplen Sprache etwas niederzuschreiben, was beim Lesen, außer für mich, für andere interessant sein könnte.

Er lächelt nur. Die letzten 10 Minuten des Zusammenseins sind eine Sympathiekundgebung ohne Worte.«

Ich saß gerade bei einem kanadischen Frühstück, da kommt an einem Wintermorgen 1965 ein Anruf aus New York. Am anderen Ende begrüßt mich die vergnügte Stimme meiner Mutter. Wir waren beide gerührt. Ich über diese unerwartete Überraschung, sie über ihre plötzliche Großzügigkeit, ein paar Dollar für ein Telefonat mit ihrer Tochter zu opfern.

Stets auf alles gefaßt in unserer vom Wanderteufel besessenen Familie, nahm ich ihren Anruf ziemlich gelassen hin. Spannender wurde es erst, als mir mitgeteilt wurde, es sei eine Herbsttournee durch den Osten Kanadas und der USA geplant. »Bis zu euch komme ich nicht, Littachen, aber ich schicke dir die Flugtickets, und dann treffen wir uns in Toronto. Ich will ja nun wirklich bald endgültig aufhören (wer lacht da?), und du kannst dein Urteil darüber abgeben, ob ich den richtigen Entschluß gefaßt habe.«

Über Hunderte von Kilometern hinweg fallen wir uns in Gedanken um den Hals. Ich hatte meine Mutter jahrelang nicht auf der Bühne gesehen. Kritiken und Presseberichten zufolge hatte sie immer noch Erfolg, fand auch jetzt noch, 34 Jahre später, ein begeistertes Publikum. Bis zum Herbst war noch eine lange Zeit, aber ich freute mich schon in diesem Augenblick auf das Wiedersehen. Mit etwas gemischten Gefühlen dachte ich allerdings an ihren Auftritt. Wer will sich schon mit der eigenen Mutter blamieren?

Ich war skeptisch. Natürlich dachte ich auch an ihr Alter und daran, daß über Künstler, die nicht abtreten wollen, gerne gelästert wird. Ich begann bereits nervös zu werden, dabei lag unsere Begegnung noch in weiter Ferne.

Nach Amerika kam meine Mutter Anfang 1965 mit der »Hanseatic«. Die fast schon zur Tradition gewordene Seereise endete, wie bereits bei früheren Fahrten, in Port Everglades, Florida. Vom Süden der Vereinigten Staaten flog meine Mutter nach New York, wo sie Besuche bei alten Freunden und Bekannten machte und auch mich anrief.

Groß war die Enttäuschung, daß aus dem erhofften Wiedersehen mit Lotte Lenja nichts wurde. Schon einmal, 1957, hatte meine Mutter an die berühmte Kollegin, mit der sie Anfang der dreißiger Jahre in Berlin so oft zusammen war, geschrieben. Die Lenja hatte auch geantwortet. Aber zu einem Wiedersehen kam es nicht. Diesmal lag es daran, daß meine Mutter nur an einem Sonntag in New York weilte und Lotte Lenja die Sonntage meistens außerhalb der Millionenstadt verbrachte.

Tagebuch, Cademario, Tessin, Ostern 1965

»Wie stets im Frühjahr sind Unternehmungs- und Betätigungsfreude ungestümer und schneller als die Triebwerke von Zügen und Flugzeugen. So geht es wieder im Blitztempo von München ins Engadin – Arosa, St. Moritz – Grindelwald, von Zürich nach Seefeld, Tirol, von Seefeld nach Düsseldorf zu einer Fernsehaufzeichnung, von Düsseldorf nach Berlin zur Plattenaufnahme und von Berlin über München nach Hannover, wieder fürs Fernsehen, und endlich, für eine Woche, nach Cademario.

Die meisten Auftritte gingen beruflich gut. Einiges, wie der Chansonabend in St. Moritz und die Eurovisionssendung in Hannover (ausgerechnet!), völlig daneben.

Diese Katastrophenfälle sind immer die Folge von zuwenig Schlaf. Im gleichen Maß, wie Schlaf und Sonne die Batterien bei mir auftanken und mich mein Alter völlig vergessen lassen, genauso werde ich ohne beides zu einem zerknautschten Häuflein Malheur. Eine Situation, die häufiger und häufiger vorkommt und nur ächzend, verzweifelt und mit harter Selbstdisziplin durchzustehen ist. Im Herbst, mit schwindender Sonne, wird sie, fürchte ich, überhaupt zum Dauerzustand. Ich ziehe jetzt schon die Konsequenzen und nehme nach der Amerikatournee im September/Oktober beruflich keine Aufgaben mehr an. Eine Ausnahme ist die Mikrophonarbeit, allein mit den Kollegen, im dämmrigen Studio. Eine LP mit deutschen und eine mit internationalen Volksliedern kommt in den Vorarbeiten gut voran und ist etwas, auf dessen Realisierung ich mich sehr freue.

Meine Generation muß es wohl überhaupt mit dem Folkloristischen oder mit der Klassik halten. Wahrscheinlich ist es die Reaktion auf diese allzu satte, wirtschaftlich fette Zeit, die die künstlerische Jugend dazu reizt, ihre Begabung und ihr Genie abstoßend, unschön und unsympathisch zu servieren. Heute ist man der Jugend gegenüber fast befangen mit seinem eigenen Stil. Womit man sie überhaupt noch auf seine Seite bekommt, sind die Klassiker oder das Folkloristische.

Ein Brief aus Kanada mit der Bitte um ein Autogramm erinnert mich plötzlich daran, daß im April vor zwanzig Jahren kanadische Soldaten Langeoog befreit haben. Wie glücklich bin ich, daß ich auf der Insel ein Stück Heimat gefunden habe. Für den guten Nicki ist es längst ein Zuhause geworden.«

Lales Vorsatz, 1966 offiziellen Abschied zu nehmen, hat sich herumgesprochen. Von den engsten Verwandten, vor allem von ihren Kindern, wird er nicht ernst genommen.

»Wetten, das ist bloß wieder so eine Laune«, kommentieren Björn und Michael übereinstimmend den Entschluß ihrer Mutter.

»Ein paar gute, verlockende Angebote, und von Aufhören ist keine Rede mehr«, wird auch von anderen behauptet.

»Sie können unmöglich schon abtreten. Das können Sie uns nicht antun«, jammern die Fans.

Sie tut es – vorläufig – noch nicht. Statt dessen begibt sie sich auch im darauffolgenden Sommer, wie schon die Jahre davor, auf Bädertournee. Das anspruchslose Ferienpublikum akzeptiert jede Abwechslung, die geboten wird, und Lale begrüßt die Tatsache, daß sie erst abends auf irgendeiner Kurhausbühne zu singen hat. So kann sie sich tagsüber im Strandkorb sonnen und sieht in kürzester Zeit blendend und braungebrannt aus. Der Effekt beim Publikum bleibt nicht aus.

»Wie alt soll sie sein? Na, dafür sieht die Andersen noch fabelhaft aus. Und diese Figur, einfach Klasse.«

Lale entgehen diese Bemerkungen natürlich nicht. Sie nimmt die bewundernden Blicke zufrieden zur Kenntnis. Die Idee mit dem Aufhören muß ein Irrtum gewesen sein. Auch die treuen »Sonnenhof«-Gäste machen der Künstlerin Komplimente.

»Also mir scheint, daß ich getrost noch ein Jahr auftreten kann. Dann bleibt immer noch Zeit, um mir über einen ehrenvollen Abschied Sorgen zu machen«, beschließt Lale.

Braungebrannt und in erwartungsvoller Stimmung bucht sie für sich Mitte September einen Platz auf einer Air-France-Maschine und fliegt nach Nordamerika. In Los Angeles wird die Künstlerin aus »Germany« herzlich in Empfang genommen, und die Presse verkündet:

LILI MARLENE HERE AGAIN

Zum Ensemble dieser nordamerikanischen Tournee, die als »Große Musik Parade 1965« angekündigt wird, gehört außer Lale der Sänger Martin Lauer, die Schlagersängerin Lolita, der aus Jugoslawien stammende Sänger Ivo Robic und Walter Böhm, Komiker und Ansager.

»Restlos ausverkauft« steht auf den Plakaten und am Eingang des Theaters, das sich in einem der bekanntesten Hotels von Los Angeles, dem »Biltmore«, befindet.

Hier findet am 18. September die Premiere der »International Starparade 1965« mit anschließendem Galaball statt. Veranstalter des Gastspiels ist der German Club of Hollywood.

Für Lale wird der Abend zu einem einzigen Erfolg. Als sie nach der Vorstellung bestürmt wird, noch ein paar Tage in Kalifornien zu bleiben, akzeptiert sie mit Freude. Zusammen mit ihren deutschen Kollegen besucht man einige Tage darauf die Dreharbeiten zu dem amerikanischen Film »The Oscars« im Paramount-Studio. Zu den Stars des Films gehört Elke Sommer, die den Besuch aus der alten Heimat herzlich begrüßt und sie mit anderen Kollegen, u. a. Stephen Boyd, bekannt macht. Auf Lale wartet nach der Rückkehr zum Hotel noch eine ganz besondere Einladung. Von den Offizieren des deutschen Schulschiffes »Donau«, das vor Long Beach Island vor Anker liegt, wird sie zu einer Besichtigung eingeladen. Zwischen den Matrosen und Offizieren fühlt sich die Seemannstochter aus Bremerhaven zu Hause. Nur ungern trennt sie sich nach dem wunderschönen Erlebnis von ihren Gastgebern.

Das nächste Ziel heißt Chicago. Diesmal findet die Vorstellung im »Civic Operahouse« statt, natürlich vor ausverkauftem Haus.

Diese nordamerikanische Tournee scheint überhaupt unter einem guten Stern zu stehen. Ausverkaufte Häuser überall und ein dankbares, begeistertes deutsch-amerikanisches Publikum. Mit Einladungen zu Privat-Parties werden die deutschen Künstler überschüttet. Lale atmet erleichtert auf, als der Auftritt in Milwaukee in dem Ballsaal des »Sheraton-Schröder-Hotel« überstanden ist. Aber an ein heimliches Wegschleichen nach der Vorstellung ist gar nicht zu denken. Die Autogrammwünsche sind auf jeden Fall zu erfüllen. Die Schlange, die sich vor der Künstlergarderobe gebildet hat, scheint kein Ende zu nehmen.

Es ist nach Mitternacht, als Lale erschöpft in ihr Bett fällt. Vorher aber legt sie sich auf ihren Schreibtisch einen Zettel mit dem Vermerk: Autogrammkarten signieren!

Wie vor jedem Tourneeantritt hatte sie auch diesmal vor der Abreise Hunderte von Autogrammkarten unterzeichnet. Wurde sie um eine persönliche Widmung gebeten, konnte diese hinzugefügt werden. Die Erfolge in Los Angeles, Chicago und Milwaukee waren dermaßen überwältigend, daß ihr keine signierten Fotos übrigblieben. Ähnliches durfte in den nächsten Tagen nicht passieren. Die Finger schmerzten noch immer von der vielen Schreiberei.

»Wußtest wohl gar nicht, daß du noch ein so beliebtes Mädchen bist«, freut sich Lale.

Auch die Konzerte in Kanada sollen so gut wie ausverkauft sein. Gottlob finden nur in Kitchener, Ontario und Toronto Vorstellungen statt. Somit bleibt ihr genügend Zeit für das Wiedersehen mit Litta am 1. Oktober in Toronto.

TORONTOER ZEITUNG Oktober 1965

Lale Andersen in Toronto

Lale Andersen ist eine der wenigen "Mutigen", die aus ihrem Alter keinen Hehl machen. "Ich bin zehn Jahre aelter, als die Herren mich sehen und zehn Jahre juenger als die Damen mich machen!" sagte sie einmal. Sie kann es sich getrost erlauben, ihre vielen treuen Freunde jetzt mit ihren gesprochenen und gesungenen Schallplatten-Memoiren unter dem Titel "Mein Leben - meine Lieder" zu ueberraschen. Denn zum ersten weiss jeder, dass ihre Karriere und ihr Ruhm bereits zwei Jahrzehnte ueberdauerten und dass Lale in dieser Zeit wohl reifer, wenn auch - wie wir alle - nicht juenger geworden ist, obwohl sie doch eigentlich immer noch so ausschaut wie damals, als ihr Stern aufging.

Ich sitze in der großen Empfangshalle des »King Edward Hotel« in Toronto und warte auf meine Mutter. An der Rezeption wurde mir erklärt, Miss Andersen käme erst spät abends zurück. Sie trete an diesem Tag in Kitchener auf. In der Hotelhalle herrscht Hochbetrieb, irgendeine Organisation hält eine Versammlung ab, die Drehtüre spielt Karussell.

Und dann endlich! Seemannsgang, lange Hosen, Rollkragenpulli, Nerzjacke, getönte Brille, abgespanntes Gesicht. Als es mich erspäht, strahlt es.

»Littachen...!« – »Mami...!«

Gegenseitiges Mustern und die einstimmige Feststellung, Mutter und Tochter sind miteinander einverstanden. Mit der Fragerei kommen wir allerdings nicht sehr weit. Ein Kollege unterbricht die Begrüßungszeremonie. Kurzes Bekanntmachen, erstaunte Miene.

Das sei ja toll. Lale hat eine große Tochter! Na, über die Ähnlichkeit herrsche kein Zweifel. Der Familientratsch wird auf dem Zimmer fortgesetzt.

»Fürs Konzert habe ich dir in der ersten Reihe einen Platz reservieren lassen. Nach der Vorstellung kommst du selbstverständlich in meine Garderobe. Du mußt dich einfach durchdrängeln. Wenn dich jemand hindern will, sage, du gehörst zur Tourneeleitung«, weist mich meine Mutter an.

»Alles andere besprechen wir morgen. Vor allem will ich wissen, wie es meinen Enkelkindern geht, ha, ha«, lacht meine Mutter. Diplomatisch fügt sie hinzu: »Weißt du Littachen, du siehst noch so unwahrscheinlich jung aus, dir würde bestimmt niemand vier heranwachsende Kinder zutrauen. Am besten, wir behalten das Thema für uns. Du kennst ja das Publikum, die finden es natürlich hochinteressant, das Alter eines Künstlers zu erforschen. Wenn es sich herumspricht, daß ich bereits Enkelkinder besitze, wird jeder denken, ich sei, wenn nicht uralt, dann mindestens sehr alt. Mir wollte ja auch nie jemand glauben, daß ich mit knapp 16 Jahren geheiratet habe und sich die Kinderchen alsbald schon anmeldeten«, grinst meine Mutter.

Gewohnt, daß sie seit Beginn ihrer Laufbahn Privat- und Berufsleben strikt voneinander trennt, empfinde ich ihre Bitte als durchaus selbstverständlich und spiele die Rolle der jungen »unschuldigen« Tochter im Beisein von Fremden amüsiert mit.

Nach einem ausgiebigen amerikanischen Frühstück, das wir im Speisesaal einnehmen, wird meiner Mutter mitgeteilt, daß Eberhard van Nuis, der für die »Show« in Kanada verantwortlich ist, in der Hotelhalle auf seine »Zöglinge« wartet. Es ist ein Sonntag, und da es den Abend zuvor spät geworden war, stehen nur meine Mutter und Martin Lauer für eine Beleuchtungsprobe zur Verfügung. Ich schließe mich dem Dreiergespann an. Mit dem Auto geht's zur »Massey Hall«. Die Proben dauern nur ein paar Minuten. Voller Schreck stellt meine Mutter im letzten Augenblick fest, daß das Klavier verstimmt ist. Zwei Stunden vor Beginn der Matineevorstellung muß also ein Klavierstimmer organisiert werden.

Die Zeit ist zu knapp, um noch einmal ins Hotel zurückzufahren. Während sich meine Mutter für ihren Auftritt ankleidet, erinnert van Nuis daran, daß bereits um 18.30 Uhr die Halle geräumt werden muß.

»Abends findet nämlich noch eine religiöse Veranstaltung statt.«

Jede Minute unseres kurzen Zusammenseins auskostend, sitze ich in der Garderobe meiner Mutter, als sie sich für die erste Vorstellung zurechtmacht. Plötzlich bin ich wieder »Deitsche«, fünf oder sechs Jahre alt, gutgenährt und -gelaunt und beobachte »Lilott« beim Schminken. Jetzt kommt der Moment, der mich schon als Kind faszinierte. Meine Mutter greift zum flachen, rechteckigen Augen-Make-up-Döschen, nimmt die kleine Bürste heraus, spuckt auf die Tusche, vermischt sie und zieht sorgfältig die Augenbraue nach. Noch ein kritischer Blick in den Wandspiegel, ob auch das Bühnenkleid richtig sitzt, Schuhe angezogen – immer zuletzt, denn nur auf der Bühne trägt sie hohe Absätze, sonst zieht sie alles Bequeme vor –, und Warten auf den Auftritt.

»Möchtest du einen Schluck Kognak, Littachen? Ich brauche das immer vor einem Auftritt. Es schadet weder der Stimme noch der Gesundheit und hilft über anfängliches Lampenfieber hinweg.«

Dann kramt sie aus ihrem Bühnenkoffer ein kleines Fläschchen, um sich und mir ein Gläschen einzuschenken. Wie wenig wir uns doch kennen. Sogar ihr ganz privates Image pflegt meine Mutter so meisterhaft, daß ich nichts von ihren kleinen und großen Schwächen weiß. Vielleicht ist das mit ein Grund, daß es uns bei einem Wiedersehen nie an Gesprächsstoff, sondern eher an Zeit fehlt.

Ich erinnere mich, daß nach dem ersten Konzert in Toronto zwei Frauen in die Garderobe kamen, deren starke Zuneigung zueinander offensichtlich war. Die maskulin wirkende Frau ergriff sofort das Wort. Seit Jahren schon verehrten sie Lale Andersen, nie hätten sie geglaubt, ihr einmal persönlich zu begegnen. Die andere Frau – beide waren um die Vierzig – nickte fortlaufend, sagte aber kein Wort.

Meine Mutter hörte sich das ziemlich leere Gerede geduldig an. Endlich wurde die Bitte nach einem Autogramm ausgesprochen, die Wünsche erfüllt, ein paar zaghafte Umarmungen, die Verehrerinnen abgeschoben. Dann wandte sich meine Mutter wieder mir zu.

»Weißt du, ich habe komischerweise viele Verehrer und Vereherinnen aus diesen homosexuellen Kreisen. Ich mag sie im Prinzip, auch wenn ich stinknormal bin. Die Männer vor allem sind immer charmant, liebenswürdig und aufmerksam und auch als Kollegen oft angenehmer als mancher normal veranlagte Mann. Also warum sollte ich sie weniger nett behandeln?«

An die Zukunft denkend, fügte sie lachend hinzu:

»Vielleicht besteht mein Publikum eines Tages in der Hauptsache aus solchen Menschen. Ich habe nie Zeit gehabt, zu ergründen, warum ich auf sie so eine Faszination ausübe, aber daß gerade sie mir treu ergeben sind, konnte ich oft feststellen.«

Mit dieser 1965 gemachten Äußerung hatte meine Mutter nicht so ganz unrecht. Noch heute, Jahre nach ihrem Tod, sprechen diese Menschen ihre Verehrung für »ihre« Lale in Briefen aus.

»Miss Andersen, Sie sind an der Reihe«, wurde unser Gespräch über Homosexuelle beendet, und meine Mutter konzentrierte sich voll und ganz auf den Auftritt. Der kleine Schuß Kognak hatte auch mein Lampenfieber reduziert. Ich war ja doch ziemlich aufgeregt, meine Mutter in wenigen Minuten auf der Bühne zu sehen.

Erst als das Orchester die ersten Takte von Lili Marleen spielt, fange ich an, sehr nervös zu werden. Der Applaus ist herzlich. Erstes Aufatmen von meiner Seite. Aber dann Entsetzen und Mitgefühl für meine Mutter.

An den kanadischen Bandleader Frank Bogart gewandt, sagte sie: »Was singe ich eigentlich zuerst?«

Gott, wie peinlich. Jetzt hat sie tatsächlich vergessen, mit welcher Nummer sie beginnt. Die Tournee ist sicher zuviel für sie. Es wird wirklich Zeit, daß sie von der Bühne abtritt. Solche und ähnliche Gedanken rasen durch meinen Kopf. Dann die Stimme meiner Mutter. Sie klingt durchaus »normal« und vergnügt.

»Liebe Gäste, ich glaube, ich weiß, was Sie denken. Sie überlegen zunächst einmal, also wann war das eigentlich mit dem Lied Lili Marleen? So um 1940? 1950, 1960, 1965 ... na, dann ist die ja jetzt mindestens auch schon ...

Mir geht es nämlich bei Kollegen genauso. Würde man mich fragen, was hat die denn eigentlich während ihres Auftritts zuerst gesungen, dann könnte auch ich darüber keine Auskunft geben.«

Der kleinen Persiflage folgt Gelächter und lebhafter Beifall. »Ja sehen Sie, und daher habe ich ganz auf das erste Lied verzichtet und beginne jetzt mit dem zweiten.«

Für mich ist die Art, wie sich meine Mutter beim Publikum vorstellt, ganz neu. Zunächst hatte ich allen Ernstes angenommen, der Kognak sei ihr zu Kopf gestiegen. Nach der Vorstellung ist das Gedränge in ihrer Garderobe am größten. Mit strahlendem Lächeln akzeptiert sie die vielen Komplimente. Die Autogrammwünsche werden erfüllt, ebenso die Bitte nach einer persönlichen Widmung.

Einige Male wird das Erinnerungsvermögen meiner Mutter stark strapaziert.

»Wissen Sie noch, Frau Andersen, 1941 in soundso? Da haben Sie sich mit mir unterhalten.«

Eine andere Frau erinnert sich an den Auftritt Lales in Dresden, während des Krieges. Auf jede Unterhaltung geht meine Mutter aufmerksam ein.

»Starallüren hat sie gar keine, sie ist ja so natürlich und herzlich.« Ich höre diese Bemerkung ein dutzendmal und freue mich.

»Nee, also wissense, ick hab' mir ja so jefreut. Aber noch viel mehr meene Mutta«, dröhnt die Stimme einer Berlinerin. »Die is nämlich hier uff Besuch und hat jesagt, jetzt muß ick erst nach Kanada kommen, um die Andersen singen zu hören. Na sowat.«

Die muntere Berlinerin erzählt meiner Mutter, ohne auf eine Aufforderung zu warten, weshalb sie mit ihrer Familie ausgewandert ist.

»Hauptsächlich aus politischen Gründen und wegen der Kinder.«

Bald sind wir bestens über alles informiert. Nur die Einladung, sie einmal zu besuchen, lehnt meine Mutter dankend ab. Das ließe der Terminkalender nicht zu.

»Dann jeb ick Ihnen unsere Adresse. Man kann ja nie wissen, wa?«

Spontane Umarmung, viele bye bye's und von meiner Mutter erleichtertes Aufatmen. Sonst geize sie ja nicht so mit der Zeit, aber diesmal käme ich vor sämtlichen Autogrammjägern. Eingehakt verlassen wir das Theater und verbringen den restlichen Abend zusammen. Am nächsten Tag findet ein Fernsehinterview mit der CBC (Canadian Broadcasting Corporation) statt. Unser Mittagessen nehmen wir zuvor auf dem Hotelzimmer ein. Nur eine Stunde bleibt uns füreinander Zeit. Dann verlangt ihr Publikum sie wieder. Sie muß am gleichen Nachmittag in einem deutsch-kanadischen Schallplattengeschäft Autogramme geben und »keep smiling« machen, mehrere Stunden lang. Abends steht sie dann noch einmal in der Massey Hall vor einem fast ausverkauften Haus.

Tags darauf, auf dem Weg zum Flughafen, erinnere ich mich an die Bemerkung eines Konzertbesuchers: »Der Andersen sieht man auch langsam das Alter an. Die muß sicher bald aufhören.«

Meiner Mutter waren Kommentare dieser Art gewiß nicht neu. Sie war sich ihrer Jahre wohl bewußt. Aber solange Angebote ins Haus flattern, wie beispielsweise diese nordamerikanische Tournee, kann ein Künstler schwer nein sagen. Vergessen sind dann alle Pläne bezüglich einer Abschiedstournee. Ich hatte auch keine befriedigende Antwort bekommen.

»Aufhören werde ich ganz bestimmt im nächsten Jahr. Einen festen Termin erfährst du, sobald ich ihn weiß«, versprach sie. Unser nächstes Wiedersehen fand 1969 in München statt.

Tagebuch, Marina del Rey, Kalifornien, Oktober 1965
»Wie begabt als Textautor und Komponist war Curt Bry, den ich hier gestern, nach über dreißig Jahren, wiedertraf. Er schrieb die Musik für meine ersten Chansons ›Schiffsjungenlied‹ und ›Seemannslied in drei Farben‹, ehe er 1934 bei Nacht und Nebel aus Berlin emigrierte. Wieviel hat er erreicht; ein wunderhübsches Landhaus mit großem Garten und einer guten Lebensversicherung, die seiner Frau jede Sorge nimmt. Und alles durch kaufmännische Arbeit, weil es hier in der Emigration nicht klappte mit dem Komponieren von Schlagermusik.

Dennoch hat er damit nie aufgehört. Stundenlang saß er am Flügel und sang mir mit seiner heiseren, verrauchten Stimme vor, was ihm während der letzten Jahre eingefallen war. Vieles ist gut, vieles ist mittelmäßig. Seine Musik wartet auf Anerkennung, die ihm aber niemand geben kann. Das schmerzt. Man trennt sich liebenswürdig und freundlich und bemüht sich, dem andern die Enttäuschung nicht zu zeigen.

Wie gut, daß ich nicht enttäuscht war, als aus New York die Nachricht kam, daß die Arbeitserlaubnis für zwei große Fernsehauftritte von der Gewerkschaft für Angehörige des Show-Business abgelehnt wurde.

Ich hatte mir schon gedacht, daß ich mit meinem Besuchervisum keine Chance habe.«

Tagebuch, Marina del Rey, Kalifornien, November 1965
»Ich hasse Sonntage, wenn sie keine Sonntage sind, wenn ich Koffer aus- und einpacken und reisen oder in einem grausamen Hotelzimmer auf den Abend warten muß, an dem ich dann endlich von meiner Einsamkeit erlöst werde und zur Vorstellung fahre.

Aber ich liebe Sonntage, wenn sie bürgerlich sind. Mit Ausschlafen, ein bißchen Kramen, einem Spaziergang, nachmittags Besuchen von Freunden oder bei Freunden, abends Kino, Fernsehen oder ein gutes Essen mit Familie oder Freunden.

Wettermäßig ist heute ein richtig europäischer Sonntag. Es gießt seit gestern abend. Der Himmel ist grau, in den Hotelzimmern läuft der Fernseher oder das Radio, die Kellner schleppen das Mittagessen in die Appartements, und ich warte auf Rut Jacobsen, damit wir zum Kaffee zu Curt Bry fahren und ein bißchen musizieren können.

Rut kenne ich genau wie Bry aus den Berliner Anfangsjahren. Wir mochten uns damals schon so gern, Rut, die Dänin, Stina Lindblatt, die Schwedin, und ich.

Ich war sehr froh, Rut hier sehr glücklich verheiratet wiederzufinden. Sie wohnt in den Hollywood-Hills, unter sich das nachts wie ein auf den Kopf gestellter Sternenhimmel glitzernde und flimmernde Los Angeles. Ihr Haus ist von allen, in die ich bisher eingeladen war, das hübscheste. Abgesehen von Lage und Außenarchitektur merkt man an der Einrichtung Ruts skandinavischen Geschmack. Ihr Haus war auch das einzige hier, in welchem ich eine riesige Bücherwand sah mit Büchern, die leben.

Trotz herzlicher Einladungen, Weihnachten in Kalifornien zu verbringen, denke ich ans Abreisen. Weihnachten möchte ich in meinem Schwabinger Zuhause verbringen. Silvester muß ich nach Langeoog, das habe ich mir und Nicki versprochen.«

Tagebuch, Langeoog, Januar 1966
»Vielleicht hätte auch ›Lili Marleen‹ vor 25 Jahren viel weniger beeindruckt, wenn eine reife Frauenstimme das Lied gesungen hätte. Das Kindliche, Ratlose, Zerbrechliche der damaligen Andersen-Stimme war es, das verwirrte und betörte. Und genauso ist es heute mit den Stimmen der Beatles und ihrer männlichen und weiblichen Epigonen.

Was bleibt mir zu tun übrig? Wahrscheinlich wirklich nichts anderes, als aufzuhören. Mit einem Kompliment und voller Hochachtung für die Jungen. Vorerst aber bin ich für zehn Tage hier oben und spüre so gar kein Verlangen nach Arbeit.

Gestern kam unser Hausnachbar, Jakob Schipper, nachmittags zu uns, um ein gutes Neues Jahr zu wünschen. Ich hatte ihn noch nie im Sonntagsanzug und weißem Hemd gesehen. Er errötete verlegen bis unter seine flachsblonden Haare, als ich was von einem ›steatschen Kirl‹ sagte. Auf dem Tisch brannten die letzten Weihnachtskerzen. In den Teegläsern dampfte der Grog, und wir erzählten uns das Neueste aus dem ›Doerp‹.

In einer Silvesternacht trägt sich sogar in einem Inseldorf einiges Ungewöhnliche zu... Und dann sollen wir ja ein Hallenschwimmbad bekommen und ein neues Kurviertel.

Was die Baupläne anbelangt, so hatten Schipper und ich ja auch welche. Die Ansprüche der Gäste wurden von Jahr zu Jahr größer. Jetzt wollte jeder am liebsten schon sein eigenes Bad und sein Klo neben dem Zimmer und möglichst auch noch ein Telefon auf dem Nachttisch.

›Tja‹, meinte Jakob Schipper beim Weggehen mit sorgenschwerer Stirn und reichte mir seine kräftige Hand, ›denn müssen wir beide wohl auch noch mal bauen oder erneuern, trotz der Baupreise, die immer mehr steigen. Aber eins mag Sie ja trösten, Lale, auch wenn Sie mit siebzig noch mal einen Abend in der Strandhalle geben: wenn es heißt, Lale singt, wird es immer ausverkauft sein, und Sie werden finanziell nie in Sorgen kommen!‹

Der Gute...«

Lale Andersen nimmt Abschied von der Karriere, die ihr Weltruhm gebracht hatte:

Tagebuch, Langeoog, April 1966

»Warum gebe ich meiner Indifferenz nicht ein paar kräftige Ohrfeigen und mache Schluß? Ja, wenn die Andersen eine so unbändige Begabung wäre wie die Piaf, die Dietrich und heute Hildegard Knef. Daß man zu Tausenden in den Chansonabend der Knef strömt, kann ich begreifen. Hier ist alles beglückend, alles Weltklasse. Die moderne, herrliche Lyrik ihrer Texte, die sie selbst schreibt. Ihr ausdrucksvolles Gesicht, ihre Figur, von Balmain klug und hinreißend verpackt, das Orchester, teuerster und begabtester Rhythmus, den Deutschland augenblicklich zu bieten hat. Plakate, Programme, beides vom sensationellsten Grafiker und Fotografen: Rico Puhlmann.

Man hat das Beste und Teuerste genommen, um das Publikum zu beschenken. Das Publikum fühlt sich geschmeichelt und dankt mit der entsprechenden Begeisterung.

Während meines zehntägigen Gastspiels in Berlin – die Berliner Zeitung ›Telegraf‹ hatte zwanzigjähriges Jubiläum und gab seinen Abonnenten zehn Nachmittagskonzerte in der ›Urania‹ mit der Andersen und Peter Kreuder – war ich allabendlich im Theater. Ich sah Elisabeth Bergner in unveränglichem Zauber die (nun langsam vergängliche) ›Irre von Chaillot‹ spielen. Ich erlebte Erwin Piscators geniale Inszenierung ›Aufstand der Offiziere‹, die letzte Inszenierung vor seinem Tode.

In der ›Philharmonie‹ hörte ich Hildegard Knef. Alle drei Abende waren im künstlerischen Sinne tief beeindruckend.

Nie könnte ich, wäre ich mein eigener Zuschauer, einen Andersen-Abend auf dieselbe Ebene stellen. Die Texte, soweit von mir geschrieben, sind um vieles weniger gut als die Knef-Lyrik. Meine Kleider sind nicht von Balmain. Als Begleitung sitzt der gute Loher am Klavier. Weder Beleuchter, Tontechniker noch Maskenbildner sorgen für Vollkommenheit. Den Wagen kutschiere ich selbst durchs Verkehrsgedränge der deutschen Straßen. Das künstlerische Endergebnis: Mittelklasse.

Bei der Piaf, Knef, Piscator lebt – oder lebte – die Umwelt für den Künstler. Ich lebe für die Umwelt.

Würde ich je gesagt haben: alles hersehen zu mir, hier ist der Mittelpunkt, auf den sich alles zu konzentrieren hat, hätte das bestimmt keine andere Wirkung gehabt als einen riesigen Heiterkeitsausbruch. Ich selbst hätte wahrscheinlich am lautesten gelacht.«

Tagebuch, »Hanseatic«, auf dem Ozean, Mai/Juni 1966
»Es knackt und knistert nachts aus allen Ecken. Und doch schläft es sich nirgends behaglicher und besser als in einer Schiffskoje. Wenn ich schon mit unvollkommenen Papieren für meine New Yorker Fernseh-Engagements reise, dann gottlob ohne Reisespesen. Auf der guten alten ›Hanseatic‹ bezahle ich meine Passage mit zwei Folklore- und Chanson-Abenden. Offiziere und Besatzung verwöhnen mich sehr. Ich wohne in einer großen Luxuskabine, habe ständig frische Blumen auf dem Tisch, darf vor den Passagieren allmorgendlich um acht Uhr eine halbe Stunde im Schwimmbecken baden, genieße das Frühstück im Bett und... und begegne doch überall Erinnerungen an die Seereisen, die ich auf diesem Schiff mit Nicki über den Großen Teich machte. Seine Krankheit im Winter und sein doch noch recht schwaches Herz sind die Gründe, warum er auf Langeoog im ›Sonnenhof‹ bleiben wollte.

Im Speisesaal sitze ich mit zwei pensionierten Lehrerinnen am Tisch, dem sympathischen Zahlmeister Pohl und einem amüsanten amerikanischen Verleger-Ehepaar. Die vier Amerikaner saßen, genau wie fast fünfhundert andere, nach Europabesuchen infolge des Streiks der englischen Seeleute in Southampton und Le Havre fest und waren froh, von der ›Queen Elizabeth‹ auf die ›Hanseatic‹ umbuchen zu können. Alle sind Gegner der Fliegerei. Komisch, daß auch so gescheite Leute glauben, die irdische Zeit durch Tricks und Vorsichtsmaßnahmen verlängern zu können.

Der Tod gehört zum Leben wie die Nacht zum Tag. Warum soll der ewige Schlaf weniger schön sein, weniger Gnade bedeuten als der Schlaf, in den man nach jedes Tages Mühe und Arbeit aufatmend versinkt?«

Tagebuch, »Hanseatic«, Anfang Juni 1966
»Der Folklore- und Chansonabend, mit dem ich meine Passage ›bezahlte‹, scheint den Passagieren und der Besatzung gut gefallen zu haben. Sogar ich selbst war mit der Andersen zufrieden.

Ich hatte mich allerdings auch brav drei Abende hindurch in meiner Schaukelkabine zusammengerollt und einen hübschen, dreisprachigen Programmablauf ausgebrütet.

Das Bord-Orchester hat geduldig geprobt und der Pianist Gattermann ausgezeichnet begleitet.

Leider habe ich blöde Gans mich nach dem Konzert von dem amüsanten Buchverlegerpaar Mr. und Mrs. McCampbell und ein paar jungen Offizieren zum Tanzen und Trinken in die Bar verführen lassen.

Ergebnis: Nach vergnügter Nacht am nächsten Morgen ein Bündel Malheur. Ohne Energie, um sich vor dem Frühstück ins Schwimmbekken zu stürzen und anschließend heiß und kalt zu duschen. Zu müde, die Ovationen von allen Seiten für den vorangegangenen Abend entgegenzunehmen. Alles in allem: unfähig, das zu genießen, was die Pluspunkte solcher Reise ausmacht.

Erneuter Beweis: Schlaf ist für mich altes Mädchen halt unentbehrlich, solange ich vital und sympathisch wirken will.«

Tagebuch, New York, Juni 1966
»Die Arbeitserlaubnis für meine Auftritte in New York wurde nicht gegeben. Die leichte Gereiztheit des Produzenten darüber, daß ich nicht ›live‹ in seine Sendungen einsteigen konnte, sondern vorproduziert werden mußte, war begreiflich.

Dazu kam mein Unbehagen, in Hanns Wolters doch nicht den richtigen Agenten gefunden zu haben. Ich war froh, als mich der Lufthansa-Jet wieder auf deutschem Boden absetzte. Dabei ist New York, das ich bisher nur im Winter kannte, an Sommertagen noch viel schöner und bunter. Das lebhafte Hin und Her auf der Fifth Avenue und der nächtliche, von Menschen und Wärme explodierende Broadway sind aufregender als manche gekonnte Theaterinszenierung.«

Tagebuch, München, Ende Juni 1966
»In Deutschland begannen gleich die Fernsehproben für eine unserer gekonntesten Unterhaltungs-Shows: Studio B. Ich sang, im Duett mit Chris Howland, das englische Volkslied ›Country Garden‹.

Unsere jungen Stars reisen alle mit eigenem großen Managerteam. Sie sorgen für Presse- und Funkinterviews, Verhandlungen für weitere

Engagements und durch Lobeshymnen für ständig gute Laune der Stars.

Ich war, wie immer, wie seit der Zeit vor 15 Jahren, als Nicki die Leitung des ›Sonnenhofs‹ übernahm und mich nicht mehr begleiten konnte, allein. Ich empfand dies Alleinsein, dieses Außenstehen sehr. Und dann mußte ich von Hamburg noch einmal nach München zurück, um für meinen siebenwöchigen Langeoog-Aufenthalt Garderobe einzupacken.

Beruflich wird es immer stiller. Ich konstatiere es mit wohliger Gleichgültigkeit. Ich bin glücklich, daß mein Entschluß, aufzuhören, nun in Schlagzeilen durch die Presse ging und so eine Art Abendfrieden für die Künstlerin beginnt. Sie muß sich jetzt nur noch den Kopf darüber zerbrechen, wo sie diesen Abendfrieden am behaglichsten genießt. Langeoog bleibt natürlich für die Sommermonate ideal. Aber während der sieben grauen, sonnenlosen Monate?

Vielleicht bei Turi in der Schweiz?

Vorerst freue ich mich in der Schwabinger Wohnung jeden Tag aufs Aufstehen und jeden Abend aufs Schlafengehen. Auf jede Stunde, die mit Schreibtischarbeit und Korrepetieren, Besuchen, Einkaufen und Fernsehen dazwischenliegt.«

Tagebuch, auf der Abschiedstournee, Herbst 1966
»Das erste Drittel meiner Abschiedstournee ist überstanden. Ich hatte vertraglich ausgemacht, daß die Theater- und Konzertsäle nicht mehr als höchstens achthundert Menschen fassen dürfen. Dennoch zitterte ich vor jeder Veranstaltung bei dem Gedanken daran, daß nicht einmal diese achthundert sich einstellen würden.

Es war eine kleine junge Konzertdirektion, die diesen ersten Abschnitt betreute. Plakate und Programmhüllen waren ›Restbestände‹, die Reklame, die der Veranstaltung voranging, infantil, und der Programmablauf hatte manch holprige Stelle. Herbert Loher, mein langjähriger, braver Tastenhengst – brav und zuverlässig als Begleiter –, spielte nur mit Unbehagen seine zwei Soli und klammerte sich beim Applaus linkisch und mit Duldermiene am trauer-schwarzen Flügel an.

›Verstehen Sie das?‹ fragten wir uns dann, wenn uns irgendwo begeisterte Kritiken in die Hände fielen. Es gibt doch noch gutartige, liebe Menschen unter den Kritikern. Aber vielleicht nur unter denen, die im Dunkeln sitzen, in den kleinen Städten. Die Arrivierten, denen wir vom 1. Oktober ab auf der zweiten Tourneeroute gegenüberste-

Lale Andersen: Ich will nicht mehr singen!

Eine letzte Langspielplatte will sie noch besingen. ›Good-bye, memories‹ soll sie heißen, ›Lebt wohl, Erinnerungen‹. Auf einer Tournee durch Deutschlands Musikhallen will sie sich noch ein letztes Mal verbeugen vor ihren Verehrern, noch einmal singen ›Vor der Kaserne, vor dem großen Tor‹. Dann soll für Lale Andersen die rote Laterne von St. Pauli verlöschen und das letzte Schiff die Anker lichten.

hen, werden uns sicher, schon aus Prestigegründen und der amüsanten, stilistischen Dialektik wegen, anders zerpflücken.

Ehrlich gesagt, ein absolutes Lob steht mir auch noch gar nicht zu. Mein ganzes Programm, soweit es aus Prosa besteht, habe ich mir selbst ausgedacht. Von einem Könner wie Sammy Drechsel, Dieter Hildebrandt oder Hans Hubberten ›überholt‹, könnte es natürlich viel gekonnter, mit reizvollen Pointen bereichert sein. Auch müßte ich zwei bis drei Wochen mit einem Choreographen arbeiten. Jede Geste ist intuitiv. Ich käme um vor Angst, würde ich im Spiegel beobachten können, wie meine Schritte und Bewegungen aussehen.

Zum dritten Tournee-Abschnitt, der, weil ich im Winter ungerne reise, erst im März und April des nächsten Jahres stattfinden soll, könnte ich mich so vorbereiten, daß ich mit der Sicherheit ins Scheinwerferlicht trete, die mir jetzt noch fehlt. Bis jetzt war alles mehr ein Test, ein Versuch: Ist der Name der Andersen wirklich in der Lage, alleine, nur von einem Pianisten begleitet, ein Haus zu füllen?

In den Bädern und kleineren Städten gelang es. Der zweite Tournee-Abschnitt, ebenfalls noch von einer kleinen Konzert-Direktion gemanagt, wird erweisen, ob wir in den Großstädten nicht als größenwahnsinnig ausgelacht werden.«

Über ihren erfolgreichen, von der Presse hochgelobten Auftritt in der Berliner Philharmonie am 24. Oktober 1966 notiert Lale in ihrem Taschenkalender folgendes: »Erster Teil: gut! Zweiter Teil: Publikum viel besser als ich.«

ABSCHIED VON LILI MARLEN

Meer und Wind: Lale Andersen in der Philharmonie

● *Wer im Krieg Lale Andersen sagte, meinte „Lili Marlen". Dieses Lied, das jeden Abend im Soldatensender Belgrad gespielt wurde, begleitete damals das endlose Abschiednehmen und untermalte die spärliche Hoffnung. Es wurde bei den Alliierten genauso populär wie in Deutschland. Es brachte seiner Interpretin dauerhaften Glanz, auf dessen Aufpolieren sie jedoch fernerhin verzichtet: Gestern verabschiedete sich Lale Andersen in der Philharmonie vom Berliner Publikum. Wenn ihre Tournee im April zu Ende ist, will sie sich ganz zurückziehen.*

Tagebuch, Langeoog, Weihnachten 1966

»Wir hatten die Fernsehshow, die Weihnachten in die guten Stuben flimmerte, bereits am 19. Dezember in der Stadthalle Braunschweig aufgezeichnet. Am Morgen nach der Tat fuhr ich, umgeben von Bühnengepäck und Weihnachtspaketen, mit der Bundesbahn gen Norden. Umsteigen Bremen: ›Hallo Träger‹, Umsteigen Bremen: ›Hallo Träger‹, Umsteigen Oldenburg: ›Wollen Sie wirklich so liebenswürdig sein?‹, ein dankbar hilfloser Blick zum Herrn Korvetten-Kapitän a. D., der mir in militärischer Haltung und Disziplin mein Umzugsgut auf den anderen Bahnsteig schleppt.

›Wenn Gnädigste wüßten, was Gnädigste mit ihrer Stimme Nacht für Nacht damals für uns Soldaten bedeutet haben.‹

Ich weiß es.

Umsteigen Sande. Drei bange Minuten am Zugfenster. Abteile, in die ich einsteige, haben grundsätzlich die Angewohnheit, ausgerechnet dann, wenn ich wieder aussteige, am Ende des Bahnsteigs zu sein. Ich bin noch nie aus einem Zug geklettert, der noch im Bereich des schützenden Daches einer Bahnhofshalle hält.

Nachdem ich meinen Hals, der ja glücklicherweise sehr lang geraten ist, über die anderen Köpfe erhebe, erspähe ich Friedrich, den Chauffeur, den Nicki mir geschickt hat. Er bringt mich im Wagen nach Bensersiel. Im Hafenrestaurant bestelle ich aufatmend Tee und ein doppeltes Krabbenbrot. Die Gäste hören auf, sich zu unterhalten und starren mich an. Der Wirt hat zwei Groschen in die Musikbox geworfen. Meine Stimme mit einem neuen Schallplattenlied dröhnt durch den Raum. Wenn ich jetzt nicht sehr abweisend zum Fenster hinausstarre, kommen gleich die ersten und bitten um ein Autogramm.

Aber dann kommt auch das Fährschiff aus Langeoog. Eine große, gegen den Wind gelehnte Gestalt kommt mit den anderen das Fallreep herunter und steuert auf das Hafenrestaurant zu. Nicki hat es sich nicht nehmen lassen, mir wie Lohengrin seiner Elsa übers Meer entgegenzueilen. Von nun an ist alles gut. Dreimal geht er mit beladenen Armen und Händen vom Lokal zum Schiff, löst mich aus, weil meine Gage unerwarteterweise als Scheck überreicht wurde, bezahlt, ohne die kleinste Geste der Überraschung über die Unmengen Krabben, die ich vertilgt habe, und den echten Rum, den ich in meinen Tee goß, nimmt mich an die Hand und führt mich aufs Schiff.

Vom Schiff geht es dann in die Langeooger Inselbahn, von der Inselbahn auf den Pferdewagen und endlich, endlich in die von Klärchen – meiner Wirtschafterin – weit geöffnete Tür des ›Sonnenhofs‹.«

Tagebuch, auf der Abschiedstournee, Hannover, April 1967
»Der Empfangschef reißt die Tür auf, seine Augen hungern nach einem Kompliment. Die Hoteldirektion hat Blumen aufs Zimmer stellen lassen und einen Korb mit Obst. Die Künstlerin soll sich wohlfühlen, soll den Journalisten, die bereits in der Hotelhalle auf sie warten, sagen, wie bemüht das Hotel um ihr Wohlergehen ist. So ist es heute, so war es gestern, so wird es morgen sein.

Man bedankt sich, verspricht lächelnd, ins bereitgelegte Gästebuch zu schreiben, und schließt die Tür. Wenige Minuten später sieht das Appartement wie ein Schlachtfeld aus. Das Zimmermädchen packt die Koffer aus. Berge von Seidenpapier flattern herum, das Bügeleisen wird aufgebaut, um die Falten aus der Bühnengarderobe zu bügeln. Die Blumen des gestrigen Konzerts wandern mit mir in die Badewanne. Die Dusche erfrischt uns mit eiskaltem Wasser. Ich klettere aus der Wanne, die Blumen bleiben. Wo ist der Fön? Haare einlegen, trocknen, Wimpern kleben, Telefonanruf um Freikarten, der Page mit weiteren Blumen und der Bitte um ein Autogramm, letzter Blick in den Spiegel und ab zu Interviews und Konzert. Seit achtzehn Tagen von Stadt zu Stadt täglich das gleiche.

Am 19. April stirbt Konrad Adenauer. Es war ein langes Sterben. Die besten Ärzte wollten ihn nicht hergeben und Millionen von Menschen, die in den Kirchen Tag und Nacht für ihn beteten, auch nicht. Angesichts des Todeskampfes in Rhöndorf stand den Menschen nicht der Sinn nach Unterhaltung. Aber die Konzert-Direktion bestand auf Erfüllung des Vertrages. So mußte es weitergehen, Tag für Tag, von einer Enttäuschung zur nächsten, denn die Theater wurden immer leerer. In den letzten 30 Tagen bin ich um 10 Jahre gealtert. Vom anfänglichen Tourneeschwung und anmutigen Aussehen ist nicht mehr viel zu spüren.«

Bevor sich Lale in die letzte Tourneerunde schmeißt, überlegt sie krampfhaft, wie sie in ihr Programm etwas frischen Wind hineinbringen kann. Es müssen ein paar originelle Einfälle her, die nicht nur sie, sondern vor allem das Publikum wach und munter halten sollen. Die Konzertsäle sind nur halbvoll, kein sehr ermutigender Zustand. Retten kann die Situation nur jemand wie Hans Hubberten, den Lale für den besten Fernsehautor hält.

»Schreiben Sie mir doch bitte ein paar amüsante Sätze, die sich einleitend auf die halbvollen Konzertsäle beziehen, die mich während der letzten Etappe meiner Farewell-Tournee erwarten«, bittet Lale ihn.

Nach einigem Zögern und Höflichkeitsprotesten liefert er das gewünschte Material. Es wird zum Rettungsanker bei leeren Stuhlreihen. Schon beim nächsten Auftritt, das Publikum besteht fast ausnahmslos aus ergebenen Andersen-Anhängern, amüsiert es sich über die von Hubberten verfaßten Texte. Es entsteht sogar eine gelockerte, intime, familiäre Atmosphäre. Der Applaus bestätigt Lale, daß sie es noch immer versteht, ihre Zuhörer zu bannen. Sie freut sich mit dem Publikum. Scheinbar freuen sich auch die Kritiker. Von dem Lale-Andersen-Clubleiter Lothar Schmidt aus Hamburg bekommt sie die von ihm gesammelten und zusammengestellten Pressenotizen. Alle äußern sich positiv.

Gar nicht positiv stehen die Dinge für den Konzertunternehmer Wolfgang Jänicke. Nicht nur, daß er sich durch einen Sturz eine Gehirnerschütterung und einen komplizierten Knochenbruch zuzog, er hat auch viel Geld verloren mit dieser Andersen-Tournee.

Da helfen auch keine noch so gut und herzlich gemeinten Trostworte. Lale aber erfährt wieder einmal, durch welche Himmel und Höllen sie ihr Beruf führt. So war es immer: Erfolg schenkt Flügel, Mißerfolg, und sei es nur der des schwach besetzten Theaters, bedrückt.

Noch sechsmal muß sie vor das Publikum treten, ehe eine Pause eingelegt werden kann. Noch sechsmal soll sie strahlend und vital im Scheinwerferlicht erscheinen und den Eindruck erwecken, als sei sie eine Künstlerin, für die man einen Abend lang alles andere auf der Welt vergessen sollte.

Tagebuch, München, Juni 1967
»Das letzte Konzert war Ende April in Düsseldorf. Es hat mir den Abschied von dem Lebensabschnitt als Künstlerin leichtgemacht. Schluß mit Bühnengarderobe, Autogrammen, geschicktem Make-up und Notenpackerei. Mit Fräulein Kringel, meiner tüchtigen Sekretärin, habe ich den Münchener Schreibtisch aufgeräumt und bin nach Zürich gefahren.

Im Züricher Garten blühten wieder die Rosen. Da Turi unterwegs war, hatte ich herrlich Zeit, mir zu überlegen, wohin mich die kommenden Monate treiben würden. Das mit dem unruhigen Blut hat etwas auf sich. Nach all den Jahren ewiger Wanderschaft bedrückt und beängstigt mich das Wort seßhaft. Kaum hätte ich mich in Zürich eingenistet, würde ich solche Sehnsucht nach München bekommen, daß ich prompt einen Möbelwagen bestellen und alles zurückbeordern würde. Trotz Sonne und Wassertemperaturen, die nicht wie die der Nordsee entsetzt zurückzucken lassen, möchte ich auch nicht ganz am Mittelmeer leben.

Mein Horoskop prophezeit mir zwar einen großen Wechsel für dieses Jahr, verrät aber nicht, wohin, wann und wo. Von dem ›wie‹ ganz zu schweigen. Die Wahl wird auf München fallen. ›Ich möcht' so gerne, ich weiß nur nicht was‹…«

Ich möcht in München sein,
wenn in den Isar-Auen wieder bunt der Krokus blüht
ich möcht in München nicht in Cairo oder Cannes sein
wenn erste Frühlingssonne auf die alten Dächer sieht.
Ich möcht in München sein an heissen Sonnentagen
beim kühlen Bier im Schatten vom Kastanienbaum.
Ich möcht in München nicht in Acapulco baden
das blaue Dantebad erfüllt mir jeden Traum.

Ich möcht in München sein,
wenn's im September wieder fröhlich auf die Wiesn geht,
ich möcht in München nicht in Punta de la Cruz sein
wenn auf dem schneebedeckten Rathausmarkt der Christbaum steht.

Ich möcht in München bei Sonnenschein und Regen ~~sein (mein ganzes ganzes Leben~~
bei Schnee und ~~Sonne~~ Hagel – wenn's kalt sein muss – auch bei Föhn.

Ich möcht in München sein mein ganzes, ganzes Leben
wer München kennt und liebt der wird mich schon versteh'n.

Tagebuch, München, Juli 1967

»Wie eine Katze schleiche ich seit Tagen um die, im Grünen gebettete, mit Lockungen gefüllte Mausefalle. Lockung Nummer eins: ein eigener Garten. Lockung Nummer zwei: eine richtige Küche. Lockung Nummer drei: es ist ein ganz neuer Bau, vor mir hat noch niemand die Wohnung besessen. Die Pluspunkte überwiegen die Minuspunkte. Der Minuspunkt besteht sowieso nur aus einem Punkt. Allerdings einem gewaltigen: dem Kaufpreis. Die Pluspunkte siegten!

Inzwischen bin ich beim Notar verbrieft worden. Viele Stunden haben der Architekt, der die Hausanteile des von ihm gebauten Appartementgebäudes verkauft, und mein Anwalt, der sie mir möglichst günstig zukommen lassen wollte, um Formulierungen gerungen. Ich saß dabei, verstand nichts mehr und habe die Sonne beobachtet, wie sie über dem Karlsplatz tiefer und tiefer sank. Nachdem man sich einig war, hat die Sekretärin des Notars alles stenografiert und dann in die Tasten gehauen. Die Sonne war schon hinter den Dächern verschwunden, als der Notar wieder erschien.

Er erzählte mir, wann und wie oft und wo er ›Lili Marleen‹ gehört habe. Dann schwieg er lange, und die Sekretärin ratterte wie ein Maschinengewehr den ganzen dicken Band Formulierungen herunter. Ich verstand nur den Schlußsatz, daß ich nach deutschem Recht gepfändet werde, wenn ich meine Raten nicht pünktlich bezahle. Dann habe ich im Einverständnis mit dem Nichtverstandenen unterschrieben. Wenn ich mich nicht irre, gehört mir jetzt ein Stückchen der liebsten Stadt, die es auf dieser Welt für mich gibt, ein kleines Stückchen München.«

Tagebuch, München, Ende Juli 1967
»Statt Puderdose und Autogrammkarten stecken jetzt Zollstock, Stadtplan und Farbproben in meiner Handtasche. Diese wird auch nicht mehr täglich zum entsprechenden Kleid ausgewechselt. Dienst hat augenblicklich eine neutrale, zwischen beige und farblos. Alles ist nach wie vor wie im Märchen. Es beginnt morgens beim Aufwachen. Was für viele Menschen selbstverständlich ist, ist für mich ein schwer faßbares Wunder. Tag für Tag im eignen, in meinem Bett aufwachen. Ausgeschlafen, ohne von Berufs und der Schönheit wegen dazu verpflichtet zu sein.

Ohne Hetze ein reizvolles Frühstück – nach wie vor meine Lieblingsmahlzeit – vorbereiten und genießen zu können, mit ›Kringel‹ gemütlich den Schreibtisch aufarbeiten und so oft es geht durch den Englischen Garten zur neuen Wohnung zu fahren, ist aufregender als ein Premierenabend.

Am bedrückendsten ist Nickis nachlassender Gesundheitszustand. Er ist nicht mehr der Nicki, den ich einmal so liebhatte, der mich fast 25 Jahre lang durch dick und dünn begleitet hat. Mein ›Kamerad der Landstraße‹ seit 1943, der mir das Schönste schenkte, das die Welt zu geben hat: Liebe und Treue. Meinen Umzugsplänen steht er gleichgültig gegenüber, das macht traurig.«

An einem sonnigen Augusttag, bei strahlendem weiß-blauen Himmel bezieht Lale ihre eigene, brandneue Münchener Wohnung. Noch steckt sie mitten im Einräumen und Arrangieren der Möbel, da erhält sie einen Anruf. Es meldet sich das Krankenhaus Sanderbusch, Ostfriesland.

Vom dortigen Chefarzt wird Lale mitgeteilt, daß ihr Sohn Björn bei einem Ausweichmanöver auf nasser Fahrbahn ins Schleudern kam und mit dem Wagen frontal auf einen Alleebaum prallte. Außer einem zerschnittenen Gesicht, einer gebrochenen linken Hand kommt noch ein schwerer Beckenbruch hinzu. Als bitteres Andenken bleibt eine steife Hüfte.

Mit Lales dringend benötigter Ruhe ist es vorbei. Um in der Nähe ihres Großen zu sein, reist sie umgehend nach Langeoog, von wo aus sie in ein paar Stunden in der Klinik sein kann. Hinzu kommt, daß der »Sonnenhof« mit Feriengästen belegt ist. Durch den Ausfall von Björn und wegen des Gesundheitszustandes Nickis muß Lale die Rolle der Hausmutter übernehmen.

Als sie im Spätherbst endlich ihr neues Zuhause genießen kann, zieht sie Bilanz!

Das Minus-Saldo für den Vogel, der nicht mehr singen will:
A) Schluß mit der (wenn auch seltenen) Möglichkeit, an einem Tag DM 1000,– zu verdienen.
B) Nie mehr die strahlenden Gesichter der Tankwarte, Portiers, Marktfrauen und Zugschaffner zu sehen, wenn sie sagen: »Ich habe Sie gestern auf dem Bildschirm gesehen.«
C) Vorbei die Wurschtigkeit beim Begleichen großer Rechnungen durch die edle Illusion: »Na, wenn schon, das verdien' ich ja an einem Tag.«
D) Beim Anblick der ersten Ferienwochen-Rechnung kleinlaut das ruhige Zimmer mit Bad und Aussicht aufs Meer mit einem Zimmer ohne, aber dafür mit Straßenlärm und halb so teuer zu tauschen.

Das Plus-Saldo für den Vogel, der nicht mehr singen will:
1. Kein Ärger mehr darüber, daß Orchester-Arrangements, Plattenhüllen, Aufnahmetechnik und Fotos nur halb so gut wurden wie ich erhoffte.
2. Keine Angst, in der Nacht vor entscheidenden Konzerten oder Aufnahmen keinen Schlaf zu finden.
3. Egal, ob Fingernägel einreißen oder brechen.
4. Da leben zu können, wo gerade die Sonne scheint.

Tagebuch, Cuxhaven, Anfang Januar 1968
»Nach einem friedlichen, erholsamen Weihnachtsfest und einem gemütlichen Silvester im Münchner Zuhause habe ich doch noch einmal die Betten getauscht. Die ›Hanseatic‹ nimmt mich mit. Ich bin glücklich, für ein paar Wochen die naßkalten Januartage Europas mit Sonne und Wärme der Bahamas und Floridas tauschen zu können.

Wegen schwerer Stürme mußte allerdings die Abfahrt verschoben werden. Der Sturm riß mit Windstärke 10 an den Schiffstrossen, die eigentlich schon am Spätnachmittag losgemacht werden sollten. Ich hatte den Lotsen eine Stunde lang durchs Bullauge zugesehen, wie sie sich in den Windböen und den eiskalten Wellenspritzern vergeblich bemühten, die festgefrorenen Drahttrossen freizubekommen. Nachts im Halbschlaf wunderte ich mich, wie still und geräuschlos das Schiff, das doch sicher schon die Nordsee durchpflügte, auf den Wellen lag. Dankbar rollte ich mich in den Kissen zusammen und schlief weiter.

Mit verdutztem Gesicht sah ich, herrlich ausgeschlafen, am Morgen bereits den ersten Hafen unter dem Fenster liegen. Wo waren wir denn da außerplanmäßig angelaufen? Ich angelte die Bordzeitung, die der Steward unter die Tür geschoben hatte und las: ›Beim versuchten Auslaufen gestern abend in Cuxhaven wurde das Schiff von einer Sturmböse gegen die Hafenmauern gedrückt und riß sich ein 6 qm großes Loch. Wir werden eine Hamburger Werft anlaufen, wo der Schaden hoffentlich in vier bis fünf Tagen behoben sein wird.‹

In den Kabinengängen und im Frühstückssaal betroffene Gesichter. Zwei Bildberichter stürzen an den Tisch, an dem sie das Künstlervolk entdecken und zerren uns an die Bar. ›Schnell, posieren Sie, wir müssen die gedrückte Stimmung abfangen und Bilder von übersprudelnder Laune in die Presse bringen. Die Company braucht unsere Hilfe. Letzten Endes macht das neue (umgebaute) Schiff seine erste Reise nach Amerika und ist voll ausgebucht.‹

Ein Barmixer drückt mir einen Whisky in die Hand, ein Kollege, der sich später als der Zeichner und Karikaturist Oskar vorstellt, sorgt für die richtigen Aufnahmen, und am gleichen Abend noch blicke ich verwegen und Whisky-ergeben aus den deutschen Boulevardzeitungen. Das ganze Image ist hin, und die mitreisenden Damen betrachten mich mit Recht bereits skeptisch, bevor die Anker gelichtet sind.«

Tagebuch, 14. Januar 1968
»Wohnort: Howaldswerft mitten im Hamburger Hafen. Etwa 60 Passagiere haben ihre Koffer gepackt und das Schiff verlassen. Die übri-

gen werden von der Reederei mit allen Verführungskünsten verwöhnt. Von Kaviar bis Künstler wird ihnen serviert, was immer Kofferpacken und Verschwinden schwer macht.

Ende Januar soll die Reise – mit einem kurzen Aufenthalt in Nassau – zu Ende gehen.«

Tagebuch, München, Februar 1968

»Wie schön, beim Betreten der Münchner Wohnung wieder in schmeichelhafte Spiegel zu blicken, die bei liebevollem Licht das Selbstvertrauen zurückgeben.

Ein Betrug, der wohltut und Optimismus und Unternehmungslust stärkt. Beides brauche ich. Und beides trieb mich, sobald die Koffer ausgepackt und die geliebte Wohnung geputzt war, zu Professor Margret Langen, von der man sagt, daß sie eine besonders gute Schauspielpädagogin ist. Rückfällig zu werden und weiterzusingen, nur weil weiterhin Anfragen vorliegen, ist ein Stilbruch. Ich werde ihn zwar hier und da noch begehen, aber schlechten Gewissens und ungern. Es wird mich auch viel Sympathien kosten bei Menschen, die den Zapfenstreich, den ich mir selber blies, lobten. Andererseits ist ein Leben ohne künstlerische Aufgaben grau und schläfrig.

Die Erwartung, daß bei Frau Langen gleich mit dem Studium interessanter Rollen begonnen wird, war allerdings recht einfältig. Erst muß die Künstlerin, die während der letzten Jahre stets das Mikrofon als Atemstütze hatte, lernen, wie man ohne selbiges durch ein Theater dröhnt oder flüstert. Da werden also Tage und Wochen (brr, vielleicht Monate?) das Zwerchfell, der Kiefer und die Zunge trainiert. Hm...«

Gewohnt, in regelmäßigen Abständen vergnügte Post von meiner Mutter zu bekommen, sehe ich zunächst keinen Anlaß, mir über den Inhalt eines Briefes vom März 68 aus München ernste Sorgen zu machen. So schreibt sie mir, auf Turis Rat habe sie eine sogenannte Grunduntersuchung machen lassen. Was der Arzt dabei feststellte, sei eine Entzündung der Leber, der Gallenwege, verschleppte Tätigkeit der Herzkammer und einiges mehr.

»Nun muß ich mein Bündelchen schnüren und in die Klinik fahren, um diese Entzündung durch Wärme, Diät und Infusionen auszukurieren.

Mit dem Rat, nie eine Grunduntersuchung machen zu lassen, grüßt Dich – Deine Mami.«

Von diesem Zeitpunkt an muß meine Mutter ihren Lebensstil

grundlegend ändern. Sie hat strikte Diät einzuhalten, muß alle körperlichen Anstrengungen und Aufregungen vermeiden und, für sie das schlimmste Verbot, keine Sonnenbäder!

Nach mehrwöchigem Klinikaufenthalt und anschließender Kur in der Schweiz meldet sie sich zur Nachuntersuchung bei ihrem Internisten. Das Untersuchungsergebnis ist niederschmetternd. Abgesehen von einem miserablen Blutbild hat sich auch sonst keine Besserung eingestellt.

Also erneuter Krankenhausaufenthalt. Sie ist jetzt 60 Jahre alt, aber fühlt sich in solchen Momenten doppelt so alt.

Tagebuch, München, Juni 1968

»Der Tagesablauf ist immer der gleiche: Aufstehen, waschen, gegen acht Frühstück, garniert mit einem Schälchen Quark, einem Ei, Toast, Hagebuttentee und vielen Pülverchen. Dann folgt der Zimmerputz durch eines der Hausmädchen, Erscheinen des Arztes mit Infusions-Apparat, ein Stündchen am Schlauch liegen, Mittagessen, Mittagsschlaf, Hagebuttentee, das Füllen der Röhrchen morgens, mittags, abends mit bunten Pillen. Lesen oder schreiben, Abendessen, Fieber- und Pulsmessen, das Bett zur Nacht richten, Blumen aus dem Zimmer, waschen, die Markisen werden runtergelassen, Licht aus.

Das Licht darf ich mir zwar beliebig lang wieder anmachen und auch mein kleines Fernsehgerät und das Radio. Aber meistens habe ich gar kein Verlangen danach.

Auf den Bühnen und im Fernsehen zeigen gesunde Künstlerinnen ihre Zähne, ihre Beine, ihre bunten Sommerkleider, flirten und verdienen viel Geld. Beneide ich sie? Ich sollte es nicht tun. Durch die Monate der Krankheit, in denen kein Sport, kein Schwimmen, kein Spaziergang möglich war, ist die Haut blaß und faltig geworden. Es würde nicht nur äußerlich, sondern auch innerlich eine harte Anstrengung bedeuten, die Rivalität aufzunehmen. Je mehr ich mich wohlig (oder verantwortungslos?) in meine Apathie fallenlasse, desto mehr werden die Kraftreserven wachsen. Vielleicht kommen sie auf einen so guten Stand, daß sie mich ganz von selbst ins Leben zurückkatapultieren. Vielleicht sogar über die Mittelmäßigkeit der letzten Jahre hinaus.«

Tagebuch, St. Peter-Ording, September 1968

»Die Unvernunft hat gesiegt. In dem optimistischen Glauben, die Gelbsucht überwunden zu haben, unterschrieb ich den Vertrag für eine Fernsehrolle. Nicht, weil die Rolle besonders gut ist. Bestimmt nicht. Sie ist weder komisch noch tragisch. Es ist die in Krimis typische Zweckrolle. Verlogen und getarnt, daß der Zuschauer auf die falsche Spur gelockt wird. Aber es ist keine schlechte Rolle, und es schmeichelt meiner törichten Eitelkeit, daß die Zeitungen sich für dieses Experiment interessieren. Schlagersängerin als Charakterschauspielerin. Alle Achtung. Der Kater kommt bestimmt nach der Ausstrahlung mit den Verrissen.

Beim Kofferpacken in München war ich mir ganz im klaren darüber, daß ich etwas Törichtes tat. Wieviel schöner wäre es, im heiteren, ruhigen, geliebten Zuhause zu bleiben. Ich könnte mich der Pflege meiner innerlich unvollkommen gewordenen Anatomie widmen. Im Garten liegen und lesen, ins Theater gehen, Freunde zu kleinen (Hagebutten-)Parties einladen, vor dem Tonbandgerät hocken, Bänder und Mitschnitte vergangener Chansonabende mit verklungenem Applaus abhören.

Warum bin ich süchtig nach immer noch mehr? Oder plagt es mich, auf angebotene Gagen zu verzichten? Bei der Lebenserwartung, die ich noch habe, müßte doch eigentlich das Ersparte für mich ausreichen. Aber wenn der Arzt sich irrt, und ich doch älter werde und nachher nichts mehr da ist?

Der Jet, mit dem ich von München nach Hamburg fliege, eine Boeing 707, mein Lieblingsvogel, geht von Hamburg Nonstop weiter nach New York. Er ist vollgepfercht mit amerikanischen Touristen, die vom Europa-Trip heimfliegen. Viel Trachtenkostüme, Trachtenhüte. Man war in Austria, in Bavaria. Die ›Kids‹ waren natürlich mit. Sie sehen mich mit der Unbefangenheit an, die nur Kinder haben, die schon in früher Jugend lernen, sich von Verkehrs- und Lebensproblemen amerikanischer Großstädte nicht überrennen zu lassen.

Vor dem Hamburger Flughafen wartet ein Mercedes des NDR-Fernsehens. Eine mir unbekannte, drollige junge Schauspielerin mit Nickelbrille und Ringellocken, Brigitte Kortmann, und Carsta Löck, die sympathische, intelligente Schauspielerin, deren Los es ist, lebenslänglich Mägde und Putzfrauen zu spielen, sitzen bereits im Wagen. Sie gehören auch zum Schauspieler-Team in dem Jürgen-Roland-Krimi ›Einer fehlt beim Kurkonzert‹.

In St. Peter-Ording ist noch Hochsaison. Wir sind in Pensionen und Privatquartieren untergebracht und haben das Gefühl, uns vorerst nicht wiederzusehen, es sei denn, wir sind in gleichen Spielszenen beschäftigt.«

Tagebuch, Hamburg, Rotkreuz-Krankenhaus, Oktober 1968
»Mit letzter Energie und Kraftanstrengung habe ich die Dreharbeiten überstanden. Jetzt liege ich zur Abwechslung in einem Hamburger Krankenhaus, und vor meinem Fenster steht ein Kastanienbaum. Seine gelben Blätter leuchten in der Herbstsonne und rascheln und lösen sich in den ersten Winterstürmen.

In der letzten Woche versuchten wir nachts zwischen 22 Uhr und 5 Uhr morgens in Büsum die Szene meiner Verhaftung auf einem Fischerboot und Übernahme aufs Polizeiboot zu drehen. Jenseits des Hafens mußten, um Licht für die gespenstische Szene zu geben und Mondschein vorzutäuschen, Scheinwerfer montiert werden. Sechs Stunden standen Regisseur, Kameraleute und Schauspieler am menschenleeren, nächtlichen Hafen herum (kein Lokal war mehr geöffnet), bis das Lichtproblem technisch gelöst war. Dann begannen die Proben. Endlich drehfertig, war die Ebbe so tief, daß die Kamera die Boote nicht mehr erfassen konnte und die Schauspieler vom Boot aus nicht mehr den Hafen-Quai erklimmen konnten. Eine Nacht voller Strapazen und Probleme.

Es gab in dieser dunklen, nassen Nacht keine Spiegel, aber ich glaubte unserer Garderobiere, der guten Lilitraud Pape, als sie flüsterte: ›Gnä' Frau werden von Stunde zu Stunde gelber im Gesicht.‹ Als wir am nächsten Vormittag zerrädert in unseren Hamburger Hotels landeten, sah ich es auch, glaubte auch den ersten Juckreiz zu fühlen. Wieder Kofferpacken, Umzug vom Hotel ins Krankenhaus. Sehr gerne nahm man diese komische Patientin nicht auf, die zwar um tägliche Infusionen, Ruhe und Diät bat, im übrigen aber allmorgendlich um sieben Uhr ins Studio fuhr und erst abends um sieben Uhr zurückkam.

Damit sich nicht zuviel Post ansammelt, schickt mir meine kleine Hilfssekretärin, Frau Ritz, aus München einen großen Stoß Autogramm- und Verehrerpost nach. Als ich mich damit an einem ausnahmsweise sonnigen Tag auf eine Parkbank gegenüber dem Krankenhaus setze, fragt ein altes Frauchen, das mich beim Öffnen und Lesen der vielen Briefe beobachtet, schmunzelnd: ›Sie haben wohl ein Heiratsgesuch aufgegeben?‹«

Obwohl sich Lale noch immer nicht ganz gesund fühlt, ist sie glücklich, als sie Mitte Oktober wieder in München ankommt. Für Interviews ist sie weiterhin nicht ansprechbar. Eine Reise nach Saarbrücken, wo sie in der Saarlandhalle auftreten sollte, sagt sie ebenfalls ab. Statt dessen macht sie einen Termin mit ihrem Anwalt, Dr. Oskar Möhring, den sie Anfang der vierziger Jahre in Berlin kennenlernte und der viel dazu getan hatte, daß sie 1942 ihren Kopf behielt, als sie auf der Abschußliste der Reichskulturkammer stand.

Für Lale war es ein glücklicher Zufall, als sie erfuhr, daß Dr. Möhring ebenfalls von Berlin nach München übersiedelt war. Er war seit Jahren ihr Rechtsbeistand, und als sie ihn jetzt in der Anwaltspraxis anruft, um mit ihm ein Testament aufzusetzen, erinnert er sie vorwurfsvoll daran, dies sei bereits das dreizehnte im Laufe der Jahre. Aber er sieht ein, daß es bei Lales augenblicklichem Gesundheitszustand am besten ist, ihr Testament »auf den neuesten Stand« zu bringen. Um ein Bestattungsinstitut muß sie sich allerdings persönlich kümmern. Damit kann sie den überbeschäftigten Anwalt nicht auch noch belasten.

Eine Woche später meldet sich Dr. Möhring bei Lale zu einem Besuch an. Bei der Begrüßung überreicht er ihr, mit einem Schmunzeln, einen Strauß roter und gelber Nelken.

»Die roten z'wegen der Liebe, die gelben z'wegen der Hepatitis.«

Lale ist zum erstenmal seit zehn Tagen aufgestanden und führt ihren Gast ins Wohnzimmer. Mit Kennerblick betrachtet der Anwalt die an den Wänden hängenden Bilder. Er bemerkt sofort den Linolschnitt von Picasso »Schale mit Kürbis«.

»Und sogar signiert«, stellt er bewundernd fest.

Auch eine Dufy-Grafik über dem hellen Klavier begeistert ihn, nicht weniger ein frühes Bild von Paul Ernst Wilke, das wie ein Renoir wirkt. Nachdem auch die Bücherregale eingehend studiert wurden, nimmt Dr. Möhring im Sessel Platz und blickt in den bunten Herbstgarten.

»Alles sehr hell, sehr heiter, schön und gekonnt.«

»Ich liebe das Dunkle nicht.«

Als sei dies das Stichwort, beginnt der Anwalt über Lales Testament zu sprechen. Sehr schnell wird Lale bewußt, daß sich nicht alles so unkompliziert arrangieren läßt, wie sie es sich vorstellte. Es gibt da so viele Punkte und Personen zu berücksichtigen.

»Wissen Sie, wenn es um Geld geht, sind manche Versprechungen, auch von ganz nahestehenden Menschen, rasch vergessen«, warnt Dr. Möhring.

»Dann müssen Sie diese Dinge in Ordnung bringen«, bittet Lale ihren langjährigen Vertrauten und Rechtsberater. Er hatte 1942 auch für sie Sachen in Ordnung gebracht. Er ersparte Lale nach der Verhaftung, gegen die er selbst nichts unternehmen konnte, die Verschleppung ins KZ.

Tagebuch, München, Ende November 1968
»Sigi Sommer, seit Karl Valentin einer der liebenswertesten Münchner, wandte sich im Auftrag der Abendzeitung wieder einmal an diejenigen Menschen, die nicht nur einen Namen, sondern auch seine Sympathie haben. Ich bin strahlendster Laune, daß ich dazuzähle. Letztes Mal sollte man ihm für einen psychologischen Test ein Bäumchen malen. Diesmal war es schwerer. Er bat: ›Zeichnen Sie Ihre Seele!‹

Vor einem Jahr hätte ich ihm sicher noch ein ganz anderes Bild davon geben können, wie ich sie mir vorstelle. Aber während der langen Krankenhausnächte dieses Jahres, in dem manch junger Assistenzarzt seine halbe Nachtwache diskutierend und erzählend in meinem Zimmer verbrachte, wurde mir klar: Der Tod des Menschen tritt mit dem Zerfall seiner Gehirnzellen ein. Wenn sie nicht mehr durchblutet und angeregt werden, versagen sie, und das bedeutet: Exitus.

Was wir unter Seele verstehen, ist doch aber das Ergebnis des Hoffens, der Sehnsucht, der Sensibilität. Und all dies entsteht im Nervensystem, also im Gehirn. Wie also kann es, bevor man zum letztenmal atmet, möglich sein, daß die Seele dem Körper in die Ewigkeit entflieht, wenn sie bis dahin zerfallen ist?

Sigi Sommer steht in seinem Arbeitszimmer in der Redaktion der Abendzeitung. Er schaut lächelnd meine Zeichnung an, protestiert aber gegen meine Ansicht, daß es den Begriff Seele nur geben kann, solange der Mensch lebt. Ich blicke in sein Gesicht, in dem jedes große Erlebnis genau wie in meinem eine Falte eingegraben hat, heitere und schmerzliche. Ich würde mich gern von ihm überzeugen lassen.

Es ist ohnehin so schwer, in einer Zeit zu leben, in der jeder Glaube zerredet und zerfetzt wird. Aber in Sigis Arbeitszimmer ist ein ständiges Kommen und Gehen von Mitarbeitern, über Seelenbelange läßt sich da schwer sprechen. Hannes Obermeyer, der aus dem Nebenzimmer zur Begrüßung herübergekommen ist, würde als gescheite ›Spottdrossel vom Dienst‹ sicher protestiert und den Kopf geschüttelt haben. Er und ich schauen Sigi zu, wie er mir sein neues Buch signiert und schenkt. ›Zur Erinnerung an graue Zeiten im braunen Fell‹, schreibt er. Dann kramt er mit seinen schmalen sportlichen Händen in einem Fotokasten herum, in dem Kostbares und Banales kreuz und quer durcheinanderliegt.

›Das war mein Vater‹, sagt er und zeigt mir das Bild eines forschen, schwarzlockigen Mannes mit kräftigem Schnurrbart und männlich-zupackenden Augen. Diese Augen hat Sigi auch, nur daß sie grünblau sind und voll Wissen um die Dinge, die wir ›das Leben‹ nennen.

In ein zweites Buch schreibt er die Widmung: ›In einer Zeit, die längst vergangen ist.‹«

Am 28. Dezember strahlt der NDR das Fernsehspiel »Einer fehlt beim Kurkonzert« aus. Die Pressestimmen sind weniger kritisch, als Lale befürchtet. Sie selbst ist von ihrer ersten Rolle als Schauspielerin in einer Fernsehproduktion nicht begeistert.

Um so mehr freut sie sich über die zahlreichen Briefe, die nach der Sendung ins Haus flattern. Die meisten sind positiv, aber auch ein paar kritische sind darunter. Sie solle lieber beim Singen und nicht beim Theaterspielen bleiben. Am fröhlichsten stimmten sie die unbekümmerten Briefe von zwei jugendlichen Lale-Andersen-Fans.

Das Weihnachtsfest verbringt Lale, die sich weiterhin in ärztlicher Behandlung befindet, in München. Betrübt stellt sie fest, daß die Weihnachtsgrüße und Blumen in diesem Jahr sehr spärlich ausfallen.

»Bei der Presse und bei Kollegen scheine ich bereits ›out‹ zu sein. Man hat ja auch seit Monaten nichts mehr von mir gehört«, gibt sie deprimiert zu.

Nur ein paar fanatische Anhänger glauben weiterhin an »ihre Lale« und daran, daß es bald ein Come-back gibt.

Es kommt nicht mehr dazu...

Das neue Jahr 1969 sollte sich zu einem recht bewegten Jahr entwikkeln. Meinen Müttern, meiner echten und meiner Pflegemutter, teile ich beiläufig mit, daß ich mich scheiden ließe. »Vorbelastet« mit einer Mutter, die ebenfalls sehr jung heiratete und sehr jung schon Kinder bekam, hoffte ich, bei Lale Verständnis für meinen Entschluß zu finden. Von klein auf hatte ich auch meine vier Kinder, einen Sohn, drei Töchter, zur Selbständigkeit erzogen. Ich hoffte, ihnen damit vieles im Leben leichter zu machen.

Natürlich hatte ich auch nur einen Vater, Paul Ernst Wilke, aber durch mehrere Ehen meiner Pflegemutter besaß ich nebenbei noch zwei Pflegeväter und einen Stiefvater, den zweiten Mann meiner Mutter, Artur Beul.

Als Antwort zu meinem Entschluß kam ein Trostbrief von meiner Mutter. Ich solle auf jeden Fall versuchen, mit meinem »Verflossenen« freundschaftlich auseinanderzugehen. Schon wegen der Kinder.

Die nächste Neuigkeit erreicht die Familie wenige Wochen später. Ich käme im April zu Besuch, verkündige ich meiner Verwandtschaft. Meine Mutter reagiert, wie meist in solchen Fällen, mit fröhlicher Gleichgültigkeit. Sie wartet ab und freut sich von dem Augenblick an, wo man tatsächlich vor ihr steht. Da wir alle zur Spontaneität neigen und uns je nach Zeit und Laune aneinander erinnern, ist diese Einstellung in unserem Fall die vernünftigste.

Vielleicht sei ja ihr erstes Buch bis zu meiner Ankunft erschienen, schreibt mir meine Mutter nach Kanada. »Den Titel erfährst Du, wenn Du hier bist«, endet der Brief, der kurz vor meinem Abflug eintrifft.

Den Münchner Tagen gehen Verwandtenbesuche in Bremen, Bremerhaven und bei meinem Vater in Worpswede voraus. In München erwartet mich mit offenen Armen und beste Gesundheit vortäuschend meine Mutter. Nur als sie das von ihr so geliebte Frühstück mit Gesundheitstee statt des bevorzugten Kaffees begann, machte ich mir Gedanken. Es mag sein, daß meine Mutter nur mir gegenüber ihren wahren Zustand verheimlichte. Sie tat jedenfalls so. Einen Schwabing-Bummel hatte sie für den Abend geplant. Sie wollte mir unbedingt das erst seit kurzem bestehende »Citta 2000« zeigen.

»Es wird schwer sein, einen Parkplatz zu finden, Littachen. Warum soll man sich in eines der teuren Parkhäuser stellen! Seit ich mit dem Trillern aufgehört habe, muß ich sehr sparsam leben.«

Was sollte ich darauf erwidern? Lieber schwieg ich. Erst nach ihrem Tode wurde mir bewußt, daß ihre Sparsamkeit mit ihrer schweren Krankheit zusammenhing. Sie hatte ganz einfach Angst, eine sich auf Jahre hinziehende ärztliche Behandlung, Krankenhausaufenthalte und Kuren würden sie in einen finanziellen Ruin stürzen. Seit Beginn ihrer künstlerischen Karriere hatte sie nicht nur ans Image gedacht, sondern sich Sorgen darüber gemacht, wie sie im Alter einen liebgewonnenen Lebensstil fortführen kann. Zum erstenmal amüsierte ich mich nicht über ihre von uns oft kritisierte und belachte Sparsamkeit.

Als wir uns nach einer knappen Woche verabschieden, wünscht sie mir für mein »Single-Life« alles Gute und meint, vielleicht habe mir ihr Münchner Heim – ihr Nest – so sehr gefallen, daß ich bald wiederkäme. In keinem Horoskop stand zu dieser Zeit, daß mich das Schicksal innerhalb von drei Jahren nach München verschlagen und das von meiner Mutter geliebte »Nest« mir gehören sollte.

Zunächst kehrte ich nach Kanada zurück, allerdings noch ohne das von meiner Mutter angekündigte Erstlingswerk. Ihr Buch »Wie werde ich Haifisch? Ein heiterer Ratgeber für alle, die Schlager singen, texten oder komponieren wollen« kam erst im Sommer heraus.

Tagebuch, Hamburg, Mai 1969
»Ich möchte so gerne einmal wieder Spargel essen, Liebi, hatte ich Rolf Liebermann aus München geschrieben.

Und damit ich es nicht so weit habe von der Hamburger Oper, die er seit 1959 leitet, wohne ich diesmal im ›Hotel zur Oper‹. Er war sofort zum Spargelessen bereit. Ich hätte mir gewünscht, es hätte in einem Lokal mit günstigem Licht stattgefunden, das einige Illusionen zuließ. Aber Liebis Büro hatte einen Tisch im Hotel ›Vier Jahreszeiten‹ bestellt. ›Mit Alster-Aussicht‹, dienerte der Oberkellner und zog die Gardine noch etwas weiter fort von dem großen Fenster, durch das sich das sachliche Grau des Hamburger Himmels auf mein Make-up stürzte und es entlarvte.

Ich versuchte diskret, die Gardinen ein bißchen zusammenzuzerren und der Alster-Aussicht den Rücken zuzudrehen. Rolf war ehrlich genug, auf die Worte: ›Gut siehst du aus‹ zu verzichten. Das Essen war köstlich: Frische Krabben in Dillsauce, Spargel mit Sauce Hollandaise und Liebis und mein Lieblingsdessert: Rote Grütze mit Vanillesauce.

Das Gespräch entsprach der Beleuchtung: die letzten Operninszenierungen, Besetzungsschwierigkeiten, der Plan einer völlig unkonventionellen ›Tannhäuser‹-Inszenierung, Liebis und mein letzter Besuch in New York (leider nicht gemeinsam).

Einen Kaffee nach dem Dessert? Ja, aber bitte in der Halle, sprach Rolf das erlösende Wort.

Das Licht der old-fashioned Stehlampe neben dem weinroten Plüschsofa machte es ganz leicht, das Gespräch dahin zu schwindeln, wohin ich es haben wollte: durch rosa Nebelschwaden in die gemeinsam verbrachten Jahre der Vergangenheit.

›Ich bin ein Mensch, der immer in der Zukunft lebt‹, versuchte Rolf mir einmal auszuweichen. ›Was war, streicht mein Gedächtnis wie mit einem Bleistift aus: das erledigte Pensum eines Terminkalenders.‹

Aber dann schaukelten unsere Gedanken zurück zu unserer ersten Begegnung, unseren ersten gemeinsamen Reisen.

›Weißt du noch, wie man Hirschi (Kurt Hirschfeld) in Florenz für unseren Chauffeur hielt?‹ Ich hatte es vergessen.

›Und wie wir in Arosa Ski fahren waren und nachts durch den knirschenden Schnee gingen und ich nicht wußte, ob es die beißende Kälte oder meine Liebe zu dir war, daß ich glaubte, nicht mehr atmen zu können.‹

Ich wußte es nicht mehr.

Wir lachten. Rolf setzt sich zu mir aufs Sofa, und dieses Sofa steht bald nicht mehr in der Halle eines Hamburger Hotels, sondern in einer Wohnung in der Promenadengasse in Zürich, während der dreißiger Jahre.«

Wie man ein Haifisch wird

Ein heiterer Ratgeber für alle, die Schlager singen, texten oder komponieren wollen. Von einer, die das Metier kennt, die ihr Anliegen ernst meint und es heiter vorbringt. Ein harter Weg ist es, bis man „Haifisch" ist, ein Star, in dessen Kasse es endlich munter klimpert, als Lohn für einen Aufbau, der oft einen 24-Stunden-Tag in Anspruch nimmt, für einen Beruf, in dem Selbstbetrug ein Fremdwort ist. Startum ist härter zu erklettern als die Eiger-Nordwand, klärt Lale auf. Das liest sich auch für den höchst aufschlußreich, der keine entsprechenden Ambitionen hat. Schade nur, daß Lale Andersen, deren Witz viele überrascht, von sich selber gar so wenig zu vermelden weiß. -ck-

---

»Wie werde ich Haifisch?«, Lales erster literarischer Versuch, der als Buch veröffentlicht wird, erhält durchweg positive und freundliche Kritiken.

Gesundheitlich fühlt sich Lale immer häufiger schwach und müde. Dennoch tritt sie während der Sommermonate in verschiedenen Städten auf, singt ein paar Lieder, vermeidet aber alle Strapazen.

Über einen Konzertabend im Kursaal von Langeoog, im August, schreibt sie in ihren Taschenkalender: »Größtenteils sehr gut und voll Atmosphäre.«

Aber als sie einige Tage später auf Wangerooge den Chansonabend wiederholt, konstatiert sie: »Mit großer Anstrengung erfolgreiche Wiederholung geschafft.« In erschöpftem Zustand kehrt sie nach Langeoog zurück. Die mit Truck Branss geplante Fernsehaufzeichnung muß verschoben werden. Ende August hat sich Lale soweit erholt, daß mit den Dreharbeiten begonnen werden kann. Obwohl sie sich sehr matt fühlt, konzentriert sie sich voll und ganz auf ihre Arbeit und vergißt so ihre körperliche Schwäche.

Tagebuch, Langeoog, September 1969
»Truck Branss, der auf Langeoog eigentlich die Fernseh-Feature ›Menschen am Meer‹ drehen wollte, stellte die ganze Show, nachdem er meine Langspielplatte ›Plattdeutsche Volkslieder‹ gehört hatte, auf mich um.

Ob aus ehrlicher Begeisterung für diese Lieder oder weil das plötzliche graue, kalte und stürmische Wetter seine geplante Dispo umwarf... Vorher hatte monatelang die Sonne geschienen, und nach den Dreharbeiten tat sie es auch umgehend wieder. Ich erlebte all dies mit halber körperlicher Kraft, mit halber geistiger Intensität. Der geschwächte Organismus bestimmt, auch wenn ich es niemandem gestehe, entscheidend meine Freuden, Traurigkeiten und Illusionen.

Zu meinen liebsten Folklore-Liedern gehört jetzt ›Öwer de stillen Straaten‹. Ich möchte so gerne, daß es an meinem Grab gesungen wird, wenn einmal alles vorbei ist. Im Testament ist dieser ›letzte Wunsch‹ vermerkt.

Noch einmal habe ich der Verlockung einer Seereise nicht widerstehen können. Das Angebot, auf einer Kreuzfahrt der ›Renaissance‹ mitzumachen, akzeptiere ich, ohne zu überlegen, ob es richtig oder verkehrt war. Der Veranstalter ist diesmal Neckermann und Reisen (NUR). Es geht von Athen über Dubrovnik nach Venedig. Die Reisespesen werden auch diesmal mit meinem Auftritt beglichen.«

Zur Ruhe kommt die ruhelose Lale noch immer nicht. Sie betäubt sich mit Arbeit, nur um zu vermeiden, daß sich alle ihre Gedanken um ihre Krankheit drehen. So reist sie, kaum von der Seereise zurück, von München nach Worpswede, um dem Geburtstag von Paul Ernst Wilke beizuwohnen. Im selben Monat, Anfang November, steht sie in der beliebten Fernsehsendung »Haifischbar« vor der Kamera und stellt nach der Aufzeichnung erleichtert fest, daß die Kamera sie vorteilhaft aufgenommen und auf Nahaufnahmen verzichtet hat.

Sie fliegt anschließend nach Zürich, erledigt private Dinge und ist kurz darauf wieder in München. Zu dieser Zeit beschäftigt sie sich auch mit ihrem zweiten Buch, hat aber noch keine feste Vorstellung vom Konzept.

Am 22. November tritt sie in Stockholm mit ihrem Lied »Lili Marleen« vor die Kamera und stellt sich außerdem für ein Interview zur Verfügung.

Es folgen ein paar unwichtige Termine in Deutschland, eine Schallplattenproduktion in Köln, die Lale nicht übermäßig befriedigt, sie bezeichnet die Titel als »sehr schnulzig«. Nur ein Lied akzeptiert sie als »passabel«. Erst kurz vor Weihnachten lichtet sich's im Terminkalender. Lale kann sich in Ruhe in ihrer Münchner Wohnung entspannen und endlich etwas schonen. Von den Ärzten wird sie immer häufiger auf ihren miserablen Gesundheitszustand aufmerksam gemacht, und so beschließt sie, in Zukunft auch ein genaues Tagebuch über ihre Krankheiten zu führen.

In der Silvesternacht ist Lale allein. Es lagen zwar einige Einladungen von Freunden vor, gemeinsam auf die siebziger Jahre anzustoßen, aber Lale verspürte weder Lust noch Laune. Außerdem fasziniert sie ihr Jahreshoroskop momentan weitaus mehr als sämtliche Gespräche über die Zukunft.

Verläßlich wie immer hatte ihre langjährige Freundin und Kollegin Gisela Schlüter noch vor Jahresende stichwortartig aufgeschrieben, was auf Lale zukommt. Es hörte sich nicht allzu rosig an. Da sich ihre »Sternguckerin« fast nie irrte, beschäftigt sich Lale intensiv mit den Vorhersagen. Daß es ihr auch in absehbarer Zeit gesundheitlich nicht bessergehen soll, bedrückt Lale am allermeisten.

Für den 3. Januar hat sie einen Auftritt in Göppingen zugesagt. Ein paar Tage darauf ist sie in Ingolstadt, gesteht sich, daß es die Gage war, die sie zu diesem »Abenteuer« verlockte und nicht künstlerische Ambitionen.

»Ausnahmsweise sehr zufrieden mit der Künstlerin. Gut und souverän gesungen, großer Erfolg. Immer wieder ›Bualala‹, ›Elbchaussee‹ und ›Lili Marleen‹«, kritzelt Lale nach ihrem Konzert im Winterhuder Fährhaus in Hamburg in den Taschenkalender.

Erschöpft reist sie anschließend über München nach Cademario, froh, bis Anfang Februar keinerlei berufliche Verpflichtungen zu haben. Harte Kritik übt sie an sich selbst, als sie im Februar, in einer Fernsehproduktion, »Lili Marleen« singt. Mit ihrem Vortrag ist sie total unzufrieden.

Ihr Urteil über ihr Aussehen: schaurig-schlimm!

Im März fällt Lale ein ähnliches Urteil über sich. In der ZDF-Sendung »Drehscheibe« ist sie über ihr Aussehen entsetzt. »Von weitem gut ausgesehen, bei den Großaufnahmen dagegen hart und alt.«

Über den ernsten Gesundheitszustand meiner Mutter bin ich mir auch im Frühjahr 1970 nicht klar.

Nach wie vor klingen ihre Briefe, die sie mir nach Kanada schreibt, vergnügt und humorvoll. Als ich einmal frage, wie man am besten ein paar Pfund abnehme, antwortet sie:

»Ganz herrlich für die Linie ist Nordseeluft und -wasser. Und da wäre ich auch schon beim Thema. Hättest Du nicht Lust, von Ende März bis Ende August dem Björn im ›Sonnenhof‹ zu helfen?«

Das Angebot klingt verlockend, zumal es meine Mutter mit diversen Versprechungen auszuschmücken versteht. Es ginge nur darum, die sehr kultivierten, reizenden Stammgäste zu versorgen. Tagsüber bliebe genügend Zeit zum Schwimmen, Reiten und Sonnen.

Den Verlockungen nicht länger widerstehend, packe ich die Koffer und werde Ende Mai »Mädchen für alles« im »Sonnenhof«. Bei den Gästen handelt es sich, gottlob, fast nur um treue »Sonnenhof«- und Lale-Freunde. So akzeptieren sie alsbald auch das »Stubenmädchen«, das jeden Tag durch die Fremdenzimmer wetzt, Staublappen in der einen, Transistorradio in der anderen Hand. Nur zweimal kreuzt in den drei Monaten meine Mutter auf der Insel auf und ist erleichtert darüber, daß alles wunderbar funktioniert. Die Zimmerinspektion bringt keine Staubflocken zutage, »Frau Mama« ist zufrieden.

Wie schon in den vergangenen Jahren, unternimmt Lale auch in diesem Sommer eine Bädertournee. Auf Langeoog gibt sie Mitte August zwei gut besuchte Chansonabende. Mit herzlichem und ehrlichem Applaus wird sie von ihren Anhängern willkommen geheißen. Mehrere Zugaben bestätigen, daß meine Mutter noch immer eine große Ausstrahlungskraft besitzt. Und dies trotz schwerer Krankheit. Aber nichts ist ihr davon anzumerken. Sie durchsteht den Auftritt mit bewundernswerter Disziplin. Die Langeooger Tage verbringt sie fast ausnahmslos in ihrem Studio, lebt strikt nach Diät und erduldet nur gelegentlich eine kurze Unterbrechung durch alte Stammgäste. Wir sehen uns wenig. Auf ihr Allgemeinbefinden angesprochen, äußert sie sich mir gegenüber nur generell.

Sie habe als junger Mensch oft zu leichtsinnig gelebt, sich zu wenig geschont, aus Angst, dadurch berufliche Chancen zu verpassen, und mitgefeiert, wenn es klüger gewesen wäre, zu Bett zu gehen.

»Jetzt muß ich dafür büßen. Der Verzicht auf Alkohol fällt mir nicht schwer, aber nicht mehr nach Herzenslust schlemmen zu dürfen, das tut weh.«

Über ihre Zukunftspläne spricht meine Mutter überhaupt nicht. Ebenso vermeidet sie alle Gespräche, die Entscheidungen von ihr verlangen. Sie hoffe, mich bald wiederzusehen. Sie hoffe, noch einmal eine Tournee durch Nordamerika machen zu können. Sie hoffe, noch recht lange ihr Münchner »Nest« genießen zu können.

Nur eine Entscheidung hat sie längst getroffen.

»Wenn ich sterbe, dann möchte ich auf dem Langeooger Dünenfriedhof beerdigt werden.«

Um keine Traurigkeit aufkommen zu lassen und ohne meine Reaktion abzuwarten, fügt sie hinzu:

»Weißt du, Littachen, der schöne, kleine Friedhof hat etwas sehr Positives. Und weil er direkt an den ›Sonnenhof‹ grenzt, werde ich mich nie verlassen fühlen.«

Es sollte eines unserer letzten Gespräche werden. Ohne mir gegenüber ein einziges Mal ihren verschlechterten Gesundheitszustand einzugestehen, trennen wir uns Ende August 1970 voneinander. Es war unser letztes Zusammensein.

Tagebuch, Hamburg, September 1970
»Als mich Herbert Paris, Staatsoperndirektor in Hamburg und langjähriger Freund und Mitarbeiter Rolf Liebermanns, bat, anläßlich des 60. Geburtstags von ›Liebi‹ am 14. September einen kleinen Beitrag für eine Festschrift zu schreiben, sagte ich freudig zu. Auch die Einladung, an einer großen Geburtstagsfeier teilzunehmen, akzeptierte ich. Es wurde ein lautes, fröhliches Fest. Ganz leicht fiel mir mein Auftritt allerdings nicht. Aber die Entschädigung, statt Gage einen Kuß und eine herzliche Umarmung von Liebi zu bekommen, war es wert.

In meinem Beitrag schrieb ich:

›Nichts bekommt dem Liebermann besser als hanseatische Unternehmungslust, behauptete im Jahr 1934 Kurt Hirschfeld, Dramaturg und späterer Direktor des Zürcher Schauspielhauses. Eine wahrhaft prophetische Feststellung.

Rolf Liebermann schwankte damals zwischen Jura- und Musikstudium, und seine Unentschlossenheit forderte meine norddeutsche Sachlichkeit dazu heraus, ihm solange Gedichte von Brecht, Tucholsky und Ringelnatz auf den von uns gemeinsam benutzten Flügel zu legen, bis er sich eines Nachts entschloß, sie zu vertonen. Ich war entzückt, und bevor er sie mir wieder wegnehmen konnte, weil sie, wie er behauptete, den Ansprüchen, die Liebermann an Liebermann stellte, nicht genügten, sang ich sie in einem Chanson-Abend vor einem anfangs erschrockenen, dann begeisterten Publikum.

Wenn Rolf Liebermann heute in Interviews sagt, ich hätte ihn zu seinen ersten Kompositionen angeregt, muß wiederum ich gestehen, daß der Erfolg, den ich mit seinen ersten Chansons hatte, mich veranlaßte, eine Karriere als Schauspielerin aufzugeben, leichtsinnig auf die

Geborgenheit eines Ensembles und auf Regisseure zu verzichten und mich in verzücktem Alleingang mit den ersten Liebermannschen Musenkindern auf die Brettl-Bühne zu stellen.

So begann Rolf Liebermanns Beziehung zum Norddeutschen auf einem Klavierschemel in Zürich, um Lieder für eine kühle Blonde zu schreiben, und führte zum Intendanten-Sessel der Hamburgischen Staatsoper. Es ist schwer zu sagen, ob man hierzu mehr die Hamburger beglückwünschen soll oder Rolf Liebermann. Aber da er es ist, der heute Geburtstag hat – herzliche Glückwünsche dem vielgeliebten Rolf Liebermann – auch von seiner Lale Andersen.‹

(Rolf Liebermann zum 60. Geburtstag. Herausgegeben von Irmgard Scharberth und Herbert Paris.)«

HAMBURGISCHE STAATSOPER

DER INTENDANT

Frau
Lale Andersen
Schönbergstr. 20
8 München 27

Hamburg, den 15. Oktober 1970

Liebe Lale,

Es ist doch schön zu wissen, dass eine so bezaubernde Frau einen senilen Sechziger zu trösten wusste - dies zur Erinnerung.

Herzlichst,

Rolf

Tagebuch, München, Ende September 1970

»Was habe ich mit der Zeit gemacht? Wozu sind die letzten Monate gut gewesen? Ich habe drei nebensächliche und eine sehr gute Fernsehsendung gemacht. Die gute mit Truck Branss aus dem Inselhaus. Die acht plattdeutschen Volkslieder, die ich sang, hatten eine stärkere Resonanz als meine sämtlichen anderen Fernsehshows in diesem Jahr.

Gleich war auch wieder die Presse da. Es gab viele Interviews, einige waren gut, die meisten aber waren miserabel interpretiert.

Bei der Electrola habe ich zwei Single-Aufnahmen erkämpft. Hat es sich gelohnt?

Litta kam für ein Vierteljahr nach Langeoog, um die Gäste zu betreuen und um Björn zu entlasten. Nach drei Monaten flog sie nach Kanada zurück zu ihrem sicherlich interessanteren Journalisten-Job. Fazit: Sie putzte nur einen Sommer.«

Tagebuch, München, November 1970

»Von dem Tanzorchester Werner Müller herrlich begleitet, durfte ich an der großen Gala zugunsten hungernder Kinder im Nahen Osten in der Bonner Beethoven-Halle teilnehmen. Es gab viel Applaus für meine Lieder ›Grüße mir das Meer‹, ›Sommerwind‹, ›Rummelplatz‹ und ›Lili Marleen‹. Beim anschließenden Empfang plauderte ich mit viel Bundesprominenz, darunter Bundeskanzler Willy Brandt und dessen Frau Ruth.

Die ›Publicity‹, die meinem Auftritt und anschließendem Empfang folgte, tat gut. Ich konnte mit einiger Befriedigung feststellen, daß ›ich altes Mädchen‹ doch recht vorteilhaft aussah... Fürs Aussehen hoffe ich bald noch etwas mehr zu tun, denn es liegt eine Einladung nach Las Palmas vor. Gleich nach Weihnachten fliege ich von München ab und bin gespannt, wie ich als ›Nightclub-Sängerin‹ akzeptiert werde.

Hoffentlich gelingt es mir, mit dem Entwurf meines neuen Buches – Titel existiert vorläufig nur in der Phantasie – voranzukommen. Ich darf gar nicht daran denken, was passieren würde, wenn mich die Krankheit zu einer längeren Pause zwingt. Bitte, nur das nicht!«

Tagebuch, Las Palmas, Gran Canaria, Januar 1971

»Mein Optimismus, jemals ein ähnlich gutes Buch schreiben zu können wie Hildegard Knefs ›Ein geschenkter Gaul‹, beginnt zu nadeln, wie ein überfälliger Christbaum. Gut daran ist nur die Einsicht, daß auch der kleinste Versuch, ihr etwas abzuschauen, sinnlos wäre. Stilistisch liegen wir so weit voneinander entfernt wie Picasso und Chagall

– oder besser gesagt: wie Picasso und Grandma Moses. Denn würde ich malen statt schreiben, gehörte ich wie Rousseau, Bele Bachem und Grandma Moses zu den ›Naiven‹.

In dieser kleinen Ferienwoche, die ich an den Nightclub-Auftritt hing, hätte ich eigentlich mit meinem Buch ein Stückchen weiterkommen können. Aber ich flog so müde und vom Vorweihnachtswirbel entkräftigt hierher, daß das höchste, was ich meiner Mattigkeit zumuten konnte, die Konzentration auf das hiesige Gastspiel war und das anschließende in Hannover am 7. Januar.

Leider ist im Dezember/Januar der Himmel über den Kanarischen Inseln nur auf den Werbeprospekten der Reisebüros blau. Während der ersten drei Tage war es grauer und stürmischer, als ich es jemals auf Langeoog erlebte. Inzwischen hat der Sturm sich ausgetobt, aber der graue Himmel ist geblieben. Auf Langeoog kriecht man in solchen Tagen ans Kaminfeuer oder in die Nähe der Ölheizung. Hier gibt es beides nicht. Es bleibt nur das Bett und die (glücklicherweise mitgebrachte) Wärmflasche.

Im Ort und am Strand stehen noch ein paar in hellen Pastellfarben gekalkte alte spanische Häuser mit den hübschen gotischen Balkons aus warmem, braunen Holz. Aber leider hängen an fast allen die Schilder: Zu verkaufen. Es wird nicht mehr lange dauern, bis Palmas aus nichts mehr anderem besteht als aus den hohen Betonfronten der Hotelkästen und der Appartementhäuser. Der Strand, dicht bevölkert mit Bild-Zeitung lesenden Feriengästen und einigen wenigen Spaniern, Engländern und Holländern, ist dunkel und körnig. Der Zuckerstaub der Friesischen Inseln ist weit.«

Tagebuch, München, Ende Januar 1971
»Aus der spanischen Sonne ging es Non-Stop zur Mitwirkung bei einem ›Bunten Abend‹ nach Hannover. In der Festhalle roch es penetrant nach Küchenfett. Die Bratwürste widerten mich schon an, bevor ich sie aus undiszipliniertem Hunger aß und, weil es außer dem verbotenen Alkohol nichts anderes zu trinken gab, eiskalte, bubbelnde Fruchtlimonade dazu trank. Nach der Vorstellung ging es im Eiltempo zum Bahnhof, wo kurz nach Mitternacht der Schlafwagen nach München einlaufen sollte. Statt seiner raste ein eisiger Ostwind durch die Bahnhofshalle, und der Schneematsch kroch durch die Schuhsohlen. Als der Zug mit 80 Minuten Verspätung endlich einlief, hatte ich das Gefühl, einen Sarg statt ein Zugabteil zu gebrauchen.

Wie groß Sehnsucht und Liebe zum eigenen Bett sind bei einer

Vagabundin, begriff ich erst, als ich in meinem lag. Auf einmal genoß ich Apathie und Mattigkeit, gab mich ihnen zwischen Wärmflasche und der eigenen weichen Daunendecke hin und entschwebte für ein paar Tage der Wirklichkeit. Seitdem sind fast drei Wochen vergangen, der Schädel beginnt wieder zu denken und zu planen.«

Allzuviel Zeit für Pläneschmieden bleibt Lale dann doch nicht. Da ist zunächst und vorrangig das geplante Buch. Es soll und muß bis zum Sommer 1972 fertig sein, um auf der Frankfurter Buchmesse präsentiert zu werden. Sie kann sich weder einen Rückfall noch eine Erholungsreise erlauben und täuscht sich und anderen Wohlbefinden vor. Nur nicht den behandelnden Ärzten.

Aber denen entwischt Lale für eine kurze Zeit, denn ihr ganzer Einsatz wird im »Sonnenhof« beansprucht. Die Saison liegt zwar noch etliche Wochen fern, als sie im Februar auf die Insel fährt, aber durch den Wegfall des kranken Nicki und den strengen Winter ist vieles liegengeblieben. Unter größten Anstrengungen versucht Lale Ordnung zu schaffen. Gottlob steht ihr dabei Waltraud Pilgram, eine langjährige Stütze von Lale und anhängliche Verehrerin, bei.

Im Zustand der völligen Erschöpfung kehrt Lale nach München in ihre helle freundliche Wohnung zurück. Auch wenn sie ihrem Internisten versprochen hatte, sich bei ihm nach ihrer Rückkehr sofort zu melden, unterläßt es Lale.

»Ich fühle mich ganz gut«, erklärt sie Bekannten, die anrufen und sich nach ihr erkundigen.

Prompt folgen dieser erfreulichen Mitteilung Einladungen zu Parties. Da Lale sich nie als Party-Typ fühlte, akzeptiert man ihre unverbindlichen Zusagen als typisch für eine beanspruchte Künstlerin. Nur der Einladung ihres »Paragraphen-Beschützers« Dr. Möhring sagt sie spontan zu. Der Anwalt feiert Anfang März im Münchner »Conti« im kleinen Kreis seinen Geburtstag. Allen Verboten zum Trotz genießt Lale mit den anderen Gästen ein erlesenes Menü. Daß ihr jeglicher Genuß von Alkohol untersagt ist, verschweigt sie, als sie auf das Wohl des Jubilars anstößt. Die Strafe für das gute Essen und den Wein läßt nicht auf sich warten. Lale verspürt Übelkeit und bleibt die nächsten Tage im Bett, schläft viel und geht kaum aus.

Nur ein Termin lauert auf sie und rückt bedenklich näher. Sie soll am 16. März in Wien an einer Fernsehsendung teilnehmen. Auf keinen Fall kann sie absagen, sie muß unbedingt fit sein! Lales Zustand bessert sich soweit, daß sie nach Wien fliegen kann. Mit sich und ihrem

Fernseh-Auftritt zufrieden, kehrt sie nach München zurück, überlegt, ob sie lieber zu ihrem Arzt oder zur Kur fahren soll, und entscheidet sich für das letztere.

Tagebuch, Cademario, April 1971
»Es ist natürlich leichter, das geplante Buch nicht zu Ende zu schreiben, sondern weiterhin Applaus, Gagen und Popularität zu genießen. Trotzdem glaube ich zum erstenmal seit einem Jahr daran, daß ich den Verzicht schaffen werde, wenn ich im September alle Verträge, die noch im Terminkalender stehen, lebend hinter mich gebracht habe. Es bedrückt mich auf einmal auch nicht mehr der Gedanke, daß das Buch eventuell kein Erfolg wird oder kein Geld bringt. Leicht wird es nicht sein mit dem Schreiben, denn Schreiben ist eine viel härtere Arbeit als Singen. Aber ich wünsche mir ehrlich, daß ich durchhalten kann.«

Tagebuch, Cademario, Mitte April 1971
»Der Arzt macht ein besorgtes Gesicht, als er die Ergebnisse der Schlußuntersuchung mit mir durchsieht. Die Transaminasen sind zwar besser als je zuvor, aber das Hämoglobin beängstigend gefallen.«

Tagebuch, Bremen, Ende April 1971
»Getreu dem Vorsatz ›The Show must go on‹ spielte ich taubstumm, ignorierte ärztliche Ratschläge und hetzte nach Jever. Hier machte der Norddeutsche Rundfunk mit mir eine öffentliche Veranstaltung. Für meine Ungehorsamkeit wurde ich bitter bestraft. Nachts folgte wieder starkes Erbrechen der Galle. Ich war total unfähig aufzustehen und irgend etwas zu tun. An die geplante Weiterreise nach Langeoog war überhaupt nicht zu denken.

Mein nächstes Quartier bezog ich wieder einmal im Bremer Rotkreuz-Krankenhaus. Björn hatte mir dort ein Bett freigekämpft. Und wieder die vertraute Routine: Medikamente schlucken, Tests erdulden, ärztliche Anweisungen befolgen, viel Ruhe und keinerlei Aufregungen. Nach vier Wochen werde ich entlassen. In München ist alles liegengeblieben. Als erstes muß also der Schreibtisch aufgeräumt werden. Bis vor ein paar Jahren störte es mich nicht, wenn der Schreibkram liegenblieb, weil es Auftritte und Tourneen nicht zuließen, daß Post pünktlich beantwortet wurde. Seit Beginn meiner Krankheit muß ich ständig damit rechnen, daß ich es irgendwann einmal nicht mehr bis nach Hause, meinem Zuhause, schaffe. Dann will ich, daß diejenigen, die mein ›Nest‹ betreten, es im aufgeräumten Zustand vorfinden.

Ich hasse Unordnung ebenso es mir furchtbar ist, die Übersicht zu verlieren. Mit dem Manuskript geht es auch nicht voran. Nicki befindet sich seit Wochen im Niedersächsischen Krankenhaus in Osnabrück. Gottlob erbarmen sich die gute Elis Altmann, treueste Freundin seit unserer gemeinsamen Berliner Anfangszeit, und Waltraud Pilgram und besuchen ihn, denn ich bin selber zu schwach, um zu Nicki zu fahren.

Entsetzlich ist es für mich, zugesagte Auftritte kurzfristig rückgängig machen zu müssen.«

Tagebuch, Kempfenhausen (Klinik), Juli 1971
»Michael, mein Jüngster, hatte einen wunderschönen Titel in seinem Musikverlag. Nicht unbedingt einer, der zum Hit wird, aber apart und voller Atmosphäre. Und sollte mein nächster Rückfall mein Finale sein, dann möchte ich natürlich lieber mit einem guten als mit einem mittelmäßigen Lied bei meinen letzten verbliebenen Anhängern in Erinnerung bleiben. Obwohl ich mich seit Wochen in der Klinik in Kempfenhausen am Starnberger See behandeln lasse, läßt mein Gesundheitszustand, nach Ansicht der Ärzte, sehr zu wünschen übrig. Aber der Verlockung, noch eine Nummer aufzunehmen, kann ich nicht widerstehen. Also bin ich heimlich und leise nach Köln geflogen.

Im Electrola-Studio habe ich sehr schnell durch die Freude an der Arbeit alle anderen Probleme vergessen. Dabei war mir am Tag vor meinem Flug durch Schüttelfrost und Fieber so elend, daß ich schon resignieren und den Flug annullieren wollte. Am Tage der Aufnahme war es genauso. Ich hatte nicht genug geschlafen, und aus Angst, ich könnte durch verkehrtes Essen wieder Übelkeitsgefühle bekommen, nahm ich kaum etwas zu mir. Ich wollte auch niemanden im Studio, wo wir mit dem ›Mischen‹ beginnen sollten, warten lassen und kam eine halbe Stunde zu früh.

Ich hatte als Einleitung und Schluß von ›Sail away‹ um ein paar langgezogene Möwenschreie gebeten. ›Haben wir als Bandproduktion meterweise im Archiv‹, wurde mir beteuert. Und was war wirklich vorhanden? Ankerketten mit Möwengeschrei, donnernde Schiffsschrauben mit Möwengeschrei, streitende, hysterische, kurzschnäblige Flußmöwen, lauter völlig unbrauchbares Zeug, das mich und meine angegriffenen inneren Funktionen sogleich wieder unbrauchbar machte.

Mißmutig und wütend – soweit Kraft dafür vorhanden – flog ich nach München zurück.«

Tagebuch, Kempfenhausen, Ende Juli 1971
»Man bringt nichts mehr über die Andersen in den Illustrieren, auf dem Bildschirm, im Radio. Für die da draußen, für die Gesunden, die Gehetzten, die Engagierten, bin ich schon abgeschrieben. Ich latsche dem Schlußpunkt, den man mir längst gesetzt hat, nur ein bißchen hinterher. Ich war im Leben stets überpünktlich, nun lasse ich mir zum erstenmal ein bißchen Zeit.«

Im August stirbt in der Klinik in Osnabrück Lales langjähriger verständnisvoller Freund und Kamerad Nicki. Lale hat ihn nicht mehr besuchen können, ihre eigene Krankheit ließ es nicht zu. Und als sie dann Anfang August zu ihm wollte, erlitt sie wieder einen ernsten Rückfall. Nun war es zu spät. Wieder einmal...

In elender Verfassung und stark geschwächtem Zustand reist Lale Ende August nach Langeoog, um ihrem alten Freund die letzte Ehre zu erweisen. Auf dem kleinen Dünenfriedhof wird Nicki dann unter einem Meer von Sonnenblumen und Kränzen, wenige Schritte von seinem geliebten »Sonnenhof« entfernt, beigesetzt.

Björn wird jetzt zur verläßlichen Stütze seiner kranken Mutter. Den »Sonnenhof« führt er bereits seit Beginn von Nickis Krankheit. Lale hält sich nur ein paar Tage auf der Insel auf. Im September soll sie operiert werden. Um sie auf die Shunt-Operation vorzubereiten, muß sie eine Woche lang qualvolle Untersuchungen erdulden. Als ich dann nach allen überstandenen Tests mitgeteilt wird, in ihrem gegenwärtigen Gesundheitszustand sei eine Operation viel zu riskant, kehrt Lale in die Privatklinik nach Kempfenhausen zurück. Immer höher werden inzwischen die Ärzterechnungen, immer tiefer sinkt Lales Optimismus und Lebenswille.

Tagebuch, Starnberger Krankenhaus, Oktober 1971
»Seit Ende September befinde ich mich im Starnberger Krankenhaus. Vor den Fenstern ist immer noch Sommer. Erst wenige Bäume verglühen im Herbstlaub, der Rasen und die Hecken tragen immer noch Grün.

›Ab November bist du den Uranus in der Waage los‹, tröstet mich Gisela Schlüter am Telefon. ›Das war ja wochenlang eine ganz böse Konstellation. Aber ab November kannst du anpacken, was du willst. Du wirst fertig damit!‹«

Tagebuch, Starnberger Krankenhaus, Mitte November 1971
»Am 4. November wurde ich operiert. Als ich die in Türkisgrün vom Scheitel bis zu den Füßen vermummten Ärzte sah, die sich nur durch die freigelassenen Augenschlitze von ungefähr identifizieren ließen, fiel mir, als ich in den OP gerollt wurde, ein Fernseh-Sketch mit Gisela Schlüter ein.

Sie spielte darin, ebenfalls ganz in Türkis gekleidet, die Leiterin eines amerikanischen ›Einfrier-Salons‹. Mit hoher heller Stimme mußte sie die Vorteile des Überlebens durch Einfrieren preisen und die verschiedenen Tiefkühl-Modelle erklären. Ich hätte nicht über diesen Sketch gelacht, sondern weil mir der Anästhesist Lachgas zur Betäubung gab, behauptete nach der Operation einer der Ärzte. Das Lachen verging mir unmittelbar nach der Operation. Ich überstand eine grausame Schmerz-Woche, die ich nicht noch einmal durchmachen möchte. Dann lieber ein paar Jahre früher sterben. Und dann durfte ich endlich allein aufstehen und gehen. Der Optimismus kehrte zurück und verdrängte die Verzweiflung der vergangenen Wochen und Monate. Sogar die ärztlichen Verbote klingen in meinen Ohren ermutigend. Ich darf weder Strapazen noch Aufregungen erdulden, strikte Diät ist auch in Zukunft einzuhalten. Ich nicke und verspreche, jede Anordnung zu befolgen.«

Tagebuch, München, Ende November 1971
»Heute ist der erste Advent. Meine Kraft reichte gerade noch aus, mir einen Adventskranz zu erstehen. Aber danach fühlte ich mich zu schwach, um die Kerze anzuzünden. Auch die Kraft, an meinem Buch weiterzuarbeiten, fehlt mir. Seit über vier Wochen habe ich keine Silbe geschrieben.

›Ihr labiler Zustand wird vorübergehen‹, tröstet mich der Arzt am Telefon.

›Zur Zeit steht der Mond im Schützen‹, versucht Gisela Schlüter mich aufzuklären. ›Und vom 1. bis 24. Dezember ist der Merkur rückgängig. Das bedeutet nicht nur eine Krise für dich, sondern eine weltweite, eine für den ganzen Kosmos.‹«

Tagebuch, München, Anfang Dezember 1971
»Während von Familie, Freunden und den lieben einfältigen Lale Andersen-Fans noch zum guten Verlauf der Operation gratuliert wird, zwingen mich Schwäche und Apathie bereits wieder in die Waagerechte, machen mich erwartungsvolle Anrufe verlegen und überlege

ich mir wie ein weidwundes Tier, wohin ich mich, beschämt von der Sinnlosigkeit meiner zu nichts mehr tauglichen Existenz verkriechen kann. Cademario wäre gut, aber es ist weit weg. Ich habe auch noch keine Antwort auf meine Frage, ob ich einer Küche, die auf ein paar hundert Menschen eingestellt ist, meine Diät, die zur Zubereitung von Speisen nur Mazzola-Keim-Öl und Butter zuläßt, zumuten kann. Der Gedanke daran, Weihnachten in einer deutschen, mir fremden Klinik verbringen zu müssen, erschreckt mich aber auch.«

Tagebuch, München, Mitte Dezember 1971
»Michael erbarmte sich und war mein Geleitschutz, als ich am 12. Dezember in Salzburg ein kleines Gastspiel riskierte. Wir wohnten im wunderschönen Hotel ›Österreichischer Hof‹. Das herrliche Quartier, der große Applaus, trotz der noch ein bißchen schwachen Stimme, und nicht zuletzt die Gage waren das Risiko wert.

Wieder in München, wollte ich mich gleich mit den Reisevorbereitungen für Cademario beschäftigen. Das strengte mich so an, daß ich schon überlegte, ob ich's überhaupt riskieren soll.«

Tagebuch, Cademario, Ende Dezember 1971
»Ich bin dann doch gefahren. Allerdings mit Zwischenstop in Zürich bei Turi. Nun bin ich froh, hier zu sein. Das milde Klima erlaubt tägliche Spaziergänge. Dank der leichtgebräunten Haut zucke ich beim Blick in den Spiegel nicht mehr zusammen. Das mehr österliche als weihnachtliche Wetter rettet mich vor sentimentalen Gedanken. Die könnten bei mir sehr schnell entstehen, denn das Jahr, das zu Ende geht, stand unter keinem guten Stern. Es ist leer um mich geworden. Nach dem Tod von Nicki hat am 30. Dezember der Vater meiner Kinder, der vitale, fröhliche, liebenswerte Paul Ernst Wilke, die Augen für immer geschlossen.

Der arme Björn, der in Bremen gerade zwischen einem Wohnwechsel steht, mußte wieder einmal Familien-Sanitäter vom Dienst sein.

›Papi hat aus seinen drei Ehen doch so viele Kinder, warum können die dich nicht entlasten?‹ frage ich ihn am Telefon.

›Ach, laß nur‹, sagt er, ›ich schaffe das schon. Letzten Endes bin ich ja der Älteste.‹

Die Silvesternacht verbringe ich in meiner Gesellschaft auf meinem Zimmer. Aus dem Spiegelsaal klingt die Musik herauf. Es ist noch gar nicht so lange her, aber mir erscheint es eine Ewigkeit, daß ich Freude am Tanzen, am Gutaussehen, am Bewundertwerden hatte. Mir ist, als befände ich mich bereits auf dem Weg in die Stille, in die endgültige Einsamkeit.«

Es gibt kein Comeback mehr für Lale. Auch nicht 1972. Ihrer 1971 produzierten Single »Sail Away Boy« (B-Seite »Taiga-Mädchen«) wird kaum Aufmerksamkeit geschenkt. Zwar macht der Name Lale Andersen in Zusammenhang mit »Lili Marleen« noch einige Male Schlagzeilen. So im Mai 1972, als ein neues Fahrgastschiff für die Inselgemeinde Langeoog von Lale auf den Namen »Lili Marleen« getauft wird. Von Hans Leip, dem Textdichter der »Lili Marleen«, kommt aus der Schweiz ein Glückwunschtelegramm mit den Worten: »Zur Taufe des Fährschiffes Lili Marleen herzliche Glückwünsche – Hans Leip.«

An Lale schickt der Dichter einen Kartengruß.

»Liebe Lale Andersen,

Dank für Ihren so charmanten Brief vom 7.5.! Der Werft zu Aurich habe ich ein Glückwunschtelegramm geschickt und der Reederei zu Langeoog ein paar Zeilen obendrein.«

Im April können Lale-Fans die Sängerin in der Fernsehdokumentation »Wenn sich die späten Nebel drehn« sehen. Obwohl es ihr schlecht geht und jeder Auftritt von ihr größte Disziplin abverlangt, wirkt Lale in der Ende April gedrehten Fernsehshow »Deutschland, deine Schleswig-Holsteiner« (ZDF) mit. Und als die Anfrage kommt, ob man mit ihrer Beteiligung anläßlich des 25. Geburtstages der »Hafenkonzerte« rechnen kann, sagt sie Radio Bremen umgehend zu.

»Arbeit betäubt nicht nur meine Gedanken, sondern auch meine Schmerzen«, erklärt Lale ihrem Sohn Björn, als dieser sich über den Zustand seiner Mutter sorgt.

Noch im März, kurz vor ihrem Geburtstag, unterzeichnet Lale mit der Deutschen Verlags-Anstalt, Stuttgart, den Vertrag für ihren autobiographischen Roman »Der Himmel hat viele Farben«. Sie widmet ihr Buch Rolf Liebermann.

Von Journalisten gefragt, warum sie keine Biographie, sondern einen Roman schreibe, erwidert sie, dazu habe sie in ihrem Leben zu wenig Berühmtheiten gekannt. Ähnlich äußert sie sich auch gegenüber ihren Kindern.

»Ich hoffe, ihr erwartet nicht zuviel Familiäres, es soll ja keine Familien-Chronik werden, sondern ich schreibe mein Buch hauptsächlich in der Hoffnung, es möge eines Tages als Filmvorlage dienen.«

Jede freie Minute nützt Lale nun zum Schreiben. Es bleiben ihr nur noch ein paar Monate, bis das Buch der Öffentlichkeit vorgestellt werden soll.

Tagebuch, Cademario, April 1972
»Es gibt Nächte, in denen ich schlafen kann, tief und traumlos, und morgens im Spiegel ein ausgeruhtes Gesicht sehe, auf der Haut die sanfte Tessiner Bräune. Tage, an denen die Arbeit am Buch nichts als Freude macht.

Krank? Unheilbar krank? Ist doch gar nicht möglich. Nach der ersten schlaflosen Nacht kehrt sofort wieder der alte Zustand zurück: Kopf wie Blei, Unbehagen im Bauch, Müdigkeit. Dann möchte ich auf dem Dünenfriedhof schlafen und Ruhe haben vor allem und allen.«

Tagebuch, München, Anfang Juli 1972
»Mit Tatü-Tata und Blaulicht rein in die Klinik, in Michaels Wagen und seiner Hilfe, oder per Taxi, wieder raus. Rein-raus-rein. Gestern wurde ich wieder einmal entlassen.

Ich fühle mich so unsicher wie ein armer Penner, der sich fest vorgenommen hat, nicht rückfällig zu werden, der aber genau fühlt, daß irgendeine düstere Macht stärker ist als seine guten Vorsätze.

Das Manuskript ist fertig und abgeliefert. Am 11. August wird das Buch auf dem alten Viermaster ›Seute Deern‹ in Bremerhaven der Presse, dem Buchhandel und mir vorgestellt. Anschließend geht es auf eine Tournee mit Signierstunden im Buchhandel durch die gesamte Bundesrepublik. Den Höhepunkt bildet dann Ende September die Frankfurter Buchmesse mit Pressekonferenzen.

Mein Gott, wie soll ich das nur alles durchstehen? Es gibt nur noch ganz wenig, was ich mich zu essen getraue. Was ich essen möchte, ist nicht dabei.

›Darf ich schwimmen, spazierengehen, Gymnastik treiben?‹ frage ich die Ärzte.

›Bloß vorsichtig, keine körperlichen Anstrengungen!‹

›Schokolade?‹

›Nein! Stopft.‹

›Alkohol?‹

›Sind Sie lebensmüde?‹

›Darf ich Kaffee oder Tee trinken?‹

›Trinken Sie lieber Buttermilch. Und auf keinen Fall irgendwelche seelischen Aufregungen. Früh, sehr früh schlafen gehen. Schlaf ist für Sie unentbehrlich.‹

Aber im Garten liegen darf ich – und das ist schön. Was vor fünf Jahren noch Bauplatz war mit Schutt, Steinen, Eisenstangen und leeren Bierflaschen, ist heute ein grünes Wunder aus Gräsern, bunten Sonnenblumen, blühenden Rosen in allen Farben und duftenden Hollunder- und Fliederbüschen. Es ist mein kleines Paradies, das ich nicht teilen muß mit Gästen, einem mißmutigen Ehemann oder neugierigen Journalisten. Jeden Strauch, jede Blume habe ich vor fünf Jahren selber gepflanzt. Dies ist der erste Sommer, in dem ich mich, an gesunden Tagen, daran erfreuen kann. Ich tue es.

Ich erledige aber auch viel Post, soweit sie nicht längst überholt ist, und vernichte alte Briefe und Manuskriptnotizen und genieße es, daß, außer dem Signieren von 1500 Büchern, kein ›Muß‹ hinter der Arbeit steckt.«

Tagebuch, München, Mitte Juli 1972
»Am 18. Juli wurde von mir ein Interview verlangt. Dazu machte man ein paar Filmaufnahmen in der heißen Sonne. Sofort erlitt ich einen Rückfall, verbrachte vier Tage im Bett und ließ mich anschließend von Michael ins Krankenhaus nach Starnberg fahren.

Es ist das vierte Mal in vier Wochen. Wie soll das bloß weitergehen? Ich entwickle schon eine richtige Terminpsychose. Nur noch wenige Wochen bis zur Buchpremiere.«

Tagebuch, Langeoog, 31. Juli 1972
»Dank eines Zwischenaufenthaltes in der reizenden Bremer Wohnung von Björn habe ich die Reise München–Langeoog zwar überstanden, bin aber durch Schlaflosigkeit dennoch arg matschig hier gelandet.

Das Langeooger Wetter ist für mich ideal – es ist grau und mild. Und so sage ich trotz meines äußerst heiklen Befindens: Ja, ja, ich komme zum Presseempfang! Falls unvermeidlich, auch anschließend zu einem in Wien und zur Frankfurter Buchmesse ebenfalls.

Dabei weiß ich, daß die Kräfte, die die Krankheit übrigließ, für all das gar nicht mehr ausreichen, und ich, statt im Schlafwagen, vielleicht schon bald auf dem Dünenfriedhof schlafen werde.«

Mit Gedanken an den Tod beschäftigte sich meine Mutter, als sie ihre 1931 begonnenen Tagebuchaufzeichnungen am 31. Juli 1972 beendete.

Wenige Wochen später, am 28. August 1972, erreicht mich ein Telegramm:

»Mami liegt im Sterben – Anrufe sofort – Gruß Michael.«

Ich war fassungslos, die Nachricht kam total unerwartet. Drei Tage zuvor war ich aus dem Urlaub durch Westkanada nach Hause zurückgekehrt.

Mein jüngerer Bruder Michael hatte schon auf meinen Anruf gewartet. Er befand sich in München, riet mir aber, unverzüglich nach Wien zu fliegen. Dort lag meine Mutter in einer Privatklinik.

»Es steht sehr schlecht um sie, versuche sofort zu kommen!«

Seine Worte verfolgten mich noch am nächsten Tag auf dem Flug Toronto–Zürich–Wien. In Zürich hatten wir Zwischenlandung.

Es war der 30. August.

Am Zeitungskiosk leuchteten mir bereits die fettgedruckten Schlagzeilen entgegen:

Lale Andersen ist tot
Abschied von »Lili Marleen«
Ganz Europa sang ihre »Lili Marleen«
Lale Andersen starb am 29. August in Wien an Herzversagen

Nach unserer letzten Begegnung im Sommer 1970 habe ich meine Mutter nicht wiedergesehen. Als sie in ihrem letzten, an mich gerichteten Brief vom 1. August 1972 fragt, ob ich nicht eines Tages ganz nach Europa zurückkehren wolle, ahnte ich nicht, wie bald sich dieser Wunsch erfüllen sollte. Nur mein Dank kam zu spät. Meine Mutter war bereits tot, als ich, aus Kanada kommend, in Wien eintraf.

Am 1. September fand in Wien-Simmering, im Beisein Hunderter von Menschen, Freunden und Angehörigen, die Feuerbestattung statt. Auf der Nordseeinsel Langeoog wurde meine Mutter Ende September auf dem Dünenfriedhof beigesetzt. So lautete ihr sehnlichster Wunsch.

In Anwesenheit von Inselbewohnern, Kurgästen, engsten Freunden und Verwandten verabschiedete sich ein Shantie-Chor mit dem plattdeutschen Volkslied »Oewer de stillen Straaten« für immer von Lale Andersen, die für Millionen »die Lili Marleen« bleibt!

Nachwort

Ihr Buch konnte meine Mutter, wie geplant, am 11. August in ihrer Heimatstadt Bremerhaven, auf der »Seute Deern«, vorstellen. Sie kam von Langeoog angereist und fuhr, unmittelbar nach der Präsentation, auf die Insel zurück. Wenige Tage später flog sie, begleitet von Björn, über München nach Wien. Sie fühlte sich gesundheitlich sogar recht gut und freute sich auf den großen Erfolg, der im Rahmen einer Werbetour für ihr Buch an Bord des sowjetischen Donauschiffes »Dnjepr« arrangiert worden war.

Aber in Wien setzte erneut die Hektik ein. Es blieb nicht beim Empfang auf dem Schiff. Das Österreichische Fernsehen und Radio verlangte ein Interview. Meine Mutter sagte zu, es war ihr allerletzter Auftritt. Vor dem Rückflug nach München erlitt sie einen Blutsturz und wurde vom Flughafen aus in eine Wiener Privatklinik eingeliefert.

In ihrem Nachlaß befanden sich unzählige Liedertexte, Manuskriptvorschläge sowie Ideen für Theater- und Fernsehstücke.

Meine Mutter hatte sogar schon die Rollen für eine eventuelle Verfilmung ihres biographischen Romans verteilt. Ihrer Phantasie und ihrem schöpferischen Geist schienen keine Grenzen gesetzt.

So entdeckte ich auch das Drehbuch für eine Fernsehserie, betitelt »Saison«. Als Ort der Handlung wählte meine Mutter den »Sonnenhof« auf der Insel Langeoog. Wer wen darstellen sollte, stand bereits fest:

Künstlerin und Besitzerin des »Sonnenhofes«: Luise Ullrich (resp. Lale Andersen), Verwalter: Johannes Heesters. Der Inhalt dreht sich um die erwachsene Tochter einer bekannten Künstlerin, die für die verwöhnten Gäste verantwortlich ist, ihre Zeit aber lieber mit dem Schreiben eines Buches vertreibt.

Die Hotelgäste (Ärzte, Politiker, Schriftsteller, Kaufleute, Reformhausbesitzerin) werden vernachlässigt, es entstehen unvorhergesehene Situationen und Probleme, die letztlich von der gestreßten Künstlerin und deren Verwalter gelöst werden müssen, will man die Gäste nicht an die Konkurrenz verlieren.

Meine Mutter hatte sich seit Jahren literarisch beschäftigt. Unzählige Liedertexte stammen von ihr, u. a. »Blaue Nacht am Hafen«, »Im roten Licht der Hafenbar«, »Lyckan«, »Anuschka«, »Kingston Market« (Komm heute nacht), »Es hat ein Bauer ein schönes Weib«, »San Miguel«, »Sommerwind«, »Grüß mir das Meer«, »Wenn Du heimkommst«, »Matrosen – Matrosen«, »Blaues Meer«, »Der Rummelplatz am Hafen« und »Sunset Boulevard«. Getextet hat sie unter dem Pseudonym Nicola Wilke. Es mangelte ihr nie an Phantasie und nie an Einfällen, die sie nach ihrem endgültigen Abtritt von der Bühne zu Drehbüchern oder Kurzgeschichten zu verarbeiten hoffte.

Diese Hoffnung blieb unerfüllt. Bewahrheitet hat sich dagegen etwas, woran sie nie geglaubt hätte:

Ihr Lied und ihre Stimme sind unsterblich geworden.

Die schönste Geste aber kommt aus ihrer Heimatstadt Bremerhaven: Man beschloß, Lale Andersen, geborene Liselotte Bunnenberg, mit einer Laterne ein bleibendes Denkmal zu setzen.

Namenregister

Ich, Romy

Tagebuch eines Lebens

Herausgegeben von
Renate Seydel

Ullstein Buch 22420

»In diesen authentischen Texten entsteht ein anderes Porträt als in den Klatschspalten ... Romy Schneiders Aufzeichnungen erhellen ein außergewöhnliches Künstlerleben und bieten zugleich ein faszinierendes Bild der Kulturwelt unserer Zeit.«
Welt am Sonntag